Michael Bar-Zohar diente als Soldat in der israelischen Armee. Er war Moshe Dayans Berater, Biograph Ben Gurions und Mitglied der Knesset. Er arbeitete im Verteidigungs- und Außenministerium und ist derzeit Mitglied im Komitee für Erziehung und Kultur der Knesset. Auch als Journalist und Autor von Romanen und Sachbüchern hat er sich einen Namen gemacht.
Michael Bar-Zohar lebt heute in Tel Aviv.

Deutsche Erstausgabe Juli 1991

Titel der Originalausgabe »Facing a cruel mirror«

Originalverlag: Charles Scribner's Sons/Macmillan
Umschlaggestaltung Manfred Waller
Umschlagfoto AFP/dpa
Satz MPM, Wasserburg
Druck und Bindung Elsnerdruck, Berlin
Printed in Germany 5 4 3 2 1
ISBN 3-426-04824-8

Michael Bar-Zohar:
Wenn David zu Goliath wird

Geschichte und Entwicklung des israelisch-palästinensischen Konflikts

Aus dem Amerikanischen von Bringfried Schröder

Knaur

Zur Erinnerung
an David Ben Gurion

INHALT

PROLOG

Der Funke

Am späten Nachmittag des 8. Dezember 1987 verlor ein israelischer Lkw-Fahrer auf der Überlandstraße von Gaza nach Tel Aviv die Gewalt über seinen Wagen. Der Lkw, der mit einem schweren Container beladen war, befand sich auf dem Heimweg von dem besetzten Gazastreifen nach Israel. Er schleuderte über die Straße und rammte eine Peugeot-Limousine mit einem Nummernschild aus Gaza, die aus der entgegengesetzten Richtung kam. Der Peugeot war vollgepackt mit Palästinensern, die sich auf der Rückfahrt von der Arbeit in Tel Aviv befanden. Der schwere Lkw zertrümmerte den Peugeot; vier Araber wurden getötet, einige andere verletzt. Der blutige Unfall ereignete sich in der Nähe der Erez-Straßensperre, an der der Zugang zum Gazastreifen kontrolliert wird. Hunderte von Palästinensern, die im eigenen Wagen oder mit dem Bus auf dem Heimweg nach Gaza waren, sahen den Zusammenstoß. In weniger als einer Stunde hatte sich die Neuigkeit in dem 260 Quadratkilometer großen Streifen herumgesprochen, verbreitete sich wie ein Lauffeuer in allen überfüllten Souks von Gaza, in den vom Elend gezeichneten Flüchtlingslagern rund um die Stadt und in den ärmlichen Dörfern in der Küstenregion. Von wachsendem Haß genährt, verbreitete sich das Gerücht, der jüdische Fahrer habe die Palästinenser kaltblütig getötet, um den Tod von Shlomo Sekel zu rächen.

Der fünfundvierzig Jahre alte Sekel, ein Israeli und Vertreter einer Eisenwarenfirma, war in Gaza ein bekannter Mann gewesen. Einige Tage vorher war er beim Betreten eines palästinensischen Kaufhauses von einem arabischen Terroristen rücklings überfallen worden. Der Attentäter hatte ihm die Kehle durchgeschnitten und war dann in der Menge verschwunden.
Der Lkw-Fahrer, so munkelte man in Gaza, sei nach Gaza gekommen, um Vergeltung zu üben. Außerdem wurde sogar das Gerücht verbreitet, der Mann sei Sekels eigener Bruder gewesen. Das stimmte natürlich nicht.
Am nächsten Morgen versammelten sich Tausende im Jebalia-Flüchtlingslager in der Nähe von Gaza, schwenkten palästinensische Fahnen, hoben drohend die geballten Fäuste und sangen Anti-Israel-Parolen. Nach einer Weile gerieten die Leute in Bewegung, und die aufgebrachte Menschenmenge ergoß sich über die staubigen Straßen Jebalias. Kinder und Jugendliche drängten sich in die vorderste Reihe dieser spontanen Prozession und verbargen die Gesichter hinter karierten Keffiyehs. Viele von ihnen hatten Steine und Geröll in den Gassen von Jebalia aufgesammelt.
Als die Menge das Zentrum des Flüchtlingslagers erreicht hatte, stieß sie auf eine Schwadron israelischer Soldaten, Reservisten in den Dreißigern, die widerwillig ihren dreißigtägigen Einsatz im Gazastreifen ableisteten. Die Jugendlichen griffen sie mit Steinen an. Aus einer engen Gasse tauchte eine andere Gruppe von Palästinensern auf, die den Israelis den Fluchtweg abschnitten.
Nach den ersten Steinwürfen begannen die Teenager, Molotow-Cocktails auf die Soldaten zu werfen. Das sind primitive Brandbomben, die aus mit Benzin gefüllten Flaschen bestehen und mit einem brennenden Stück Leinen angezündet werden. Die Israelis schossen zuerst in die

Luft, dann auf die wütende Menge, die immer näher kam. Ein siebzehnjähriger Palästinenser, Hatem Abu Sissi, wurde getötet; sechzehn andere wurden verletzt. Einer von ihnen, der zwanzigjährige Ra'd Shahada, starb am folgenden Tag.

Die Gewalt breitete sich wie eine Feuersbrunst überall im Gazastreifen aus, griff dann auf das Westjordanland und auf Jerusalem über. Überall kam es zu spontanen Demonstrationen. Tausende rotteten sich zusammen und rückten gegen israelische Soldaten vor. Dabei schwenkten sie Fahnen, warfen Steine, steckten Autoreifen in Brand und errichteten auf den Hauptstraßen Straßensperren. Die kleinen Armee-Einheiten in den besetzten Gebieten wußten nicht mehr, wie sie diese riesigen Menschenmengen unter Kontrolle halten sollten.

Hohe Offiziere und Spitzenpolitiker, die am gleichen Tag befragt wurden, rechneten damit, daß die Gewalttätigkeiten schnell wieder abflauen würden, wie es bei so vielen anderen Zwischenfällen in den letzten zwanzig Jahren der Fall gewesen war. Sie irrten sich. Die Demonstrationen vom 9. Dezember 1987 waren der Beginn eines langen Volksaufstandes, der die besetzten Gebiete erfaßte und zu einem Alptraum sowohl für die Israelis als auch für die Palästinenser wurde.

In der Tat ein Alptraum; niemand konnte sich in diesen ersten Dezembertagen 1987 vorstellen, daß zwei Jahre später die Revolution noch immer überall in dem besetzten Land wüten würde. Aber als sich das Jahr 1989 seinem Ende näherte, waren das Westjordanland und der Gazastreifen immer noch von Protesten, Gewalttaten und dem wilden Zorn der Bevölkerung geprägt. Fast sechshundert Palästinenser waren während des Aufstands ums Leben gekommen; etwa zwanzig Prozent von ihnen waren Jugendliche und Kinder. Hunderte von Israelis waren getötet worden, einige verbrannten durch Brandbomben in ihren Autos, andere wurden entführt und fielen brutalen Mordanschlägen zum Opfer; manche wurden in den Straßen von Tel Aviv oder Jerusalem niedergestochen oder starben in einem Bus, der von einem Palästinenser in einen Abgrund gesteuert worden war.

Während dieser bitteren Jahre brachten die Abendnachrichten auf der ganzen Welt gewalttätige Szenen zwischen israelischen Soldaten und den aufgebrachten Mengen palästinensischer Frauen und Kinder. Eine Anzahl israelischer Soldaten und Offiziere wurde ins Gefängnis geworfen, andere wurden wegen Mißhandlungen oder Tötung von Palästinensern unehrenhaft aus der Armee entlassen. Israel wurde von den internationalen Menschenrechtsorganisationen scharf verurteilt; ein US-Diplomat sagte unverblümt, daß Israel ›eine verdammte Plage‹ geworden sei.

Der Aufstand hatte sich zu einer Tragödie für Israel und die Palästinenser entwickelt. Zwei Jahre lang hatte sie die Energien beider Nationen verbraucht; sie hatte den israelischen Wirtschaftsaufschwung unterbrochen, was katastrophale Folgen für die Palästinenser hatte, da ihr Lebensstandard dadurch kraß gesunken war.

Wir hatten 1987 die plötzliche Bedrohung unserer persönlichen Sicherheit auch nicht voraussehen können. Israel, dessen Armee die stärkste im Mittleren Osten war, hatte Schwierigkeiten, seine Zivilbevölkerung vor der Bedrohung durch einzelne palästinensische Terroristen zu schützen. Mehr als einhunderttausend arabische Arbeiter pendelten täglich zwischen dem Westjordanland und Israel, um in den verschiedensten Bereichen unserer Wirtschaft zu arbeiten; es war praktisch unmöglich, Angriffe auf unschuldige Zivilisten zu verhindern, wenn ein fanatischer Palästinenser es sich in den Kopf gesetzt hatte, möglichst viele zu töten, um Märtyrer des Aufstandes zu werden.

Ausländische Beobachter konnten oder wollten nicht begreifen, daß dieser Palästinenser-Aufstand nicht mit anderen scheinbar ähnlichen Ereignissen zu vergleichen war: Das Westjordanland war nicht Vietnam oder Algerien. Es war kein fremdes Land für die Juden. Es war nicht durch Meere, Ozeane oder Kontinente von Israel getrennt. Der Aufstand spielte sich direkt vor unserer Tür, zwanzig Minuten von Tel Aviv, zwei Minuten von den jüdischen Wohnvierteln in Jerusalem entfernt ab. Manchmal drang er in unsere Städte und Dörfer ein. Und viele von uns nahmen mit Sorge das gedämpfte Grollen war, das von der israelisch-arabischen Gemeinde zu hören war; wir wußten, daß sich unsere arabischen Bürger nicht aus der verzweifelten Auseinandersetzung zwischen ihren palästinensischen Brüdern und den israelischen Juden heraushalten konnten. Die Revolte hatte daher direkte Auswirkungen auf die Sicherheit Israels und seiner Bürger.
Der Aufstand von 1987 bereitete uns große Sorgen, weil er urplötzlich den wilden Haß offenbarte, der in den Herzen des palästinensischen Volkes geschlummert hatte; die Entschlossenheit einer ganzen Nation, uns mit Steinen, Messern, Äxten und Brandbomben zu bekämpfen; diese brutale Gewalt und die tödlichen Gefahren, die plötzlich direkt vor unseren Türschwellen lauerten.
Aber der Aufstand hielt uns auch einen grausamen Spiegel vor. Und viele von uns waren über das grimmige Bild schockiert, das sie anblickte.
Wir sahen, wie israelische Soldaten Jugendliche zusammenschlugen und auf sie schossen, wie sie Tausende von Palästinensern einsperrten, Häuser in die Luft sprengten, Zivilisten schikanierten und demütigten. Und als die Revolte andauerte, lasen wir über die immer schneller wachsende Zahl von Menschen, die getötet, verwundet, vertrieben oder gefangengenommen worden waren. Wir erfuh-

ren etwas über die brutalen Methoden, mit denen unsere Armee den Aufstand schnell niederzuschlagen versuchte. Viele von uns reagierten wütend auf die Verhaftungen, die Ausgangssperren, die Schließung von Schulen und Universitäten und die brutale Behandlung verdächtiger Palästinenser.

Viele von uns waren wütend auf eine Regierung, die nicht einsehen wollte, daß wir den größten Teil der besetzten Gebiete verlassen müßten, wenn wir unsere jüdische Identität, unsere moralische Gesellschaft und unser demokratisches Regime nicht verlieren wollten. Viele Israelis schreckten vor den extremistischen Erklärungen der Führer des rechten Flügels zurück, die inhumane Lösungen für das Palästinenserproblem anboten und denen der Blutzoll, den der Aufstand forderte, völlig gleichgültig war.

Aber genauso erschüttert waren wir wegen der Blindheit einiger Führer des linken Flügels, die in masochistischer Weise die Gewalttätigkeiten und mörderischen Praktiken der palästinensischen Extremisten rechtfertigten und in gewissen Fällen sogar noch verherrlichten. Und wir waren entsetzt über die Israelis, die unsere Armee und unsere Führung heftig angriffen, während sie gleichzeitig PLO-Chef Arafat und die Revolutionsführer priesen, eben jene Männer, die Brandbomben auf Zivilautos werfen ließen, Entführungen und die Verstümmelung und Ermordung von Kindern und das Niederstechen alter Menschen in den Straßen unserer Städte anordneten. Der dunkle Spiegel, den die Intifada uns unbarmherzig vorhielt, projizierte die Schwäche unserer Gesellschaft. Wir mußten erkennen, was nach vierzig Jahren aus dem Staat geworden war, den David Ben Gurion und unsere Gründerväter ins Leben gerufen hatten. Wir mußten mit ansehen, wie die Werte des Zionismus — die Leistungen unserer Pioniere, die harte Arbeit und der Traum von einer moralischen und gerechten Gesellschaft — im Laufe der Jahre immer mehr ausgehöhlt wurden. Die vorsichtige und gemäßigte Politik der vergangenen Generation war der ehrgeizigen Doktrin von einem Groß-Israel der Rechten gewichen — eine Doktrin, die mit markigen Sprüchen und bombastischen Erklärungen unters Volk gebracht worden war und zu einer katastrophalen Siedlungspolitik im Westjordanland geführt hat, so daß man sich heute strikt weigerte, auch nur einen Zentimeter Land gegen einen Friedensvertrag mit unseren Nachbarn einzutauschen.

Wir mußten mit ansehen, wie aus Israel, das sich angesichts seiner Feinde immer einig gewesen war, eine Nation wurde, durch die sich ein tiefer Riß zog. Unsere Gesellschaft wurde durch die gegensätzlichen Einflüsse extremistischer Kräfte gespalten: religiöse Intoleranz, territoriale Träume, die Verherrlichung der militärischen Macht auf der einen Seite, und auf der anderen Seite eine defätistische Einstellung, die sogar unsere Existenzberechtigung in Frage stellt und zu einer Idealisierung unserer Feinde führt.

Aber es gab nicht nur Schatten in unserem Spiegel. Er zeigte auch die enormen Bemühungen der israelischen Gesellschaft, ihre moralischen Werte zu bewahren. Die israelische Armee hielt an ihrem Codex fest, auch wenn das bedeutete, daß häufig Prozesse geführt wurden, die für Schlagzeilen in der Presse sorgten. Soldaten und Offiziere, die gegen die Gesetze verstoßen hatten, wurden drakonisch bestraft. Auf dem Höhepunkt des Aufstands, als die Erregung hohe Wellen schlug, weil die Palästinenser ein paar besonders heimtückische Mordanschläge auf Israelis begangen hatten, erreichte uns in den Abendnachrichten eine einzigartige Meldung: Der kommandierende General des Westjordanlandes kam ins Fernsehstudio, um seine Besorgnis und sein Bedauern über die Verwundung eines palästinensischen Babys durch einen seiner Soldaten auszudrücken. Ich kann mich nicht erinnern, jemals von einem französischen, amerikanischen oder britischen Offizier eine derartige Entschuldigung gehört zu haben, auch wenn in den jüngsten Auseinandersetzungen in afrikanischen und asiatischen Konflikten weitaus widerwärtigere Taten begangen worden sind.

Das israelische Parlament, die Knesset, vereitelte alle Bemühungen, die Todesstrafe für Terroristen einzuführen. Die Redefreiheit wurde mit allen Mitteln verteidigt: die Palästinenser-Führer wurden täglich von israelischen und ausländischen Fernsehsendern interviewt und Persönlichkeiten aus dem Westjordanland wurden eingeladen, um überall im Land Vorträge zu halten. In den Universitätshörsälen von Jerusalem und Tel Aviv diskutierten israelische und palästinensische Wissenschaftler in zivilisierter Weise über mögliche Lösungen des Konflikts.

Israels demokratische Grundstrukturen waren von dem Volksaufstand nicht betroffen. Demokratische Nationen schränken oft die Freiheiten ihrer Bürger ein, wenn sie um ihr Überleben kämpfen. Obwohl wir an mehreren Fronten gleichzeitig kämpfen mußten, von denen jede für unser Überleben wichtig war, blieben wir eine freie, offene Gesellschaft. Wir mußten nicht nur den Aufstand unter Kontrolle bringen, sondern auch den täglichen Kampf an unserer nördlichen Grenze gegen palästinensische Terroristen bestehen; gleichzeitig galt es, uns gegen die fanatische Hisbollah, »die Partei Gottes«, zu wehren. Darüber hinaus hatten wir uns mit extremistischen arabischen Staaten wie Libyen, Syrien und dem Irak herumzuschlagen, die über ein großes Arsenal an chemischen und biologischen Waffen verfügten, nachdem ihr Versuch, Atombomben zu entwickeln, vereitelt worden war.

Israel war daran gewöhnt, ständig ums Überleben kämpfen zu müssen, und versuchte deshalb, sein Leben so normal wie möglich zu gestalten. Unser kulturelles und wissenschaftliches Leben lief ungestört weiter; Theaterfestspiele, Konzerte, Kunstausstellungen und Büchermessen fanden statt wie früher. Amos, ein Kommunikationssatellit, war ins All geschossen worden. Selbst die Touristen kamen, wenn auch zunächst widerwillig, an die heiligen Plätze und an die goldenen Sandstrände Israels zurück; unsere Hilfsmission war eine der ersten, die das vom Erdbeben erschütterte Armenien erreichte.
Aber wir konnten das Drama, das sich rund um uns abspielte, nicht einfach ignorieren. Der Palästinenser-Aufstand hatte eine neue Realität geschaffen. Er war der Katalysator, der den lange unsichtbaren Prozeß beschleunigte, der tief unter der Oberfläche unserer Gesellschaft begonnen hatte. Er hat uns gezwungen, der Wahrheit ins Auge zu sehen und die Fragen zu beantworten, die viele von uns seit dem Sechstagekrieg von 1967 nicht haben sehen wollen. Er veranlaßte uns, in uns zu gehen, unsere Ziele, unsere Werte und unsere Gesellschaft neu zu überdenken. Der Aufstand zwang uns, eine Lösung für das Palästinenser-Problem zu suchen, das latent seit zwanzig Jahren auf unserer Schwelle gelegen hatte. Langsam und schmerzlich wurde sich Israel nach dem Ausbruch der Palästinenser-Revolte bewußt, daß es nie wieder wie früher sein würde.
Aber am 9. Dezember 1987 erkannte niemand, daß die Demonstrationen im Gazastreifen und im Westjordanland den Beginn eines langen blutigen Konflikts darstellten. Außenminister Shimon Peres war zu einem offiziellen Besuch in Argentinien; Verteidigungsminister Yitzhak Rabin befand sich auf dem Weg zu einem offiziellen Besuch nach Washington. Beide lehnten es ab, ihre Besuche abzusagen;

sie nahmen an, daß die »Störungen« sich in ein oder zwei Tagen beruhigen würden, wie es schon so oft in der Vergangenheit der Fall gewesen war.

Sie hatten sich nicht vorstellen können, daß die Intifada, der Palästinenser-Aufstand, gerade erst ausgebrochen war.

1. KAPITEL

Der Triumph

Seit dem Sechstagekrieg von 1967 hatten wir zwanzig Jahre und sechs Monate lang auf den Palästinenser-Aufstand gewartet. Diese zwanzig Jahre waren die intensivsten und dramatischsten meines Lebens. Kurz nach Kriegsende hatte ich meine ersten Gehversuche in der Politik gemacht; meine Karriere als Schriftsteller hatte knapp drei Jahre davor begonnen. Wie viele Israelis hatte auch ich an den Kriegen und politischen Kämpfen teilgenommen, die unser Schicksal formten. Deshalb war auch mein persönliches Leben eng mit den dramatischen Ereignissen dieser stürmischen Jahre verbunden.

Ich kann auf dieses Kapitel meines Lebens nicht zurückblicken, ohne die Leidensgeschichte dieses Landes miteinzubeziehen. Sie ist der immer gegenwärtige Hintergrund aller meiner persönlichen Erlebnisse. Und wenn ich unsere Konfrontation mit den Palästinensern beschreiben will oder die Art, wie wir Krieg und Frieden mit unseren Nachbarn erlebt haben, dann muß ich mir viele Episoden meines Lebens in Uniform und als Zivilist ins Gedächtnis zurückrufen; dann stürzt eine Menge von Bildern aus meiner Vergangenheit auf mich ein: die Schlachtfelder in der Wüste Sinai und die blutgetränkte Erde des Libanon, die hitzigen Party-Diskussionen, die leidenschaftlichen Straßenproteste, die wütenden Zusammenstöße im Sitzungssaal der Knesset.

1967 war ich neunundzwanzig Jahre alt. Ich hatte den größten Teil der letzten acht Jahre in Paris verbracht. In Bulgarien geboren, war ich im Alter von zehn Jahren nach Israel ausgewandert und in der Nähe von Jaffa aufgewachsen. Nach dem Erwerb eines akademischen Grades in internationalen Beziehungen an der Hebräischen Universität setzte ich mein Studium in Paris fort. Ich hatte während meiner Schulzeit als Korrespondent für einige Zeitungen und Radiosender gearbeitet. 1963 machte ich meinen Doktor in Politikwissenschaften; meine Dissertation behandelte das geheime Bündnis zwischen Frankreich und Israel, das zum Suezkrieg führte.
Meine Dissertation wurde als Buch veröffentlicht, in Frankreich und Israel ein Bestseller. Urplötzlich war ich bekannt und bekam bedeutende Preise verliehen; Reporter interviewten mich, fragten mich nach meiner Ansicht über Probleme, von denen ich nichts verstand, und druckten eifrig meine Antworten in ihren Zeitungen ab. Es war womöglich Größenwahn, der mich veranlaßte, Ben Gurion, dem ich nie zuvor begegnet war, das Angebot zu machen, seine Biografie zu schreiben. Aber ich war dann doch völlig überrascht, als der Gründer Israels im November 1964 einwilligte.
Die nächsten neun Jahre widmete ich zum größten Teil den Nachforschungen über Ben Gurions Leben. Ich verbrachte einen Großteil meiner Zeit an seiner Seite, studierte seine persönlichen Unterlagen, interviewte ihn ausführlich, traf mich mit seinen engsten Freunden und größten Widersachern.
Eine der jungen Führerpersönlichkeiten, die Ben Gurion am meisten mochte, war Moshe Dayan. Ich traf mich einige Male mit Dayan, aber wir kamen uns nicht näher, bis ich 1966 für kurze Zeit nach Paris zurückkehrte. Eines Tages rief er mich aus Tel Aviv an und beklagte sich bitter

über die Israelische Botschaft und all die anderen Repräsentanten Israels in Frankreich, denen es nicht gelungen war, ein Treffen zwischen ihm und André Malraux, dem berühmten französischen Schriftsteller, zu arrangieren, der damals Kultusminister in De Gaulles Regierung war.
Zufällig war ich mit Malraux' persönlichem Assistenten gut befreundet. Minuten nach Dayans Anruf rief ich ihn zurück. »Moshe«, sagte ich und versuchte beiläufig zu klingen, »würde es Ihnen passen, am nächsten Montag mit Malraux zu Mittag zu essen?«
Dayan war sprachlos. An diesem Tag kam er zu dem Schluß, daß ich außergewöhnliche Fähigkeiten haben müsse, und ich beschloß, diesen schmeichelhaften und völlig unverdienten Ruf zu verteidigen.
Im Mai 1967 kehrte ich nach Israel zurück und setzte meine Nachforschungen über Ben Gurion fort. Drei Wochen später brach der Sechstagekrieg aus.

Ich nahm an dem Feldzug an der Sinai-Front teil und erreichte den Suezkanal mit der Panzerdivision des Generals Israel Tal. Als die Kampfhandlungen beendet waren, meldete ich mich sofort wieder bei Moshe Dayan, der mich zum Pressesekretär des Verteidigungsministeriums ernannte. Ich erinnere mich noch an seine ersten Worte, als ich am Tag nach der Feuereinstellung in sein Büro kam. Anstatt mit mir über meinen neuen Job zu reden, gab Dayan mir verschiedene Ratschläge: »Michael, nimm dein Auto und sieh dir mal das Westjordanland an, bevor der Aufstand beginnt.« Der Verteidigungsminister war sicher, daß ein Aufstand der Palästinenser gegen uns nur eine Frage der Zeit war.
Ich folgte seinem Rat und machte mich mit Tausenden begeisterter Israelis auf den Weg, das Westjordanland zu entdecken. Aber in Hebron und Nablus, in Jericho und Jenin,

in den malerischen Städten und den Elendslagern der Flüchtlinge war nichts von dem rebellischen Geist einer Revolte zu entdecken. Wir begegneten einer gedrückten, verzweifelten Nation, die durch die Furcht vor der militärischen Macht Israels gelähmt war und noch unter dem Schock einer vernichtenden Niederlage zu stehen schien — ein gebrochenes Volk, dessen Welt, dessen Führer und dessen hochgesteckte Ziele in den letzten sechs Tagen zerstört worden waren und das diese Tatsache einfach nicht verkraften konnte.

Noch eine Woche zuvor hatte sich die gesamte arabische Welt in Ekstase befunden und den bevorstehenden Zusammenbruch des jüdischen Staates vorausgesagt. In Kairo, Damaskus und Alt-Jerusalem tanzten die Massen in den Straßen, schwenkten Fahnen und Spruchbänder. Ihr Held war Ägyptens Präsident Gamal Abd el Nasser. In einer Reihe von schnell aufeinanderfolgenden, dramatischen Aktionen hatte Nasser die zehn Jahre andauernde Ruhe an seiner Grenze zu Israel beendet. Er brach die 1957 mit den Vereinten Nationen ausgehandelten Vereinbarungen, ließ seine Armee auf die Sinai-Halbinsel vorrücken, wies die UN-Friedenstruppen aus, blockierte die Straße von Sharm-el-Sheik für israelische Schiffe und drohte, Israel zu vernichten. Bei einem Treffen mit begeisterten Piloten, die auf dem Bir-Gafgafa-Fliegerhorst stationiert waren, wandte sich Nasser offen gegen den jüdischen Staat: »Wenn Israel Krieg will, sagen wir: ›Bitte sehr! Wir sind bereit.‹«

Trotz dieser Provokation dauerte es lange, bis Israel reagierte. Premierminister Levi Eshkol, ein gutartiger, gemäßigter Mann, zögerte; es kursierten Gerüchte, daß es in der Armee von General Staff wegen Eshkols Entschlußlosigkeit zu einer regelrechten Revolte gekommen sei. Angesehene Israelis verlangten, daß der einundachtzigjährige

Ben Gurion seine Stelle als Premierminister einnehmen und das Land in der bevorstehenden Auseinandersetzung führen solle. Eine Gruppe von Frauen protestierte in den Straßen von Tel Aviv und forderte die Einsetzung Moshe Dayans als Verteidigungsminister.
Ägypten, Syrien und Jordanien wurden durch die Schwierigkeiten in Israel dazu ermutigt, ein Militärabkommen zu unterzeichnen und gemeinsam alle Kraft der Aufgabe zu widmen, den zionistischen Staat ein für allemal zu zerschlagen. Vorahnungen einer Niederlage befielen ganz Israel, das Schreckgespenst eines neuen Holocaust versetzte die kleine Nation in Angst. Israels Außenminister Abba Eban flog nach Paris, London und Washington und bat um Hilfe. Aus Westdeutschland wurden auf schnellstem Wege Gasmasken eingeflogen. In Tel Aviv hoben Gymnasiasten auf den schattigen Boulevards Schützengräben aus; ganze Trupps von Rabbinern marschierten durch die öffentlichen Parks, sangen Gebete und weihten diese Gebiete als Notfriedhöfe.
Israel stand mit dem Rücken zur Wand und hatte keine andere Wahl, als die Herausforderung anzunehmen. Premierminister Eshkol bildete eine Regierung der Nationalen Einheit, in der Moshe Dayan Verteidigungsminister wurde; der Führer des rechten Flügels, Menachem Begin, der zeit seines Lebens in der Opposition verbracht hatte, wurde eingeladen, in die Regierung einzutreten.
Am 5. Juni startete Israel eine Luft- und Landoffensive gegen Ägypten. Syrien schloß sich sofort Ägypten an. Levi Eshkol sandte König Hussein von Jordanien eine dringende Botschaft, in der er ihn bat, sich neutral zu verhalten, und in der er Jordaniens territoriale Integrität garantierte. Hussein zögerte drei Stunden, dann warf er seine Streitkräfte in die Schlacht. Von den Hügeln, die Jerusalem umgeben, beschoß die jordanische Artillerie den jüdi-

schen Teil der Stadt; von den Hügeln von Kalkiliya in der Küstenregion eröffneten Kanonen mit großer Reichweite das Feuer auf Tel Aviv. Ein nie dagewesener Sturm der Begeisterung brach in arabischen Staaten los. Die Zeit der Rache für die Demütigung von 1948 war gekommen.

Aber die Euphorie war verfrüht. Am allerersten Kriegstag zerstörte die israelische Luftwaffe die Luftwaffe von Ägypten, Jordanien und Syrien am Boden. In einer Panzeroperation mit drei Angriffsspitzen drangen die Israelis tief in den Sinai ein, rieben die ägyptischen Divisionen auf und erreichten den Suezkanal. Im Westjordanland erlitt Husseins Armee schwere Verluste und zog sich hastig über den Jordan zurück. In den letzten zwei Kampftagen vertrieb Israel die syrische Armee von den Golanhöhen.

Sechs Tage nach dem ersten Schuß waren die Feindseligkeiten überall im Mittleren Osten beendet. Für die arabische Welt war es ein bitteres Erwachen in grausamer Realität: Allein auf sich gestellt, hatte Israel einen gewaltigen Sieg errungen, und dieser Sieg über die arabischen Staaten war noch demütigender als das Debakel von 1948. Die Armeen der Ägypter, Syrer und Jordanier waren niedergezwungen worden, ihre Luftstreitkräfte hatten aufgehört zu existieren. Die palästinensische Befreiungsorganisation unter der Führung von Achmed Schukairi und ihre oft erwähnte Palästinensische Befreiungsarmee, die in Gaza gegründet worden war, war in dem Krieg aufgerieben worden.

Israel hatte Ägypten den Sinai und den Gazastreifen, Syrien die Golanhöhen und Jordanien das Westjordanland einschließlich Jerusalems abgenommen. Es hatte ein Imperium erobert, ein fast 70 000 Quadratkilometer großes Gebiet, 3,3mal größer als seine ursprüngliche Größe. Es kontrollierte eine Bevölkerung von 6396 Arabern und Drusen im Golan, 33 441 Arabern und Beduinen im Sinai, 356 261

Palästinensern im Gazastreifen und 666 234 weiteren im Westjordanland. Mehr als die Hälfte der Palästinenser in Gaza und ein Fünftel der Menschen im Westjordanland waren Flüchtlinge aus dem Krieg von 1948, die in verwahrlosten Lagern im Elend lebten.

Der militärische Sieg versetzte die meisten Israelis in einen Zustand der Euphorie, aus dem sie erst sechs Jahre später wieder erwachten, als der Jom-Kippur-Krieg ausbrach. Die Mächte des Lichts hatten die Mächte der Finsternis besiegt. Wir hatten einen wunderbaren Sieg errungen. Wir waren Helden. Obwohl die ganze Welt gegen uns war, hatten wir doch einen triumphalen Sieg errungen.
Wir sonnten uns in der Bewunderung der Welt für unseren Erfolg und in unserer eigenen. Schriftsteller und Dichter priesen die tapferen israelischen Soldaten, deren Heldentum nur noch von ihrer Moral und ihrer Menschlichkeit übertroffen wurde. Die Generäle erklärten, unsere wunderbare Armee hätte den Suezkanal überqueren können, um ganz Nordafrika zu erobern und wäre erst an der Atlantikküste aufgehalten worden (um nachzutanken). Politiker und Intellektuelle, selbst einige bekannte Spitzenfunktionäre des linken Flügels strömten in Scharen in die neugebildeten Stadträte, Ligen und Vereinigungen, die sich für ein Groß-Israel einsetzten; ausländischen Korrespondenten gegenüber erklärten sie bereitwilligst, daß Israel jetzt seine natürlichen Grenzen erreicht, das historische Heimatland der jüdischen Bevölkerung befreit, die syrische Bedrohung für immer beseitigt und den Suezkanal in eine wirklich internationale Wasserstraße verwandelt habe. Die neue Landkarte des Mittleren Ostens sei im Interesse beider Seiten, der Juden und der Araber, versicherten sie.
Es stellte sich heraus, daß die arabischen Regierungschefs die ergebensten Bundesgenossen der Annektierer waren.

Die israelische Regierung behielt einen kühlen Kopf und versuchte, den größten Teil der neugewonnenen Gebiete gegen einen Friedensvertrag einzutauschen. Auf Moshe Dayans Initiative hin schlug die Regierung der Nationalen Einheit offiziell vor, den Sinai und die Golanhöhen im Austausch gegen einen Friedensvertrag zurückzugeben; bei einer anderen Gelegenheit erklärte Dayan, daß er einen Anruf von König Hussein erwarte.
Aber König Hussein rief nicht an. Genausowenig tat es Nasser oder einer der anderen arabischen Führer. Statt dessen berief Nasser ein arabisches Gipfeltreffen in Karthum ein, auf dem das israelische Friedensangebot abgelehnt wurde. Karthum übernahm einstimmig die Formel der drei »Neins«: nein zur Anerkennung Israels, nein zu Verhandlungen mit Israel und nein zum Frieden mit Israel. »Was mit Gewalt genommen wurde, wird mit Gewalt zurückgeholt«, erklärte Nasser.
Da ein Partner für den Frieden fehlte, mußte Israel allein mit den besetzten Gebieten verhandeln und über deren Zukunft bestimmen. Der Sinai und die Golanhöhen stellten keine besonderen Probleme dar. Sie waren nur sehr dünn besiedelt und konnten leicht verwaltet werden. Sie könnten sogar ohne irgendwelche bevölkerungspolitischen Probleme Israel angegliedert werden. Diese Gebiete hatten für die Israelis keine sentimentale oder historische Bedeutung; ihr wesentlicher Wert bestand darin, daß sie eine Pufferzone darstellten, durch die Israels ungeschütztes Gebiet abgesichert werden konnte. Selbst die Gründung jüdischer Siedlungen im Sinai und im Golan würden einem territorialen Kompromiß nicht im Wege stehen können, falls die arabischen Staaten sich eines Tages einig wären, Frieden mit Israel zu schließen. Nach Meinung der meisten israelischen Spitzenpolitiker könnten solche Siedlungen, deren Bindungen an das Land keinen religiösen

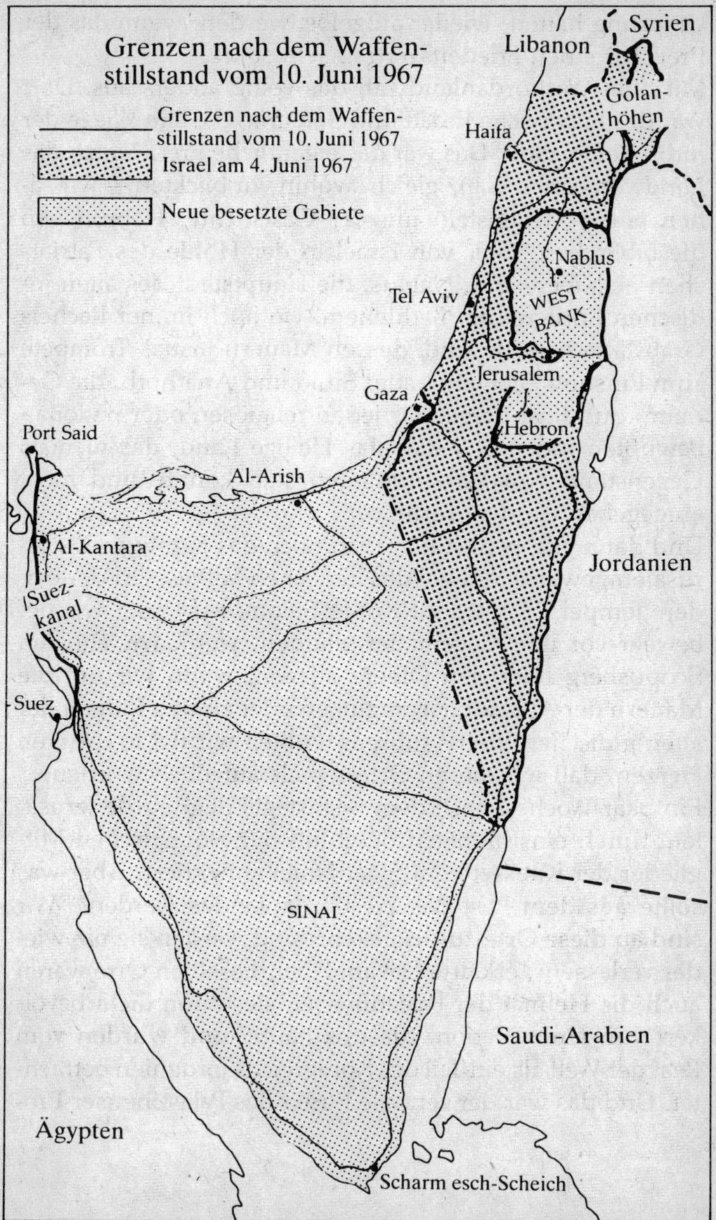

Grenzen nach dem Waffenstillstand vom 10. Juni 1967
Grenzen nach dem Waffenstillstand vom 10. Juni 1967
Israel am 4. Juni 1967
Neue besetzte Gebiete
Libanon
Syrien
Golanhöhen
Haifa
Nablus
WEST BANK
Tel Aviv
Jerusalem
Gaza
Hebron
Port Said
Al-Arish
Al-Kantara
Suezkanal
Jordanien
Suez
SINAI
Saudi-Arabien
Ägypten
Scharm esch-Scheich

Ursprung hatten, wieder aufgelöst werden, wenn das der Preis für einen Friedensvertrag sein sollte.
Mit dem Westjordanland sah das völlig anders aus. Dort war das historische Judäa und Samaria, die alte Wiege der jüdischen Nation. Das war das eigentliche Eretz Israel, das Land von Israel. Ganz gleich, wohin wir blickten — wir sahen einen Meilenstein unserer Geschichte: Hebron, wo die biblischen Väter von Israel in der Höhle des Patriarchen begraben sind; Nablus, die Hauptstadt des alten jüdischen Königreichs; Bethlehem, wo noch immer Rachels Grabstätte liegt; Jericho, dessen Mauern Josuas Trompete zum Einsturz gebracht hatte; Shilo und Anathoth, die Gerizim- und Ebal-Berge. Für jeden religiösen oder nationalbewußten Juden war dies das Heilige Land, das niemals Gegenstand von Verhandlungen sein konnte und nicht aufgegeben werden durfte.
Und dann gab es dort natürlich noch das Kronjuwel — Jerusalem, ewiges Symbol des jüdischen Volkes, Ort der beiden Tempel, Hauptstadt König Salomons. Wenn wir tief bewegt vor der Klagemauer standen, wenn wir auf den Scopusberg oder den Ölberg stiegen, wenn wir um die Mauern der Altstadt herumgingen oder zu den Ruinen der alten jüdischen Viertel fuhren, wußten wir tief in unseren Herzen, daß wir diesen Ort niemals aufgeben würden.
Ein paar Wochen nach dem Sechstagekrieg wurde Jerusalem durch einstimmigen Beschluß der zionistischen Mitglieder der Knesset vom Staat Israel annektiert. Aber was sollte aus dem Rest des Westjordanlandes werden? »Wir sind an diese Orte zurückgekehrt und werden sie nie wieder verlassen«, erklärte Dayan. Aber dieselben Orte waren auch die Heimat der Palästinenser, sie waren dicht bevölkert von einer Nation, die uns haßte, und wurden vom Rest der Welt als ein Teil des Königreichs Jordanien betrachtet. Und das war der zentrale Punkt des Palästinenser-Pro-

blems: Sollten wir das Westjordanland annektieren? Oder sollten wir den Zugang für die israelische Bevölkerung sperren? Sollten wir mitten unter der palästinensischen Bevölkerung siedeln? Sollten wir versuchen, mit den ansässigen Arabern zusammenzuleben, oder sie von dem begehrten Land vertreiben?

2. KAPITEL

Nein, diesmal werden sie nicht weglaufen

Der unerwartete Sieg von 1967 löste in ganz Israel, sogar bei kühlen Köpfen, einen gewaltigen emotionalen Ausbruch aus und beflügelte die Phantasie der Menschen. Ich selbst war tief in die leidenschaftliche Debatte über die Zukunft des Westjordanlandes verstrickt. Kurz vorher war ich zu Dayans Mitarbeiter ernannt worden und hatte daher Gelegenheit, den größten Teil der dramatischen Ereignisse seit 1948 als Insider zu beobachten und zum ersten Mal in meinem Leben die politische Szene zu betreten, wenn auch in einer unwichtigen Rolle.

Es war Ben Gurion, der mich, ohne es zu wissen, mit dem Politik-Virus infiziert hatte. 1965 versuchte ich eines Abends, wie schon so oft zuvor, ihn zu überreden, seine Memoiren zu schreiben. »Nein«, hatte er gesagt. »Die Politik nimmt mich zu sehr in Anspruch. Ich habe keine Zeit.«

»Aber, Ben Gurion«, protestierte ich, »du mußt Geschichte schreiben.«

»Geschichte sollte man nicht schreiben.« sagte er nachdrücklich. »Geschichte muß man machen.«

Diese Worte beeindruckten mich sehr; obwohl ich als Schriftsteller und Journalist einigen Einfluß hatte, war ich der Meinung, daß man nur als Politiker Geschichte machen konnte. Nach und nach stieg ich in die Politik ein und hoffte, eines Tages in die Knesset gewählt zu werden.

Man konnte sich Ben Gurions Persönlichkeit und seinen politischen Ideen einfach nicht entziehen. Während ich an seiner Biografie arbeitete, trat ich dem Kreis seiner treuen Anhänger bei. Zusammen mit Moshe Dayan, Shimon Peres, Yitzhak Navon, Chaim Herzog und anderen war ich ein Begründer seiner neuen Partei, der Rafi.
Die Rafi erreichte bei den allgemeinen Wahlen 1965 kein gutes Ergebnis. Wir gewannen nur zehn Mandate und fühlten uns auf lange Zeit dazu verurteilt, auf der harten Oppositionsbank zu sitzen. Aber zwei Jahre später kam der Sechstagekrieg, der das politische Establishment erschütterte und einen Wandel in unserer Führung einleitete. Moshe Dayan wurde Chef der Rafi. Ben Gurion hatte allerdings weiterhin einen enormen moralischer Einfluß, er wurde als Vater der Nation angesehen, und sein Löwenkopf mit den streitlustigen Zügen und dem Heiligenschein aus weißem Haaren wurde zum Symbol der Wiedergeburt Israels. Aber ich bemerkte, daß Ben Gurion sich langsam aus der aktiven Politik zurückzog und wie der alte Soldat in der Legende allmählich verblaßte.

Nach dem Krieg liefen einige von Ben Gurions ergebensten Bewunderern zum annexionistischen Lager über. Das Westjordanland und Jerusalem seien nicht besetzt, sondern befreit worden, sagten sie. Sie behaupteten, dies sei auch die Ansicht Ben Gurions und sie würden sich mit ihrer Auffassung eng an das Konzept des Gründervaters Israels halten.
Nach den langen Gesprächen mit dem »alten Mann« und aus seinen Briefen und Tagebuchaufzeichnungen wußte ich, daß sie recht hatten, aber nur bis zu einem gewissen Grad. Es ist wahr, daß Ben Gurion viele Jahre lang ein unerschütterlicher Anhänger der Idee eines Groß-Israel war. Ich fand allerdings heraus, daß er in den Mittfünfzigern

eine tiefgreifende Verwandlung durchgemacht hatte: Sein Mut und sein Realitätssinn hatten über seine emotionalen Bindungen an die alten Grenzen seines Heimatlandes gesiegt.
In seiner Jugend hatte Ben Gurion von einem jüdischen Staat geträumt, der sich wie im alten Königreich Israel zu beiden Seiten des Jordan ausdehnte. Die Grenzen Palästinas, wie sie nach dem Ersten Weltkrieg vom Völkerbund festgesetzt waren, paßten in dieses Konzept. 1920 betraute die Konferenz von San Remo Großbritannien mit dem Mandat über das gesamte Palästina. Ein Jahr später trennte der Kolonialsekretär Seiner Majestät, Winston Churchill, den östlichen Teil des biblischen Palästina gewaltsam von dem Gelobten Land ab und schuf das künstliche Emirat von Transjordanien. Churchill mußte ein Ersatz-Königreich für den Haschemiten Prinz Abdullah schaffen, der ein Freund Lawrence von Arabiens und im Krieg Großbritanniens Verbündeter war. Abdullah war bei der zynischen Aufteilung des Mittleren Ostens zwischen England und Frankreich leer ausgegangen und ohne Thron geblieben. Ben Gurion fand sich allmählich mit den neuen Gegebenheiten ab und beschränkte sich auf das Mandat Palästina, das Land, das westlich des Jordan liegt.
Dann schlug 1937 eine britische Untersuchungskommission unter Leitung von Lord Peel vor, das Mandat Palästina in einen großen Palästinenserstaat, eine britische Enklave (einschließlich Jaffas und Jerusalems) und einen kleinen jüdischen Staat aufzuteilen, der sich hauptsächlich auf das flache Küstenland beschränken sollte. Und zur Verblüffung seiner Aktivistenfreunde befürwortete Ben Gurion öffentlich diesen Teilungsplan.
Sie konnten es nicht glauben. Der militante Ben Gurion, der immer von einem großen jüdischen Staat geträumt hatte, ließ seine Freunde und Verbündeten im Stich — Ta-

benkin, Berl Katznelson, Ben-Aharon, Golda Meir — und machte gemeinsame Sache mit der duckmäuserischen, gemäßigten Gruppe, die er eigentlich verachtete, mit Menschen wie Weizmann, Sharett, Locker und Goldman. Er wurde angegriffen und mit Kritik überschüttet, die vorwiegend aus dem eigenen Lager kam. »Warum, Ben Gurion?« schrieben sie oder riefen es ihm auf öffentlichen Veranstaltungen zu. »Wie konntest du nur!«

Aber er antwortete nicht. Er verriet keinem die Gründe für seinen Meinungswandel, nur seinem Sohn Amos. »Amos war der einzige, der die Wahrheit kannte«, sagte er Jahre später zu mir. Amos, der zu der Zeit achtzehn Jahre alt war, hatte einen Protestbrief an seinen Vater geschrieben. »Ich verstehe dich nicht. Wie kannst du, der Verfechter des Groß-Zionismus und Groß-Israels, einer solchen Teilung zustimmen?«

Ben Gurion offenbarte ihm seine geheimen Pläne und schrieb ihm: »Ein geteilter jüdischer Staat ist nicht das Ende, sondern nur der Anfang ... Wir werden so viele Juden wie möglich in diesem Staat unterbringen ... Wir werden eine moderne Verteidigungsstreitmacht aufbauen, eine auserlesene Armee ..., und ich bin davon überzeugt, daß uns niemand daran hindern wird, in anderen Teilen des Landes zu siedeln, entweder indem wir uns mit unseren arabischen Nachbarn einigen oder auf eine andere Weise. Ich bin nicht für den Krieg ..., [aber wenn] die Araber an [ihren] nationalistischen Gefühlen festhalten und zu uns sagen: ›Uns ist lieber, die Negev bleibt unfruchtbar, als daß sich Juden dort ansiedeln‹, dann werden wir in einer anderen Sprache mit ihnen reden müssen. Aber eine andere Sprache werden wir erst dann haben, wenn wir einen Staat haben.«

Mit anderen Worten, Ben Gurion sah in dem amputierten jüdischen Staat ein Sprungbrett zu einem Groß-Israel. Er

hatte seine Träume nicht aufgegeben, sondern nur beschlossen, sie stufenweise zu verwirklichen.
Zunächst sollte ein winziger jüdischer Staat gegründet werden, so daß Juden aus aller Welt in ihr Heimatland zurückkehren könnten. In einer zweiten Phase würde eine schlagkräftige jüdische Armee entstehen. Und dann würde dieser jüdische Staat in der dritten Phase sein Gebiet mit oder ohne die Zustimmung der Araber weiter ausdehnen. (Heute, fünfzig Jahre später, verfolgen die Palästinenser die gleiche schrittweise Taktik. Öffentlichen Erklärungen der PLO zufolge liegen ihrem Hauptplan verschiedene Phasen zugrunde: als erste die Gründung eines kleinen palästinensischen Staates im Westjordanland, dann die Rückkehr der arabischen Flüchtlinge aus der Diaspora und schließlich die bewaffnete Befreiung aller Palästinenser. Die Ähnlichkeit ist erschreckend, zumindest für die Juden.)
1937 scheiterte der Teilungsplan des Lord Peel, aber zehn Jahre später akzeptierte Ben Gurion den Teilungsplan der Vereinten Nationen. Er hatte seine Meinung nicht geändert, und seine Gebietsansprüche waren dieselben geblieben. Er bezeichnete die Teilungsgrenzen als »lächerlich«, akzeptierte sie aber, weil er damit rechnete, daß die arabischen Staaten sie ablehnen würden, was sie dann auch taten. Sie fielen in Palästina ein und lieferten damit Ben Gurion einen Vorwand, das Gebiet des jüdischen Staates auszudehnen. Im Unabhängigkeitskrieg Israels flohen Hunderttausende von palästinensischen Arabern in Panik vor der vorrückenden israelischen Armee, und Ben Gurion unterstützte aktiv diesen Exodus. In seinem Tagebuch fand ich verschiedene Eintragungen, die sich auf seine Gebietsansprüche bezogen. Die Armee sollte erst das ganze Westjordanland befreien, schrieb er, um den Jordan zu erreichen, »denn schließlich ist er unsere natürliche Grenze«.

Aber als der Krieg schließlich 1949 zu Ende war, hatte Ben Gurion seine territorialen Träume nicht verwirklichen können. Ein großer Teil des Westjordanlandes, einschließlich der Städte Hebron, Nablus, Jericho und Ost-Jerusalem, blieb in Händen der jordanischen Armee.

Mein Freund, der Schriftsteller Chaim Gouri, berichtete mir, er habe den »alten Mann« einige Tage nach dem Kriegsende gefragt: »Ben Gurion, warum hast du die besetzten Gebiete nicht befreit?«

Ben Gurion hatte geantwortet: »Es bestand die Gefahr, daß wir uns mit einer feindlichen arabischen Mehrheit hätten herumschlagen müssen..., und es hätte zu Verwicklungen mit den Vereinten Nationen und den Großmächten geführt, und die Staatsfinanzen wären unter der Last zusammengebrochen. Trotzdem haben wir ein großes Gebiet befreit, viel mehr, als wir dachten. Jetzt haben wir Arbeit für zwei oder drei Generationen. Was den Rest anbetrifft, so werden wir später weitersehen...«

Der Realist in ihm hatte über den Visionär gesiegt, der Staatsmann hatte die Oberhand über den Eroberer behalten.

Trotzdem hat er seinen Traum nicht völlig aufgegeben.

Einige Monate später reiste er in den Süden, um den kürzlich befreiten Hafen von Eilat am Roten Meer zu besuchen. Als die Kolonne durch das Jordantal fuhr, stieg Ben Gurion aus seinem Jeep und blickte auf die Edom-Berge jenseits der jordanischen Grenze. Neben ihm stand der junge, gutaussehende General Yigal Allon, einer der Helden des Unabhängigkeitskrieges.

»Wie würdest du diese Hügel einnehmen?« fragte Ben Gurion ihn und zeigte auf die schroffen Bergspitzen, die von einem purpurnen Dunst eingehüllt waren.

Allon dachte über das Problem nach, erklärte, welchen Weg er nehmen würde und wie viele Soldaten erforderlich

wären. Plötzlich hielt er inne und fragte erstaunt: »Warum fragst du? Willst du diese Hügel erobern?«
Beiläufig murmelte der »alte Mann«: »Ich? Nein. Aber du wirst sie eines Tages erobern.«

Trotzdem hoffte Ben Gurion immer noch, daß er irgendwann das restliche Palästina befreien könnte. In seinem Archiv fand ich zahlreiche Beweise dafür, daß er in den ersten Jahren, die folgten, insgeheim die nächste Phase geplant hatte, in der er seine Gebietsansprüche verwirklichen wollte. 1956 ging er sogar so weit, seinem Freund, dem französischen Premierminister Guy Mollet, einen Plan über die Neustrukturierung des Mittleren Ostens vorzulegen, »im wohlverstandenen Interesse Frankreichs, Englands und Israels«. Der Plan beinhaltete die Beseitigung des ägyptischen Präsidenten Nasser und die Demontage des Libanon, dessen Süden an Israel und dessen östliche Provinzen an Syrien fallen sollten. Aus dem Rest sollte ein christlicher Staat werden. Schließlich sah der Plan die Teilung Jordaniens vor. Westjordanland sollte von Israel und das Ostufer vom Irak annektiert werden.
Ich erfuhr, daß Ben Gurions dramatischer Gesinnungswandel einige Wochen nach der Beendigung des Sinai-Krieges stattgefunden hatte. Während des einwöchigen Krieges im Oktober 1956 startete die israelische Armee eine Blitz-Offensive gegen Ägypten, besetzte den Gazastreifen und Sinai und rückte bis an das Ufer des Suezkanals vor. Aber als der siegreiche Ben Gurion die arabischen Städte und Flüchtlingslager im Gazastreifen und im Nord-Sinai besuchte, wurde er mit einer neuen Realität konfrontiert, die ihn tief erschütterte: Die Palästinenser waren diesmal nicht wie 1948 vor der heranrückenden israelischen Armee geflohen. Da sie wußten, daß die israeli-

schen Soldaten zivilisierte Menschen waren und nicht die mordlustigen Ungeheuer, die sie 1948 in ihnen gesehen hatten, verbarrikadierten sie ihre Türen und hißten weiße Fahnen als Zeichen der Kapitulation.

Ben Gurion erkannte, daß er sich jetzt und in Zukunft mit dieser neuen Realität abfinden mußte: Die Palästinenser würden nicht mehr fliehen. Sollten die Israelis jemals das Westjordanland besetzen, so würden sie sich mit einer Million oder mehr feindlichen Palästinensern auseinandersetzen müssen. Und nur durch ihre zahlenmäßige Überlegenheit würden diese Palästinenser eines Tages das kritische Gleichgewicht zwischen Arabern und Juden zu ihren Gunsten verschieben, der jüdischen Überlegenheit im Lande Israel und damit letztendlich dem jüdischen Staat selbst ein Ende bereiten.

Ich kannte Ben Gurion als einen wagemutigen Mann, der sich an der Realität orientierte, ganz gleich, wie unbequem sie auch sein mochte. Als er an diesem Wintertag durch die Flüchtlingslager im Gazastreifen fuhr und die vielen Menschen sah, die sich an ihr karges, armseliges Stückchen Land klammerten, begriff er, daß er von seinem Traum eines Groß-Israel Abschied nehmen mußte. »Diesmal werden sie [die Palästinenser] nicht weglaufen«, sagte er zu seinen Freunden. Das wurde zu einem geflügelten Wort. In Zukunft konzentrierte er seine Kräfte darauf, das zu erhalten, was er erreicht hatte, und darauf, mehr jüdische Einwanderer ins Land zu bringen.

In den Jahren nach der Sinai-Kampagne kamen seine jungen Mitarbeiter Dayan, Laskow oder andere wiederholt zu ihm und sagten: »Ben Gurion, Husseins Thron wackelt. Jetzt ist die Zeit gekommen, das Westjordanland zu erobern« oder »Ben Gurion, Iraks Regierung ist gestürzt, Syrien hat große innenpolitische Schwierigkeiten. Jetzt ist die Zeit für uns gekommen, an den Jordan vorzurücken.«

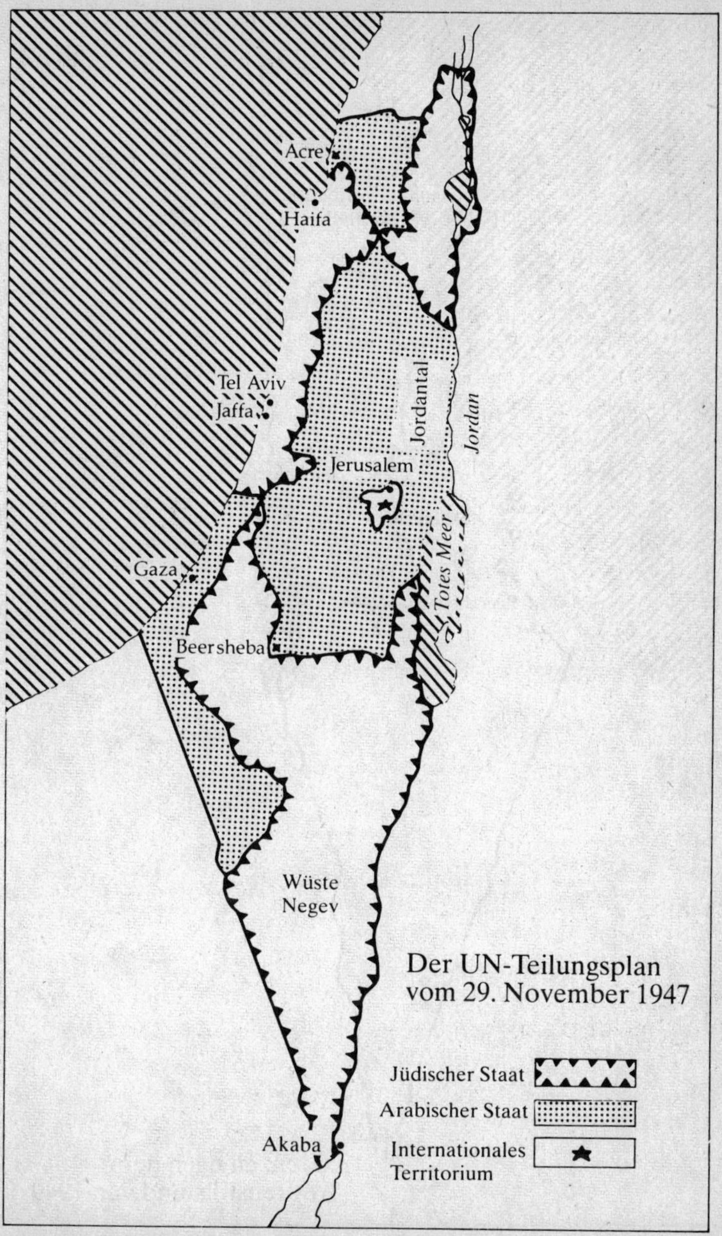

Der UN-Teilungsplan vom 29. November 1947

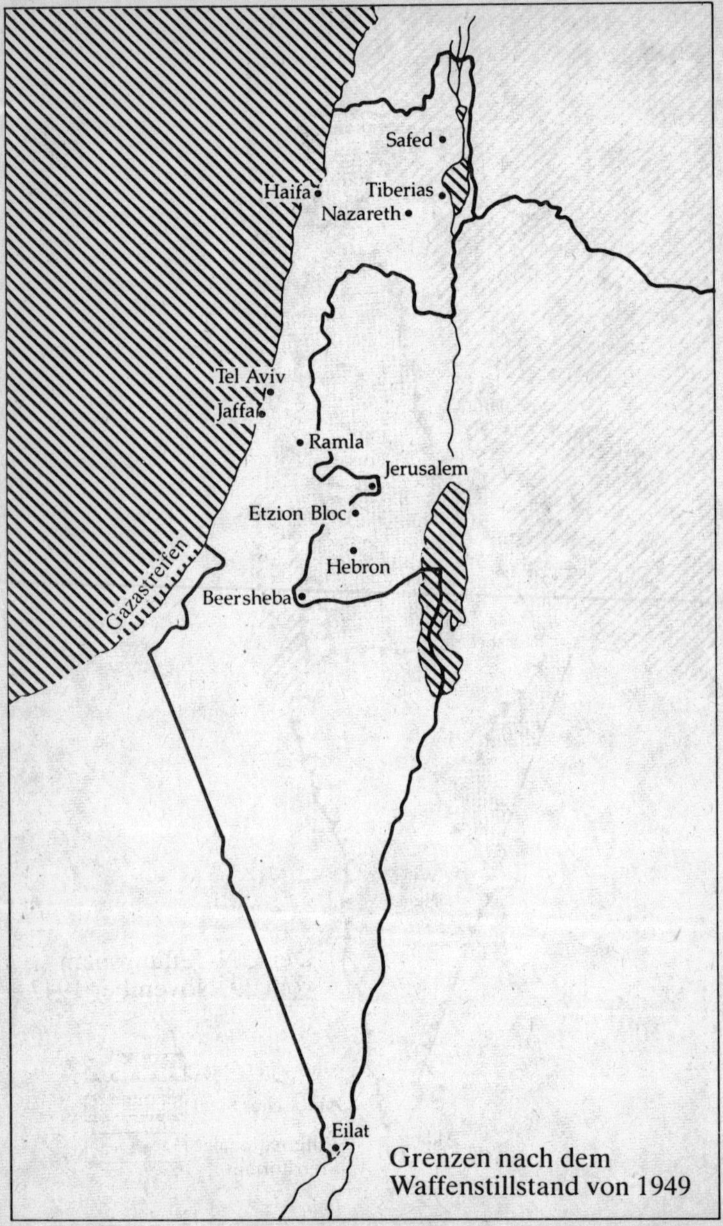

Grenzen nach dem
Waffenstillstand von 1949

Aber seine Antwort war immer die gleiche: »Nein, denn diesmal werden sie nicht weglaufen.«
Er blieb seiner Überzeugung sogar nach dem Sechstagekrieg treu, als ganz Israel von einem Freudentaumel erfaßt war und vor Selbstbewußtsein strotzte. Nach dem überraschenden Sieg gingen viele israelische Spitzenpolitiker dazu über, ihre Reden mit Bibelzitaten zu schmücken, und überschütteten die Menschenmengen mit Parolen über die Heiligkeit des Landes Israel und des Westjordanlandes, »von dem wir uns niemals trennen würden«.
Aber der »alte Mann«, den viele so behandelten, als sei er »senil« oder »verwirrt«, behielt einen klaren Kopf. »Für einen wirklichen Frieden«, hörte ich ihn 1967 sagen, »würden wir alle unsere besetzten Gebiete außer Jerusalem und den Golanhöhen aufgeben.«
Er hatte tatsächlich von einem Groß-Israel geträumt. Aber als er die Wahl zwischen einem großen Land und einer jüdischen Mehrheit, zwischen dem jüdischen Land und dem jüdischen Staat hatte, entschied er sich für die jüdische Mehrheit und den jüdischen Staat.
Doch 1967 war Ben Gurion schon ein sehr alter Mann, der sich in seinen Kibbuz in der Negev zurückgezogen hatte und weit davon entfernt war, noch Einfluß auf die Geschicke der Nation nehmen zu können. Zwei andere Männer sollten die Zukunft von Judäa und Samaria bestimmen — zwei Männer, die Freunde und Rivalen waren, Kameraden in der Armee und politische Gegner, die tiefen Respekt voreinander hatten und sich dennoch gegenseitig heftig kritisierten. Diese beiden Männer, die beide Anwärter für das Amt des israelischen Regierungschefs waren — und die beide verlieren mußten, weil sie nicht gelernt hatten, mit vereinten Kräften zu kämpfen —, waren Moshe Dayan und Yigal Allon.

3. KAPITEL

Wer will schon ein Imperium?

1938, ein Jahr vor dem Ausbruch des Zweiten Weltkriegs, wurde Dr. Chaim Weizmann, dem Präsidenten des Weltverbandes der Zionisten, ein Foto vorgelegt. Es zeigte Yitzhak Sadeh, den Kommandeur der jüdischen Untergrundorganisation Hagana. Sadeh, ein Mann mit breitem Gesicht, grinste selbstbewußt in die Kamera und drückte zwei junge Männer herzlich an sich.

Die beiden jungen Männer sahen gut aus, trugen Kakhiuniformen und präsentierten stolz ihre Gewehre. Der rechte hatte einen leidenschaftlichen Gesichtsausdruck, eine glatte Stirn und das rebellische Aussehen eines Lord Byron; das war Yigal Allon. Der auf der linken Seite hatte ein fein gezeichnetes Gesicht und ein etwas schiefes, trotziges Lächeln. Er hatte sein Auge noch nicht verloren und trug noch nicht jene schwarze Augenklappe, die ihm das Aussehen eines Piraten verlieh und bald in der ganzen Welt bekannt werden sollte. Das war Moshe Dayan.

Weizmann drehte das Foto um und schrieb voller Stolz auf die Rückseite: *L'Etat Major,* was soviel bedeutet wie »Der Generalstab«.

Die Geschichte sollte ihm recht geben. Neun Jahre später kommandierte Yitzhak Sadeh die ruhmreiche Siebte Brigade im Unabhängigkeitskrieg Israels. Yigal Allon übertraf seinen Lehrmeister sogar noch und tat sich in diesem Krieg als der beste General der israelischen Armee hervor.

Moshe Dayan, dessen Talent sich erst in der Entwicklung befand, sollte ein paar Jahre später als siegreicher Oberbefehlshaber der Armee im Sinaikrieg von 1956 und als Verteidigungsminister, der 1967 das gesamte arabische Bündnis zerschlug, berühmt werden.

Zwischen den beiden Helden entwickelte sich eine seltsame Beziehung. Ich kannte sie gut und hatte das Gefühl, daß ihnen vieles gemeinsam war: Beide stammten aus dem Norden; beide waren Bauern, Allon im Kibbuz Genosar, Dayan in der Kooperative Nahalal; beide lebten unter Arabern, verstanden ihre Sprache und respektierten sie; beide waren charismatische Führerpersönlichkeiten, die vom größten Teil der jüngeren Generation Israels bewundert wurden; beide waren geborene Kämpfer in der Hagana und ihrer Kommandoeinheit, der Palmach, schnell aufgestiegen; und beide hatten weitreichende politische Ziele.

Trotzdem war ihr Leben ein immerwährendes Duell. Allons Traum, Oberbefehlshaber der Armee zu werden, erfüllte sich nicht. Nach vier Jahren zog er sich enttäuscht aus dem aktiven Dienst zurück. Dayan bekam die Position. Der Grund war rein politischer Natur: Allon war Mitglied der linken Ahdut-Haavoda-Partei; Dayan war einer der jungen Führer der Mapai-Partei, die von David Ben Gurion gegründet worden war.

Später wurden beide Minister, aber ihre alte Rivalität flackerte immer wieder auf und erreichte ihren Höhepunkt am Vorabend des Sechstagekriegs. Levi Eshkol, der gleichzeitig das Amt des Premierministers und des Verteidigungsministers innehatte, wurde durch den Druck der Öffentlichkeit gezwungen, das Verteidigungsressort abzugeben und einen jüngeren, kompetenteren Mann damit zu betrauen. Eshkols Wahl hätte auf Allon fallen können; aber der Druck der Öffentlichkeit zwang ihn, Dayan zu er-

nennen. Und Dayan konnte am 10. Juni 1967 alle Lorbeeren für sich ernten.
Nach dem Sechstagekrieg arbeitete ich mit Dayan zusammen und war Zeuge mancher wichtigen Entscheidung, Zeuge seines Mutes und seiner Weitsicht. Als Verteidigungsminister war er für die besetzten Gebiete und die 1,1 Millionen Araber, die dort lebten, verantwortlich. Er mußte Israel die Mittel an die Hand geben, ein feindliches, verbittertes Volk zu regieren, ohne die Israelis zu Unterdrückern werden zu lassen. Es sollte sich sehr bald herausstellen, daß er der richtige Mann für diese Aufgabe war.
Die Kampfhandlungen waren kaum beendet, da vollzog er schon den ersten Schritt. Er setzte sich über die Ratschläge der Armee hinweg, die ein Blutbad befürchtete, und ließ alle Barrieren zwischen den arabischen und jüdischen Teilen Jerusalems entfernen, so daß sie sich ungehindert vermischen konnten. Diese symbolische Vereinigung der Stadt sollte ein Riesenerfolg werden.
Dayans zweiter Schritt war mindestens genauso umstritten. Er hoffte, die Unzufriedenheit der Palästinenser durch eine Erhöhung des Lebensstandards entschärfen zu können und öffnete aus diesem Grund Israel für Tausende von Arbeitern aus den besetzten Gebieten. Der dadurch entstehende Wohlstand im Westjordanland und im Gazastreifen war beispiellos; die Verbitterung der Araber wurde dadurch eindeutig gemildert und ihre Motivation, gegen die israelischen Besatzer zu revoltieren, allmählich abgebaut.
Als dritte, höchst ungewöhnliche Maßnahme öffnete Dayan auch die Grenze nach Osten. Um trotz der Besetzung des Westjordanlands eine Atmosphäre der Zusammenarbeit mit Jordanien zu schaffen, rief er eine Politik der »offenen Brücken« über den Jordan ins Leben. Seitdem sind Hunderte von Lastwagen über die Demarkationslinie zwischen den beiden kriegführenden Nationen Israel und Jor-

danien gefahren. Sie halten einen blühenden Handel mit landwirtschaftlichen Produkten, Industriegütern und technischen Geräten zwischen Israel, dem Westjordanland, Jordanien und dem gesamten Mittleren Osten aufrecht.

Dayan öffnete die Brücken auch für den allgemeinen Reiseverkehr und verschaffte so den Palästinensern die Möglichkeit, nach Jordanien und damit auch in jedes andere Land des Mittleren Ostens zu reisen; ihre Familien konnten sie in jedem Sommer besuchen. Außerdem eröffnete er eine Pilgerstraße nach Mekka, die in den letzten Jahren auch von israelischen Arabern benutzt worden ist.

Trotzdem waren wir immer noch eine Besatzungsmacht. Wir vergaßen nie, daß selbst die vorurteilsfreieste Besatzung immer noch eine Besatzungsmacht ist. Wir hatten keine Gebrauchsanweisung für Besatzermethoden; wir konnten höchstens von anderen Nationen lernen, wie man es nicht machen sollte. Ende des Sommers 1967 kam es im Westjordanland zum ersten Generalstreik, bei dem Tausende von Palästinensern ihre Geschäfte und Läden schlossen. Ich war in Dayans Büro, als die Armeegeneräle erklärten, daß sie die Läden gewaltsam öffnen wollten. »Wir knacken die Vorhängeschlösser, dann werden diese verdammten Ladenbesitzer blitzschnell wieder dasein.«

»Niemand knackt hier irgendwelche Schlösser!« fuhr Dayan sie an und bat um ein Treffen mit den führenden Persönlichkeiten der Palästinenser. Die Begegnung sollte am Nachmittag des nächsten Tages stattfinden. Als wir ankamen, erwartete uns eine große Menschenmenge. Die meisten trugen arabische Galabiyas (weite, wollene Gewänder; A. d. Ü.) und dunkle europäische Anzüge.

»Ich bin der Verteidigungsminister Israels und nicht des Westjordanlands«, sagte Dayan zu den Anwesenden. »Mir geht es um die Verteidigung Israels. Alles andere interessiert mich nicht. Wenn ihr eure Geschäfte zumachen wollt, bitte sehr, das ist mir völlig egal. Es sind eure Geschäfte. Wenn eine Frau aus Tel Aviv in Ramallah Gummiband für ihre Höschen kaufen will, weil es da billiger ist, hat sie eben Pech und wird in ein Geschäft in Tel Aviv gehen müssen. Na und? Ihr könnt eure Geschäfte schließen, ihr könnt sie aufmachen, ich werde mich da nicht einmischen.

Ihr habt etwas dagegen, daß unsere Soldaten durch eure Städte patrouillieren, euch anhalten und durchsuchen und euch das Leben schwermachen. Ich kann euch gut verstehen. Wir werden uns bemühen, möglichst viele Soldaten aus euren Städten abzuziehen.

Wenn aber eure Leute unsere Sicherheit gefährden, werde ich die Armee zurückholen. Wenn eure Kinder unsere mit Steinen bewerfen, werde ich die Schulen schließen lassen. Wenn ihr Straßensperren baut, werde ich eine Ausgangssperre verhängen. Es liegt an euch«, schloß Dayan.

In ein paar Tagen war der Streik vorüber.

Während der ersten Monate nach dem Sechstagekrieg machten wir ausgedehnte Reisen durch alle besetzten Gebiete, lernten Tausende von Leuten kennen — Bürgermeister, Intellektuelle, Arbeiter, Bauern, Scheichs, Religionsführer, Flüchtlinge; Dayan sprach auch mit Lehrern, Dichtern, Journalisten und prominenten Politikern. Selbst die radikalsten Palästinenser waren von seinem echten Interesse und seiner Bereitschaft beeindruckt, sich ihre Probleme und Meinungen anzuhören. »Ich hatte nicht damit gerechnet, daß ›Mussa‹ Dayan mich mit solchem Respekt behandeln würde«, gestand mir ein Bürgermeister im Westjordanland. Ich glaube, Dayan hatte mehr Verständnis für die Realitäten im Westjordanland als jeder andere.

Wenn man ihn allerdings fragte, wie er sich einen Frieden

mit den Palästinensern und Jordaniern vorstelle, konnte er keine tragfähige Lösung anbieten.
Dayan hatte einen scharfen Verstand und konnte jede Situation kühl analysieren. Aber seltsamerweise mangelte es ihm an der Fähigkeit, eine klare, solide Antwort auf die Probleme zu formulieren. Seine Einschätzung der Situation im Westjordanland war die beste, die mir je zu Ohren gekommen war. Aber wenn er über Lösungen sprach, wurde er plötzlich nebulös und mitunter sogar widersprüchlich. Dann äußerte er irgend etwas darüber, wie Juden und Araber zusammenleben könnten und daß man jetzt noch keine definitiven Lösungen finden könnte, und sprach von praktikablen Übergangslösungen.
Manchmal erwähnte er eine unilaterale Autonomie oder einen »funktionalen Kompromiß«; manchmal propagierte er eine gemeinsame Regierung Israels und Jordaniens über das Westjordanland und schlug vor, Jordanien solle die Souveränität über die Einwohner und Israel die Souveränität über das Land haben.
Dayan verfügte über eine schöpferische, unkonventionelle Intelligenz, mit der er zahllose originelle Ideen und kühne Ansätze entwickelte. Er wollte nicht Gefangener irgendeines fest umrissenen, starren Plans werden; statt dessen bemühte er sich darum, praktische Lösungen zu finden, die aber nur wenig Licht auf die Zukunft werfen konnten. Er bewegte sich Schritt für Schritt auf eine Lösung zu, die eine Evakuierung des Westjordanlands unnötig machen würde; er war mit Entschiedenheit gegen eine Annexion des Westjordanlands durch Israel und lehnte mit der gleichen Heftigkeit den Gedanken an einen teilweisen oder vollständigen Rückzug aus dem Westjordanland ab. Möglicherweise war seine Bindung an die historische Wiege unseres Volkes so eng, so intensiv, daß er die Formulierung eines territorialen Kompromisses nicht

über die Lippen bringen konnte — er konnte nicht einmal daran denken.
Ein enger Freund Ben Gurions sagte einmal zu mir: »Zwei Männer haben Ben Gurions Erbe angetreten: Moshe Dayan und Shimon Peres. Moshe hat sein Charisma geerbt, Shimon seine Visionen.«
Das traf in vieler Hinsicht zu. Dayans Charisma war überwältigend; Peres' Vision sollte sich in einem entscheidenden Augenblick der Geschichte offenbaren, wie wir im weiteren Verlauf dieses Berichts sehen werden. Aber der erste, der im Hinblick auf die Palästinenserfrage eine brillante Kostprobe seiner Vision gab, war Dayans alter Freund und Rivale Yigal Allon.
Ich kannte Yigal Allon gut aus der Zeit, als ich noch in Paris Korrespondent der *Lamershav* war; das war die Zeitung von Allons Partei. Allon war nicht so militant wie Dayan und hatte auch keine so enge Bindung an das biblische Land Israel. Seit Jahren hatte er die Idee eines Groß-Israel unterstützt und von einer Erweiterung unserer östlichen Grenze bis zum Jordan geträumt. Nach dem Sechstagekrieg wollte er beweisen, daß er mindestens genauso patriotisch war wie Dayan, und machte dabei einen entscheidenden Fehler: Er setzte die Regierung unter Druck, eine jüdische Stadt zu bauen — Kiryat Arba —, und zwar auf einem Hügel, von dem aus man auf die Stadt Hebron blicken kann, in der Abraham in einem Tempel begraben liegt, der sowohl den Arabern als auch den Juden heilig ist. Kiryat Arba sollte ein Unruheherd werden, da viele jüdische Extremisten sich dort ansiedelten.
Aber Kiryat Arba war eine Ausnahme: Allon ließ sonst seinen Verstand nicht durch seine Gefühle beeinflussen und legte mehr Mut und Weitblick an den Tag als alle anderen, wenn er in einer äußerst komplizierten Situation politische Schlüsse zog.

Als die Nation im Sommer 1967 noch im Siegestaumel war, sprach Ben Gurion als erster über einen Rückzug aus den besetzten Gebieten als Austausch für einen Frieden. Weder Dayan noch Peres äußerten sich in dieser Weise. Unter den prominenten Führern Israels war Yigal Allon der einzige, der ähnlich dachte wie Ben Gurion und einen Plan für einen Frieden zwischen Israel und Jordanien entwarf.
1967 war Allon nicht mehr der gutaussehende, schneidige General von 1948. Viele seiner Hoffnungen waren enttäuscht worden. Verbitterung hatte seine Persönlichkeit geprägt. Eine Erkrankung der Gesichtsnerven hatte sein Gesicht entstellt und verursachte ein krampfartiges Zucken, das ihn sehr behinderte. Aber sein Plan sollte beweisen, daß er immer noch einen klaren Verstand und Ideenreichtum besaß.
Der Allon-Plan ging von zwei Voraussetzungen aus: Die erste war, daß wir Jordanien den größten Teil der Gebiete zurückgeben sollten, die wir im Sechstagekrieg erobert hatten; die zweite Voraussetzung war, daß wir nicht zu der alten Situation zurückkehren könnten, da die jordanische Armee sich in diesem Fall in gefährlicher Nähe unserer dichtbevölkerten Gebiete befinden würde. Aus diesem Grund schwebte Allon eine Lösung vor, bei der keine arabische Armee das Westjordanland betreten dürfte und Israels Verteidigungsgrenze durch den Jordan markiert würde.
Ich kann mich noch gut daran erinnern, wie Allon mich im Winter 1967 zum erstenmal über seinen Plan informierte. Er war zu der Zeit Erziehungsminister, und wir trafen uns in dem schäbigen Gebäude des Ministeriums in Jerusalem. Es war bitterkalt in jenem Winter, und Allon behielt seinen alten Trenchcoat aus grobem braunen Stoff an. Er breitete die Karte, die ich mitgebracht hatte, auf sei-

nem Schreibtisch aus und zeigte auf das Westjordanland.

Die besetzten Gebiete stellten eine große Enklave dar, die an drei Seiten von israelischem Gebiet umschlossen wurde. Die Grenze war durch eine dünne grüne Linie markiert, das heißt die Grenze vor dem 1967er Krieg. (Die Bezeichnung »grüne Linie«, die sich von den grünen Grenzlinien in den Schulatlanten herleitet, ist seitdem in Israel der populäre Ausdruck für die Grenze von 1967.) An der vierten Seite markiert der Jordan die Grenze Israels. Die Enklave sieht ungefähr wie eine Niere aus, wobei sich die gekrümmte Seite um Jerusalem herumschlängelt und die gerade Linie dem Fluß folgt.

Allon erklärte mir, welche Teile des Westjordanlands wir auf jeden Fall behalten müßten: vor allem natürlich Jerusalem; den Etzion-Block (ein Gebiet südlich von Jerusalem, vor dem Unabhängigkeitskrieg eine jüdische Siedlung, die von Abdullah, Husseins Großvater, erobert worden war); die Nordküste des Toten Meeres und einen Streifen des Jordanufers.

Während er sprach, zeichnete er auf der Karte eine Linie, die den neuen Grenzverlauf markieren sollte. Sie durchschnitt verschiedene Teile der Niere, ließ aber den größten Teil intakt, weil sie durch zwei krebsscherenartige Gebiete im Norden und Süden zusammengehalten wurde. Die Scheren kamen zusammen, berührten sich aber nicht; zwischen ihnen lag Jericho. Allon zeigte auf das Jordantal. »Hier wird die israelische Armee Stellung beziehen und dafür sorgen, daß keine arabische Armee den Fluß überquert«, sagte er.

»Und was ist mit der Verbindung zwischen dem Westjordanland und Jordanien?« fragte ich ihn.

»Hier.« Allon setzte seinen Bleistift auf Jericho und zeichnete einen Korridor über den Fluß. »Territoriale Kontinui-

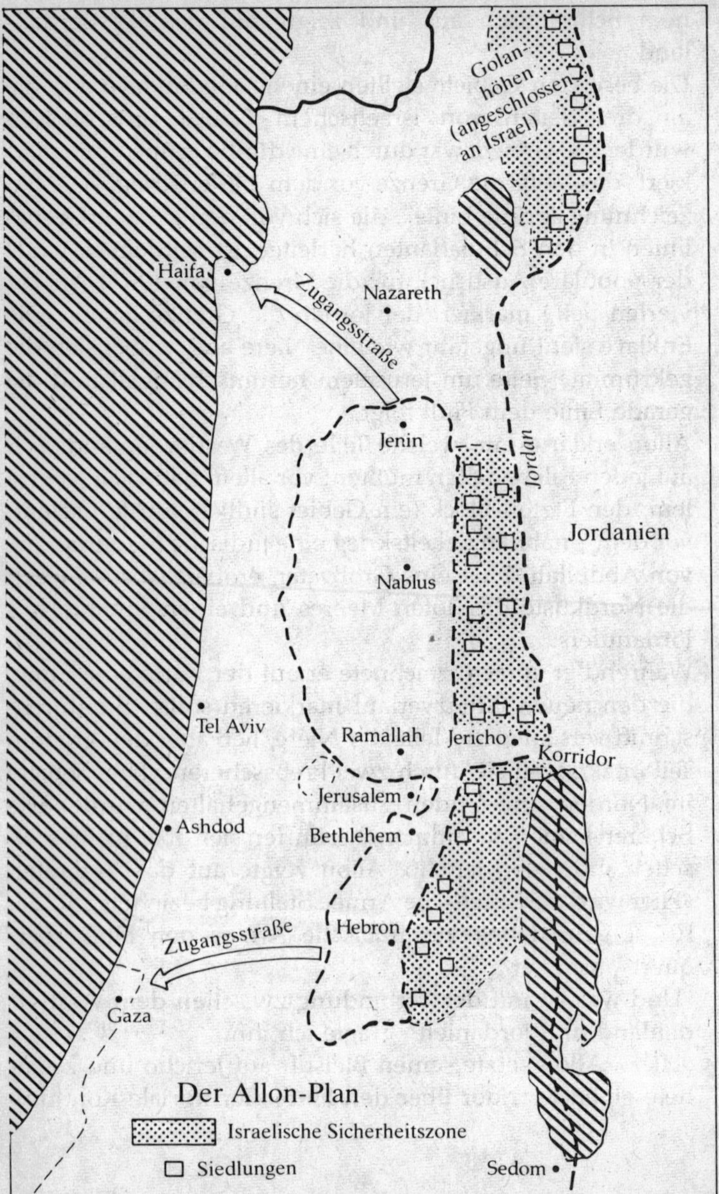
Golan-
höhen
(angeschlossen
an Israel)
Haifa
Zugangsstraße
Nazareth
Jenin
Jordan
Jordanien
Nablus
Tel Aviv
Ramallah
Jericho
Korridor
Jerusalem
Ashdod
Bethlehem
Hebron
Zugangsstraße
Gaza
Der Allon-Plan
Israelische Sicherheitszone
Siedlungen
Sedom

tät«, erklärte er, »aber Kontrolle durch unsere Streitkräfte an der Sicherheits-Demarkationslinie.«
Ich mußte zugeben, daß Allons Plan vernünftig erschien. Ich stimmte ihm von ganzem Herzen zu. Ich bin auch heute noch der Meinung, daß es der bestmögliche Plan war, allerdings mit einer bedeutsamen Ausnahme: Das Westjordanland sollte nicht an Hussein zurückgegeben werden, sondern Teil einer jordanisch-palästinensischen Föderation werden.
Dayan lehnte den Plan rundweg ab. Er konnte keinem wie auch immer gearteten Gebietskompromiß zustimmen. In König Hussein fand er einen unerwarteten Bundesgenossen am anderen Ufer des Jordan. Als ihm bei einer der ersten Begegnungen der Allon-Plan vorgelegt wurde, sagte der König kühl: »Völlig unannehmbar«, und lehnte ihn immer wieder ab, bis es schließlich zu spät war.
Der Allon-Plan und alle möglichen anderen Formen eines Gebietskompromisses mit Jordanien wurden Gegenstand der längsten Friedensverhandlungen, die es jemals gegeben hat — die geheimen Verhandlungen zwischen den israelischen Politikern und König Hussein dauerten über zwanzig Jahre.

Ich glaube, König Hussein hätte der erste arabische Staatsmann sein können, der Frieden mit Israel geschlossen hätte, wenn sein Wüstenkönigreich nicht so schwach gewesen wäre. Denn obwohl er den guten Willen hatte, mußte Hussein doch zuerst ans Überleben denken. Daß er das geschafft hat, ist eines der Wunder des zwanzigsten Jahrhunderts.
Während meines Militärdienstes habe ich mich lange Zeit mit dem Studium der Person König Husseins befaßt. Niemand hatte diesem kleinen, drahtigen Haschemiten mit der tiefen Stimme ein langes Leben vorausgesagt. Viele be-

lächelten ihn wegen seines Rufs als Playboy, wegen seiner hübschen amerikanischen Frau, seiner Vorliebe für europäische Nachtklubs, Skiurlaube in St. Moritz, schnelle Flugzeuge, schnittige Jachten und prächtige Uniformen, die ihn aussehen ließen, als sei er einer mitteleuropäischen Operette entsprungen. Die Weltpresse machte sich jahrelang über König Hussein lustig und nannte ihn »kleiner König«, »Pappmachékönig«, »Marionette«; ich habe einmal einen Artikel gelesen, in dem er »Mickymaus-König« genannt wurde.

Seltsamerweise entpuppte sich dieser »Mickymaus-König« als ein großer Überlebenskünstler, der nur noch von Kaiser Hirohito übertroffen wurde. Der Mann, von dem jedermann glaubte, daß er bestenfalls ein, zwei Jahre auf Jordaniens wackligem Thron sitzen würde, sitzt inzwischen seit über sechsunddreißig Jahren dort und scheint auch jetzt noch nicht an einen Rücktritt zu denken. Dieser Mann, der seit seiner Krönung von Attentätern verfolgt wird, dessen Leben 1958 von britischen Fallschirmjägern, die auf dem Dach seines Palastes in Stellung gegangen waren, gerettet worden war, dessen fliegerisches Können ihn vor ein paar syrischen Migs gerettet hatte, die sein Flugzeug abschießen wollten, der 1970 die PLO in Jordanien vernichtend schlug und wehrlos einer syrischen Panzereinheit, die auf seine Hauptstadt vorrückte, gegenübergestanden hatte — dieser Mann ist einer der beständigsten und von allen geachtetsten Monarchen unserer Zeit.

Kassem im Irak, Sadat in Ägypten und Bashir Gemayel im Libanon wurden während Husseins Regierungszeit von Attentätern getötet; Iraks König Faisal, König Saud von Saudi-Arabien, Ägyptens Staatschef Nasser, Israels Ben Gurion, Sharett, Eshkol, Golda Meir, Dayan und Allon, alle sind sie gestorben, während er immer noch sein kleines, belagertes Land regiert, von den Palästinensern mit

Groll betrachtet, von den Beduinen leidenschaftlich bewundert und von den Führern der militanten arabischen Länder mit Inbrunst gehaßt.
Nach dem Sechstagekrieg war er der erste, an den sich Israel wandte.
Seit dem Juni 1967 hatten sich fast jeder israelische Staatsmann, der etwas auf sich hielt, und eine ganze Menge hoher Regierungsbeamter heimlich mit König Hussein getroffen. Diese Begegnungen, von denen die Öffentlichkeit nichts erfahren hat, stellen ein einmaliges Phänomen in den internationalen Beziehungen dar: Führer zweier Nationen, die miteinander im Krieg liegen, treffen sich über einen Zeitraum von zwanzig Jahren immer wieder in einer offenen, vertrauensvollen Atmosphäre.
Tatsächlich hatten Israels geheime Verhandlungen mit dem haschemitischen Königshaus schon lange vor dem Unabhängigkeitskrieg begonnen und ihren dramatischen Höhepunkt am Vorabend der Erklärung unserer Unabhängigkeit am 11. Mai 1948 erreicht.
An diesem Abend reiste Golda Meir als arabische Frau verkleidet heimlich nach Amman, schlich sich unbemerkt in König Abdullahs Palast und führte dort ein Gespräch, das womöglich das Schicksal des Mittleren Ostens völlig verändert hätte, wenn es erfolgreich gewesen wäre. Aber Goldas Mission war ein Mißerfolg: Der König weigerte sich, Frieden mit Israel zu schließen, und vereinte sich statt dessen mit seinen arabischen Brüdern bei der Invasion des neugeborenen Staates Israel. Ich kann mich daran erinnern, wie Ben Gurion mir Goldas Rückkehr von Amman beschrieb, und an ihren düsteren Bericht über die Truppen des Königs, die im Vormarsch auf Tel Aviv waren.
Nach dem Krieg wurden die Verhandlungen mit König Abdullah wiederaufgenommen, deren Ziel es war, Frieden zwischen den beiden Nationen zu schließen. 1950

wurde eine provisorische Übereinkunft erzielt, die aus dem Entwurf eines Nichtangriffspakts zwischen Israel und Jordanien bestand; aber als der König im Juli 1951 nach dem Freitagsgebet aus der al-Aqsa-Moschee in Ost-Jerusalem herauskam, wurde er von einem fanatischen Moslem ermordet. Das war das Ende der Friedensinitiative.
Ein sechzehnjähriger Junge, der dicht hinter dem jordanischen Monarchen gegangen war, hatte mit ansehen müssen, wie der greise Abdullah wegen seines Mutes gestorben war. Zwölf Jahre später bat der gleiche junge Mann — Abdullahs Enkel, der heutige König Hussein — die Vertreter Israels um ein Gespräch, um den Dialog wiederaufleben zu lassen, der durch die Kugeln des Attentäters jäh beendet worden war.
Mein Freund Moshe Zak, ehemaliger Herausgeber der Tageszeitung *Maariv,* recherchierte die Geschichte der heimlichen Treffen Husseins. Er erzählte mir, daß das erste Treffen 1963 in London stattgefunden habe; damals traf Hussein sich mit Dr. Jacob Herzog, dem Direktor des Büros von Premierminister Eshkol. Der König wollte die Unterstützung der Vereinigten Staaten und bat Israel um diplomatische Unterstützung in Washington. Die Gespräche waren fruchtbar und führten darüber hinaus zu einer Einigung über die Verteilung des Jordanwassers zwischen den beiden Ländern.
Es folgten weitere Begegnungen: 1965 mit Golda Meir, 1967 und 1968 mit den Ministern Abba Eban, Yigal Allon und Moshe Dayan und mit dem Chef des Generalstabs, Chaim Bar-Lev. In den folgenden Jahren traf Hussein sich mit den Premierministern Meir, Rabin, Peres, Schamir und mit vielen ihrer Mitarbeiter.
Zwei der Treffen hatten in Paris stattgefunden; mehrere andere an Bord eines Schiffs im Golf von Akaba, an einsamen Plätzen auf beiden Seiten der israelisch-jordanischen

Grenze, ja sogar in einem abgelegenen Hotel in der Nähe von Tel Aviv.

Aber der beliebteste Ort war London. Nach einigen Konferenzen im Dorchester Hotel fanden die Israelis einen jüdischen Arzt, der ihnen seine Klinik zur Verfügung stellte. Gewöhnlich kamen die Israelis zuerst an und warteten in einem Nebenzimmer; dann kam der König, ließ seine Leibwächter von Scotland Yard im Wartezimmer zurück, betrat das Sprechzimmer des Arztes und ging von da aus in das Zimmer, in dem die Israelis auf ihn warteten.

Zu den Medien sickerten nur vage, ungenaue Berichte durch, die kategorisch dementiert wurden. Einige gut informierte Freunde lieferten mir sehr anschauliche Beschreibungen, wie Golda Meir Hussein in einem Haus nördlich von Tel Aviv Kaffee serviert hat, wie Hussein Allon ein antikes Schwert und Abba Eban einen goldenen Füllfederhalter geschenkt hat (der daraufhin versprach, mit diesem Federhalter den Friedensvertrag zu unterzeichnen); und sie beschrieben das in Israel hergestellte Galil-Gewehr, das Premierminister Yitzhak Rabin Hussein zum Geschenk machte.

Augenzeugen berichteten mir, wie Hussein einmal einen israelischen Hubschrauber nach Tel Aviv flog und über Jerusalem von seinen Gefühlen übermannt wurde. Als Yitzhak Rabins Gast wurde er über die Dizengoff Street chauffiert — Tel Avivs beliebteste Straße —, um die jungen israelischen Männer und Frauen betrachten zu können, die sich dort tummelten, um sich einen vergnügten Abend zu machen.

Die Begegnungen in Israel und Jordanien konnten vor indiskreten Zeugen geschützt werden, aber mit der Klinik in London war das schwieriger. Die Jordanier und Israelis konnten die Briten nicht unentwegt an der Nase herumführen; das stellte Premierminister Wilson klar, als er ei-

nem israelischen Minister gegenüber bissig bemerkte: »Wie ich höre, haben Sie und König Hussein denselben Arzt. Sehr seltsam.«
Die israelisch-jordanischen Verhandlungen begannen also in einer Atmosphäre, die an eine Verschwörung erinnerte. In verschiedenen Artikeln und Recherchen rekonstruierte Moshe Zak die Geschichte dieser geheimen Verhandlungen bis ins kleinste Detail und stellte sie mir anschließend zur Verfügung. Im Juli 1967, knapp drei Wochen nach dem Ende des Sechstagekriegs, traf sich Hussein in London mit Dr. Jacob Herzog, Eshkols Sonderbevollmächtigtem. (Dr. Herzog, ein brillanter Mann, war der Bruder unseres gegenwärtigen Präsidenten Chaim Herzog. Als Jacob sich mit Hussein traf, um über dessen verlorene Gebiete zu verhandeln, war Chaim Herzog Militärgouverneur des Westjordanlands.)
Dieses Londoner Treffen hatte eine bittere Note: Hussein gab zu, einen fatalen Fehler gemacht zu haben, indem er sich mit Ägypten und Syrien gegen Israel verbündet hatte. Er gab seinem Bedauern Ausdruck, weil er sich zu so etwas hatte hinreißen lassen. »Ich habe Nasser gewarnt«, sagte er. »Ich habe ihm gesagt, daß die arabische Gipfelkonferenz zu dem Schluß gekommen wäre, daß unsere Armeen noch nicht für einen neuen Krieg gerüstet wären, aber er wollte nicht auf mich hören. Was sollte ich machen?«
Bei den folgenden Begegnungen begannen Israelis und Jordanier über einen Friedensvertrag zu reden. 1967 waren ziemlich viele israelische Spitzenpolitiker gegen einen solchen Friedensvertrag. Menachem Begin, der zu der Zeit Minister in der Regierung der Nationalen Einheit war (eine große Koalition; A. d. Ü.), lehnte jeden territorialen Kompromiß ab; er gab seine Zustimmung zu einem Treffen zwischen Allon, Eban und Hussein nur, um »Klarheit über die

Position des Königs zu gewinnen«. Dayan bezog öffentlich Stellung gegen Allons Plan und war sehr zufrieden, als er erfuhr, daß der König und sein Premierminister Allons Vorschläge abgelehnt hatten.

Am 27. August 1968 traf sich Hussein mit Eban, Allon und Herzog in London. Allon hatte die israelische Regierung bereits dafür gewonnen, die Gründung der ersten Siedlungen im Jordantal seinem Konzept entsprechend zu genehmigen. Als Allon dann dem König und seinem Premierminister Zaid al-Rifai gegenübersaß, entfaltete er eine große Karte und erklärte seinen Plan. Allons Karte zufolge würden 70 Prozent des Westjordanlands an Jordanien zurückgegeben werden.

»Ich weiß, wie schwer es für Eure Majestät ist, sich mit dem Verlust eines so wichtigen Territoriums abzufinden. Aber wenn es uns gelingt, Frieden zu schließen . . ., wird das haschemitische Königreich fast hundert Prozent der Bevölkerung wiederbekommen, die unter seiner Kontrolle gestanden haben.«

Zaid al-Rifai unterbrach ihn. »Ihr Plan, dreißig Prozent des Territoriums zu annektieren, ist für Seine Majestät absolut unannehmbar.« Hussein nickte.

»Aber Sie können den Gazastreifen als Ausgleich für das Jordantal bekommen«, bot Allon an.

»Mit der Zeit werden wir Gaza ohnehin bekommen«, sagte Rifai. »In jedem Fall kompliziert eine Diskussion über Gaza das Problem nur noch mehr, denn dann müßten wir die Palästinenser an den Verhandlungen teilnehmen lassen.«

Rifai stellte klar, daß ein Frieden nur dann möglich sei, wenn Israel sich in die Grenzen vom 5. Juni 1967 zurückziehen würde.

Beim nächsten Treffen, das am 29. September stattfand, sagte der König zu Allon: »Wenn Israel darauf besteht, ganz Jerusalem zu behalten, werden die Araber und alle Moslems alles tun, was in ihrer Macht steht, um euren Rückzug zu bewirken.« Damit deutete er an, daß unter diesen Bedingungen ein neuer Krieg nicht zu vermeiden wäre.

Die erste Runde der Londoner Gespräche blieb erfolglos. Aber das war nur der Anfang.

Trotz des Zermürbungskriegs im Jordantal und sporadischer Zusammenstöße zwischen jordanischen und israelischen Einheiten, trotz der Vergeltungsangriffe der israelischen Armee auf Stützpunkte der Terroristen in Jordanien wurden diese Treffen über Jahre hinweg fortgesetzt. Nach solchen Begegnungen gaben die israelischen Minister häufig den Vereinigten Staaten auf diskrete Weise den Rat, Jordanien zu unterstützen. Bei einer Gelegenheit mußte Abba Eban dem Präsidenten Lyndon B. Johnson eine vertrauliche Nachricht von Hussein übermitteln und war gezwungen, alle zu bitten, das Oval Office zu verlassen — einschließlich Yitzhak Rabins, der zu der Zeit Israels Botschafter in Washington war.

Moshe Dayan berichtete mir einmal von einem nächtlichen Gespräch, in dessen Verlauf er Hussein versprochen hatte, das Gebiet Safi in Jordanien, südöstlich des Toten Meers, zu räumen. Die Israelis hatten Safi beim Kampf gegen eine Terroreinheit eingenommen, die von dort aus die israelischen »Dead Sea Works« beschossen hatten. Die israelischen Truppen zogen sich tatsächlich aus Safi zurück. Ein paar Stunden später erschien Hussein dort im Kampfanzug mit einer jordanischen Brigade. Auf einer Pressekonferenz teilte er mit, daß er die Israelis besiegt und von seinem Gebiet vertrieben hätte. Husseins Geschichte wurde von Israel nicht dementiert.

Während der kommenden Jahre wurden weitere wichtige Ergebnisse erzielt, doch bei der entscheidenden Frage des

territorialen Kompromisses gab es keine Fortschritte. Aber selbst wenn die Gespräche nicht zu einem Friedensvertrag führten, sorgten sie doch de facto für einen Frieden in den Grenzgebieten und für ständige Konsultationen in vielen kritischen Fragen.
Trotzdem rückte ein israelisch-jordanisches Friedensabkommen, wie es womöglich direkt nach dem Sechstagekrieg möglich gewesen wäre, nach ein paar Jahren in weite Ferne und war nur noch ein Traum. Im Mittleren Osten hatte sich eine neue Macht etabliert, die die Spielregeln völlig veränderte: Jassir Arafats PLO.

Jahrelang war die Palästinensische Befreiungsorganisation, die oberste Vertretung der Flüchtlinge, mit dem Aufschneider Achmed Shukairi und seinen zotigen Reden in Verbindung gebracht worden. Shukairi, ein gebürtiger Palästinenser, war eine Art Söldner-Diplomat. Zuerst war er Botschafter Syriens, dann Saudi-Arabiens bei den Vereinten Nationen gewesen. 1964, als die PLO entstand, wurde Shukairi ihr Vorsitzender. Er verließ sich voll und ganz auf die finanzielle Unterstützung durch Saudi-Arabien und rief die militärische Sektion der PLO ins Leben, die als »Palästinensische Befreiungsarmee« oft in den Schlagzeilen der Presse erschien. Diese in Gaza stationierten »Schreckensbataillone« standen bereit, um den zionistischen Staat auszuradieren, wenn der Tag der Abrechnung gekommen war.
Aber im Sechstagekrieg wurde statt dessen Shukairi samt seiner Armee und Organisation ausradiert. Nur die Al Fatah, eine verhältnismäßig unbedeutende Guerillagruppe, die schon seit langem ziemlich wirkungslose Sabotageakte in Israel verübte, überlebte. Sie wurde von einem kleinen, rundlichen Mann mit einer Glatze, einem kurzen, grauen Bart und flinken, wachen Augen angeführt. Sein Name war Jassir Arafat.

Arafat gehörte der berühmten Hussein-Familie an und war ein in Kairo geborener Palästinenser. Während seines Ingenieurstudiums in Kairo gründete er eine palästinensische Studentenverbindung, wurde aber von den Ägyptern wegen seiner Verbindung zu der Moslemischen Bruderschaft ins Gefängnis gesteckt. Nach seiner Freilassung arbeitete er zunächst erfolgreich als Unternehmer in Kuwait und wurde danach Herausgeber einer palästinensischen Wochenzeitung in Beirut. Bis 1962 hatte er lange Zeit in Algier verbracht, von wo aus er geheime Reisen nach China und Nordkorea unternahm. 1964 hatte er in Zusammenarbeit mit Syrien die Al Fatah gegründet.
Arafat war kein Kriegsheld, wenn er auch in späteren Jahren vergeblich versuchte, eine Legende über seine militärischen Heldentaten in Israel und im Westjordanland zu fabrizieren. Er war auch keine charismatische Führerpersönlichkeit, dazu fehlten ihm Kraft und Entschlossenheit. Aber er war ein ausgezeichneter Operateur im Untergrund, er lavierte geschickt zwischen den kriegführenden Parteien und Klans; er war ein cleverer Politiker und ein Mann, der sich völlig für seine Ziele einsetzte. Diese Eigenschaften machten ihn zu einem geachteten und beliebten Führer, zu einem einigenden Glied zwischen vielen Gruppen. Arafat hat nie geheiratet. »Palästina ist meine Frau«, sagte er häufig mit einem unsicheren Lächeln.
Arafat legte sich den Kampfnamen Abu Amar zu und startete am 1. Januar 1965 die erste Operation der Al Fatah in Israel. Es handelte sich damals um den Versuch, einen Sabotageakt auf die riesige Pipeline, durch die das Wasser vom Tiberias-See zur Wüste Negev geleitet wurde, zu verüben. Der Versuch mißlang. In der Folge sprengten Al-Fatah-Leute, die von Syrien und Jordanien aus eingeschleust wurden, Telefonmasten, Wassertürme, Generatorenhäuschen und andere unbewachte Gebäude in die

Luft, von denen die meisten in der Nähe der Grenze lagen. In ein paar Fällen wurden dabei auch Israelis getötet, meistens Zivilisten.
Israel reagierte darauf mit schweren Vergeltungsaktionen gegen Jordanien; König Hussein sandte sofort seine kampferprobten Beduinen ins Grenzgebiet und blockierte die Zugangswege der Guerillas. Dadurch wurden die Aktivitäten der neugegründeten Palästinenserorganisation erheblich eingeschränkt. Das hinderte allerdings die Al-Fatah-Führer nicht daran, sich mit ihren eingebildeten Heldentaten im Inneren Israels zu brüsten.
Dann kam der Juni 1967. Nach dem arabischen Debakel hatte Arafat eine brillante Idee, die zu einer dramatischen Verwandlung der Al Fatah führte. Ihm war klargeworden, daß die Niederlage der Araber das Bewußtsein der Palästinenser verändert hatte. Israels überwältigender Sieg, die himmelschreiende Demütigung aller arabischen Nationen, die jähe Zerstörung ihrer Träume hatten Haß und Rachedurst in den Herzen von Millionen Arabern neu entfacht, vor allem bei den Palästinensern.
Für die palästinensischen Araber, aber auch für alle anderen arabischen Nationen, waren ein Dialog, Verhandlungen oder ein Kompromiß mit Israel tabu. In der fanatischen Atmosphäre des Mittleren Ostens gab es für die Araber nur eine einzige akzeptable Form des Kampfes, die nämlich, die zur blutigen völligen Vernichtung aller Israelis führte. Juden zu töten — selbst jüdische Kinder, alte Leute oder Frauen — wurde als Schritt in Richtung auf den Sieg betrachtet. In diesem barbarischen Krieg gab es weder Gesetze noch Prinzipien. Er wurde auf der Grundlage eines primitiven Konzepts der Vergeltung geführt: Die Juden haben uns unser Land weggenommen, und wenn wir unser Land wiederhaben wollen, müssen wir die Juden töten.

»Wenn du die Seele einer Nation verstehen willst«, hatte Dayan einmal zu mir gesagt, »geh zu dem Dichter, hör dir seine Verse an.« Und in den leidenschaftlichen Versen des populären palästinensischen Dichters Fadwa Tukkan entdeckte ich dann auch den verzehrenden Haß des palästinensischen Volkes auf Israel:

Der Hunger meines Hasses
öffnet seinen Mund.
Nur das Fleisch ihrer Lebern würde den Hunger stillen,
der in meinem Körper wohnt.
O welch eine wahnsinnige, übermächtige Wut!
Sie haben die Liebe in meinem Innersten gemordet.
Sie haben das Blut in meinen Adern
in Galle und flüssigen Teer verwandelt.

Die Araber schrien nach Rache. Aber die arabischen Armeen waren vernichtet worden. Seit dem Juni 1967 war niemand mehr übrig, der die Schlacht gegen Israel wieder hätte aufnehmen können — niemand außer der Al Fatah.
Wenn die Al Fatah, die zwar kaum eine Chance hatte, den Kampf gegen Israel sofort wiederaufnehmen würde, würde sie sich sehr bald an die Spitze der arabischen Bewegung setzen können. Das hatte Arafat erkannt. Sie würde der lebendige Beweis dafür werden, daß die Araber nicht vor Israel kapituliert hatten; die Al Fatah würde ein Quell des Stolzes für die Millionen werden, die angesichts der Demütigung des Junikrieges immer noch wie betäubt waren.
Deshalb begann Arafat sofort damit, kleine Guerillagruppen der Al Fatah über den schmalen Jordan in das israelisch besetzte Westjordanland zu schicken. Sie waren mit Sprengkörpern, sowjetischen Kalaschnikow-Maschinenpistolen, Pistolen und Handgranaten ausgerüstet und soll-

ten die Israelis so schwer wie möglich treffen, meistens durch Terroraktionen, die sich gegen die Zivilbevölkerung richteten.
Und das taten sie auch. Eine Mine explodierte unter dem Auto eines israelischen Zivilisten und tötete oder verstümmelte die Insassen. Sowjetische Raketenwerfer feuerten von einem nahegelegenen Hügel mitten in eine Siedlung hinein oder verwüsteten einen Wohnblock. Ein Schulbus, der in einen Hinterhalt geraten war, bot anschließend ein Bild des Grauens. Über die Grenze geschmuggelte Sprengsätze sprengten einen Supermarkt in die Luft oder verbreiteten Tod und Entsetzen auf einem Platz voller Menschen. Diese Aktionen verwandelten die PLO in eine der widerwärtigsten nationalen Bewegungen der Neuzeit. Niemand in der Al Fatah bedauerte die Tatsache, daß es sich bei den Opfern um Zivilisten, Frauen und Kinder handelte. Jeder Tod wurde als eine Heldentat gefeiert, und die Guerillas der Al Fatah sangen dann eine Hymne auf ihre Kalaschnikow-Maschinenpistolen, die sie »Klaschin« nannten:

Klaschin läßt das Blut in Strömen fließen.
Haifa und Jaffa rufen uns.
Kommandos, geht voran und macht euch keine Sorgen:
Gebt Feuer und zerreißt die Stille der Nacht!

Bis die Nachricht von den Überfällen die Plätze und Souks der arabischen Städte erreicht hatte, waren aus ihnen große Heldentaten geworden. In der Presse der Al Fatah wurde von Hunderten von Toten berichtet. Jedes zivile Auto wurde zu einem Panzerwagen; ein Sabotageakt auf ein Kaufhaus wurde zu einem Anschlag auf einen Militärstützpunkt. Und die Toten, ganz gleich, ob es Zivilisten, Soldaten oder Kinder waren, stärkten den Kampfgeist von

Millionen von Arabern. Das Geld aus den arabischen Hauptstädten floß immer reichlicher in die Kassen der Al Fatah, die damit Waffenkäufe, die Ausbildung und weitere Überfälle der Guerillas finanzierte.
Mit der Zeit wurde das marxistische Element der Al Fatah und ihrer Satellitenorganisationen immer stärker, was in den Palästen der arabischen Könige und Prinzen akutes Unbehagen und Ängste auslöste. Sie brauchten die Al Fatah gegen Israel, aber sie hatten Angst, daß sie sich eines Tages auch gegen sie selbst stellen könnte. Aus diesem Grund verdoppelten und verdreifachten sie ihre Finanzhilfe an Arafat und trugen willig zu der Legende von den unbesiegbaren Al-Fatah-Guerillas bei, die als furchtlose Rächer der befleckten Ehre der arabischen Nation erschienen.
Aber diese Situation sollte nicht lange andauern. Schnell und effizient riegelten die Israelis das Jordantal ab. Ich kann mich an die Konferenzen im Verteidigungsministerium erinnern, in denen die Pläne für den Schutz des Jordantals systematisch entwickelt wurden. Zäune, Patrouillen, Minenfelder, gerodete Streifen und raffinierte elektronische Apparate führten dazu, daß beinahe jeder Guerilla, der die Grenze zu Israel überschritt, entdeckt wurde. Die Armee stellte ihre besten Soldaten ab — Fallschirmjäger und Elite-Kommandoeinheiten —, um die Terroristen aufzuspüren und zu vernichten. Sehr bald wurden die glühendheißen Cañons, das unfruchtbare Land der Wüste Judäas, die dichte Vegetation am Ufer des Flusses und die von Höhlen übersäten gelben Hügel, die das Tal überragten, zu einer Todesfalle für die Al Fatah. Kaum einer, dem es gelungen war, den Fluß zu überqueren, kam lebend zurück. Die meisten der geplanten Aktionen kamen nie zur Ausführung. Trotzdem mußte Israel einen Blutzoll bezahlen; einige meiner besten Freunde, hauptsächlich Fall-

schirmjäger, wurden in den blutigen Feuergefechten mit den Al-Fatah-Terroristen getötet.
Die tödlichste Waffe der Israelis war ihr Geheimdienst. Ein paar Monate nach dem Beginn des Al-Fatah-Kriegs gelang es dem israelischen Geheimdienst, Agenten in diese Organisation einzuschleusen, denen es gelang, bis in die höchsten Stellen vorzudringen. In vielen Fällen wußten sie schon im voraus, wer die Grenze überqueren würde und wo und wann der Überfall stattfinden sollte. Viele dieser Anschläge wurden deshalb im Keim erstickt: Agenten der Al Fatah in den besetzten Gebieten wurden verhaftet, und die wenigen Einheiten, denen es gelungen war, den Jordan zu überqueren, wurden zu Tode gehetzt, lange bevor sie ihr Angriffsziel erreichen konnten.
Die Al Fatah hatte große Probleme. Und während Arafats Leute eine Niederlage nach der anderen einstecken mußten, tauchten zum erstenmal andere Palästinenser im Rampenlicht auf. Am 23. Juli 1968 gelang es drei arabischen Terroristen, eine El-Al-Maschine zu entführen, und zwar Flug 426 von Rom nach Tel Aviv, und den Piloten zur Landung in Algier zu zwingen. Das war die erste Entführung eines israelischen Flugzeugs und stellte eine neue Phase im Krieg zwischen Israel und den Palästinensern dar.
Die Flugzeugentführung war von einer Splittergruppe der Terroristenszene durchgeführt worden, von der »Volksfront für die Befreiung Palästinas« (Popular Front for the Liberation of Palestine). Bei dieser PFLP handelte es sich um eine Organisation der extremen Linken, deren Führer, der grauhaarige, arrogante George Habash, nicht nur die Vernichtung Israels predigte, sondern auch den Sturz der konservativen arabischen Regierungen und die marxistische Weltrevolution forderte. Zusammen mit einigen anderen kleineren Terrororganisationen wie zum Beispiel der von Syrien unterstützten Saiqua — »Donnerschlag« — und der

vom Irak geförderten »Arabischen Befreiungsfront« war die PFLP ein Mitglied der neugeordneten PLO, deren Führer jetzt Arafat war.

Aber George Habash lehnte Arafats Doktrin ab, wonach Israel durch einen Guerillakrieg und einen Volksaufstand im Westjordanland vernichtet werden sollte. Er predigte einen gewalttätigen Terrorismus gegen Israel und den ganzen Westen überall auf der Welt und wollte den Kriegsschauplatz in die Flughäfen, Botschaften, Synagogen und andere jüdische Institutionen verlagern und Anschläge auf bekannte Zionisten durchführen. Habash behauptete, daß erfolgreiche terroristische Aktionen in Europa und Amerika mehr dazu beitragen würden, die Aufmerksamkeit der Welt auf die Probleme der Palästinenser zu richten, als jeder Al-Fatah-Überfall in den besetzten Gebieten Palästinas.

Einem Journalisten gegenüber erklärte er ganz offen, daß er auch vor dem Risiko eines dritten Weltkriegs nicht zurückschrecken würde. Diese neue Art eines totalen, uneingeschränkten Terrorismus brachte Habash die Unterstützung eines Führers ein, dessen Stern gerade aufstieg und der die Nummer eins des Terrorismus auf der Welt werden sollte: Libyens junger Diktator Oberst Mohammed Gaddafi.

Im Sommer bewies Habash auf dramatische Weise, daß er recht hatte. Während Arafats Guerillakrieg im Jordantal stagnierte und seine Kommandos an Israels Grenze abgeschlachtet wurden, brachte Habashs Luftpiraterie Ergebnisse. Die entführte El-Al-Maschine und ihre Passagiere wurden in Algier festgehalten, während Habash Israel durch Erpressung zur Kapitulation zwingen wollte. Widerstrebend erklärte sich Israel zu Verhandlungen bereit und tauschte nach langen Gesprächen, bei denen Vermittler eingeschaltet wurden, eine Gruppe von Terroristen, die in

Israel im Gefängnis saßen, gegen die entführten Israelis aus.
In Habashs Hauptquartier feierte die PFLP ihren Sieg. Der Luftkrieg hatte begonnen. Flugzeuge waren eine leichte Beute. Am 26. Dezember griff ein PFLP-Kommandotrupp eine weitere El-Al-Maschine an, die startbereit auf dem Flughafen von Athen stand. Ein Passagier wurde getötet. Israel übte bittere Vergeltung: Da die PFLP-Kommandos bei ihren Anschlägen von Beirut gekommen waren, landeten Fallschirmjäger, die aus Hubschraubern abgesetzt wurden, auf dem Flugplatz von Beirut und sprengten dreizehn arabische Flugzeuge in die Luft.
In der Zwischenzeit war man in Israel fieberhaft damit beschäftigt, Abwehrmaßnahmen gegen die Luftpiraten zu entwickeln. Sicherheitsbeamte, die mit .22er Pistolen bewaffnet waren, flogen ständig in allen El-Al-Maschinen mit. Das Cockpit wurde von der Passagierkabine durch Panzertüren abgeschottet. Die Besatzungen wurden in besonderer Weise trainiert. Eine ganze Reihe raffinierter Sicherheitsapparate wurde in jedem Flugzeug installiert. El-Al-Flugzeuge wurden in regelrechte fliegende Festungen verwandelt und Entführungen dadurch praktisch unmöglich gemacht.
Habashs totaler Luftkrieg dehnte sich deshalb in verschiedene Richtungen aus. Seine Leute verübten Anschläge auf El-Al-Büros in Griechenland, Belgien, Westdeutschland, im Iran und in der Türkei. Sie legten in einem jüdischen Altenheim in München ein Feuer, bei dem sieben Menschen ums Leben kamen. Ein Flugzeug der Swiss Air, das auf dem Weg nach Tel Aviv war, wurde durch eine »intelligente« Bombe gesprengt, die erst aktiviert wurde, nachdem die Maschine ihre Reiseflughöhe über den Alpen erreicht hatte. Alle siebenundvierzig Passagiere und Besatzungsmitglieder kamen dabei ums Leben. In München

wurden bei einem Überfall auf israelische Passagiere im Warteraum der El Al eine Person getötet und acht verletzt. Hanna Maron, eine der beliebtesten Bühnenschauspielerinnen Israels, verlor bei diesem Anschlag ein Bein.

Die Terrororganisationen waren tatsächlich zur Speerspitze des arabischen Kampfes gegen Israel geworden. Arafat war aus dem Untergrund aufgetaucht und zum Präsidenten der Palästinensischen Befreiungsorganisation gewählt worden. Die PLO hatte ein extrem nationalistisches Programm übernommen, in dem die Befreiung ganz Palästinas und die Vernichtung Israels als Hauptziele definiert wurden; die einzige Möglichkeit, diese Ziele zu erreichen, war der bewaffnete Kampf. Arafats Al Fatah war auf viele Tausende angewachsen, und seine Guerillas hatten allmählich die Kontrolle über einen großen Teil Jordaniens gewonnen und verwandelten dieses Gebiet auf dem schnellsten Wege in »Al-Fatah-Land«.

Trotzdem war es immer noch Habash, der die spektakulärsten Anschläge durchführte. Am 6. September 1970 ließ die PFLP ihre Terroristen aktiv werden. In schneller Folge wurden vier Flugzeuge beim Start von verschiedenen europäischen Flughäfen angegriffen. Der Versuch, eine El-Al-Maschine über Amsterdam zu kapern, mißlang, aber das war auch die einzige Flugzeugentführung, die scheiterte.

Ein Jumbo der Pan Am, der von den PFPL-Terroristen erfolgreich gekapert worden war, wurde nach Kairo geflogen. Dort wurden die Passagiere in aller Schnelle über die Notrutschen evakuiert und das Flugzeug anschließend von den Terroristen in die Luft gesprengt. Die Passagiere der anderen beiden entführten Flugzeuge, die der TWA und der Swiss Air gehörten, erwartete ein schlimmeres Schicksal. Sie flogen eine nicht mehr benutzte Landebahn aus dem Zweiten Weltkrieg an, einen verdorrten Platz mit-

ten in der jordanischen Wüste. Nach der Landung beteiligten sich die Al Fatah und andere terroristische Gruppen begeistert an der Aktion.
In der glühenden Sommerhitze wurden 425 Männer, Frauen und Kinder in den sehr schnell zu regelrechten Glutöfen gewordenen Flugzeugen festgehalten. Die Maschinen waren von Hunderten von begeisterten Guerillas umgeben, die ihre Kalaschnikows schwenkten, die Passagiere bedrohten, ihre Koffer aufrissen und Sprengkörper an Bord verteilten.
In der Zwischenzeit verhandelten ihre Führer in aller Ruhe mit den westlichen Regierungen, um die Geiseln gegen eine große Anzahl von Terroristen auszutauschen, die in Europa und in Israel im Gefängnis saßen. Anschließend wurden beide Flugzeuge von den wild erregten Guerillas in die Luft gesprengt.
Von Amman aus mußte König Hussein hilflos zusehen, wie sich sein Königreich in ein Refugium für Piraten verwandelte, die von Arafat und seinen Henkern angeführt wurden. Seit 1967 war das restliche Jordanien allmählich von den palästinensischen Guerillas übernommen worden. Zuerst gab sich die Al Fatah damit zufrieden, die Flüchtlingslager zu kontrollieren; als sie aber mit der Zeit immer größer und stärker wurde, übernahm sie nach und nach auch die Kontrolle über die Städte und Dörfer, die in der Nähe der Grenze zu Israel lagen, beteiligte sich an der Administration des täglichen Lebens in Jordanien und erkannte die Autorität des Königs nicht mehr an.
Bewaffnete Guerillas liefen frei in den Städten Jordaniens herum und benahmen sich so, als seien sie die wahren Herren dieses Landes. Sie gaben Autonummernschilder heraus, kassierten Steuern und wandten sich offen gegen die Regierung. Jordanische Minister und hohe Regierungsbeamte wurden ständig bedroht und konnten ihre Büros nur

noch unter dem Schutz von Leibwächtern verlassen. Die PLO-Aktivisten machten nicht einmal vor der königlichen Familie halt: Bei einer Gelegenheit hinderten sie den König und seinen Bruder Hassan daran, einen bestimmten Teil Ammans zu betreten, der von ihnen kontrolliert wurde.

Die jordanische Armee, die aus absolut königstreuen Beduinen bestand, drängte Hussein vergeblich, etwas gegen die Terroristen zu unternehmen. Als Hussein ein Panzerregiment besuchte, mußte er schockiert mit ansehen, daß an der Antenne eines Panzers ein Büstenhalter befestigt war.

»Was soll das bedeuten?« wollte er wütend wissen.

»Das bedeutet, daß wir Weiber sind«, erwiderte der Panzerkommandant respektlos. »Sie lassen uns nicht kämpfen.«

Nein, Hussein konnte sie nicht kämpfen lassen, denn die Augen der gesamten arabischen Welt waren auf ihn gerichtet, und jeder Versuch, die Terroristen in ihre Schranken zu weisen, würde ihm als Verrat an der arabischen Sache ausgelegt. Aber in jenen Septembertagen begriff selbst der vorsichtige König, daß die Guerillas zu weit gegangen waren. Sie hatten aus Jordanien einen Staat ohne Recht und Gesetz gemacht; sie hatten ihn entmachtet und stellten eine Bedrohung für seinen Thron und sein Leben dar. Früher oder später würden sie sich gegen ihn wenden und sein Regime stürzen. Wenn er seinen Kopf retten wollte, mußte er schnell handeln.

Unter äußerster Geheimhaltung wurden die Befehlshaber der jordanischen Armee in den Königspalast von Amman gerufen. In aller Stille bezog die Armee an allen strategisch wichtigen Orten des Königreichs Stellung, umzingelte heimlich die Flüchtlingslager und die Stützpunkte der Guerillas, ihr Hauptquartier und die Munitionslager. Sie warteten ein paar Tage, bis die Verhandlungen mit den europäischen Regierungen zu einem Abschluß gebracht und die meisten Geiseln, die mit der TWA- und der Swiss-Air-Maschine entführt worden waren, freigelassen worden waren.

Am nächsten Tag gab Hussein seinen Generälen grünes Licht, und die Beduinen konnten endlich ihrem in Jahren aufgestauten Haß Ausdruck verleihen. Sie führten den bisher blutigsten Angriff gegen die palästinensischen Guerillas.

So wurde der letzte Monat dieses gewalttätigen Sommers 1970 für die Al Fatah zum Schwarzen September.

In der Nacht des 17. September ließ Hussein seine ungeduldige Armee losschlagen. Die Konfrontation artete schnell in ein Massaker aus. Die palästinensischen Guerillas waren kein Gegner für die reguläre jordanische Armee. Husseins Soldaten verfolgten und erschossen die Guerillas auf den Straßen; sie schlachteten sie gnadenlos ab, verstümmelten und verbrannten ihre Körper und stellten Männer, die im Verdacht standen, Guerillas zu sein, ohne Gerichtsverhandlung an die Wand.

Viele Guerillas suchten in den Flüchtlingslagern Schutz, aber die jordanische Armee spürte sie auch dort auf. Die königliche Artillerie beschoß die Lager und benützte dabei häufig Phosphorgranaten, so daß die Menschen getötet oder verbrannt wurden. Tausende Guerillas flohen nach Syrien oder in den Libanon; andere schwammen sogar über den Jordan und ergaben sich den verhaßten Israelis, um der Hölle, die hinter ihnen lag, zu entrinnen.

Wie viele abgeschlachtet wurden? Die vorsichtigste Schätzung spricht von etwa zweitausend getöteten Guerillas. Andere sagen, daß es vier- bis zehntausend waren.

Es war ein schrecklicher Schlag für die PLO, die Al Fatah und Jassir Arafat. Während die gesamte arabische Welt ent-

setzt zusah, beschloß Syrien, der engste Bundesgenosse der Palästinenser und Erzfeind der Israelis, zu intervenieren, die Guerillas zu retten und Hussein in die Schranken zu weisen. Eine Einsatztruppe von dreihundert Panzern wurde nach Jordanien geschickt, während sich weitere Panzereinheiten eilig an der Grenze sammelten.
Plötzlich wandte sich das Blatt. Husseins Regime schien kurz vor dem völligen Zusammenbruch zu stehen. Die jordanische Armee hatte zwar keine Schwierigkeiten, mit den Terroristen der Al Fatah fertigzuwerden, aber den syrischen Eliteeinheiten hatte sie nichts entgegenzusetzen. Es war nur noch eine Frage von Tagen, bis die Syrer die Wüste hinter sich gebracht hatten, Amman erreichen und die haschemitische Dynastie auslöschen würden. Wie schon so oft hing Husseins Leben wieder einmal an einem seidenen Faden.
In seiner Verzweiflung bat der König die Vereinigten Staaten um Hilfe. Die USA waren tatsächlich bereit, sein gemäßigtes, pro-westliches Regime zu retten. Sie hatten bereits die Sechste Flotte und den Flugzeugträger *John F. Kennedy* ins östliche Mittelmeer geschickt. Die Achte Infanteriedivision, die in Westdeutschland stationiert war, und eine Eliteeinheit der Fallschirmjäger aus den Vereinigten Staaten wurden schnellsten zu den verschiedenen Militärflugplätzen gebracht, um in den Mittleren Osten verlegt zu werden.
Aber selbst wenn all diese Einheiten sofort ihren Einsatzbefehl bekommen hätten, hätten sie Jordanien nicht schnell genug erreichen können, um König Hussein zu retten. Andererseits hätte die Intervention die Position der USA in der arabischen Welt ernsthaft gefährden können. Es gab nur eine Macht auf der Welt, die in der Lage war, König Hussein zu retten, und die Vereinigten Staaten wandten sich an sie um Hilfe.

In einer dramatischen Begegnung zwischen Henry Kissinger, dem Sicherheitsberater Präsident Nixons, und Yitzhak Rabin, dem Botschafter Israels in Washington, bat das Weiße Haus Jerusalem um ein schnelles Eingreifen, damit die Syrer aufgehalten würden.
Ein paar Stunden später rollten riesige Panzerkonvois über alle Straßen Israels zur nördlichen Grenze. Die israelische Armee, die ihre Bewegungen sonst im geheimen machte, brachte ihre Elite-Panzerdivisionen am hellichten Tage zur syrischen Grenze.
Die Syrer begriffen sofort, was ihnen drohte. Sie konnten sich keine Konfrontation mit Israel leisten. Am 22. September überquerte der erste syrische Panzer die Grenze auf dem Rückweg ins eigene Territorium. Zwei Tage später befand sich kein einziger Panzer mehr im jordanischen Königreich. Husseins Leben und sein Regime waren gerettet.
Die übriggebliebenen Al-Fatah-Guerillas strömten in den Libanon. Sie waren immer noch wie betäubt von dem schrecklichen Schicksal, das ihnen widerfahren war, aber vor allem waren sie von dem alles verzehrenden Gedanken an Vergeltung besessen.
Arafat war zunächst einmal aus dem Spiel, während Hussein sein Königreich, seine Armee und seine Handlungsfreiheit zurückgewonnen hatte.

4. KAPITEL

Die Eiserne Lady

Nach dem Schwarzen September wurden die Gespräche zwischen Jordanien und Israel wieder aufgenommen. Hauptthema war die Möglichkeit einer Zwischenlösung.

Bei einem Treffen außerhalb von Tel Aviv empfing Golda Meir Hussein in Begleitung ihrer Mannschaft — Allons, Dayans und Ebans. Sie bot Hussein einen Plan an, der vorsah, den Gazastreifen einschließlich des Hafens unter jordanische Kontrolle zu stellen und den Einwohnern des Gazastreifens die jordanische Staatsbürgerschaft zuzuerkennen. Der Plan umfaßte außerdem gemeinsame Wirtschaftsprojekte, die mit europäischer Hilfe durchgeführt werden sollten: den Bau einer Eisenbahnlinie von der Akaba-Eilat-Region zum Toten Meer und ein gigantisches Wohnungsbauprojekt, das die Not der Flüchtlinge im Westjordanland lindern sollte. Zum Ausgleich sollte Israel seine militärischen Stützpunkte im Westjordanland behalten, und die Israelis sollten das Recht haben, sich dort anzusiedeln, ohne Araber vertreiben zu müssen.

Die Israelis boten Gegenleistungen an: Araber mit jordanischer Staatsangehörigkeit sollten in Israel wohnen können, und ein Bataillon jordanischer Soldaten würde am Kishon-Hafen in der Nähe von Haifa stationiert. Die Jerusalem-Frage, die der größte Stolperstein war, wollte man offenlassen.

Man hatte allerdings den Eindruck, daß die Israelis mit verschiedenen Zungen sprachen. Allon versuchte, seinen Plan durchzusetzen, während Dayan den vagen, fließenden Konturen seines Konzepts eines »funktionalen Kompromisses« treu blieb. »Sie brauchen keinen Zollbreit Ihres Landes abzutreten«, sagte Dayan zu Hussein. »Lassen Sie uns die Siedlungen und die militärischen Stellungen behalten, die für unsere Sicherheit notwendig sind, ohne daß Sie deshalb Land abgeben müssen. Nennen Sie es, wie Sie wollen, ob es sich nun um die Anwesenheit von fremden Truppen handelt oder nicht. Wir sind nicht daran interessiert, über Ihr Volk zu herrschen.«
Hussein wies die Angebote zurück. Er sei bereit, sagte er, einen Friedensvertrag zu unterzeichnen, wenn er alle seine Gebiete zurückbekäme, sonst liefe nichts. Aber er war trotzdem auch willens, ein vorläufiges Abkommen in Betracht zu ziehen, wenn Israel sich aus einem etwa 13 Kilometer breiten Streifen entlang des Jordan zurückziehen würde. Israel bot als Gegenvorschlag einen Korridor im Gebiet von Jericho an, der Jordanien mit dem Westjordanland verbinden würde; auf diese Weise hätte der König einen direkten Zugriff zum Westjordanland. Der Korridor sollte im wesentlichen den Grenzlinien des Allon-Plans entsprechen.
Aber der König hielt an seiner Forderung fest, wonach die Israelis sich bis an den Jordan zurückziehen müßten, und die Gespräche scheiterten.
Ich weiß nicht, ob zu der Zeit überhaupt die realistische Möglichkeit einer Zwischenlösung bestanden hat. Von König Hussein weiß man, daß er eine vorsichtige Politik betreibt; er ist ein Zauderer, und seine Taktik besteht darin, einen Schritt vor und zwei Schritte zurück zu tun. Trotzdem habe ich das Gefühl, daß eine Übereinkunft zwischen den beiden Ländern möglich gewesen wäre, wenn

Israel in diesem Augenblick mit mehr Nachdruck verhandelt hätte.
Aus israelischer Sicht war es der geeignete Augenblick für eine Übereinkunft. Israel war nie stärker gewesen. Es hatte den Zermürbungskrieg gegen die Ägypter und Sowjets an der Suezfront und den Krieg gegen die PLO im Jordantal gewonnen. Nach dem Massaker im sogenannten Schwarzen September hatte die PLO praktisch aufgehört zu existieren. Nasser war tot, und Sadat, sein Nachfolger, schien eine ziemlich bemitleidenswerte Gestalt zu sein, die verzweifelt versuchte, in die Fußstapfen des charismatischen Vorgängers zu treten. Hussein fühlte sich stärker, weil er sein Land von den Palästinensern zurückerobert hatte. Präsident Nixon in Washington war ein treuer Freund Israels. Menachem Begin hatte die Regierung der Nationalen Einheit verlassen und saß Golda Meir nicht mehr im Nacken.
Wir konnten nicht erwarten, daß die Araber, vor allem Hussein, die Initiative für einen Friedensvertrag ergreifen würden. Aber wir waren keine Araber. Wir wollten den Frieden wirklich, selbst um den Preis schmerzlicher Zugeständnisse. In diesem günstigen Augenblick, in dem wir siegreich waren, hätten wir aus unserer Selbstgefälligkeit aufwachen müssen.
Ein Friedensschluß mit Jordanien stand womöglich zu der Zeit nicht zur Debatte: Husseins Leben wäre keinen Pfifferling mehr wert gewesen, wenn er einen Vertrag unterzeichnet hätte, demzufolge Israel ein Teil des Westjordanlands überlassen worden wäre. Wenn man sich allerdings ernsthaft bemüht hätte, eine Zwischenlösung zu finden, die sich auf das allgemeine Konzept stützte, das Allon entwickelt hatte, hätte man womöglich fruchtbare Ergebnisse erzielen können. Hussein hätte dann eine vorübergehende Einigung weniger hartnäckig abgelehnt und eine endgültige Lösung auf einen späteren Zeitpunkt verscho-

ben. Eine derartige Initiative hätte allerdings den Bruch einiger Tabus in Israel erfordert, wobei das größte Tabu ein Kompromiß in der Frage der Gebietsabtretungen war. Ein solches Zugeständnis wäre möglich gewesen, wenn Israel unter einer starken, ideenreichen und entschlossenen Führung gestanden hätte.

Das aber war nicht der Fall. Die Friedensinitiative war das erste Opfer der Führungskrise, die Israel in den nächsten zwanzig Jahren durchmachen sollte. Ben Gurion, der eine so einmalige historische Gelegenheit mutig beim Schopf ergriffen hätte, war ein alter Mann, der in aller Ruhe seine Memoiren schrieb. Der im März 1969 gestorbene Levi Eshkol war kein Mann der kühnen Initiativen gewesen; außerdem waren ihm durch die Regierung der Nationalen Einheit und durch Menachem Begin die Hände gebunden, dabei hatte er selbst Begin, ohne sich Gedanken darüber zu machen, ins israelische Kabinett geholt. Und Golda Meir, Premierministerin nach Eshkols Tod, war genau das Gegenteil von dem, was Israel brauchte. Sicher, sie war stark und entschlossen, aber ihre Entschlossenheit bestand hauptsächlich darin, nichts zu tun.

Ich bin der festen Überzeugung, daß Israels Talfahrt unter der charismatischen Führung von Golda Meir begann. Die Formulierung ist nur scheinbar widersprüchlich. Golda Meir war eine der charismatischsten Führerpersönlichkeiten, die Israel je gehabt hat. Der Beitrag, den sie im Überlebenskampf Israels während des Unabhängigkeitskriegs und in den ersten Jahren des jüdischen Staates geleistet hat, war enorm. Trotzdem hat sie in den späteren Perioden der Geschichte Israels eine tragische Rolle gespielt und ist für viele Katastrophen verantwortlich, die die Nation in den siebziger Jahren erleben mußte.

Aber welch ein Charisma! Golda schien alles zu haben —

einen unbeugsamen Charakter, eine ungeheure Willenskraft, sie identifizierte sich völlig mit der Nation und war erhaben über alles, was die Leute von ihr dachten, da sie von der Richtigkeit ihres Handelns absolut überzeugt war. Und sie besaß eine ungeheure Ausstrahlung. Sie war gewiß nicht hübsch und hatte einen geradezu verheerenden Geschmack, was ihre Garderobe anbetraf; sie war nicht sehr belesen und hatte nur ein begrenztes Vokabular. Trotzdem waren die Menschen schon verzaubert, wenn sie nur ans Rednerpult trat. Die Zuhörer waren von ihren Reden fasziniert und gaben sich ihr in einer fast religiösen Weise hin. Innerhalb der Arbeiterpartei hatte sie mehr Macht als Ben Gurion auf dem Höhepunkt seiner Karriere.

Golda hatte das Talent, einfach und mitreißend zu formulieren. »Wir werden es den Arabern nie verzeihen«, hatte sie während des Zermürbungskriegs gesagt und mit dieser Formulierung für Schlagzeilen in der Weltpresse gesorgt, »daß sie uns gezwungen haben, ihre Söhne zu töten.« Auf Parteiversammlungen machten wir Witze über Golda: Selbst wenn sie aus dem Telefonbuch vorlesen würde, statt eine Rede zu halten, würden die Leute ihr von A bis Z gebannt zuhören.

Niemand wagte es, sie zu unterbrechen. Moshe Dayan widersprach ihr nie. Peres und Allon benahmen sich in ihrer Gegenwart wie brave Lämmer. Sie war die absolute Herrscherin über die Arbeiterpartei, die nach dem Sechstagekrieg durch den Zusammenschluß von Goldas Mapai, Dayans Rafi und Allons Ahdut Haavoda zustande gekommen war. Ich kann mich noch daran erinnern, wie Golda mir im Frühjahr 1977 über den Mund gefahren ist, als ich die Führung der Arbeiterpartei kritisiert hatte, weil sie den Zorn und die Unruhe in der israelischen Öffentlichkeit hartnäckig ignorierte. Ich warnte das Zentralkomitee da-

vor, daß die neugegründete Veränderungsbewegung uns viele unserer Stammwähler wegnehmen würde.
Golda war zu der Zeit nicht mehr Premierministerin, aber als sie an das Rednerpult trat, wurde es in dem großen Auditorium ganz still. »Das glaubst du also, Bar-Zohar?« wetterte sie. »Du glaubst, die Leute würden die wählen? Du glaubst, die Leute mögen sie? Vielleicht magst du sie ja auch, Bar-Zohar. Vielleicht magst du uns nicht, womöglich magst du mich nicht. Du solltest zu ihnen gehen, wenn du glaubst, daß sie die Wahl gewinnen.«
Niemand wagte es, ein Wort zu meiner Verteidigung zu sagen, und Golda gewann die anschließende Abstimmung souverän. (Einige Monate später bei den Wahlen im Mai 1977 erreichte die Veränderungsbewegung einen Riesenerfolg, nahm uns fünfzehn Sitze in der Knesset weg und ebnete damit Menachem Begin den Weg in das Amt des Premierministers.) Ich konnte meinen Freunden allerdings keinen Vorwurf machen. Golda schien jeden gleichzeitig zu verzaubern und in Angst zu versetzen, einschließlich Harold Wilson und Richard Nixon. Noch heute ist sie in Israel und in den Vereinigten Staaten ungeheuer beliebt, sie ist ein Symbol für Zähigkeit und Stärke. Im Vergleich zu Golda ist die Eiserne Lady aus Downingstreet 10 für uns Israelis eine liebe Tante vom Land.
Aber Golda war keine Superfrau. Ihr mangelte es an politischer Vorstellungskraft und politischem Weitblick. Sie war nicht in der Lage, selbst ein politisches Konzept zu entwickeln, ganz gleich, auf welchem Gebiet. Früher war sie Ben Gurions treue Assistentin gewesen und hatte alle seine Anweisungen loyal ausgeführt. Golda weigerte sich hartnäckig, Tatsachen zu akzeptieren, die ihr nicht paßten; die Existenz eines palästinensischen Volkes wurde von ihr wütend bestritten. »Ich bin selbst eine Palästinenserin«, blaffte sie eine Versammlung der Arbeiterpartei an und

setzte ihren Kreuzzug gegen die Führer der Jungen Garde innerhalb der Partei fort, die anders dachten.

Golda widersetzte sich jeder Initiative, die zu einer Abtretung eines Teils der 1967 besetzten Gebiete geführt hätte; nicht etwa weil sie Anhängerin einer Annexionspolitik gewesen wäre. Das war sie nicht. Sie hatte von Eshkol ein Imperium übernommen und war entschlossen, es zu behalten, selbst wenn das zur absoluten Unbeweglichkeit und zum Einfrieren jeglicher diplomatischer Aktivitäten geführt hätte. Sie war der Überzeugung, daß sie kein Recht dazu hatte, etwas aufzugeben, das ihr von ihren Vorgängern vermacht worden war. Sie beharrte einfach auf ihren Positionen und legte ihre starken Arme schützend um die israelischen Eroberungen, ohne auch nur einen Millimeter Boden preiszugeben.

Aus diesem Grund lehnte sie auch den Dayan-Plan von 1972 rundweg ab. Nach dem Scheitern verschiedener Friedensinitiativen, wie zum Beispiel der UN-Mission des Gunnar Jarring und dem Rogers-Plan, arbeitete Moshe Dayan einen bescheideneren Vorschlag aus. Er sagte mir, der Grundgedanke wäre die Rückkehr zu normalen Verhältnissen in der Suezkanalzone und eine Beseitigung der Ursachen für die Reibereien und die Kämpfe.

Sein Plan sah den Rückzug der Israelis auf eine neue Demarkationslinie vor, die 32 Kilometer östlich des Kanals verlaufen sollten; die Wiedereröffnung des Kanals für die internationale Schiffahrt und den Wiederaufbau der Städte entlang der Wasserstraße. Die meisten ägyptischen Städte wie zum Beispiel Ismailia, Suez und Kantara West waren während des Zermürbungskriegs von israelischer Artillerie verwüstet worden. Schließlich, so Dayan, sollte eine symbolische ägyptische Polizeieinheit Erlaubnis erhalten, den Kanal zu überqueren und im Rahmen des allgemeinen Normalisierungsprozesses ihr Hauptquartier auf unserer Seite einzurichten.

Dayan sprach mit verschiedenen amerikanischen Spitzenpolitikern über seinen Plan, und sie fanden ihn ermutigend. Gad Yacoobi, sein engster Vertrauter und Mitglied der Knesset, reiste nach Washington, um die Meinung des stellvertretenden Außenministers Joseph Sisco und einiger anderer führender Köpfe der Vereinigten Staaten zu diesem Plan auszuloten. Die Reaktion war sehr positiv. Aber dann stellte man Golda den Plan vor, die ihn postwendend auf Eis legte. Das war ein tragischer Fehler. Viele Beobachter behaupten, wenn Golda Dayans Vorschlag akzeptiert hätte, wäre der Jom-Kippur-Krieg womöglich vermieden worden.

Golda war außerdem nicht in der Lage zu erkennen, daß Israel sich in einem Prozeß der Veränderung befand, obwohl sich wichtige, revolutionäre gesellschaftliche Veränderungen unter ihren Augen vollzogen. Die Macht der Histadrut, der riesigen Föderation der Arbeiter, unterlag einer stetigen Erosion; die ersten wilden Streiks, die den Hafen von Ashdod und den internationalen Flughafen Lod lahmlegten, fanden in Goldas Regierungsperiode statt.

Sie erkannte außerdem nicht die Bedeutung der Tatsache, daß Sephardim und orientalische Juden zahlenmäßig schon bald den Aschkenasim-Juden überlegen sein würden. Außerdem begriff sie nicht, daß eine neue Art orientalischer Juden in Israel auftauchte: Die Sephardim der ersten Generation waren unterwürfige, fügsame Leute gewesen, die die politische Hierarchie in passiver Weise hingenommen hatten, aber die jüngere, in Israel aufgewachsene Generation war selbstbewußt und aggressiv und begann, ihre Rechte einzuklagen.

Goldas mangelnde Sensibilität auf dem Gebiet der gesellschaftlichen Strukturen vergrößerte Anfang der siebziger Jahre die Kluft zwischen den Sephardim- und den Aschkenasim-Juden. »Wer nicht Jiddisch spricht, wird die Seele des jüdischen Volkes nie verstehen können«, erklärte sie bei einer Gelegenheit im Staatsrundfunk und beleidigte damit die Hälfte der Bevölkerung Israels. Als sich eine israelische Black-Panther-Bewegung bildete, die die frustrierte zweite Generation der orientalischen Juden repräsentierte, tat sie die jungen Radikalen mit der Bemerkung ab: »Die sind nicht nett«, eine Bemerkung, die noch heute in Israel bittere Reaktionen auslöst.

Golda war eine Frau mit starken Gefühlen und vergab oder vergaß nicht leicht. Sie hatte ihre Beziehung zu Ben Gurion auf dramatische Weise beendet, als der sich von der Mapai-Partei getrennt und eine eigene Splitterpartei, die Rafi, gegründet hatte. Golda hegte bitteren Groll auf Ben Gurions Anhänger, die ihm in die vom Unglück verfolgte Rafi gefolgt waren. Dazu gehörten Moshe Dayan, Shimon Peres, die zukünftigen Präsidenten Yitzhak Navon und Chaim Herzog, Gad Yacoobi und ich.

Sie konnte uns nicht vergeben, aber am wenigsten konnte sie Ben Gurion verzeihen; viele Jahre lang lehnte sie es ab, sich wieder mit ihrem ehemaligen Idol zu versöhnen. Als ich Ben Gurions Biografie schrieb, schlugen mir nur zwei Personen den Wunsch nach einem Interview ab: Menachem Begin und Golda Meir.

Die Tragödie Israels bestand darin, daß in dem Land zu einer Zeit, als es einen inspirierten, nicht konformistischen Führer nötig gehabt hätte, sozusagen einen neuen Ben Gurion, eine solche Person nirgendwo zu finden war. In der Mitte der sechziger Jahre, nach Ben Gurions Ausscheiden, war das Land in den Händen der alten Garde Eshkols, Golda Meirs und anderen, die früher ausgezeichnete Mitarbeiter und Gefährten Ben Gurions gewesen waren, denen aber sein Weitblick und sein Ideenreichtum fehlte. 1967 wußten sie nicht genau, was sie mit den von Israel besetzten Gebieten anfangen sollten, und hatten nicht den Mut, eine unkonventionelle Initiative, wie sie der Allon-Plan darstellte, zu ergreifen.

Die jüngeren Führerpersönlichkeiten waren sich andererseits nicht einig; außerdem waren sie auch nicht beliebt und selbstbewußt genug, um die Sache selbst in die Hand zu nehmen. Sie blieben fügsame junge Minister in aufeinanderfolgenden Regierungen, obwohl sie Schlüsselpositionen wie die nationale Sicherheit und das Außenministerium innehatten oder Vizepremiers waren. Und so wurde die Führungskrise, die sich unter der Oberfläche schon seit Jahren entwickelt hatte, plötzlich manifest.

Ben Gurion hatte alles getan, um eine solche Krise zu verhindern. Der »alte Mann« glaubte an die jungen Leute und wünschte sich, daß sie in der öffentlichen Arena aktiv werden würden, solange sie noch in der Blüte des Lebens standen. Als Parteivorsitzender hatte er zweimal über die Köpfe seiner Gefährten hinweg jüngere Männer und Frauen ausgewählt, die ihm besser geeignet erschienen, die Staatsgeschäfte zu führen. Levi Eshkol, Golda Meir, Finanzminister Pinhas Sapir und andere hatten zu einer solchen jungen Mannschaft gehört und waren über die Köpfe von Ben Gurions engsten Vertrauten hinweg befördert worden.

Mitte der Fünfziger versuchte er ein drittes Mal, eine jüngere Führungsmannschaft zusammenzustellen, und suchte sich die besten Leute aus, die die Partei zu bieten hatte. So wurden Dayan, Peres, Eban, Navon, Teddy Kollek, Avriel, Josephtal und andere ausgewählt. Hartnäckig umwarb er Professor Yigael Yadin, den früheren Chef des Generalstabs. Bei der Wahl im Jahre 1959 setzte er nicht weniger als sieben junge Führerpersönlichkeiten auf die Liste der Mapai-Partei, einige von ihnen wurden später Minister in seiner Regierung.

Der Einfluß dieses »jungen Gemüses« bereitete der alten Garde der Partei große Sorgen. Ben Gurion reichte tatsächlich den Staffelstab an das »junge Volk« weiter, obwohl seine alten, treuen Weggefährten durchaus noch lebendig waren. Zum ersten Mal in ihrem Leben wandte sich Golda Meir offen gegen Ben Gurion. Und das taten viele der alten Führer, die ihre politische Zukunft in Gefahr sahen. »Wir kennen die Geschichte von den alten Eskimos, die von ihren Söhnen aus den Iglus geholt werden, um in der Kälte zu sterben«, wetterte Erziehungsminister Zalman Aranne. »Aber wir sind keine Eskimos, wir haben noch Zähne!«

Der interne Streit, der die Mapai-Partei zugrunde richtete und schließlich zwischen 1960 und 1965 zu ihrer Spaltung führte, wurde offiziell durch die Lavon-Affäre ausgelöst, eine undurchsichtige Spionagepanne in Ägypten. Die »Affäre« diente allerdings nur als Kriegsschauplatz, auf dem der Kampf um die Nachfolge innerhalb der Partei ausgefochten wurde. Dieser Krieg endete mit der Niederlage Ben Gurions und seiner jungen Schützlinge und seinem Ausscheiden in das Exil als Führer der kleinen Rafi-Partei.

Trotzdem waren die jungen Führer — sowohl Ben Gurions Anhänger als auch seine Gegner — wieder in der Regierung. Dayan war Verteidigungsminister, Allon wurde Vizepremier, Eban war Außenminister, und Peres wurde 1970 Minister für Transport und Kommunikation. Erst als sie diese wichtigen Ämter bekleideten, wurde ihre Unfähigkeit, die Nation zu führen, für die gesamte Öffentlichkeit sichtbar.

Ich habe nicht den geringsten Zweifel, daß diese jungen Männer die besten waren, die Israel hervorgebracht hatte, ein gutes Team von Soldaten, Baumeistern und Pionieren. Aber sie waren alle mit einem schrecklichen Mangel behaftet, der ihre Führerqualitäten in schlimmer Weise untergraben hatte: Sie waren im Schatten eines mächtigen, charismatischen Führers großgeworden.

Der größte Teil ihres Erwachsenen-Lebens war von der übermächtigen Figur Ben Gurions beherrscht worden. Er war ein zentralistischer Führer gewesen und hatte stets alle Macht in seinen Händen gehalten, er hatte immer das letzte Wort gehabt. Seine jungen Mitarbeiter wußten genau, daß sie sich immer auf seine Unterstützung verlassen konnten, ganz gleich, was sie machten; aber sie konnten nichts ohne seine Zustimmung tun. In seinem Umfeld wuchsen sie wie Kinder eines starken, dominierenden Vaters auf, die nie so recht auf eigene Füße kommen konnten. Selbst mit vierzig, ja sogar fünfzig Jahren mußten sie immer noch vor Ben Gurions Büro warten, bis der »alte Mann« seine Entscheidungen gefällt hatte; dann führten sie seine Anweisungen, so gut sie konnten, aus. Aber sie hatten nie Gelegenheit, ein eigenes Rückgrat, die Entschlußkraft und das Selbstbewußtsein, das eine starke Führerpersönlichkeit kennzeichnet, zu entwickeln.

Selbst Moshe Dayan, der junge israelische Führer mit dem stärksten Charisma, war mit diesem Mangel behaftet. Ich arbeitete mit ihm nach dem Sechstagekrieg, als er auf dem Gipfel seines Ruhms stand. Ich war erstaunt, als ich feststellen mußte, daß der Mann, der von vielen als Ben Gurions Nachfolger angesehen wurde, selten eine Entscheidung traf, ohne vorher die Einwilligung des Premierministers einzuholen. Ich traf ihn eines Morgens, als er sorgfältig und nachdenklich eine Liste durchging, auf der ein halbes Dutzend Namen stand, lauter höhere Beamte des Verteidigungsministeriums. »Ich brauche einen neuen Leiter der Lager- und Wartungsabteilung«, murmelte er. »Wen sollen wir nehmen?«

Ich zuckte die Achseln. »Wen interessiert das?« Mir kam der Job nicht so wichtig vor.

»Michael«, sagte er, »bitte meinen Sekretär, mich mit Eshkol zu verbinden. Fragen wir ihn.«
Ich war perplex. »Wieso brauchst du dazu Eshkol? Das ist doch deine Entscheidung, das ist doch eine Ernennung innerhalb des Ministeriums. Das ist doch keine Aufgabe für den Premierminister.«
Dayan sah mich an. »Michael, ich gebe dir einen guten Rat, kostenlos. Frag immer den Mann oben. Immer.«
Aus diesem Grund kämpfte Dayan auch nicht mit Golda um seinen Suezplan. Er selbst war fest davon überzeugt, daß der Plan gut war und zu einer Entspannung an der israelisch-ägyptischen Grenze führen würde. Aber in dem Augenblick, in dem er erfuhr, daß Golda dagegen war, ließ er ihn fallen.
Auf die gleiche Weise akzeptierte er kurz vor dem Jom-Kippur-Krieg die Ernennung General David (»Dado«) Elazars als Generalstabschef der Armee. Dayan konnte Dado nicht ausstehen, er kritisierte seinen Charakter und widersetzte sich heftig seiner Beförderung. Er wußte, daß ich den selbstbewußten jungen General mochte, und sagte mir ganz offen: »Nur über meine Leiche wird der Generalstabschef. Dieser Mann taugt nicht für die Armee.«
Als er aber dahinterkam, daß Golda für Dados Ernennung war, leistete Dayan nicht nur keinen Widerstand mehr gegen seine Ernennung, sondern schlug dem Premierminister seinen Namen offiziell vor. (Nach dem Jom-Kippur-Krieg machte eine Untersuchungskommission kurioserweise General Elazar für die gravierenden Fehler in den ersten Kriegstagen verantwortlich und empfahl seine sofortige Entlassung. Die Kommission wusch Dayan rein, obwohl er in der Öffentlichkeit heftig angegriffen und schließlich zum Rücktritt gezwungen wurde. Hätte Dayan sich früher gegen Elazars Ernennung gewandt, wäre er womöglich ohne Schaden aus dem Jom-Kippur-Krieg hervorge-

gangen. Aber das hat er nicht getan, und so zerstörte der Krieg sein Heldenimage.)

Ähnlich wie Dayan kämpfte auch Yigal Allon nicht hart genug, um seinen Plan in der Regierung durchzusetzen, und auch keiner der anderen jungen Minister drängte auf eine innovative Politik. 1973 lehnten die arabischen Staaten immer noch jegliche Friedensverhandlungen mit Israel ab, und auf israelischer Seite waren alle Projekte für eine Zwischenlösung oder eine vorübergehende Übereinkunft bezüglich der Grenzen im Osten und im Süden von Golda Meir verächtlich abgetan worden. Ägypten und Syrien, die ihre Niederlage von 1967 nicht vergessen konnten, planten heimlich ihren nächsten Angriff; Israel ruhte sich auf seinen Lorbeeren aus und ließ sich von der Illusion der Unbesiegbarkeit in Sicherheit wiegen; und der Mittlere Osten trieb unaufhaltsam auf die Tragödie eines neuen Krieges zu.

5. KAPITEL

Krieg und Erdbeben

Als am 6. Oktober 1973 der Jom-Kippur-Krieg ausbrach, war ich zur Weltpremiere eines Films über David Ben Gurion nach New York geflogen. Ich hatte für diesen Film, der den Titel *B. G. Remembers* (B. G. erinnert sich) trug, das Drehbuch geschrieben und im Auftrag von Ben Gurion die Dreharbeiten überwacht. Ich war nur für ein paar Tage in die Vereinigten Staaten geflogen; Israel stand am Vorabend der nationalen Wahlen, und ich gehörte zum Werbekomitee des Wahlkampfhauptquartiers der Arbeiterpartei. Wir trafen uns jeden Morgen um sechs Uhr und wählten die Anzeigen aus, die am nächsten Tag in den überregionalen Zeitungen erscheinen sollten.

Als ich ein paar Tage bevor ich Israel verließ, nach Hause kam, war meine Frau ganz aufgeregt. »Moshe Dayan hat dreimal angerufen«, sagte sie. »Du sollst ihn so schnell wie möglich zurückrufen.«

Ich arbeitete nicht mehr für Dayan. Zu der Zeit war ich Dozent für Politikwissenschaft an der Universität von Haifa, kümmerte mich nur noch sehr wenig um die Politik und recherchierte für meine Ben-Gurion-Biografie, aber ich stand trotzdem in engem Kontakt mit dem Verteidigungsminister. Ich rief sein Büro an und bekam ihn an den Apparat. »Michael, was soll diese dumme Anzeige in der heutigen Zeitung bedeuten?« fragte er wütend.

»Welche Anzeige?«

»Das mit der Bar-Lev-Linie.«
An diesem Morgen hatten wir eine Anzeige eingerückt, auf der ein israelischer Soldat abgebildet war, der sich lässig auf einem Liegestuhl am Ufer des Suezkanals räkelte und sein Schnellfeuergewehr auf den Knien liegen hatte. Darunter stand: »An der Bar-Lev-Linie nichts Neues« (in Anlehnung an Remarks Titel »Im Westen nichts Neues«, A. d. Ü.), und in kleinerem Druck wurde darunter verkündet, daß Israel unter einer Regierung der Arbeiterpartei sicherer war als je zuvor.
»Was ist mit der Bar-Lev-Linie?« fragte ich. Man hatte die Demarkationslinie entlang des Kanals, die von den Israelis mit Bunkern befestigt worden war, nach dem ehemaligen Generalstabschef benannt. Dieser Wall sollte ein unüberwindliches Hindernis für eine ägyptische Invasion darstellen.
»Das ist keine Bar-Lev-Linie«, sagte Dayan wütend. »Das ist meine Linie. Ich hab sie konzipiert, und Bar-Lev hat nichts damit zu tun.«
Ich war überrascht. Dayan hatte bis jetzt nie etwas dagegen gehabt, daß der Festungswall am Suezkanal Bar-Lev genannt wurde. Es gelang mir, ihn zu beruhigen und dazu zu bringen, die ganze Sache zu vergessen, aber als ich dem Werbekomitee Dayans Beschwerde mitteilte, wurde der Vorsitzende blaß. »Ich möchte keine Schwierigkeiten mit Dayan haben«, sagte er.
Am nächsten Morgen stand unter dem Inserat: »Am Suezkanal nichts Neues.«
Aber so ruhig war es dort gar nicht, dachte ich bei mir, als ich am 7. Oktober 1973 von New York nach Tel Aviv zurückflog. Den neuesten Nachrichten zufolge hatte die ägyptische Armee den Suezkanal überquert, die Bar-Lev-Linie durchbrochen und war acht Kilometer weit in den Sinai eingedrungen. Die Syrer hatten fast die Golanhöhen über-

rannt. Der gemeinsame Angriff Ägyptens und Syriens war für Israel völlig überraschend gekommen. Wir hatten schwere Verluste erlitten.
Ich bezweifle, daß Dayan mich nach dem 6. Oktober noch angerufen hätte, um den Fehler mit der »Bar-Lev-Linie« zu korrigieren. Sein Anruf war natürlich nur eine triviale Episode, aber trotzdem ist sie ein Hinweis darauf, daß Dayan dafür verantwortlich war, daß der israelischen Öffentlichkeit ein trügerisches Gefühl der Sicherheit vermittelt wurde. Ich kann mich auch noch gut an unser letztes Treffen erinnern, bei dem er mir erklärte, daß in diesem Jahr kein ägyptischer Angriff zu befürchten sei. Er war so sicher, daß er den enormen Aufwand übersah, den Ägypten bei der Planung eines Vergeltungsschlag betrieben hatte. Erst ein paar Stunden vor Ausbruch des Krieges stellte sich bei ihm eine gewisse Ernüchterung ein, aber da war es bereits zu spät.
Als ich an diesem Abend in Tel Aviv gelandet war, zog ich meine Uniform an und flog zum Sinai. Von Sharons Hauptquartier im Sinai aus sprach ich während dieses Krieges mehrmals mit Dayan, aber ich diskutierte nie mit ihm über seine Verantwortung. Ich meldete mich bei meiner Fallschirmjägerbrigade, und wir kamen am Abend des 15. Oktobers zum Einsatz.
Im Schutz der Nacht durchbrachen wir die feindlichen Linien und nützten dabei die Lücke aus, die zwischen der zweiten und dritten ägyptischen Armee entstanden war. Wir rückten klammheimlich auf dem schmalen Landstreifen zwischen den beiden ägyptischen Armeekorps vor; als wir das Ufer des Suezkanals erreicht hatten, setzten wir mit Schlauchbooten über und bildeten auf der afrikanischen Seite einen Brückenkopf. Diese wagemutige Operation führte die Wende im Jom-Kippur-Krieg an der Südfront herbei; bald stießen große Panzerverbände zu uns,

und wir drangen weit in ägyptisches Territorium ein, bis knapp hundert Kilometer vor Kairo.
Gleichzeitig schlug unsere Armee im Norden die syrische Invasion zurück und errichtete eine neue Front knapp vierzig Kilometer vor Damaskus. Es gelang uns allerdings nicht, die ägyptische Armee von unserer Seite des Kanals zu vertreiben.

Als ich nach Kriegsende nach Hause zurückkam, gehörte ich zu den Mitgliedern der Arbeiterpartei, die die Einrichtung einer Untersuchungskommission forderten. Zweitausendsiebenhundert Israelis waren getötet worden, die Ägypter hatten den Suezkanal überschritten und unsere Gegenoffensiven vereitelt. Der Mythos von Israels enormer Schlagkraft war zerstört. Wir forderten, daß ein Untersuchungsausschuß gebildet würde, dessen Aufgabe es wäre festzustellen, wen die Schuld an diesem kolossalen Fehlschlag traf, der noch bedeutend tragischere Folgen gehabt haben könnte.
Zunächst fielen Golda und die Partei-Apparatschiks über jeden her, der eine Untersuchung verlangte. »Es gibt nichts zu untersuchen«, wetterte Golda. Eine Zeitlang bezeichnete uns der Parteiapparat als »Verräter« und »Israels schlimmste Feinde«. Dann gab Golda plötzlich nach; ein Untersuchungsausschuß wurde gebildet, und wir wurden wieder akzeptiert.
Ich besuchte Dayan. »Moshe, ich glaube, du solltest zurücktreten«, sagte ich zu ihm.
Er war überrascht und verletzt. »Die Untersuchungskommission wird mich reinwaschen«, sagte er.
»Da bin ich sicher. Das ändert aber nichts an der Tatsache, daß du als Verteidigungsminister versagt hast. Du hast uns alle in dem Glauben gelassen, daß es niemals zu einem ägyptischen Angriff kommen würde.«

»Das sehe ich zufällig ganz anders«, sagte er wütend, und damit war das Gespräch beendet. Wir trafen uns erst ein paar Monate später wieder, nachdem er schließlich seinen Rücktritt erklärt hatte. Als Zeichen der Versöhnung schenkte er mir einen Gedichtband, zu dem er das Vorwort geschrieben hatte, und schrieb mir eine herzliche Widmung hinein.

Der Untersuchungsausschuß entlastete Dayan tatsächlich, aber das Urteil der Öffentlichkeit sah anders aus. Sowohl Dayan als auch Golda Meir wurden zum Rücktritt gezwungen. Und mit ihnen verschwand die gesamte traditionelle Führungsmannschaft der Arbeiterpartei: Golda Meir, Pinhas Sapir, Yaacov S. Shapiro; sogar Abba Eban verschwand von der Bildfläche. In einer Aktion, die an die Präsidentenwahl der Vereinigten Staaten 1976 erinnerte, wählte die Arbeiterpartei einen Außenseiter zu ihrem Führer: Yitzhak Rabin.

Rabin war der einzige, den man nicht für den Jom-Kippur-Krieg verantwortlich machen konnte. Während des Sechstagekriegs war er Generalstabschef gewesen und später Botschafter in Washington. 1973 war er nicht einmal Mitglied des Kabinetts gewesen. Und jetzt war er plötzlich Premierminister.

Rabin umgab der Nimbus eines siegreichen Generalstabschefs und eines erfolgreichen Diplomaten. Während des Unabhängigkeitskrieges war er ein gutaussehender blonder, blauäugiger Junge gewesen, der sich in einer Eliteeinheit, dem Palmach-Korps, unter dem Kommando von Yigal Allon ausgezeichnet hatte. Die Arbeiterpartei klammerte sich verzweifelt an Rabin, weil sie hoffte, daß er sie aus ihrer mißlichen Lage retten würde.

Aber Wunder sind in der Politik selten. Wir mußten sehr bald feststellen, daß der blauäugige Junge durchaus nicht

mehr blauäugig war. Rabin hatte keinerlei politische Erfahrung; er war ein ziemlich zynischer, verschlossener Mann, dem Herzenswärme fehlte, der keine Geduld mit anderen Menschen hatte, nur an außenpolitischen Dingen oder an Problemen der Verteidigung interessiert war und ganz offensichtlich politische Aktivitäten und Politiker verabscheute. Es mangelte ihm an persönlichem Charme, er war ein mittelmäßiger Redner und hatte kaum Sinn für Humor. Die Leute entdeckten sehr bald seinen Hauptfehler: eine seltsame Unsensibilität für menschliche und soziale Probleme. Einige seiner Rivalen bezeichneten ihn mit Sarkasmus als autistisch. Die Bemerkungen, die Rabin 1988, also in jüngster Zeit, über den Aufstand im Westjordanland gemacht hat, in denen er »Verprügeln« und »Verwunden« der Anführer dieser gewalttätigen palästinensischen Proteste billigt, sind auf diesen Mangel an Sensibilität zurückzuführen. Als er von einem Assistenten gefragt wurde, warum er es billige, daß die Steinewerfer zusammengeschlagen würden, erwiderte er spöttisch: »Fänden Sie es besser, wenn sie erschossen würden?«
Rabin hatte andererseits einen klaren, analytischen Verstand, den seine Bewunderer ständig priesen. Demnach war er extrem konservativ. Er war offen und mutig in seinen öffentlichen Äußerungen, sagte immer, was er dachte, und hielt sich dabei auch dann an die Wahrheit, wenn sie unangenehm war. Zusammen mit seinem Verteidigungsminister Shimon Peres gelang es ihm, die israelische Armee wieder stark und selbstbewußt zu machen.
Unter Rabin und Peres und unter dem Kommando des Generals Mordechai (Motta) Gur, der zu der Zeit Chef des Generalstabs war, fand das berühmte Entebbe-Unternehmen einer Kommandoeinheit der Armee in Uganda statt. Eine Maschine der Air France, die von Tel Aviv gestartet war, war nach einer Zwischenlandung in Athen von palä-

stinensischen Terroristen entführt worden. Sie zwangen die Piloten, in Entebbe zu landen. Uganda wurde zu der Zeit von dem blutrünstigen Diktator Idi Amin regiert. Gur stellte eine spezielle Kommandoeinheit zusammen, die nach Afrika flog, im viertausend Kilometer entfernten Entebbe landete, die Geiseln befreite und die Terroristen tötete. Der Führer dieser Kommandoeinheit, Oberst Jonathan (Yoni) Netanyahu, kam bei dieser Operation ums Leben. Yonis Bruder, der ehemalige Botschafter bei den Vereinten Nationen, Benjamin Netanyahu, ist heute stellvertretender Außenminister.

Rabin bildete die jüngste und »israelischste« Regierung in der Geschichte Israels. Viele der Minister aus der Arbeiterpartei — wie Allon, Peres, Yaacobi, Yadlin, Ofer — waren in Israel geboren und aufgewachsen. Das war eine neue Führungsmannschaft mit einer neuen Mentalität. Leider traten die Mängel, auf die ich im vorigen Kapitel hingewiesen habe, während Rabins Regierungszeit noch viel deutlicher zutage, so daß der Jubel über den Beginn einer neuen Ära sehr bald mit einer Enttäuschung endete. Weder Rabin noch irgendeiner seiner jungen Kollegen konnte Israel die selbstbewußte und entschlossene Führung geben, die es so dringend brauchte. Sehr bald schwappte eine Welle der Nostalgie für die Gründerväter über das ganze Land. Es erschien allen als ein symbolischer Akt, daß David Ben Gurion in den letzten Tagen des Jom-Kippur-Krieges einen Schlaganfall erlitten hatte und ein paar Wochen nach der Feuereinstellung gestorben war.

Abgesehen von dem schlechten Image, das die Rabin-Regierung hatte, wurde sie zusätzlich durch eine neue Rivalität belastet, die schlimmer war als die sporadischen Konfrontationen, die zwischen Allon und Dayan stattfanden. Der Streit zwischen Peres und Rabin spaltete die Arbeiterpartei zehn Jahre lang und könnte auch heute noch aus den Schatten der jüngsten Vergangenheit wieder hervortreten. Peres und Rabin waren Rivalen bei der Nominierung der Kandidaten der Arbeiterpartei für das Amt des Premierministers; ihre immer wieder aufflackernden Streitereien — 1974, 1977 und 1981 — waren oft häßlich und destruktiv. Die Spannungen, die ihre persönliche Beziehung kennzeichneten, haben der Regierungsarbeit des Rabin-Kabinetts in den Jahren zwischen 1974 und 1977 zweifellos geschadet.

Trotzdem war es diese wenig inspirierte und unter erschwerten Bedingungen arbeitende Regierung, die den Weg zum ersten Friedensvertrag in unserer Geschichte ebnete.

Der Frieden begann mit Vereinbarungen, die nach dem Jom-Kippur-Krieg zwischen Ägypten und Israel unterzeichnet wurden.

Niemand hätte im Oktober 1973 geglaubt, daß der blutige Jom-Kippur-Krieg zu einem wirklichen Frieden zwischen Israel und Ägypten führen würde. Aber ich habe keinen Zweifel daran, daß der Krieg dafür verantwortlich war. Ich glaube nicht, daß wir ohne den Jom-Kippur-Krieg und seinen ergebnislosen Ausgang zu einem Frieden mit Ägypten gekommen wären. Möglicherweise wäre ein Teilabkommen geschlossen worden; sicher wäre es zu einer vorübergehenden Trennung der Truppen nach dem Dayan-Plan von 1972 gekommen; aber nie zu einem wirklichen, dauerhaften Friedensvertrag.

Nach dem Krieg gab Präsident Sadat zu, daß er nie große Hoffnungen gehabt hätte, den Sinai erobern zu können. Er hatte — wie er sich ausdrückte — nur ein wenig Bewegung in die Angelegenheit bringen wollen, um dadurch die Großmächte zu zwingen, im Konflikt des Mittleren Ostens zu intervenieren. Die Welt hatte sich daran gewöhnt, daß der Sinai und Golan von Israel kontrolliert wurden; nur eine größere Krise, die den Weltfrieden und die Ölversorgung gefährden könnte, würde die Großmächte aus ihrer Lethargie wachrütteln.

Sadat hatte recht: die Großmächte wurden durch den Jom-Kippur-Krieg tatsächlich wachgerüttelt. Moskau und Washington zwangen die kriegführenden Nationen zu einer Feuereinstellung und beriefen eine internationale Konferenz in Genf ein. Dann flog der Außenminister der Vereinigten Staaten, Henry Kissinger, in den Mittleren Osten und begann seine sogenannte Reisediplomatie. Das Ergebnis war die Vereinbarung eines »Disengagements«, das den ersten Schritt in Richtung auf einen Frieden darstellte.

Sadat hatte tatsächlich Bewegung in die Politik gebracht, aber er hatte noch viel mehr erreicht. Ihm war es zu verdanken, daß zwischen Israel und Ägypten zum erstenmal in fünfundzwanzig Jahren eine Atmosphäre herrschte, in der die beiden Nationen als gleichberechtigte Partner miteinander verhandeln konnten.

Vor dem Jom-Kippur-Krieg waren viele von uns in Europa oder anderswo Ägyptern begegnet, und wir hatten von ihnen immer wieder die gleichen Worte gehört: »Wir können nicht als Verlierer mit euch als Siegern verhandeln. Zuerst brauchen wir einen Sieg, auch wenn er nur symbolischen Wert hat. Dann können wir mit euch als gleichwertige Partner verhandeln.«

Haben die Ägypter 1973 den Krieg gewonnen? Wenn ich an den Jom-Kippur-Krieg zurückdenke, muß ich sagen, daß Israel der wahre Sieger war. Ich glaube sogar, daß wir 1973 unseren größten Sieg errungen haben. Wir waren aus heiterem Himmel gleichzeitig an beiden Fronten angegriffen worden und hatten sozusagen ein doppeltes Pearl Harbor erlebt, das aber nicht Tausende von Kilometern entfernt war, sondern beängstigend nah an zu Hause lag. Trotzdem hatten wir uns schon nach wenigen Tagen von dem Schock erholt, und eine Doppeloffensive gestartet, ja bedrohten sogar gegen Ende des Krieges die Hauptstädte unserer Gegner. Wenn das kein glänzender Sieg war!

Die ägyptische Armee hatte allerdings noch triftigere Gründe, stolz zu sein. Bei drei vorangegangenen Gelegenheiten, 1948, 1956 und 1967, waren ägyptische Soldaten in einer solchen Panik vor den vorrückenden israelischen Soldaten geflohen, daß sie ihre Schuhe in der Wüste verloren hatten. Während des Zermürbungskriegs waren Israelis in ihr Land eingefallen und hatten es bombardiert, so wie es ihnen gerade paßte, sie waren auf ihrem Hoheitsgebiet gelandet, hatten ihre Flugzeuge abgeschossen, in aller Ruhe ihre modernsten Radarstationen abmontiert und mitgenommen, und sie so vor aller Welt lächerlich gemacht. In den Augen der Ägypter waren wir Übermenschen, unbesiegbare Helden aus der Mythologie.

Im Oktober 1973 überquerten dann aber Ägypter den Suezkanal und bauten sofort Pontonbrücken; sie gruben sich in den Wüstensand des Sinai ein und leisteten erfolgreich Widerstand gegen alle israelischen Gegenoffensiven; sie machten Gefangene, schossen Flugzeuge ab und schlugen sich tapfer. Am Ende des Krieges fühlten sie sich als Sieger. Und dieses Siegesgefühl ließ ihren Minderwertigkeitskomplex verschwinden und gestattete es ihnen, sich selbstbewußt an den Verhandlungstisch zu setzen.

Dieses Gefühl war noch mit einem anderen Schluß gekoppelt, der sich aus dem Jom-Kippur-Krieg ziehen ließ. »Was mit Gewalt genommen wurde, wird mit Gewalt zurückgeholt«, hatte Nasser gesagt. Aber bei seinem erfolgreichsten Angriff, bei dem viele Tausende wegen des Überraschungseffekts ihr Leben lassen mußten, hatte Ägypten sehr wenig erreicht. Alle Geländegewinne bestanden lediglich aus einem acht Kilometer breiten Sandstreifen. Ein derart mageres Ergebnis eines so gewaltigen Erstschlags bewies, daß Ägypten niemals in der Lage sein würde, die gesamte Sinaihalbinsel zurückzuerobern. Ein weiterer Krieg kam nicht in Frage. Ägypten konnte die verlorenen Gebiete einzig und allein auf dem Verhandlungsweg zurückgewinnen.

Israel war seinerseits durch den Krieg auch erheblich in Mitleidenschaft gezogen worden. Das Gefühl der Unbesiegbarkeit war am Jom-Kippur-Tag plötzlich verschwunden; der Schmerz über Tausende von Toten bewies, daß die Nation außerordentlich verletzlich war, wenn es um den Verlust von Menschenleben ging. Nach diesem Kampf gab es ein neues Israel, das nüchterner und flexibler war, ein Israel, das im Interesse einer Zwischenlösung auch zu territorialen Kompromissen bereit war.

Das Disengagement auf dem Sinai, das der klugen, geduldigen Diplomatie Henry Kissingers zu verdanken war, bestand zunächst aus einem einseitigen Rückzug der israelischen Armee vom afrikanischen Ufer und schließlich vom eigentlichen Kanal. Das wäre noch ein paar Monate früher undenkbar gewesen; jetzt wurde dieser Schritt vom größten Teil der Bevölkerung Israels mit Erleichterung begrüßt und in perfekter Ordnung und Ruhe durchgeführt. Rückblickend kann man sagen, daß das der erste Schritt in Richtung auf einen umfassenden Friedensvertrag mit Ägypten war.

Aber Ägypten war noch nicht soweit. Es näherte sich nur langsam einer Verständigung mit Israel und ging dabei Schritt für Schritt vor. Die Disengagement-Vereinbarung stellte für Ägypten einen gigantischen Schritt in eine unbekannte Richtung dar. Man brauchte Zeit und mehr Selbstbewußtsein, bevor man Nassers Politik aufgeben konnte, der jegliche Abmachungen mit Israel abgelehnt hatte.

Israels Führer wandten sich wieder einmal an Jordanien.

Kurz bevor Golda Meir zurücktrat, hatte König Hussein sie in Israel besucht. Nach den schmerzlichen Erfahrungen des Sechstagekriegs hatte er sich geweigert, sich im Jom-Kippur-Krieg den Syrern und Ägyptern bei dem Angriff auf Israel anzuschließen. Jetzt bat er um eine vorläufige Übereinkunft, die einen Rückzug der Israelis aus dem knapp 13 Kilometer breiten Streifen entlang des Jordanufers einschließen sollte.

Er hatte schon vor dem Jom-Kippur-Krieg einen ähnlichen Vorschlag gemacht, den Golda aber damals abgelehnt hatte. Sie hatte statt dessen einen offenen Korridor in der Region von Jericho angeboten, so, wie es der Allon-Plan vorsah. Um dem König die zukünftige Anwesenheit israelischer Soldaten im Westjordanland schmackhaft zu machen, hatte Goldas Team ein Arrangement auf Gegenseitigkeit entwickelt: Ein jordanisches Regiment sollte in Haifa in der Nähe des Kishon-Hafens stationiert werden. Das hatte der König abgelehnt.

Als er Golda Ende März 1974 besuchte, versuchte er noch einmal, eine teilweise Einigung über das Gebiet entlang des Jordanufers zu finden, aber er nannte es »Disengagement« und berief sich dabei auf das Modell einer Trennung der Truppen Israels, Ägyptens und Syriens. Golda war dagegen. Das Disengagement mit Ägypten, sagte sie trocken, bestehe nicht aus einem Rückzug von der gesamten Suezfront, sondern nur von einem Teil. Der König war tief verletzt. »Hätte ich im Oktoberkrieg gegen Sie kämpfen müssen«, fragte er verbittert, »um Sie dazu zu bringen, sich von der gesamten Grenze abzusetzen?«

Nachdem Golda durch Rabin ersetzt worden war, wurden die Treffen mit Hussein intensiviert. Der König traf sich mindestens achtmal mit Rabin und seinem Team, zu dem inzwischen Verteidigungsminister Peres und Außenminister Allon zählten. Der König kritisierte die israelische Füh-

rung, weil sie seine Einschätzung der Lage vor dem Oktoberkrieg ignoriert hatte, und forderte sie auf, ihre Einstellung zu ändern.
Die Israelis konnten andererseits einen Rückzug vom Jordan nicht akzeptieren. Das wäre für sie gleichbedeutend damit gewesen, daß sie alle israelischen Siedlungen aus dem Jordantal hätten entfernen und ihre Sicherheitsgrenze aufgeben müssen; außerdem hätte ein solcher Schritt eine Verletzung der Koalitionsübereinkunft dargestellt, wonach der Jordan Israels Sicherheitsgrenze sein sollte.
Israel bot verschiedene andere Lösungen an: Allon schlug einen symbolischen Rückzug aus der Region um Jericho vor, andere boten eine politische Zwischenlösung an, bei der Hussein die politische Kontrolle über das Westjordanland zugestanden würde, ohne daß damit die Erklärung einer Beendigung der Feindseligkeiten hätte verbunden sein müssen. Hussein lehnte ab. Er sei bereit, erklärte er, jetzt entweder ein Disengagement zu unterzeichnen, das dem mit Ägypten und Syrien entspräche, oder einen kompletten Friedensvertrag, wenn er sein gesamtes Territorium bis auf den letzten Quadratzentimeter zurückbekäme. Der jordanische Premierminister Zaid al-Rifai erklärte Henry Kissinger unumwunden, daß bei jeder Zwischenlösung die Brücken über den Jordan unter Husseins Kontrolle stehen müßten.
Im August 1974 traf sich Allon mit Henry Kissinger in Camp David und informierte ihn über seinen Plan, der einen teilweisen Rückzug aus dem Gebiet um Jericho vorsah. Kissinger gab ihm den Rat, abzuwarten. Die Regierungschefs der arabischen Staaten wollten sich in Rabat in Marokko treffen, und er wollte nicht, daß man Hussein den Vorwurf machte, er hätte separate Verhandlungen mit Israel geführt.

Aber die Konferenz in Rabat, die im November 1974 stattfand, lief schlecht für Hussein. Er hatte erwartet, daß die arabischen Staatschefs ihn zum Repräsentanten der Palästinenser machen würden, statt dessen erkannten sie die PLO als einzige Vertretung des palästinensischen Volkes an. Hussein war verbittert und enttäuscht. Als er sich beim nächsten Mal mit Yigal Allon in einem Wohnwagen in der Wüste traf, überließ er es seinem Premierminister, seinen Unmut zu artikulieren. »Sie unterzeichnen ein Disengagement nur mit denjenigen, gegen die Sie im Oktoberkrieg gekämpft haben«, sagte Zaid al-Rifai, und der König nickte zustimmend. Er hatte das Gefühl, daß die arabischen Führer wegen der Kompromißlosigkeit der Israelis den Glauben an ihn verloren und sich der PLO zugewendet hatten. Allon wies darauf hin, daß die Bürgermeister im Westjordanland PLO-Anhänger seien und den König ablehnten. »Sie werden sehen, daß sie alle kommen werden, um seine Hand zu küssen«, sagte Rifai.
Als Allon bei einer anderen Gelegenheit über einen territorialen Kompromiß sprach, sagte der König wütend: »Wir sind aus dem Spiel. Bitte reden Sie mit der PLO, dann werden wir weitersehen.«
Ein paar Monate später warf Henry Kissinger Israel ebenfalls mangelnde Flexibilität vor. »Wenn Sie zu den Verhandlungen mit Jordanien konkrete Vorschläge mitgebracht hätten, wäre die PLO gebremst worden«, sagte er zu Yigal Allon.
»Wir haben Vorschläge gemacht«, sagte Allon, »aber der König hat sie abgelehnt.«
»Er hat abgelehnt, weil Sie auf Ihrer militärischen Präsenz bestanden haben«, erwiderte Kissinger. 1979 gab Kissinger dann auf einer Party in Washington zu: »Mein größter Fehler war damals, daß ich nicht genug Druck auf Israel ausgeübt habe, um eine Übergangslösung mit Jordanien zu erreichen.«

Ich bezweifle, daß er das geschafft hätte. Rabins Regierung war nicht sehr stark. Den Koalitionsvereinbarungen zufolge hätte jeder Vorschlag eines territorialen Kompromisses im Westjordanland zu vorgezogenen Neuwahlen geführt. Rabin war nicht bereit, wegen eines Teilabkommens mit Jordanien Neuwahlen zu riskieren.
An der Südgrenze sah die Situation anders aus. Die Disengagement-Vereinbarungen mit Ägypten stellten einen ersten Schritt auf dem Weg zu einem völligen Rückzug von der Sinaihalbinsel dar, sobald Ägypten sich bereit erklären würde, Friedensverhandlungen zu führen.
Aber Ägypten war noch nicht soweit — erst sollte Israel von einem politischen Erdbeben erschüttert werden, das die dreißigjährige Regierungszeit der Arbeiterpartei beenden würde.

Ben Gurion hatte während seiner ganzen politischen Karriere befürchtet, daß die rechte Revisionistische Partei eines Tages die Arbeiterpartei besiegen und die Regierungsgewalt über das Land ergreifen würde. Auch 1940, nach dem Tod des Parteigründers Vladimir (Zeev) Jabotinsky, der ein begabter Schriftsteller, mitreißender Redner und eine charismatische Führerfigur war, nahmen Ben Gurions Befürchtungen nicht ab. Die Revisionistische Partei hatte die Irgun-Untergrundbewegung ins Leben gerufen. Sie hatte mit Methoden gegen die Briten gekämpft, die von vielen als terroristisch bezeichnet worden waren. 1948 hatte Menachem Begin, der Führer der Irgun, sie in eine politische Partei verwandelt und in Herut umgetauft. (In den siebziger Jahren hatte sie sich mit den Liberalen und anderen Gruppen zum heutigen Likud zusammengeschlossen.)
Ben Gurions Sorge wurde mit den Jahren immer größer. Er betrachtete die Herut als eine populistische Partei, die vom

nationalistischen rechten Flügel unterstützt wurde, zu dem die niedrigen Einkommensklassen zählten. Die Herut-Partei war in der Lage, diese Leute mit extremistischen Parolen, mit demagogischen Versprechungen und zynischer Ausbeutung ihrer Armut hinzuhalten. Für Ben Gurion war die Herut die einzige Partei in Israel, die der Arbeiterpartei die Macht entreißen könnte.

Deshalb leitete er weitreichende Gegenmaßnahmen ein. Er bemühte sich in sehr gewissenhafter Weise darum, daß die Herut und ihre Führer die Volksgunst verloren. Unentwegt erinnerte er die Nation daran, daß die heimliche Vorgängerin der Herut, die Irgun, in den dramatischen Jahren vor der Unabhängigkeit Israels die Autorität eines organisierten jüdischen Gemeinwesens in Palästina abgelehnt hatte. Er erinnerte die Führer der Herut daran, daß sie in ihrer Jugend Hitlers Braunhemden bewundert und ihre Partei bewußt als faschistische Organisation aufgebaut hatten. Er warf der Irgun vor, 1948 beinahe einen Bürgerkrieg vom Zaun gebrochen zu haben, als sie eine illegale Schiffsladung Waffen in den neugegründeten Staat Israel gebracht hatte, um angeblich einen Staatsstreich durchzuführen.

Ben Gurion zitierte ständig aus Menachem Begins Reden, der Gewalt predigte und für einen Eroberungskrieg gegen Jordanien war oder mit einem bewaffneten Aufstand gedroht hatte, als die Regierung beschloß, Reparationszahlungen von Westdeutschland für die Ausplünderung der Opfer des Holocaust anzunehmen.

Ben Gurion ließ keine Gelegenheit aus, Begin in der Knesset lächerlich zu machen oder zu demütigen. Er redete ihn nie beim Namen an, sondern nannte ihn »den Demagogen«, den »Herut-Märtyrer« oder sogar »den Clown«. Er prägte die Phrase »ohne die Herut und ohne die Kommunisten« und meinte damit, daß diese beiden inneren Feinde der Nation, von der linken und der rechten Seite, niemals zu einer Regierungskoalition zugelassen werden sollten.

Und am 16. Juni 1963, an dem Tag, an dem er von seinem Amt zurücktrat, vertraute er seine Befürchtungen, daß Begin siegen könnte, seinem privaten Tagebuch an. Kurz vor seinem Tode zeigte er mir diese Passagen. In der Eintragung, die die Gründe seines Rücktritts behandelte, schrieb er über Begin: »Der ›Führer‹ [Begin] spürte, wie seine Macht zunahm, er wurde kühner, und Gewalt übernahm die Kontrolle in der Knesset, wie es sich bei der Debatte über die Außenpolitik und bei dem Chaos zeigte, das [die Herut] vom Zaun brach. Und nur ein Blinder sieht nicht, daß das der Anfang der Machtübernahme durch den ›Führer‹ ist.«

Am Schluß dieser Eintragung sagte Ben Gurion die Einrichtung eines »faschistischen Regimes« im Land voraus.

In einem Brief an den Dichter Chaim Gouri schrieb der »alte Mann«, wenn Begin die Macht im Land übernehmen würde, »wird er die Führungspositionen bei der Armee und der Polizei durch seine Schläger besetzen und den Staat so regieren, wie Hitler Deutschland regiert hat; er wird brutale Gewalt einsetzen, um die Arbeiterbewegung zu unterdrücken, und er wird den Staat durch politische Abenteuer zerstören. Ich zweifle nicht daran, daß Begin Hitler haßt, aber dieser Haß ist kein Beweis, daß er anders [als Hitler] ist.« Diese bitteren, übertriebenen Vorwürfe beweisen, wie überzeugt Ben Gurion von der wirklichen und eingebildeten Gefahr war, die ein Sieg Begins mit sich bringen würde.

Die Situation änderte sich dramatisch, als Levi Eshkol die Regierung übernahm. Eshkol war ein braver, warmherziger Mann, kein subtiler, harter Politiker. Er konnte nicht verstehen, warum Ben Gurion sich so viele Jahre geweigert hatte, die sterblichen Überreste Jabotinskys, des

Gründervaters der Herut, in Israel begraben zu lassen. Er ging davon aus, daß Ben Gurion aus kleinlichem Haß so gehandelt hatte. Deshalb genehmigte er 1964 mit einer weithin begrüßten Geste die Bestattung der sterblichen Überreste Jabotinskys in Jerusalem und ordnete für den berühmten zionistischen Führer ein Staatsbegräbnis an.
Der gute Eshkol hatte nicht begriffen, daß Ben Gurions hartnäckige Verweigerung einer solchen noblen, humanen Geste nur ein Ziel hatte: die Legitimierung der Herut zu verhindern. Und genau das passierte am Tag von Jabotinskys Begräbnis. Zum erstenmal erlebten Hunderttausende Israelis, daß ihre Regierung dem Gründer der Herut Ehre erwies. Der Mann konnte daher nicht nur schlecht gewesen sein. Menachem Begin ging hinter Jabotinskys Sarg her; wenn Jabotinsky ein Staatsbegräbnis bekam, konnte auch sein Schüler nicht nur schlecht sein, und die Mitglieder der Herut-Partei, die in Massen an der Zeremonie teilnahmen, waren womöglich doch ganz anständige Kerle.
Drei Tage später brach der Sechstagekrieg aus. Fünf Tage bevor Israel angriff, bildete Eshkol eine Regierung der Nationalen Einheit, zu der auch Menachem Begin gehörte. Diese Einheitsregierung war völlig unnötig: Israel hatte zuvor schon unter bedeutend schwierigeren Bedingungen ohne ein All-Parteien-Kabinett gekämpft. Eshkol hatte die Einheitsregierung gebildet, um sein Gesicht nicht zu verlieren, nachdem er dem nationalen Druck nachgegeben hatte und Moshe Dayan zum Verteidigungsminister ernannt hatte. Auf diese Weise konnte er seine Kapitulation als ein Revirement im Interesse der nationalen Einheit darstellen.
Und wieder wurde Eshkol wegen seiner Entscheidung gepriesen. Aber seine zweite Geste war wieder ein Schritt in Richtung auf eine Legitimierung der Herut und der Person

Begins. Das Ben-Gurion-Tabu — »ohne die Herut und ohne die Kommunisten« — war gebrochen worden: Begin wurde eine nationale Figur, ein hoher Minister in der Kriegsregierung; er war kein Volksfeind mehr. Endlich respektierte man ihn offiziell als herausragende israelische Führerpersönlichkeit, Mitglied einer siegreichen Regierung, einen Staatsmann, dem das Recht zustand, nach der höchsten Macht im Staat zu streben.
Aber selbst diese Legitimation Begins hätte zu nichts geführt, wenn die Arbeiterpartei nicht unter der Last ihrer eigenen Fehler zusammengebrochen wäre.

1948 waren die Aschkenasim-Juden in Israel bei weitem in der Überzahl gewesen; 1977 gab es genauso viele Sephardim wie Aschkenasim. Die Sephardim, die zum größten Teil aus dem Mittleren Osten und aus Nordafrika stammten, waren bedeutend nationalistischer als die europäischen Juden. Sie hatten seit Jahrhunderten unter den Arabern gelebt und hatten ziemlich harte Ansichten über sie. Das machte sie anfälliger für die Parolen des Likud-Blocks, der einen harten antiarabischen Kurs verfolgte. Und obwohl die Sephardim keineswegs ultra-orthodox waren, hatten sie doch einen tiefen Respekt für traditionelle Werte und religiöse Praktiken. Die gleichgültige — häufig sogar feindselige — Einstellung der Arbeiterpartei religiösen Dingen gegenüber verletzte viele von ihnen, wohingegen Begins pedantische Befolgung der jüdischen Glaubensrichtlinien sie stolz machte.
Dieser Trend war bei den jungen Sephardim, die in Israel geboren und groß geworden waren, noch stärker ausgeprägt. Ihre Eltern, die aus dem Jemen und Kurdistan, aus dem Atlasgebirge und den Gettos in Marokko, aus Syrien, dem Iran, aus Indien und Libyen stammten, waren von einem tiefen Sendungsbewußtsein erfüllt. Für sie bedeutete

allein die Rückkehr nach Israel die Erfüllung eines Traums; sie verlangten selten mehr.
Israels Demokratie mit ihren Sitten und Gebräuchen war ihnen fremd und manchmal schwer verständlich; sie zerstörte ihre althergebrachte Gesellschaftsform, zerbrach die vom Vater beherrschte Familienzelle, predigte ihnen die Abschaffung ihrer alten Kleidung, Nahrung, Folklore, Berufe, Gebräuche, ja sogar der Namen. Sie nahmen alles demütig in Kauf; sie stellten den Führungsanspruch der bestehenden politischen und gesellschaftlichen Elite nicht in Frage und schufen dadurch etwas, das im Laufe der Zeit das »Zweite Israel« genannt wurde.
Das bedeutete eine zweite Gesellschaft, die hauptsächlich in den Einwandererlagern, in Zelten, Hütten und armseligen Häusern aus Asbest und Wellblech lebte. Sie sprachen verschiedene Sprachen, blieben außerhalb der etablierten israelischen Gemeinschaft, nahmen kaum teil an dem gesellschaftlichen, kulturellen und politischen Leben des Landes. Dieses Zweite Israel beschäftigte sich fast ausschließlich mit manueller Arbeit; seine Söhne wurden selten auf guten höheren Schulen gesehen und nur wenige von ihnen erreichten einen Hochschulabschluß. Das Zweite Israel erschien nur am Wahltag in der Öffentlichkeit und wählte massiv Ben Gurion, den neuen Messias, den König Israels. Es war fast so, als befände sich dieses Zweite Israel auf einem anderen Planeten — so nah bei den weißen Apartmenthäusern Tel Avivs und bei den sonnigen Villen von Herzliya, und doch so weit von ihnen entfernt.
Aber die jüngere Generation rebellierte. Die jüngeren Sephardim waren in Israel groß geworden; sie konnten Hebräisch lesen und schreiben. Sie verstanden die israelische Demokratie. Sie machten den Regierungen der Arbeiterpartei bittere Vorwürfe, weil sie ihnen die ethnischen Wur-

zeln abgeschnitten und in brutaler Weise ihr Erbe zerstört hatten. Sie waren erbost über die herablassende Art der Parteifunktionäre der Arbeiterpartei, die sie herumkommandierten, während die Politiker des Likud durch ihre Viertel fuhren und von Diskriminierung redeten.

Sie verstanden die sozialistischen Ansichten der Arbeiterpartei nicht und weigerten sich auch, sie zu ihren eigenen zu machen. Sie versuchten gar nicht erst, den Unterschied zwischen dem humanen, westlich orientierten Sozialismus und der tyrannischen Ideologie der Sowjets zu erkennen. Sie haßten die roten Fahnen und die sozialistische Terminologie, die die Aschkenasim der Arbeiterpartei aus Europa mitgebracht hatten; sie hatten nichts für die russischen Lieder übrig, die in den Jugendorganisationen der Arbeiterpartei gesungen wurden; für sie waren die Kibbuzim — diese Kronjuwelen der Pioniere des Sozialismus Israels — die Arbeitgeber, auf deren Feldern, Obstplantagen und Hühnerfarmen sie als Tagelöhner arbeiteten. Für sie waren die Kibbuzniks auch nichts anderes als eine elitäre Gesellschaft, die ihre Kinder nicht in ihre Schulen gehen und ihre Familien nicht ihre Swimmingpools benutzen ließ.

Der Groll, der sich in ihren Herzen ansammelte, schuf eine Kluft zur Arbeiterpartei: einige von ihnen traten religiös orientierten Parteien bei, andere bildeten kurzlebige ethnische Sephardim-Parteien; aber die meisten strömten in den Likud. Die meisten Emigranten aus der Sowjetunion, die Anfang der siebziger Jahre nach Israel ausgewandert waren, fanden ihren Weg zum Likud-Block. Nachdem sie dem sozialistischen Paradies entronnen waren, haßten sie jedes politische Symbol und jede Parole, die sie an die Sowjetunion erinnerten. Die Führer der Arbeiterpartei hatten ihre liebe Not, den Leuten den Unterschied zwischen israelischem und sowjetischem Sozialismus zu erklären. Aber es nützte alles nichts. Die rote Fahne trieb die Russen in Scharen zum Likud, der stolz seine Fahne in den blau-weißen Nationalfarben wehen ließ.

Die tiefste Krise war allerdings auf den ideologischen Zusammenbruch der Arbeiterbewegung zurückzuführen, obwohl diese Krise kaum erkannt wurde. Seit im neunzehnten Jahrhundert der erste Aliya nach Palästina gekommen war, hatte die Arbeiterbewegung ein Monopol auf den wahren Zionismus. Die Arbeiterbewegung baute das Land auf. Ihre Pioniere schufen überall im Land neue Kibbuzim und Moshavim (das sind Dorfkooperative); sie legten Sümpfe trocken und machten verdorrte Erde wieder fruchtbar; sie pflanzten Bäume, bauten Straßen, arbeiteten in Fabriken; sie siedelten sich im Grenzgebiet an; die jungen Leute aus diesen Siedlungen meldeten sich in Scharen freiwillig zu den Kommandos, zu den Fallschirmjägern und zur Luftwaffenakademie; sie gründeten die mächtige Histadrut — ein einmaliger Arbeiterbund, der in sich Sozialversicherung, Gewerkschaften, das Gesundheitswesen und das Erziehungswesen vereinigte und dem ein Drittel des Volksvermögens gehörte. Jeder Israeli, der eine Aufgabe suchte, etwas für sein Land leisten und etwas zu seiner Entwicklung beitragen wollte, entschied sich selbstverständlich für den Weg des Zionismus der Arbeiterpartei. Jeder, der von einer gerechten, neuen Gesellschaft träumte, mußte einfach der Arbeiterpartei beitreten. Das war der »Zionismus der Pioniere« im Gegensatz zum »verbalen Zionismus« der Rechten.

Aber das ist Vergangenheit. Ende der sechziger Jahre und Anfang der siebziger hatten die alten Herausforderungen ihre Anziehungskraft verloren. Sich in einem Kibbuz anzusiedeln wurde heute nicht mehr als ein riesiges Opfer betrachtet; das Leben im Kibbuz war sehr schnell zu einem

Synonym für Wohlstand geworden. Die Kibbuz-Pioniere legten keine Sümpfe mehr trocken, sie kämpften nicht mehr tagsüber gegen Araberhorden, um dann nachts Horas um das Lagerfeuer zu tanzen. Das Leben in einer Moshav hatte seinen Reiz verloren. Die Rückkehr zur Scholle, ein geheiligtes Ideal der Vergangenheit, hatte ihren Reiz verloren.

Abgesehen davon schienen Kibbuz und Moshav ihre lebenswichtige Bedeutung für die Verteidigung des Landes verloren zu haben. Die Armee sicherte die Grenzen, und Israels Sicherheit hing nicht mehr von den isolierten Siedlungen im Grenzgebiet ab. Außerdem hatte die Histadrut ihr Baumonopol im Land verloren. Private Investoren bauten jetzt auch Städte und Fabriken. Aus der Histadrut war ein mächtiger Apparat geworden; nach vielen Jahren des Boykotts war der Likud der Histadrut beigetreten und versuchte jetzt, diese Festung der Arbeiterpartei von innen zu erobern.

Seltsamerweise schien von allen Pionierorganisationen nur die Gush Emunim übrigzubleiben — »Der Block der Getreuen« —, eine Organisation junger israelischer Zionisten, die es sich zum Ziel gesetzt hatten, überall in Judäa und Samaria Siedlungen zu gründen. Sie planten ihre Aktionen mit großer Sorgfalt, kämpften gegen die Armee und die Regierung und versuchten, die Öffentlichkeit und die Presse für sich zu mobilisieren, so, wie es die Siedler der Arbeiterpartei unter dem britischen Mandat getan hatten.

Die Regierung der Arbeiterpartei und ihre Kibbuzbewegungen hatten auch Siedlungen im Gazastreifen und im Westjordanland geschaffen. Aber sie hatten sich an die eiserne Regel gehalten, wonach Siedlungen nur in Gebieten gegründet werden durften, die für Israels Sicherheit lebenswichtig waren: auf den Golanhöhen, im Jordantal und im Etzion-Block in der Südwestecke des Gazastreifens. Diese offiziellen Siedlungsgebiete entsprachen in etwa dem Allon-Plan; im Land bestand Einigkeit darüber, daß diese Gebiete auch dann noch Teile Israels bleiben müßten, wenn es zu einem territorialen Kompromiß kommen sollte.

Trotzdem war die Regierung zu schwach, um dem Druck der Gush Emunim wirksamen Widerstand entgegensetzen zu können. In mehreren Fällen kapitulierten Rabin und Peres vor den Pionieren mit den Käppchen, die sich außerhalb der autorisierten Gebiete niedergelassen hatten; bei anderen Gelegenheiten arbeiteten sie zudem mit den Siedlern zusammen, das tat sogar Allon persönlich, indem er half, die Gemeinde Kiryat Arba zu gründen.

Ben Gurion war zwar ein Visionär gewesen, aber er hatte trotzdem immer mit beiden Beinen auf der Erde gestanden. Er hatte gewußt, daß das Geheimnis, wie Israel überleben konnte, von seiner Fähigkeit abhing, sich neuen, inspirierenden Aufgaben zu stellen. Während seiner Amtszeit entwarf er ständig neue Ziele: Der Unabhängigkeitskrieg sollte siegreich beendet werden, die Bevölkerung verdoppelte sich in nur vier Jahren; neue Einwanderer wurden aufgenommen und integriert; die israelische Armee wurde zu einem Schmelztiegel, aus hundert unterschiedlichen Gemeinden wurde ein Volk geschaffen; man lernte Hebräisch; Stadtbewohner kehrten auf das Land zurück; die Negev wurde besiedelt; die Lachisch-Region wurde kultiviert. Dazu kam noch vieles mehr.

Es war schwer gewesen, manchmal sogar schmerzhaft, und die Nation war ständig außer Atem, weil sie unentwegt von einem Ziel zum nächsten galoppieren mußte, weil der verrückte »alte Mann« das so wollte. Aber wie groß war die Befriedigung, wenn ein Ziel erreicht worden war! Was für ein Gefühl, zu erleben, wie der Staat Israel

aufblühte! Und wie stolz waren alle darauf, Israeli zu sein, trotz der Gefahren und trotz aller Schicksalsschläge.
Aber Ben Gurion war nicht mehr da, und es gab niemanden mehr, der die Initiative ergriffen hätte. Wenn sich natürlich die Arbeiterpartei immer wieder neue Aufgaben vorgenommen hätte — wie zum Beispiel ein besseres Erziehungswesen, eine hochtechnisierte Industrie, Förderung der Wissenschaften, Großprojekte auf nationaler Ebene —, hätte sie ihr Monopol nicht verloren und würde immer noch die jungen Leute in Scharen anziehen. Aber es gab keine neuen Aufgaben. Und in einer Gesellschaft, die ihren Pioniergeist verloren hatte, hatte die Arbeiterpartei kaum etwas anzubieten, was der Likud nicht bieten konnte.

Nach dem Sechstagekrieg hatte sich eine weitere politische Veränderung vollzogen, die weitreichende Konsequenzen haben sollte — die Verwandlung der religiösen Parteien. Die Nationale Religiöse Partei, die größte religiöse politische Organisation, war über die Jahre hinweg stets ein loyaler Verbündeter der Arbeiterpartei gewesen. Sie war in praktisch allen Koalitionen der Mapai und der Arbeiterpartei vertreten gewesen. Die Religionsführer hatten Ben Gurion auf dem Gebiet der Außenpolitik und der Verteidigung freie Hand gelassen, solange ihre Forderungen im Hinblick auf religiöse Dinge erfüllt wurden.
Diese Forderungen waren in der Regel ziemlich vernünftig. Seit der Gründung Israels wurden die Beziehungen zwischen Staat und Religion durch eine Übereinkunft geregelt, die auf der Grundlage des Status quo von 1947 getroffen worden war. In Haifa fuhren auch samstags die öffentlichen Omnibusse, genau wie vor 1947, und in Tel Aviv fuhren samstags keine Busse, ebenfalls genau wie vor 1947. So wie früher wurde (offiziell) kein Schweinefleisch ver-

kauft, aber als die religiösen Parteien verlangten, das Züchten von Schweinen auf dem Land zu verbieten, weigerte sich Ben Gurion und berief sich auf die Status-quo-Vereinbarung. Aus den gleichen Gründen waren auch standesamtliche Eheschließungen nicht erlaubt. Andererseits gefiel den Religionsführern der Absatz im »Gesetz der Rückkehr« (Law of Return) nicht, in dem es hieß ». . . wer Jude ist«, aber sie dachten nicht im Traum daran, ihn zu ändern.

Die Nationale Religiöse Partei war für Ben Gurion ein angenehmer Partner. Er wurde von ihr unterstützt, und sie kam in den Genuß seiner Macht. Sie fühlten sich in den Koalitionen mit der Arbeiterpartei wohl und gut aufgehoben und bekamen in der Regel das Ministerium des Inneren, das Ministerium für Soziales und das Religionsministerium; sie sprachen in warmen Worten von einer »historischen Allianz« zwischen ihrer Partei und der Arbeiterbewegung.

Selbst als Ben Gurion durch Sharett, Eshkol, Golda Meir und Rabin ersetzt worden war, schien diese historische Allianz stabil zu sein. Aber schon nach dem Sechstagekrieg zeigten sich die ersten Risse in diesem Bündnis. Plötzlich war das biblische Land Israels befreit worden. Vielen religiösen Juden war dieses Land heilig; es war den Kindern Israels vom Herrn gegeben worden. Stand das nicht so in der Bibel? Sie konnten nicht einmal im Traum daran denken, es Hussein oder den Palästinensern oder sonst jemandem zurückzugeben. Sie konnten keiner Verhandlung zustimmen, deren Ziel ein Rückzug der Israelis aus einigen der heiligsten Orte war. Zum erstenmal seit der Gründung Israels solidarisierten sich viele religiöse Juden Israels mit den extremen Hardlinern in der Frage eines territorialen Kompromisses. Und plötzlich war die sonst so gemäßigte Nationale Religiöse Partei nicht mehr gemäßigt.

Zu der Zeit traten schon viele der alten, nüchternen Führer der Nationalen Religiösen Partei von der politischen Bühne ab. Sie wurden durch jüngere und radikalere Führer ersetzt, von denen sich einige offen mit der Gush Emunim solidarisierten. Seit 1969 war die Nationale Religiöse Partei nur noch bereit gewesen, der Regierung der Arbeiterpartei beizutreten, wenn der territoriale Status quo gewahrt blieb; jeder Plan, der eine Teilung des Landes Israel vorsah — damit war die Rückgabe des Westjordanlandes gemeint —, würde automatisch zu einer Auflösung der Knesset und damit zu Neuwahlen führen.
Und schließlich war die jüngere Generation der Religionsführer bedeutend empfindlicher, wenn es um die Einstellung der Führer der Arbeiterpartei zu religiösen Dingen ging. Sie mochten Rabins Gleichgültigkeit ihren Belangen gegenüber nicht. Im Dezember 1967 landete das erste Kontingent von in den USA hergestellten F-15-Düsenjägern in Israel, obwohl der Sabbat bereits begonnen hatte. Die religiösen Minister in Rabins Regierung rebellierten und enthielten sich bei einem Mißtrauensvotum in der Knesset ihrer Stimme.
Rabin, dem die Veränderungen ebenfalls entgangen waren, die sich in der Nationalen Religiösen Partei vollzogen hatten, trat prompt zurück und rief Neuwahlen aus. Seine Bewunderer nannten diesen Rücktritt einen »brillanten Schachzug«. Rabin sei seinen Widersachern zuvorgekommen, sagten sie; weder Peres im Innern der Partei noch der Likud oder die Veränderungsbewegung würden Zeit haben, ihren Wahlkampf vorzubereiten.
Es dauerte nur ein paar Monate, da mußten Rabins Bewunderer feststellen, daß der »brillante Schachzug« die historische Allianz zerstört hatte.
Und daß das religiöse Establishment, an dessen Spitze die Nationale Religiöse Partei stand, auf dem besten Wege war,

sich mit dem frommen, gottesfürchtigen Juden zusammenzutun, der auch dem Heiligen Land Israel die Treue geschworen hatte, mit Menachem Begin.

Der Likud hatte außerdem noch etwas, das der Arbeiterpartei bedauerlicherweise fehlte: Führerpersönlichkeiten. Ariel Sharon, der siegreiche General aus dem Jom-Kippur-Krieg, wurde Mitglied des Likud; Ezer Weizmann, ein Neffe des ersten Präsidenten Israels und der Mann, der die beste Luftwaffe der Welt aufgebaut hatte, trat dem Likud bei. Junge Führer in den Zwanzigern oder Dreißigern, viele von ihnen Sephardim, die sich zur Bürgermeisterwahl oder für die Wahl in die Knesset aufstellen ließen, wurden ermuntert, dem Likud beizutreten. Zu ihnen gehörten David Levy, Moshe Katzav, Meir Shitrit und David Magen, um nur einige von ihnen zu nennen. Gleichzeitig vereitelten die Spitzenfunktionäre der Arbeiterpartei alle Bemühungen der jüngeren Parteimitglieder, einen Listenplatz zu ergattern. Ich sollte die Frustration sehr bald am eigenen Leib erleben.

Aber die wichtigste Führerpersönlichkeit des Likud war Menachem Begin. Als Ben Gurion, Eshkol und Golda Meir die Arbeiterpartei geführt hatten, war Menachem Begin eine vergleichsweise blasse Figur gewesen. Er wirkte schon äußerlich lächerlich und armselig, wenn einer von ihnen in der Nähe stand; seine emotionsgeladenen Reden, seine bombastischen Formulierungen, seine theatralischen Gesten, sein übertriebenes Gehabe eines polnischen Edelmanns gaben ständig Anlaß, ihn zu belächeln.

Aber als die Gründerväter der Arbeiterpartei die Bühne freigemacht hatten und nur noch Rabin Begin gegenüberstand, änderte sich das völlig. Rabin war ein schlechter Redner; er betonte in einem Satz immer die falschen Wörter, er hatte den falschen Tonfall, seine Reden waren langweilig, er machte immer einen seltsam abwesenden Eindruck und war nicht in der Lage, das Auditorium mitzureißen. Im Vergleich zu ihm war Begin ein großer Redner, ein Meister der hebräischen Sprache, er sprach in Bildern, zitierte mühelos aus der Bibel und garnierte seine Schmähungen mit sarkastischen Bemerkungen.

Der Abgang der Gründerväter von der politischen Bühne Israels hatte eine Leere hinterlassen. Begin war der einzige, der in der Lage war, eine Art Vaterbild zu projizieren; und viele Israelis, die von Rabin und seinen jüngeren Ministern enttäuscht waren und sich nach den großen alten Führerpersönlichkeiten zurücksehnten, wandten sich natürlich Begin zu.

Außerdem konnte man Begin nicht für die Pannen der Arbeiterpartei verantwortlich machen. Er hatte die Regierung der Nationalen Einheit lange vor dem Jom-Kippur-Krieg verlassen; er war nicht für die Inflation verantwortlich, die Israel nach 1973 heimsuchte; und er war vor allen Dingen nicht korrupt.

Korruption war eines der Schlüsselworte im Wahlkampf 1977. Die Öffentlichkeit wurde darauf aufmerksam, als der frisch ernannte Präsident der Bank von Israel, Asher Yadlin, als Dieb entlarvt wurde, der die Histadrut schon seit Jahren bestohlen hatte. Bald darauf begann eine Hexenjagd; ihr nächstes Opfer war Abraham Ofer, der Wohnungsbauminister. Als er keine Möglichkeit mehr sah, dieser widerwärtigen Kampagne etwas entgegenzusetzen, fuhr Ofer mit seinem Auto an einen einsamen Strand und erschoß sich. Beweise für seine Schuld sind nie erbracht worden.

Der dritte Fall war der schlimmste. Ein israelischer Journalist, Dan Margalit, entdeckte, daß Yitzhak und Leah Rabin ein verbotenes Bankkonto in Washington hatten, was ein Verstoß gegen das israelische Gesetz war. Das Konto war klein und unwichtig; aber die Rabins hatten das Gesetz mißachtet. Der Skandal kam im April 1977 ans Licht, nachdem Rabin gerade ein paar Wochen zuvor von der Arbeiterpartei zum Kandidaten für das Amt des Premierministers nominiert worden war und Shimon Peres ganz knapp geschlagen hatte. Die allgemeinen Wahlen fanden in kaum zwei Monaten statt. Frau Rabin wurde von einem Gericht verurteilt, und Yitzhak Rabin trat dramatisch von seinem Amt zurück.

Diesen Skandalen folgten dann die Enthüllungen weiterer, ziemlich unwichtiger Affären, wie zum Beispiel die schlampige Verwaltung der Gebäude und anderen Eigentums der Arbeiterpartei. Aber der Öffentlichkeit wurde der Eindruck vermittelt, daß die gesamte Hierarchie der Arbeiterpartei von oben bis unten korrupt war; die Leute bekamen die Vorstellung, daß sich hinter der Fassade der Partei noch viele düstere Geheimnisse verbargen.

Kurz vor der Wahl traf ich meinen Freund, den Dichter Chaim Gouri. »Michael, wir werden die Wahl verlieren«, sagte er traurig. »Der Präsident der Bank von Israel sitzt im Gefängnis, der Wohnungsbauminister liegt im Grab, der Premierminister steht vor Gericht. Wie sollen wir da gewinnen?«

Am 17. Mai 1977 geschah das Unfaßbare. Nach dreißig Jahren, die sie an der Macht gewesen war, erlitt die Arbeiterpartei eine vernichtende Niederlage und verlor neunzehn ihrer einundfünfzig Sitze in der Knesset. Fünfzehn Sitze gingen an die neugegründete Veränderungsbewegung. Der Likud gewann fünfundvierzig Sitze. Die Nationale Religiöse Partei und die ultrarechte »Orthodox Agudat Israel« waren bereit, ihre sechzehn Sitze in eine Koalition mit dem Likud einzubringen.

Der Präsident von Israel beauftragte Menachem Begin mit der Bildung der nächsten Regierung.

Das war das Ende einer Ära.

6. KAPITEL

Frieden jetzt

Für viele Israelis war die Niederlage der Arbeiterpartei 1977 die größte Katastrophe in der Geschichte Israels. Für uns war sie der Tod des zionistischen Traums, der Anfang vom Ende. Es war eine Torheit gewesen, der Massenselbstmord des jüdischen Volkes.

Manche verglichen die Situation mit dem traumatischen Debakel des Jom-Kippur-Krieges. Andere sagten, die Juden sollten schon einmal anfangen, ihre Sachen zu packen. Die Leute konnten es einfach nicht fassen, daß die Arbeiterpartei nicht mehr an der Macht war. Die Hegemonie der Arbeiterpartei war ein Synonym für die Unsterblichkeit der Seele Israels gewesen. Es war unvorstellbar, daß Israel überleben oder existieren könnte, wenn die Arbeiterpartei nicht mehr am Ruder war. Ich erinnere mich an eine alte Wahlkampfrede, in der Begin mit Verve gegen die fanatischen Anhänger der Arbeiterpartei gewettert hatte. »Sie werden sich fragen, was geschehen wird, wenn die Arbeiterpartei einmal nicht mehr an der Macht ist. Die Bäume werden nicht mehr wachsen, es wird nicht mehr regnen, der Mond wird nicht mehr scheinen, überall im Land wird alles Leben zu Ende sein, wenn die Arbeiterpartei nicht mehr an der Macht ist.«

Begin hat nicht übertrieben. Das war tatsächlich genau das, was Hunderttausende empfanden, als der Likud-Block die Wahlen gewonnen hatte. Der ruhmreiche Staat

Israel war einer Gruppe von Irren und Demagogen in die Hände gefallen. Der »Dritte Tempel« war eingestürzt. Viele sprachen offen davon, das Land verlassen zu wollen; viele glaubten, die letzte Möglichkeit, mit unseren Nachbarn Frieden zu schließen, sei vertan worden, und sahen einen von den Likud-Expansionisten angezettelten apokalyptischen Krieg voraus, der das Ende des Staates Israel bedeuten würde.
Yitzhak Ben Aharon, ein ehemaliger Minister und Ex-Generalsekretär der Histadrut, rief im Fernsehen offen dazu auf, der neuen Regierung den Gehorsam zu verweigern. Die Führer der Arbeiterpartei weigerten sich, ihre eigenen Fehler einzugestehen, und gaben den anderen die Schuld. Peres beschuldigte Rabin, Rabin beschuldigte Peres; beide gaben der Partei die Schuld, und die Partei beschuldigte die Veränderungsbewegung, die Presse, den Jom-Kippur-Krieg und allem voran die ganze Nation. Es war traurig, mit ansehen zu müssen, wie die Führer der Veränderungsbewegung — unsere Brüder, die zu unserer Nemesis geworden waren — in Begins Koalition eintraten und auf der Rednertribüne der Knesset den Amtseid als Minister ablegten.
Aber das sollte erst der Anfang unserer Schwierigkeiten sein, denn nachdem wir die Macht an eine Bande von Kriegshetzern des rechten Flügels verloren hatten, mußten wir hilflos mit ansehen, wie diese Kriegshetzer mit unserem schlimmsten Feind Frieden schlossen.

Schon bald nach seinem triumphalen Wahlsieg hatte Menachem Begin einen schweren Herzanfall. Er lag einige Tage lang in kritischem Zustand im Ichilov-Hospital in Tel Aviv. Und noch aus dem Krankenbett, während er an Monitore angeschlossen war und Plasma-Infusionen bekam, kündigte er die Ernennung Moshe Dayans zum Außenminister an.

Die überraschende Nachricht löste im Likud bittere Enttäuschung aus, denn verschiedene Spitzenpolitiker hatten schon die entsprechenden Cuts und gestreiften Hosen anprobiert. Aber das war nichts im Vergleich zu der Wut, die sich explosionsartig in der Arbeiterpartei ausbreitete. Dayan war zum Feind übergelaufen und hatte seinen Sitz im Parlament mitgenommen. Das war der schlimmste Verrat, den ein Politiker begehen konnte.

Auch ich empfand das so. Ich verabscheute den Schritt, den Dayan getan hatte, und sprach lange Zeit kein Wort mit ihm. Aber seine Motive konnte ich gut verstehen. Während der letzten drei Jahre, die Dayan sozusagen im Exil verbracht hatte, wo er seine Memoiren schrieb, hatte ich ihn oft besucht. Ich spürte, daß ihn die Welle der Abneigung, die seine Rolle in der Tragödie des Jom-Kippur-Kriegs ausgelöst hatte, zutiefst erschüttert hatte. »Die Israelis beten gern lebendige Idole an«, sagte sein Schwager Ezer Weizmann zu mir, »aber sie haben auch keine Hemmungen, sie zu zerstören.« Der Mann, der gestern noch ein Volksheld gewesen war, konnte mit der Kritik und mit den Vorwürfen, mit denen er von allen Seiten überhäuft wurde, nicht fertigwerden. »Stell dir vor, Michael, heute hat eine Frau auf meinen Wagen gespuckt!« sagte Dayan einmal zu mir und war zutiefst erschüttert. »Sie hat mich angespuckt!«

Die meiste Zeit hielt er mir Vorträge über die Ergebnisse der Agranat-Untersuchungskommission und zitierte ganze Abschnitte, die bewiesen, daß seine Weste so weiß war wie frisch gefallener Schnee. Er kommentierte wütend Zeitungsartikel, die ihn trotz der Ergebnisse des Untersuchungsausschusses weiter beschuldigten.

»Kannst du dich daran erinnern, wie wir die Rafi gegründet haben?« fragte ich ihn einmal. »Du hast damals gesagt, daß Ben Gurion von der Lavon-Affäre besessen wäre und

sich um nichts anderes mehr kümmern würde. Du hast erklärt, du würdest der Rafi nicht beitreten, wenn der ›alte Mann‹ nicht damit aufhören würde, uns alle mit seiner Forderung nach einer gerichtlichen Untersuchung verrückt zu machen. Und jetzt benimmst du dich genauso!«
Aber Dayan war jünger als Ben Gurion. Und als ich den ersten Entwurf seiner Memoiren gelesen hatte, war mir klar, daß dieser Mann entschlossen war, die Geschichte seines Lebens nicht mit dem Jom-Kippur-Debakel enden zu lassen. Er konnte den Gedanken nicht ertragen, daß seine ruhmreiche Autobiographie mit dem traurigen Kapitel enden würde, das von dem Untersuchungsausschuß handelte. Dayan wollte um jeden Preis seiner Lebensgeschichte ein weiteres Kapitel hinzufügen und etwas tun, das ihn in den Augen der Geschichte und seiner Nation rechtfertigen würde.
Und der schlaue Begin hatte das sofort erkannt. Er ernannte Dayan zum Außenminister und bot ihm damit die einmalige Gelegenheit, dem Buch seines Lebens ein weiteres wichtiges Kapitel hinzuzufügen: das Kapitel, das von dem Friedensvertrag mit Ägypten handelte.

»Sadat will den Frieden«, hatte Dayan seit dem Jom-Kippur-Krieg immer wieder behauptet. Er war überzeugt davon, daß der ägyptische Präsident sich darüber im klaren war, daß sich seine militärischen Möglichkeiten erschöpft hatten. Er war entschlossen, den hohen Preis für den Frieden mit Israel zu zahlen, um seine verlorenen Provinzen wiederzubekommen.
Dayan wartete nicht so lange, bis sich seine Vermutung als zutreffend erwiesen hatte. Mit einer Golfmütze und einer dunklen Brille verkleidet flog er heimlich nach Indien, um den indischen Premierminister zu überreden, zwischen Israel und Ägypten zu vermitteln. Er scheiterte, gab aber

nicht auf. Am 4. September machte er sich wieder auf die Reise. Mit einer langen Hippie-Perücke, einem falschen Schnurrbart und einer dunklen Brille flog er nach Europa, wurde dort von Agenten des Mossad blitzschnell in ein wartendes Auto verfrachtet, in mehrere Garagen hinein und wieder heraus gefahren, wobei unterwegs mehrmals das Auto gewechselt wurde, um dann schließlich an Bord eines luxuriösen Privatjets nach Rabat, der Hauptstadt Marokkos, geflogen zu werden. Dort bat er König Hassan, ein Treffen zwischen ihm und einem Sonderbotschafter Sadats zu arrangieren.

Hassan erklärte sich dazu bereit; ein paar Tage später telegrafierte er an Dayan, daß Sadat seinen Vorschlag angenommen habe. Am 16. September stülpte Dayan sich noch einmal die Perücke über, klebte den Schnurrbart an, setzte die dunkle Brille auf und wiederholte seine James-Bond-Nummer in Brüssel und Paris. Seine Reise endete wieder in Marokko. Aber diesmal schüttelte er im königlichen Palast von Rabat Sadats Abgesandtem, Dr. Hassan Tuhami, die Hand.

Sowohl Dayan als auch Tuhami und ihre Gastgeber waren von dieser historischen Begegnung tief beeindruckt. Noch vor kurzer Zeit waren sie erbitterte Feinde gewesen; jetzt diskutierten sie über die Aussichten für einen Frieden.

Tuhami betonte Sadats Entschlossenheit, Frieden mit Israel zu schließen. »Sie (und Begin) sind starke und tapfere Führer«, sagte Tuhami, »und wir glauben, daß Sie in der Lage sind, die schicksalhaften Entscheidungen zu treffen, die einen wirklichen fairen Frieden bringen können. Präsident Sadat hatte kein Vertrauen zu Ihrer früheren Regierung, aber er vertraut Ihnen ... Der rumänische Präsident Ceausescu hatte ihn gebeten, sich mit Begin zu treffen, aber Sadat hatte nicht geglaubt, daß ein solches Treffen fruchtbar sein könnte. Jetzt hat er seine Ansicht dank der

Vermittlung durch den König von Marokko und dank seines Vertrauens in die Begin-Regierung geändert.«
Nach diesen ermutigenden Worten präsentierte Tuhami eine Anzahl von absolut verbindlichen Bedingungen für die Friedensverhandlungen. Zuerst müßte Israel erklären, daß es sich aus allen Gebieten zurückziehen würde, die es im Sechstagekrieg erobert hatte. Erst nach dieser Erklärung wäre Sadat bereit, sich mit Begin zu treffen.
Tuhamis Bedingungen waren für Dayan natürlich unannehmbar; selbst der Sicherheitsrat der Vereinten Nationen hatte 1967 in der Resolution 242 von Israel nur verlangt, sich aus »Gebieten« und nicht aus »den Gebieten« zurückzuziehen, die es im Sechstagekrieg erobert hatte. Das bedeutete, daß die Vereinten Nationen Israel das Recht eingeräumt hatten, einige der eroberten Gebiete zu behalten. Dayan betrachtete Tuhamis Forderungen jedoch nur als eine Basis, durch die der Ägypter sich eine günstige Ausgangsposition für weitere Verhandlungen schaffen wollte. Er einigte sich mit dem ägyptischen Sonderbeauftragten über einen Austausch von Arbeitspapieren, die sich mit der Problematik eines Friedensschlusses befaßten, und man kam überein, sich wieder zu treffen, nachdem man dem jeweiligen Regierungschef berichtet hatte.
Aber noch vor ihrem nächsten Flug nach Marokko wurde die gesamte Welt von einem erstaunlichen Ereignis erschüttert.

Anfang November 1977 flog Sadat nach Teheran, um sich dort mit dem Schah zu treffen; anschließend wollte er Saudi-Arabien einen Besuch abstatten. Als er über den Berg Ararat in der Türkei flog, dachte er sich einen dramatischen Schachzug aus, durch den der Friedensprozeß beschleunigt werden könnte. Er beschloß, eine Konferenz der ständigen Mitglieder des Sicherheitsrates nach Ost-Je-

rusalem einzuberufen. Aber auf dem Weg von Teheran nach Riad änderte er seine Ansicht. Selbst wenn die Vertreter der fünf Mächte nach Jerusalem kämen, könnte es geschehen — jedenfalls befürchtete er das —, daß sie keine Einigung erzielten.
Er zermarterte sich das Gehirn nach einer Lösung, und die zündende Idee kam ihm dann während seines Rückflugs nach Kairo. Er würde selbst nach Jerusalem gehen und Israel in einer dramatischen Geste den Frieden anbieten.
Am 9. November erklärte Anwar el-Sadat vor dem ägyptischen Parlament, daß er bereit sei, bis ans andere Ende der Welt zu reisen, wenn er damit erreichen könnte, daß kein einziger ägyptischer Soldat oder Offizier mehr verletzt würde. »Ich bin sogar bereit, in das Haus der Israelis zu gehen«, sagte er, »in ihre Knesset, um dort mit ihnen zu reden.«
Diese Rede überraschte Israel. Viele israelische Spitzenpolitiker reagierten mit Verachtung und Sarkasmus auf die Erklärung Sadats. Sie konnten einfach nicht glauben, daß der ägyptische Präsident es ernst meinte. Hatte er nicht noch ein paar Jahre zuvor erklärt, daß er bereit sei, eine Million ägyptischer Soldaten zu opfern, um seine verlorenen Gebiete wiederzuerobern?
Menachem Begin jedoch ergriff die Gelegenheit beim Schopf. Auf einer Versammlung im Hilton-Hotel in Tel Aviv lud er Präsident Sadat nach Jerusalem ein, um mit ihm über einen dauerhaften Frieden zwischen Israel und Ägypten zu verhandeln. Zwei Tage später schickte er seine offizielle Einladung über die Botschaft der Vereinigten Staaten nach Kairo. Und Kairo antwortete.
Am 19. November stand Begin auf dem Vorfeld des Ben-Gurion-Flughafens und sah zu, wie Sadats Boeing *Misr 01* auf israelischem Boden landete. Als Sadats bekannte Gestalt sich an der Kabinentür zeigte, wurde ganz

Israel klar, daß Menachem Begin den Traum aller seiner Vorgänger wahrgemacht hatte: Er war Gastgeber beim ersten offiziellen Besuch eines Regierungschefs der arabischen Welt. Und er war womöglich der erste, dem es gelingen sollte, einen Friedensvertrag zwischen Israel und einem arabischen Land zu schließen.

Begin hatte seine Friedensinitiative gleich nach seinem Wahlsieg begonnen. Er hatte Dayan zu seinem Außenminister gemacht, weil er wußte, daß der berühmte Held trotz seines angekratzten Images am ehesten qualifiziert war, die Gespräche mit den Arabern zu führen. Schon im August hatte er den Präsidenten von Rumänien gebeten, Sadat dazu zu bringen, mit der israelischen Regierung zu verhandeln. Er hatte Dayan auch mit einem Positionspapier zu Präsident Carter geschickt, in dem er den Friedensvorschlag an Ägypten im einzelnen erläutert hatte.

Begin war entschlossen, zwei Ziele zu erreichen: Er wollte Frieden schließen, und das mit Ägypten. Einige seiner engsten Freunde erklärten mir, daß er finster entschlossen gewesen sei, das Image des Demagogen und Terroristen ein für allemal loszuwerden, das ihm jahrelang angehaftet hatte. Die einzige Möglichkeit, einen Platz in der Geschichte zu bekommen, bestand für ihn darin, den Respekt und die Wertschätzung des Volkes zu gewinnen, indem er an der Stelle erfolgreich war, an der Ben Gurion und seine Nachfolger gescheitert waren: dem von Kriegen heimgesuchten Staat Israel den Frieden zu bringen.

Aber Ägypten war das einzige Land, mit dem er Frieden schließen konnte. Der Libanon wurde von Bürgerkriegen erschüttert; Syrien weigerte sich, mit Israel zu verhandeln, selbst wenn wir ihnen angeboten hätten, die Golanhöhen zurückzugeben, was für uns nicht in Frage kam. Im Falle von Ägypten sah die Sache anders aus: Das Haupthindernis, das einem Frieden im Wege stand, war unsere Besetzung des Sinai.

Begin war nicht besonders an der dürren Wüste des Sinai interessiert; die windgepeitschte Halbinsel hatte nie zum historischen Eretz Israel (Groß-Israel) gehört. Ihr Hauptwert lag darin, daß sie eine Pufferzone zwischen Israel und Ägypten darstellte. Wenn Begin eine Entmilitarisierung der Halbinsel, freie Schiffahrtswege durch die Straße von Sharm el-Sheik und eine kontinuierliche Ölversorgung aus dem Golf von Suez erreichen könnte, wäre er bereit, den Sinai gegen einen Frieden einzutauschen.

Dayan hatte ähnliche Ansichten. In der Vergangenheit hatte er sich leidenschaftlich für die Annexion eines großen Teils des Sinai eingesetzt: »Ich habe lieber Sharm el-Sheik und keinen Frieden als einen Frieden ohne Sharm el-Sheik.« Aber diese unüberlegte Erklärung stammte noch aus den Tagen, in denen Dayan auf der Spitze seines Ruhms stand und über ein uneingeschränktes Selbstbewußtsein verfügte. Der Jom-Kippur-Krieg hatte ihn etwas bescheidener werden lassen. Außerdem war Dayan ein ausgesprochener Pragmatiker, der bereit war, seine Meinung zu ändern, wenn die Umstände sich änderten.

Begin und Dayan stimmten auch in einem anderen Punkt überein: Beide waren sie nicht bereit, das Westjordanland abzugeben. Begin war das Land Israel heilig; im Unterschied zum Sinai war das die historische Heimat der Juden und konnte deshalb nicht Gegenstand von Verhandlungen werden. Obwohl Dayan ein Pragmatiker war, hielt er an seiner Theorie eines flexiblen, funktionalen Kompromisses fest. Er war gegen einen Palästinenserstaat und lehnte jede Art der Teilung des Westjordanlands zwischen Jordanien und Israel ab.

Deshalb war er beinahe erleichtert, als er herausfand, daß Husseins Einstellung sich nicht geändert hatte und er sich

immer noch weigerte, über einen territorialen Kompromiß zu diskutieren. Als sich Dayan und Hussein am 22. und 23. August in London trafen, blieben ihre Gespräche völlig ergebnislos. »Wenn ich irgendeinem Teilungsplan zustimmen würde, würde die gesamte arabische Welt mich als Verräter betrachten«, sagte Hussein. Dayan hatte den Eindruck, daß er bedrückt war, wahrscheinlich wegen des Todes seiner geliebten Frau, die vor kurzem bei einem Hubschrauberabsturz umgekommen war.
Als Hussein sich von Dayan verabschiedete, sollte es das letzte Mal für sieben Jahre sein, daß er einem israelischen Politiker die Hand schüttelte. Die neue Regierung Israels setzte den geheimen Treffen mit dem König von Jordanien ein Ende. Begin und Dayan hatten kein Interesse mehr, mit Hussein zu reden. Sie waren hinter Sadat her.
Aber um Sadat herumzukriegen, mußten sie ihn von Hussein und den Palästinensern weglotsen, ihn mit großartigen Preisen locken und ihm ein Angebot machen, das er nicht ablehnen konnte.
Sie begannen ihren Angriff, sobald Sadat am Sabbat, dem 19. November 1977, israelischen Boden betreten hatte.

Die meisten Israelis hießen Sadat außerordentlich herzlich willkommen. Die Zeitungen begrüßten ihn mit ganzseitigen Schlagzeilen auf hebräisch und arabisch, ägyptische Fahnen wurden auf allen Regierungsgebäuden und öffentlichen Institutionen gehißt, und wo immer er auftauchte, sammelten sich begeisterte Menschenmengen an.
Als er aus seinem Flugzeug stieg, hielten wir alle den Atem an. Er war ein großer, dunkelhäutiger Mann mit einem kurzgeschnittenen Schnurrbart in einem makellosen, eleganten Anzug. Der dunkle Fleck auf seiner Stirn rührte von den täglichen fünfmaligen Berührungen des Bodens her, wenn er betete. Vom ersten Moment an war der ägyp-

tische Präsident bei uns entspannt und strahlte eine natürliche Autorität aus. Mit bemerkenswerter Selbstsicherheit hörte er sich die Nationalhymnen der beiden kriegführenden Nationen an; dann schüttelte er seinen ehemaligen Gegnern die Hand und schloß dabei auch den Generalstabschef General Gur ein, der unklugerweise ein paar Tage vor Sadats Besuch erklärt hatte, dieser Besuch sei eine Kriegslist der Araber, die sich gegen Israel richte.

Sadat nannte Golda Meir die »alte Dame« und gab zu, daß er vorgehabt hätte, sich mit ihr zu treffen, als sie noch Premierministerin gewesen war. »Warum sind Sie nicht gekommen?« fragte sie vorwurfsvoll. »Wir haben in Ägypten auf Sie gewartet«, sagte er und spielte damit scherzhaft auf General Sharon Ariel an, der im Oktober 1973 auf Kairo vorgerückt war. Er begrüßte seine Gastgeber mit einem Feuerwerk an schlagfertigen Bemerkungen, lächelte, schüttelte Hände und klopfte Leuten auf die Schulter. Aber der israelische Spitzenpolitiker, der Sadats Herz gewann, war der Verteidigungsminister Ezer Weizmann.

Weizmann, ein ehemaliger Luftwaffengeneral und wagemutiger Pilot, war leicht erregbar und impulsiv, aber ein ungeheuer liebenswürdiger Mensch. Er war hager, hatte lange Beine und trug einen typischen RAF-Schnurrbart. Weizmann war für den fürchterlichen Luftangriff verantwortlich, bei dem die ägyptische Luftwaffe im Sechstagekrieg völlig vernichtet worden war. Vor dem Jom-Kippur-Krieg hatte er behauptet, bevor es zu einem Frieden kommen könne, müßten wir erst alle arabischen Hauptstädte erobern; seitdem war er zu einem leidenschaftlichen Verfechter der Formel »Gebiete im Austausch gegen Frieden« geworden.

Der jugendliche, jungenhafte Minister war ein paar Tage vor Sadats Ankunft bei einem Verkehrsunfall erheblich verletzt worden. Zu dem Treffen mit Sadat kam er im Rollstuhl und stand auf, um sich auf seine Krücken zu stützen. Als Sadat auf ihn zuging, hob er eine Krücke wie ein Gewehr, nahm Haltung an und salutierte. Sadat mußte lachen. Am nächsten Morgen lud er »Ezra« Weizmann in seine Suite im King-David-Hotel in Jerusalem ein; Weizmann wurde Sadats engster Freund in Israel und sein Verbindungsmann zur Regierung Begins.

Leider schloß Sadat nicht noch mehr Freundschaften in der israelischen Regierung. General Yigael Yadin, der Führer der Veränderungsbewegung, war Vizepremier in Begins Regierung, aber es stellte sich heraus, daß er ein Papiertiger war, der zu den Verhandlungen kaum etwas beitragen konnte. Moshe Dayan, der klügste Kopf in der Regierung, brachte Menachem Begin dahin, daß er die weitreichenden Konzessionen machte, ohne die kein Friedensvertrag möglich gewesen wäre; trotzdem blieb seine Beziehung zu Sadat kühl und verkrampft. Die beiden Männer konnten sich gegenseitig nicht leiden, obwohl sie eine hohe Meinung voneinander hatten. Sharon traute Sadat nicht über den Weg, und Sadat ging es umgekehrt genauso. Und die Führer der Arbeiterpartei, die man auf die Oppositionsbänke vertrieben hatte, hatten überhaupt keinen Einfluß auf die Verhandlungen.

Die größte Enttäuschung aber war die Beziehung zwischen Sadat und Begin. Übereifrige Pressesprecher beschrieben das wunderbare Fluidum zwischen ihnen, das sie sofort zu festen Freunden hätte werden lassen. Das stimmte nicht. Zwischen Sadat und Begin hatte es nichts Magisches gegeben. Die beiden Männer waren völlig unterschiedlich. Sadat war ein extrovertierter, spontaner Mensch, der sich nicht für das Kleingedruckte interessierte. Begin war ein Pedant und maß Einzelheiten eine ungeheure Bedeutung bei; er hatte den Kopf eines Juristen, die unangenehme Eigenschaft, seine Aussagen mit lateini-

schen und griechischen Ausdrücken zu spicken und eine Neigung, langweilige, oberlehrerhafte Vorträge zu halten.
Sadat benahm sich wie ein absolutistischer Herrscher; Begin waren die Hände durch eine Koalitionsregierung und eine sehr leicht aufbrausende Knesset gebunden. Sadat war so naiv zu glauben, daß allein sein dramatischer Flug nach Israel schon eine ungeheure Konzession darstelle; im Gegenzug erwartete er von Israel die Bereitschaft, weitreichende territoriale Kompromisse an all seinen Grenzen zu machen. Begin war nicht bereit, auch nur einen Zoll aufzugeben, außer im Sinai.
Die unterschiedlichen Standpunkte zeigten sich am nächsten Nachmittag, als Sadat vor der Knesset sprach, eine Zeremonie, die noch nie dagewesen war. Kein noch so genialer Theaterregisseur hätte sich eine dramatischere Szene ausdenken können: Israels Erzfeind sprach vom Rednerpult seines Parlaments und bot seinen politischen Führern den Frieden an. Begin erhob sich bleich und angespannt, mit verzerrtem Gesicht und trotzig erhobenem Kopf, um ihm zu antworten. Und Millionen Menschen auf der ganzen Welt, die diese Szene auf ihren Fernsehbildschirmen verfolgten, spürten, daß sie Zeugen eines historischen Augenblicks waren.
Sadat wies in seiner Rede warnend darauf hin, daß der Weg zum Frieden immer noch durch mächtige Hindernisse blockiert sei. Der ägyptische Präsident forderte den Rückzug der Israelis aus allen besetzten Gebieten; Begin lehnte diese Forderung rundweg ab. Trotzdem kamen die beiden Regierungschefs noch an demselben Tag zu einer Übereinkunft in zwei wichtigen Punkten. Sie beschlossen, daß nie wieder Krieg zwischen ihren beiden Nationen geführt werden sollte, und Begin versprach Sadat, daß er im Interesse eines Friedensvertrags den gesamten Sinai wie-

der unter ägyptische Oberhoheit stellen würde. Begin glaubte, daß trotz dieses Zugeständnisses ein Sonderstatus für die israelischen Siedler und die Luftwaffenstützpunkte auf dem Sinai gefunden werden könnte.
Der Premierminister sollte sehr bald erfahren, daß nicht der Sinai, sondern die Palästinenser-Frage das Haupthindernis auf dem Weg zum Frieden war. Er mußte daher eine spezielle Formel für eine Lösung dieses Problems finden, die Sadat zufriedenstellen und ihn dazu motivieren würde, mit Israel einen Separatfrieden zu schließen.
Obwohl er von Dayan manipuliert, von Weizmann unter Druck gesetzt, von den Hardlinern seiner Partei belagert und von der Presse verspottet wurde, fand Begin die Zauberformel. Er nannte sie Autonomie. In einem wagemutigen Schritt rückte Begin von seinen traditionellen Positionen ab und bot den Palästinensern freie Wahlen und Selbstbestimmung an; der endgültige Status des Westjordanlands und des Gazastreifens sollte fünf Jahre später entschieden werden.
Knapp einen Monat nach Sadats Besuch in Jerusalem flog Menachem Begin überraschend nach Washington und traf sich dort mit dem Präsidenten Jimmy Carter. Sowohl die Israelis als auch die Ägypter waren sich darüber im klaren, daß es ohne die Vermittlung, den Druck und die Garantien der Vereinigten Staaten nie zu einer Übereinkunft kommen würde. Carter war bereit, manche behaupten, verzweifelt daran interessiert, bei einem Durchbruch zu helfen, um seine schwindende Popularität in der amerikanischen Öffentlichkeit wieder etwas aufzumöbeln. Sadats Friedensinitiative half ihm außerdem, sich elegant aus seiner eigenen zweifelhaften Initiative zurückzuziehen, die er schon früher auf einer internationalen Konferenz über den Mittleren Osten ins Rollen gebracht hatte und an der die Sowjetunion aktiv beteiligt gewesen war.

Begin kam mit der Hoffnung nach Washington, Carter davon überzeugen zu können, daß sein Autonomieplan einen wichtigen Schritt in Richtung auf eine Lösung des Palästinenser-Problems darstellte. Der Präsident der Vereinigten Staaten solle deshalb Sadat überreden, seinen Anspruch auf einen Rückzug der Israelis aus den besetzten Gebieten im Westjordanland aufzugeben. Carter, der Begin nicht mochte, hatte ziemliche Vorbehalte gegen diesen Plan; trotzdem war ihm klar, daß er zur Zeit von Israel nicht viel mehr erwarten konnte als dieses Angebot der Autonomie, und er beschloß, sich dem Plan anzuschließen.
Am 16. Dezember 1977, in einer schneekalten Nacht, betrat Begin das Oval Office und legte seinen Plan vor. Und seit dieser Nacht war Carter an dem Friedensprozeß beteiligt. Er beauftragte seine engsten Mitarbeiter mit der Aufgabe — Vizepräsident Walter Mondale, Sicherheitsberater Zbigniew Brzezinski und Außenminister Cyrus Vance. Das war der Anfang eines dornenreichen Weges, der von Gipfelkonferenzen, Ausschußsitzungen, Ministertreffen, Krisen, Streitereien und gegenseitigen Beschuldigungen begleitet war; es gab unzählige Entwürfe, Arbeitspapiere, Briefe, Noten und Antwortnoten; endlose Gespräche in den Palästen von Ismailia, in den Luxushotels von Kairo und in der mittelalterlichen Festung von Leeds; Treffen in Washington, Salzburg und Jerusalem, in der rustikalen Abgeschiedenheit von Camp David und der förmlichen Eleganz des Blair House; sechzehn Monate dauernde angestrengte Verhandlungen, die Sadat und Begin den Friedensnobelpreis brachten und Frieden zwischen Ägypten und Israel. Am 26. März 1979 unterzeichneten Sadat und Begin einen Friedensvertrag auf dem Rasen des Weißen Hauses; Jimmy Carter fungierte dabei als Zeuge.
Die Verhandlungen waren eine Mischung aus Schachspiel, Fingerhakeln und subtiler Erpressung gewesen, wo-

bei jeder der Akteure sein eigenes Spiel gespielt hatte. Jimmy Carter, der Sadat aufrichtig bewunderte, sparte nicht mit Kritik an Israel und stellte sich zumeist auf die Seite Ägyptens. Aber seine Voreingenommenheit sollte sich als sehr hilfreich erweisen, denn er gewann Sadats Vertrauen und schaffte es deshalb, ihn dazu zu bringen, seine unrealistischen Forderungen aufzugeben.

Was Sadat anging, so war er der festen Absicht, Frieden zu schließen, und nahm enorme persönliche Risiken auf sich, um dieses Ziel zu erreichen; während der Verhandlungen war er gezwungen, zwei Außenminister, einen Premierminister, einen Verteidigungsminister und viele hohe Staatsbeamte zu entlassen beziehungsweise ihre Rücktrittsgesuche anzunehmen; Ägypten wurde aus der Arabischen Liga ausgeschlossen und von den meisten arabischen Ländern geächtet.

Auf der israelischen Seite war Moshe Dayan der Hauptakteur gewesen. Er machte seinen ganzen Einfluß geltend, manipulierte andere Israelis, benützte auf zynische Weise sogar die Amerikaner für seine Zwecke und brachte so Begin dazu, viele seiner harten Bedingungen aufzugeben. Dayans Beitrag zu den Friedensverhandlungen war entscheidend. Ich bezweifle, daß es ohne ihn je zum Abschluß eines Friedensvertrags gekommen wäre. Ezer Weizmann verlor dagegen im Laufe der Verhandlungen allmählich seinen Status; die Ungeduld des Verteidigungsministers, sein Widerwille gegen Schreibarbeit und seine impulsiven Ausbrüche ließen seine Position in der israelischen Delegation immer schwächer werden. Das ging so weit, daß sogar Sadat einsah, daß der unwiderstehliche »Ezra« zwar sehr viel Charme, aber keinen Biß hatte.

Aber von den drei Staatsmännern, die an dem kühlen Morgen auf dem Rasen des Weißen Hauses den Friedensvertrag unterzeichneten, war Menachem Begin der wahre

Sieger. Er hatte zwar die Frage der zukünftigen Souveränität des Westjordanlandes und des Gazastreifens offenlassen müssen, jener Teile Eretz Israels, von denen der Likud behauptete, sie müßten in alle Ewigkeit jüdisch bleiben, und er hatte darüber hinaus die Siedlungen und Luftwaffenstützpunkte im Sinai aufgeben müssen; außerdem hatte er es nur mit den Stimmen der Arbeiterpartei erreicht, daß die Camp-David-Vereinbarungen und der Friedensvertrag von der Knesset abgesegnet wurden. Einige seiner engsten Kollegen, wie zum Beispiel Yitzhak Schamir und Moshe Arens, hatten sich offen gegen den Friedensvertrag gestellt; und Geula Cohen, die hitzköpfige rechte Passionaria, hatte den Likud indigniert verlassen und eine eigene extremistische Fraktion gegründet.

Aber Begin hatte sein Ziel erreicht: Er hatte einen Separatfrieden mit dem stärksten arabischen Staat abgeschlossen, ohne einen Zollbreit Boden Eretz Israels preiszugeben. Er hatte immer noch die Kontrolle über die Golanhöhen. Er regierte immer noch über das Westjordanland und konnte weiterhin neue jüdische Siedlungen in Judäa und Samaria gründen.

Sogar der Gazastreifen war unter israelischer Kontrolle geblieben. Dieser Landstreifen hatte seit 1948 unter ägyptischer Verwaltung gestanden, bis Israel ihn dann 1967 erobert hatte. Jetzt weigerte sich Begin, ihn an Ägypten zurückzugeben, und begründete das damit, daß der Gazastreifen nie ägyptisches Territorium gewesen sei, sondern Teil des Mandats Palästinas. Gaza war nicht gerade das Land unserer Träume. Dicht bevölkert mit Flüchtlingen, die voller Haß auf Israel waren, stellte es ein Sprungbrett für Terroristen dar, deren Operationen weit nach Israel hineinreichten. Dayan hatte Gaza ein Wespennest genannt; Ben Gurion hatte gesagt, er bete dafür, daß sich eine große Welle im Mittelmeer erheben und den ganzen Gazastreifen mitsamt seinen Einwohnern verschlingen würde. Begin wußte, daß Gaza ein Unruheherd war, aber er wollte keinen Präzedenzfall schaffen, indem wir uns aus einem Teil von Eretz Israel zurückziehen würden, auch wenn dieser Teil ein Pulverfaß war.

Was die Lösung der Palästinenser-Frage anging, hatte Begin meiner Meinung nach nie die Absicht gehabt, den Palästinensern im Westjordanland Autonomie zu gewähren. Er hatte diese Autonomie zwar in dem Friedensvertrag versprochen, aber tief in seinem Herzen glaubte er nicht, daß Sadat am Westjordanland interessiert wäre. Er war der Ansicht, daß Sadat die Palästinenser-Frage in dem Friedensvertrag benutzt hatte, um zu beweisen, daß er den traditionellen arabischen Positionen treu blieb. Die Vereinbarungen über die Autonomie dienten ihm lediglich als Feigenblatt. Letztlich würde Sadat keinen Finger für die Palästinenser rühren.

Die Zukunft sollte Begin recht geben. Heute, elf Jahre nach der Unterzeichnung des Friedensvertrages, hat Israel dem Westjordanland immer noch keine Autonomie gewährt, und Ägypten hält sich nach wie vor ohne alle Skrupel an den Friedensvertrag. Aber Begins Sieg war trotzdem nicht von langer Dauer; hätte man den Palästinensern Anfang der achtziger Jahre die Autonomie gewährt, so wäre die Intifada im Westjordanland und in Gaza nicht ausgebrochen.

Ein paar Monate nach der Unterzeichnung des Friedensvertrages begriff Dayan, daß die Autonomie eine Totgeburt war und daß Begin es so gewollt hatte. Dayan rechnete damit, daß der Premierminister womöglich irgendeiner Form der Autonomie zustimmen würde, aber nur unter israelischer Oberhoheit. Dayan, der einzige Mann im Kabinett, der mit den Palästinensern reden konnte, hatte das Gefühl, daß seine Dienste nicht mehr gefragt waren. Sein persönliches Verhältnis zu Begin hatte sich nach der Zeremonie im Weißen Haus abgekühlt; der Likud beschuldigte ihn öffentlich, Begin manipuliert zu haben, gefährliche Zugeständnisse zu machen. Im Oktober 1979 trat Dayan zurück.

Begin schlug einen weiteren Nagel in den Sarg der Autonomie, indem er Dr. Joseph Burg zum Vorsitzenden des israelischen Komitees für die Autonomieverhandlungen ernannte. Dr. Burg, der Chef der Nationalen Religiösen Partei, war in Dresden geboren und ein sehr gebildeter Mann, der für seine außergewöhnliche Intelligenz, seinen wachen politischen Instinkt und seinen bissigen Humor bekannt war.

Er war außerdem bekannt für seine absolute Ignoranz, was die Palästinenser anbetraf. Er sprach nicht Arabisch und war so gut wie nie in einem arabischen Haushalt oder in einem Palästinenserdorf gewesen; die meisten seiner Äußerungen über das Palästinenser-Problem waren brillante Beispiele geistiger Akrobatik und eines gekonnten Jonglierens mit Worten. Dieser kluge Mann war meistens damit beschäftigt, sowohl die Gemäßigten als auch die Extremisten in seiner Partei zufriedenzustellen. Wenn Burg an die Spitze des Autonomie-Teams gestellt würde, konnte man sicher sein, daß damit das Kapitel abgeschlossen war. Seine Ernennung war jenseits allen Zweifels ein Beweis dafür, daß die Autonomie in Begins Augen gestorben war.

Ein Jahr nachdem Dayan zurückgetreten war, reichte auch Ezer Weizmann seinen Rücktritt ein. Der Verteidigungsminister hatte sich schon seit einiger Zeit in dem Begin-Kabinett nicht mehr wohl gefühlt. Er witzelte in aller Öffentlichkeit über Begin, gab ihm den Spitznamen »der Verblichene« und warf ihm vor, den Frieden mit Ägypten zu sabotieren. Trotzdem war Weizmann immer noch die Nummer zwei im Likud; viele sahen in ihm den nächsten

Premierminister. Bei einem unserer Gespräche habe ich ihm gesagt, daß er die einmalige Gelegenheit verpaßt habe, den Lauf der israelischen Geschichte zu ändern. Hätte er mehr Geduld und politische Arbeit in seinen Kampf investiert, hätte er Israels Regierungschef werden und dann womöglich seine widerspenstige Partei in Richtung auf Frieden und Kompromißbereitschaft lenken können. Aber der sprunghafte Weizmann hatte weder die Geduld, noch verstand er wirklich etwas von Politik. Er trat zurück und machte damit den größten Fehler in seiner politischen Laufbahn, indem er den Likud den hartgesottenen Extremisten überließ. Als ich Begin nach Weizmann fragte, sagte er knapp: »So ein charmanter, ungezogener Junge.«

Nachdem Dayan und Weizmann nicht mehr dem Kabinett angehörten, hatte der Likud die wichtigsten Führerpersönlichkeiten des gemäßigten Blocks verloren, die den Friedensprozeß weiterverfolgt hätten. Ihr Rücktritt hatte zwar keine Auswirkungen auf die Macht oder die Popularität des Likud, stellte aber letzten Endes einen gewaltigen Schlag für Israel dar. Der jüdische Staat entfernte sich unaufhörlich weiter vom Frieden, biß sich an den annexionistischen Konzepten fest und spürte überhaupt nicht, daß das Palästinenser-Problem ein Krebsgeschwür geworden war, das an seinem Innersten nagte.

Der Friedensvertrag mit Ägypten war Menachem Begins wichtigster Beitrag zur Geschichte Israels gewesen. Aber danach ging es mit dem hitzigen Likudführer ständig bergab. Als die dramatischen Bilder der Zeremonie in Washington in der Erinnerung der Leute verblaßt waren, entstand im Land eine neue Stimmung. Abgesehen von dem Friedensvertrag hatte die Regierung Begin traurig versagt.

Die Wirtschaft des Landes war ein Trümmerhaufen. Bei seinem Amtseid hatte Begins Finanzminister Simcha Ehrlich erklärt, er werde aus Israel eine Schweiz des Mittleren Ostens machen. Er ließ seiner Erklärung die aufsehenerregende Liberalisierung der Kontrolle fremder Währungen folgen, führte dramatische Steuererleichterungen ein, stellte die Währung vom Pfund auf den Schekel um und unternahm noch alle möglichen weiteren Schritte, die angeblich ausnahmslos von Professor Milton Friedmans Wirtschaftstheorie angeregt worden waren.

Ich glaube, wenn man den guten Professor vorher gefragt hätte, hätte er sich einen anderen Schüler ausgesucht, um seine Lehrmeinung in die Praxis umsetzen zu lassen. Drei Jahre nach Ehrlichs Schweiz-Rede war die Wirtschaft in einem trostlosen Zustand. Die jährliche Inflationsrate von 38 Prozent, die er von der Regierung der Arbeiterpartei übernommen hatte, war auf 133 Prozent angewachsen. Der Dollar stieg rasend, der Schekel verlor seinen Wert, die Preise galoppierten, die Auslandsverschuldung erreichte astronomische Höhen. Begin hatte seine Versprechungen, bessere Wohnungen und bessere Ausbildungsmöglichkeiten zu schaffen und soziale Reformen durchzuführen, nicht gehalten. Die Medien waren sich in ihrem Urteil einig: Der Likud war unfähig, das Land zu regieren.

Und das schien auch das Urteil der ganzen Nation zu sein. Als die 1981er Wahlen nahten, sagten alle Meinungsumfragen übereinstimmend einen Sieg der Arbeiterpartei voraus. Die Veränderungsbewegung, die 1977 unter so dramatischen Umständen auf der politischen Bühne Israels aufgetaucht war, erlebte einen ähnlich dramatischen Zusammenbruch. Schon ein paar Monate nach ihrem triumphalen Wahlsieg war sie von internen Querelen, Intrigen und Rivalitätskämpfen zerrieben worden; der größte Teil ihrer

Wähler war auf dem Weg »nach Hause«, zurück zur guten alten Arbeiterpartei.
Ende 1980 fiel Begin in eine tiefe Depression. Freunden vertraute er an, daß ihm klar sei, daß er die Wahl verlieren würde. Die Arbeiterpartei würde wieder für die nächsten dreißig Jahre zurückkehren. Der Sieg des Likud 1977 war nur von kurzer Dauer gewesen; die Partei hatte es nicht geschafft, in der Nation Wurzeln zu schlagen. Man würde Begins Regierung als eine kurze Episode in der Geschichte Israels in Erinnerung behalten.
Und dann kamen im April 1981 die Wahlen zur Histadrut, der allgemeinen Gewerkschaftsorganisation.
In Israel stellt die Wahl des Vorstandes der Histadrut ein nationales Ereignis dar. Die meisten Israelis gehören der Histadrut an, vor allem wegen der Sozialversicherung und wegen des staatlichen Gesundheitssystems. Die meisten erwachsenen Israelis — 1981 ungefähr 1,5 Millionen — beteiligten sich deshalb an der Histadrut-Wahl. Außerdem beteiligten sich die meisten politischen Parteien an diesen Wahlen. Seit vielen Jahren fanden diese Histadrut-Wahlen ein paar Monate vor den Parlamentswahlen statt und wurden daher als ein Barometer für den politischen Trend betrachtet.
Es war offensichtlich, daß die Arbeiterpartei so wie in früheren Zeiten einen überwältigenden Wahlsieg erringen würde; unsere Partei stand in enger Verbindung mit den Gewerkschaften, und selbst Rechte stimmten massenweise für den Kandidaten der Arbeiterpartei. Trotzdem waren die Medien neugierig, wie der Likud abschneiden würde.
Am 17. April wurden nach Mitternacht die ersten Wahlergebnisse bekannt. Begin saß in sich zusammengesunken mit trübsinnigem Blick in einer Ecke der Wahlkampfzentrale des Likud. Er schien auf seltsame Weise abwesend zu

sein, seine notorische Depression hüllte ihn wieder einmal ein.

Um zwei Uhr morgens durchlief ein Jubel den großen Raum. Die ersten Ergebnisse kamen herein, und sie waren erstaunlich. Der Likud hatte zwischen 25 und 26 Prozent der Stimmen erhalten. Das war natürlich wenig im Vergleich zu den Stimmen der Arbeiterpartei, aber es war trotzdem ein riesiger Sieg. Bei der letzten Wahl 1977 hatte der Likud 28 Prozent erreicht. Und in dieser Nacht hatte die Partei trotz aller Desillusionierungen, Pannen der Regierung, trotz pessimistischer Prophezeiungen, trotz des Gefühls einer drohenden Katastrophe nur zwei Prozent verloren und 26 Prozent der Stimmen erreicht. Diese Zahl konnte nur eines bedeuten: Begins Partei hatte bedeutend tiefere Wurzeln in der Wählerschaft, als man erwartet hatte. Die Likudwähler waren ihren Führern trotz aller enttäuschten Hoffnungen treu geblieben.

Einer meiner Freunde, ein Mitglied des Likud, saß in jener Nacht neben Begin. »Du hättest ihn sehen sollen, Michael«, erzählte er mir später. »Der Mann machte eine Verwandlung durch. Zuerst hob er den Kopf und lauschte, dann wollte er die Zahlen sehen. Die Leute rannten umher und brachten ihm ganze Papierstapel, dann richtete sich sein ganzer Körper auf, so wie eine Gummipuppe, die man aufbläst. Seine Wangen bekamen Farbe, und plötzlich strahlte er wieder Selbstbewußtsein aus. Seine Augen leuchteten. Und als er schließlich aufstand, war er wieder der alte Begin.«

»Das ist ein großer Sieg«, sagte er zu uns. »Jetzt gewinnen wir auch die Knesset-Wahlen!«

7. KAPITEL

Israels neuer Premierminister

Meine Damen und Herren, Israels neuer Premierminister!«

Die Menge, die sich im Ballsaal des Deborah-Hotels in Tel Aviv versammelt hatte, erhob sich von ihren Stühlen, brach in Hochrufe aus und applaudierte. Wahlhelfer umarmten sich gegenseitig. Die Kameras der Fotografen klickten, und ihre Blitzlichter tauchten die triumphierenden Gesichter in geräuschlose Explosionen weißen Lichts. Israelische und ausländische Reporter kämpften sich zum Eingang vor und schwenkten dabei ihre Mikrophone und Fernsehkameras. Von meinem Platz hinter dem Podium konnte ich Peter Jennings von ABC News erkennen, der sich sein schwitzendes Gesicht abwischte. Dann kam Shimon Peres in den Saal, und der Jubel wurde ohrenbetäubend.

»Noch einmal! Noch einmal!« riefen die Reporter. Sie hatten den historischen Augenblick nicht aufs Band bekommen. Israel Peleg, der Pressesprecher der Arbeiterpartei, stand gehorsam noch einmal auf. »Ladies and Gentlemen«, wiederholte er diesmal auf englisch, »the next prime minister of Israel!«

Peres bahnte sich einen Weg durch den Saal, er trug ein weißes, am Kragen offenes Hemd und lächelte breit. Er blieb immer wieder stehen, um Hände zu schütteln und führende Leute aus dem »Alignment« zu umarmen. (Das »Alignment« war die gemeinsame Wahlliste der Arbeiterpartei und der kleinen linken Mapam-Partei.) Als Peres das Podium erreichte, stand Yitzhak Rabin auf und sah ihn an. Eine Sekunde lang zögerten sie, dann umarmten sie sich, und Shimon Peres gab Rabin einen schmatzenden Kuß auf die Wange.

Die beiden Männer hatten 1974 und 1977 heftig miteinander rivalisiert und noch ein paar Monate zuvor erbittert um die Nominierung gekämpft. Aber jetzt waren beide Sieger. Hanoch Smith, Israels prominentester Demoskop, hatte gerade im Fernsehen verkündet, daß Peres' Alignment einen eindeutigen Sieg über den Likud errungen hätte. Wir würden die nächste Regierung stellen.

Die Menge um mich herum stimmte ein Lied an, und Peres nahm seinen Platz auf dem Podium ein. »Hat Mr. Begin seine Niederlage schon eingestanden?« wollte ein ausländischer Reporter wissen. Die Menge reagierte darauf mit Gelächter und sang weiter. »Warum singst du nicht, Michael?« fragte mich der Korrespondent der *Maariv.* Ich schüttelte den Kopf. Ich konnte die allgemeine Begeisterung nicht teilen; ich konnte immer noch nicht glauben, daß wir gewonnen hatten.

Es war der Abend des 30. Juni 1981. Die Wahllokale waren vor einer Stunde geschlossen worden, und alle Spitzenfunktionäre unserer Partei hatten sich im Deborah-Hotel, unserem Wahlkampfhauptquartier, versammelt, um die Ergebnisse auf einem der vielen riesigen Bildschirme zu verfolgen. Ich selbst war in Wirklichkeit kein Wahlkampfhelfer mehr.

Sechs Wochen zuvor hatte ich den Vorsitz der Alignment-Kampagne niedergelegt. Ich war an diesem Morgen mit zwei Briefen in der Tasche in Peres' Büro erschienen. Der erste enthielt einen Vorschlag, wie man die Wahl-

kampfstrategie und die Struktur unserer Wahlkampforganisation drastisch verändern könnte. Wenn diese Veränderungen nicht umgehend durchgeführt würden, erklärte ich Peres, würden wir die Wahl verlieren.
Peres las das Schreiben in meiner Anwesenheit und schüttelte dann den Kopf. »Nein, Michael«, sagte er, »ich bin nicht deiner Meinung. Ich halte unseren Wahlkampf für gut und habe nicht die Absicht, irgend etwas zu verändern.«
Ich hatte diese Antwort erwartet. Ich gab ihm dann das zweite Schreiben, in dem ich ihm meinen Rücktritt mitteilte. »Ich werde das vor der Wahl nicht öffentlich bekanntgeben«, versprach ich ihm, »aber ich werde keinen Tag länger im Wahlkampfhauptquartier verbringen. Ich werde meinen Wahlkampf zusammen mit meinen Freunden aus meinem Bezirk auf den Straßen von Tel Aviv fortsetzen.«
Peres weigerte sich, meinen Rücktritt anzunehmen, aber ich war fest entschlossen zu gehen. Ich verließ sein Büro und kehrte erst in der Wahlnacht wieder in das Deborah-Hotel zurück. Jetzt, als die Menge um mich herum jubelte und sang, blieb ich ruhig. Einige meiner Freunde und Kollegen waren schon live im Staatsfernsehen interviewt worden und erklärten, warum und wie wir gewonnen hatten. Dann erschien plötzlich wieder Smith' Gesicht auf dem Bildschirm. Er sah betreten aus. »Ich fürchte, es haben einige dramatische Veränderungen stattgefunden«, sagte der Meinungsforscher. »Bei uns gehen inzwischen Ergebnisse ein, die meinen vorherigen Voraussagen widersprechen.«
Das Singen und der Jubel hörten abrupt auf, als neue Hochrechnungen auf dem Bildschirm erschienen. Kurze Zeit später war klar: Wir hatten wieder einmal verloren, uns fehlten ein, zwei Sitze. Unsere Freude war verfrüht gewesen. Der Likud hatte die Wahl gewonnen.

Um drei Uhr morgens erschien Menachem Begin vor dem Hintergrund jubelnder Likudmitglieder auf dem Bildschirm. Er hatte sich frischgemacht und trug einen eleganten Anzug. Er bestätigte seinen Wahlsieg und kündigte die Bildung der neuen Regierung an. Dann wandte er sich sarkastisch an Shimon Peres und machte sich über die verfrühte Siegesmeldung lustig. »Wie war das mit dem Kuß, Shimon?« fragte er und blickte theatralisch in die Kamera. »Der Kuß, den du deinem Freund Rabin gegeben hast? Jetzt mußt du dir den Kuß zurückgeben lassen.«

Unser Wahlkampf hatte unmittelbar nach der Histadrut-Wahl begonnen. Wir konzentrierten uns dabei auf zwei Hauptprobleme: auf die Friedensinitiative, die ausschließlich Sache der Arbeiterpartei sein konnte, und auf den kritischen Zustand der Wirtschaft, die nur die Arbeiterpartei kurieren konnte. Die Presse sagte uns einen klaren Sieg voraus; ich teilte diesen Optimismus nicht. Ein paar Wochen zuvor hatte Menachem Begins Regierung in schamloser Weise die größte, eklatanteste Bestechungskampagne in unserer Geschichte gestartet: Sie bestach praktisch die ganze Nation.

Nachdem das Konzept von der »Schweiz des Mittleren Ostens« gescheitert war, hatte Begin Finanzminister Simcha Ehrlich durch Moshe Dayans Vetter Yigal Horowitz ersetzt, der sich besonders dadurch auszeichnete, daß er ständig jammerte, seufzte, die Hände rang und uns alle vor einer drohenden Katastrophe warnte. Aber abgesehen von seinen düsteren Prophezeiungen und trübsinnigen Ergüssen brachte Horowitz nichts zustande und scheiterte kläglich bei dem Versuch, Israels Wirtschaft zu sanieren.

Dann ersetzte Begin Horowitz durch Yoram Aridor, einen jungen aufgeblasenen und prätentiösen Politiker, der absolut keine moralischen Skrupel zu kennen schien. Aridor kümmerten die traurigen Staatsfinanzen nicht; er dachte einzig und allein daran, die Wahl zu gewinnen.

Im Frühjahr 1981 begann Aridor, die Israelis mit Geld zu überschütten. Er schaffte Erbschafts- und Vermögenssteuern ab; er senkte die Steuern für Farbfernseher, Videorecorder, Stereoanlagen, Elektrogeräte und Autos drastisch. Wie durch einen Zauber wurde plötzlich alles billiger; Luxusgüter waren auf einmal für Leute erschwinglich, die vorher im Traum nicht daran gedacht hätten, sich derartige Dinge leisten zu können. Dieses Füllhorn führte Hunderttausende von Israelis in Versuchung; die Leute standen vor den Geschäften Schlange, während am Flughafen Lod aus Spezialflugzeugen stapelweise Fernsehgeräte ausgeladen wurden. Autos und andere Verbrauchsgüter wurden ebenfalls in einer nie dagewesenen Luftbrücke eingeflogen.

Die Wechselkurse wurden künstlich niedrig gehalten; zum ersten Mal in ihrem Leben konnten sich viele Israelis aus den niedrigen Einkommensschichten einen Urlaub im Ausland leisten. Die Banken boten Papiere an, die künstlich hoch gehalten wurden; jeder, der investierte, machte ständig Geld. Aridor hatte praktisch die Schatullen der Nation geöffnet und teilte das Geld mit vollen Händen aus. Als es alle war, borgte er sich welches im Ausland. »Wir sind fest entschlossen, Gutes für die Menschen zu tun«, erklärte Begin großzügig.

Aridors Maßnahmen waren schlau kalkuliert; sie vermittelten den Israelis ein Gefühl von Leichtigkeit und Wohlbefinden. Als der Wahlkampf begann und ich die ärmeren Viertel und die populären Marktplätze aufsuchte und dort über Wirtschaftskrise und Inflation redete, zeigten die Leute mir ihre dicken Brieftaschen und sagten: »Warum sollen wir uns Sorgen wegen der Inflation machen, solange unser Portemonnaie voll ist?«

Abgesehen von Aridors zynischer Politik, nahm auch der Wahlkampf des Likud-Blocks bösartige Formen an. Likudpolitiker warfen den Spitzenfunktionären der Arbeiterpartei, vor allem Peres, Verrat und Zusammenarbeit mit dem Feind vor. Überall im Land wurden Parteibüros der Arbeiterpartei überfallen und angezündet; auf unseren Wahlkampfveranstaltungen kam es zu Gewalttätigkeiten, als Anhänger des Likud versuchten, uns mit Gewalt am Reden zu hindern. Unsere Gegner bezeichneten uns als die Partei des Aschkenasim-Establishments und sich selbst im Gegensatz zu uns als die Pro-Sephardim-Likud-Partei. Diese Parolen erzeugten Haß und soziale Spannungen. Aber in diesem hektischen Frühjahr 1981 haben in erster Linie Peres' Fehler zu einem Stimmungsumschwung in der israelischen Öffentlichkeit geführt. Ihre Auswirkungen waren gravierender als die der zynischen Aktionen Aridors und der Schmähungen durch den Likud.

Shimon Peres ist ein Mann voller Widersprüche. Er ist klug, läßt es aber häufig nicht zu, daß seine Klugheit mit seinen Entscheidungen in Konflikt gerät. Er hat zwar sein ganzes Leben in der Politik zugebracht, ist aber trotzdem nur ein mittelmäßiger Politiker. Er ist ein guter Menschenkenner, umgibt sich aber trotzdem nur mit Jasagern. Er besitzt gesunden Menschenverstand und ist intelligent, läßt sich aber trotzdem von drittklassigen Beratern beeinflussen. Er weiß besser als jeder andere Parteichef, was gut für unser Land ist, rückt aber trotzdem von seinen Positionen ab, wenn er unter Druck gerät, manchmal ohne auch nur wenigstens symbolischen Widerstand zu leisten. Er benötigt dringend die Hilfe seiner Freunde, trotzdem opfert er diese Freunde, wenn er auch nur die kleinste Gelegenheit sieht, einem eingeschworenen Feind gegenüber dadurch einen Vorteil erringen zu können. Nach seiner eigenen Ansicht ist er ein unverbesserlicher Optimist, aber in seinem Verhalten ist er ein trauriger, melancholischer Mann.

Peres hat viele Gesichter: Er ist ein wirklich intellektueller, begabter Schriftsteller und liest leidenschaftlich gern. Er ist ein brillanter Gesprächspartner: Schriftsteller, Künstler und Staatsmänner suchen seine Gesellschaft. Er ist der einzige gegenwärtige israelische Politiker, den man als Staatsmann bezeichnen kann.

Peres' Name wird mit einigen der größten Erfolge Israels in Verbindung gebracht. Als jüngster Generaldirektor des Verteidigungsministeriums (er war erst neunundzwanzig, als Ben Gurion ihn ernannte) und später als stellvertretender Verteidigungsminister hatte er die Grundlagen für Israels Luftfahrt- und Rüstungsindustrie gelegt; er war der führende Kopf hinter dem Bündnis mit Frankreich und den besonderen Beziehungen zum Deutschland Adenauers; er rüstete unsere Armee mit französischen Waffen aus und war einer der Architekten der Sinai-Kampagne; trotz der Einwände von allen Seiten führte er das widerstrebende Israel ins Atomzeitalter und gewann Frankreichs Unterstützung beim Bau der Atomanlage in Dimona. Außerdem initiierte er Israels Raketen- und Raumfahrtprojekte.

Aber er tat das alles in Ben Gurions Namen und unter Ben Gurions Schutz. Mehr als alle anderen seiner Altersgruppe war Peres durch das Gründervatersyndrom geschädigt worden. Solange Ben Gurion am Ruder war, wußte Peres genau, was er zu tun hatte, und tat es auch. Aber von dem Augenblick an, in dem er auf sich selbst gestellt war, hatte er nicht mehr die Kraft, für seine eigenen Überzeugungen einzutreten; statt dessen versuchte er Lösungen oder Formeln zu finden, die jede Gruppe im politischen Spektrum Israels zufriedenstellen sollten. Ein solches System konnte natürlich nicht funktionieren; und Pe-

res, der Ben Gurions Kind gewesen war, wurde schließlich auch Ben Gurions Opfer.
Sobald er nicht mehr unter dem Schutz des »alten Mannes« stand, fand bei Peres eine Veränderung statt, und sein Image machte eine erstaunliche Verwandlung durch. Leute, die ihn früher bewundert und ihm zugejubelt hatten — vor allem die nordafrikanischen Juden —, wandten sich gegen ihn, und das trotz seiner eindrucksvollen Leistungen, seiner kühnen Visionen und seiner staatsmännischen Eigenschaften. Peres' Name war offensichtlich für immer beschmutzt. Manche Leute glauben, daß dieser Rufmord vom Likud-Block angezettelt worden sei. Andere behaupten, daß Rabins vernichtende Bemerkungen über Peres, wie sie in seiner Autobiographie veröffentlicht hatte, sein Bild in der Öffentlichkeit zerstört hätte.
Ich glaube, die Gründe für Peres' schlechten Ruf liegen tiefer. Ihn verfolgt das Problem, daß er nicht glaubwürdig ist. Viele zweifeln an seinen Worten und trauen seinen Versprechungen nicht. Viele seiner politischen Bundesgenossen, auch einige seiner treuesten Gefährten, haben ihn fallenlassen und ihm mangelnde Loyalität vorgeworfen. Als man Abba Eban vor ein paar Jahren fragte, warum Peres sein Versprechen nicht gehalten und ihn zum Außenminister ernannt hatte, witzelte er: »Weil er keinen Präzedenzfall schaffen wollte.«
Peres' Reputation ist zum Teil auf seine zweifelhaften politischen Praktiken zurückzuführen. 1977 bekam ich selbst zum ersten Mal etwas davon zu spüren.
Ich hatte Peres' Kampagne um die Nominierung zum Kandidaten der Arbeiterpartei gemanagt und war anschließend vom Parteirat in Tel Aviv zum Knesset-Kandidaten gewählt worden. Peres umarmte mich herzlich und gratulierte mir zu meiner Wahl. Aber als er die endgültige Liste unserer Kandidaten zusammenstellte, schob er meinen

Namen über zwanzig Stellen weiter nach unten und bot meinen Listenplatz einem seiner früheren Widersacher an.

Ich fühlte mich hintergangen. Israel hat ein Verhältniswahlrecht. Jede Partei legt eine Kandidatenliste vor, und die Sitze entsprechen dem Prozentsatz der Wählerstimmen, die die Partei insgesamt gewonnen hat. Deshalb ist der Listenplatz für die Wahl des Kandidaten entscheidend. Ein Platz an der Spitze der Liste bedeutet einen sicheren Platz; ein Platz am Ende der Liste, daß der Kandidat keine Chance hat, gewählt zu werden.

Peres' Manöver, das er im letzten Moment noch durchführte, bedeutete, daß ich von der Liste der Arbeiterpartei verschwand und nicht in die Knesset gewählt werden würde. Als ich Peres wütend Vorhaltungen machte, sagte er zu mir: »Michael, ich mußte das tun, um die Partei um mich zu sammeln.«

»Aber die Partei hatte mich gewählt«, sagte ich. »Du hattest kein Recht dazu.«

Er sah mich ausdruckslos an. »Welches Recht?« fragte er. »Möchtest du nicht, daß ich Premierminister werde?«

Peres' Glaubwürdigkeit leidet außerdem darunter, daß er sich in übertriebener Weise um die Unterstützung der Öffentlichkeit bemüht. Mit seinen öffentlichen Ankündigungen macht er seinen Kollegen oft das Leben schwer, denn sie haben große Schwierigkeiten, diese Äußerungen zu bestätigen. Bei seinen verzweifelten Versuchen, sich bei den Sephardim beliebt zu machen, erklärte er zum Beispiel, die Lieder eines orientalischen Popstars und die Melodien einer marokkanischen Kapelle seien »die beste Musik, die ich je gehört habe«. Niemand (am wenigsten die Sephardim) glaubte, daß dieser in Polen geborene, westlich erzogene Aschkenasim wirklich meinte, was er da sagte.

Und niemand glaubte Peres, als er feierlich erklärte, die

arabischen Filme, die freitags im israelischen Fernsehen liefen, seien »die besten Filme, die ich je gesehen habe«. Solche Worte kamen aus dem Mund eines Mannes, der ein Freund von Yves Montand und Harry Belafonte, westlichen Schriftstellern, Philosophen und Schauspielern ist und in größerem Maß von der westlichen Literatur, dem Theater und den bildenden Künsten beeinflußt ist als jeder andere lebende Politiker in Israel.
Viele Leute mögen Peres nicht und wissen nicht einmal, warum. »Mir gefällt sein Blick nicht, wenn ich ihn im Fernsehen sehe«, erklärten mir manche Leute »Ich traue ihm nicht.« Man wirft ihm die abenteuerlichsten Dinge vor. Obwohl er sehr bescheiden lebt, werfen die Leute ihm vor, er besäße ein prächtiges Penthouse (was nicht stimmt), oder Aktien der riesigen Elektronikfirma Tadiran (was ebenfalls nicht zutrifft); und als ich auf einer politischen Veranstaltung einmal einen seiner Widersacher fragte, warum er Shimon Peres hasse, antwortete der ganz ruhig: »Weil seine Mutter Araberin ist.« Die Menge jubelte ihm daraufhin zu.
Trotzdem ist Peres einer der größten Überlebenden der israelischen Politik. Trotz der Opposition in der eigenen Partei und der ständigen Angriffe von außen landet er erstaunlicherweise immer wieder auf den Füßen. Seit Jahren ist er Zielscheibe für Verunglimpfungen, üble Nachrede und Kritik; seit Jahren muß er sich immer wieder mit bitteren Niederlagen abfinden. Jeder andere Politiker hätte längst aufgegeben, nur Peres nicht. »Ich bin ein Mann aus Stahl«, hatte er einmal auf einer Party im Parteihauptquartier gesagt. »Ich zerbreche nicht so leicht.« Trotz vier aufeinanderfolgender katastrophaler Wahlergebnisse innerhalb der letzten zwölf Jahre führt er immer noch die Arbeiterpartei an. Meiner Meinung nach hätte man Peres schon vor langer Zeit entmachten und durch ein Mitglied der jüngeren

Generation ersetzen sollen. Peres sollte weiterhin seinem Land und seiner Partei dienen, aber nicht an der Spitze, da er offensichtlich nicht in der Lage ist, die Unterstützung der Nation zu gewinnen.
1977 hatten wir die Fehler der Rabin-Regierung und Goldas schweres Erbe für unsere Wahlniederlage verantwortlich gemacht. 1981 sollten wir erkennen, daß Peres die politische Landschaft falsch eingeschätzt und deshalb den Löwenanteil an der Verantwortung für unsere Wahlniederlage hatte.

Peres' erster Fehler war seine Reise nach Marokko gewesen. Im März 1981 flog er heimlich nach Rabat und traf sich dort mit König Hassan. Seine Mitarbeiter hielten nicht dicht, und die Presse bekam noch vor seiner Rückkehr nach Israel Wind von der Sache. Peres hatte gehofft, sein Besuch würde beweisen, daß er in der Lage war, mit den arabischen Führern zu verhandeln, um auf diese Weise Frieden in unseren Teil der Welt zu bringen. Die Reaktion war genau entgegengesetzt: Viele Israelis nahmen es ihm übel, daß er als Parteichef ohne offiziellen Auftrag ein arabisches Land besucht und hinter dem Rücken des Premierministers mit dem König gesprochen hatte.
Der zweite Fehler war entscheidend. Am 6. Juni 1981 gab Begin der israelischen Luftwaffe den Befehl, einen Atomreaktor anzugreifen, den Irak in der Nähe von Bagdad baute. Alle westlichen Experten gingen davon aus, daß der Irak die Absicht hatte, Atomwaffen zu entwickeln, solche Waffen in den Händen des Irak stellten für Israel eine tödliche Gefahr dar.
Alle Bemühungen Israels, den Bau des Reaktors zu verhindern, waren fehlgeschlagen. Die Franzosen, die die Ausrüstung und die Fachleute zu Verfügung gestellt hatten, wiesen unsere geheimen Interventionen ab. Mehrere Versu-

che, die Ausrüstung des Reaktors vor ihrer Verschiffung noch auf französischem Boden zu sabotieren, wurden von der Presse Frankreichs dem israelischen Mossad zugeschrieben; aber diese Aktionen konnten die Fertigstellung des Reaktors nur um ein paar Monate verzögern.

Schließlich schickte Begin unsere Luftwaffe nach Bagdad. Sechs F-16-Jagdbomber brausten im Tiefflug über Eilat, den Hafen am Roten Meer, überflogen Jordanien und Saudi-Arabien, drangen unbemerkt in den irakischen Luftraum ein und griffen das Atomkraftwerk Osiraq im Sturzflug an. Nach diesem Bombenangriff, der nur achtzig Sekunden dauerte, war die Anlage völlig zerstört, und die Flugzeuge kehrten unbeschädigt zu ihrem Stützpunkt zurück.

Die Operation wurde von der ganzen Nation mit Begeisterung aufgenommen. Rabin gab eine Erklärung ab, in der er die Luftwaffe zu ihrer beispiellosen Aktion beglückwünschte; was die politischen Folgen anginge, sagte er, hätten wir nach der Wahl noch Zeit genug, darüber zu reden. Das war ein vernünftiger Standpunkt, der auch von der Öffentlichkeit begrüßt wurde. Nach seinem Rücktritt als Premierminister, der durch den Skandal mit dem Bankkonto ausgelöst worden war, hatte Rabin sich in den vergangenen vier Jahren erstaunlich gut erholt. Sein Comeback war zum Teil auf die kühle, unvoreingenommene Art zurückzuführen, mit der er bestimmte kritische Probleme wie zum Beispiel diesen Luftangriff auf Bagdad anging.

Peres' Reaktion war dagegen völlig anders. Er rief einige seiner engsten Mitarbeiter zusammen und veröffentlichte ein Kommuniqué, in dem er die Bombardierung Bagdads in aller Schärfe verurteilte. Wir erfuhren sehr bald, daß Begin Peres gegenüber schon früher Andeutungen gemacht hatte, daß er eine solche Operation ins Auge gefaßt

habe; Peres hatte Begin in einem geheimen Brief darauf geantwortet und ihn gewarnt, die ganze Welt würde sich gegen Israel stellen und das Land aus der internationalen Völkergemeinschaft ausschließen. »Wir werden isoliert und so einsam sein wie ein verdorrter Baum in der Wüste«, hatte Peres poetisch formuliert.
Peres' Prophezeiung erwies sich als falsch. Die Reaktion der Welt auf diese israelische Operation fiel ziemlich milde aus; viele machten keinen Hehl aus ihrer Erleichterung, daß die skrupellosen Führer des Irak jetzt keine Atombombe mehr bauen konnten. Eine englische Zeitung wartete mit der Enthüllung auf, daß König Hussein von Jordanien, der mit seiner Jacht auf dem Roten Meer gesegelt war, die israelischen Kampfflugzeuge, die sein Land überflogen, ausgemacht hatte. Obwohl er mutmaßen konnte, wohin sie flogen, dachte er nicht daran, seine arabischen Brüder zu warnen.
Der blutige Krieg zwischen Iran und Irak, mit seinen schrecklichen Orgien chemischer Kriegführung, sollte Israel recht geben. Durch die Zerstörung von Osiraq hat Israel die Welt wahrscheinlich vor einer nuklearen Katastrophe mit schrecklichen Konsequenzen bewahrt.
Aber Peres' Verurteilung des Angriffs hatte ebenfalls direkte Konsequenzen auf den Wahlkampf in Israel. Ich habe meine Meinung unverblümt auf vielen Wahlveranstaltungen geäußert und den Angriff auf Bagdad als Notwehr und Selbstschutz bezeichnet. Ich war der Meinung — und sagte das auch ganz offen —, daß Israel nicht nur das Recht, sondern die Pflicht hatte, den irakischen Reaktor zu zerstören. Die Leute applaudierten immer wieder, aber dann sagten viele von ihnen: »Bar-Zohar, du bist in Ordnung, aber ›dein‹ Peres sieht das anders. Er wollte, daß die Iraker die verdammte Bombe haben!«
Alle Meinungsumfragen, die nach der Wahl durchgeführt

wurden, kamen übereinstimmend zu dem Ergebnis, daß ein großer Teil der Stimmen, die wir an das Likud-Lager verloren hatten, auf diese Äußerungen Peres' zurückzuführen seien. Nicht der Angriff selbst, sondern die Art und Weise, in der das Alignment darauf reagiert hatte, ließen die Waagschale zugunsten des Likud ausschlagen.

Peres' Äußerungen wurden als die eifersüchtige Reaktion eines frustrierten Politikers betrachtet. Die Leute waren davon überzeugt, daß Ben Gurion, wenn er noch an der Macht gewesen wäre, auch den Befehl zu diesem Angriff gegeben hätte. Aber Ben Gurion war tot; und Golda Meir und Yigal Allon ebenfalls. Moshe Dayan hatte versucht, wieder in die Arbeiterpartei einzutreten, aber die Partei wollte ihn nicht mehr. Er sollte später als Chef einer winzigen Partei wieder in die Knesset gewählt werden und starb kurz nach seiner Ernennung an einem Herzanfall.
Das Verschwinden von Ben Gurion, Golda, Allon und Dayan aus dem Führungskader der Arbeiterpartei beschleunigte den offensichtlichen Linksruck der Partei. In Israel haben »links« und »rechts« wenig mit der sozialen und wirtschaftlichen Thematik zu tun; die Bezeichnungen werden benutzt, um die Position einer Person oder einer Partei im Hinblick auf die arabische Frage im allgemeinen und das Palästinenser-Problem im speziellen zu definieren. Je mehr man zu den Tauben gehört, um so linker wird man; die Rechten sind natürlich die wildesten Falken. Die »Linken« sind für weitreichende Zugeständnisse, einen Dialog mit der PLO und für einen Palästinenserstaat; die »Rechten« sind die Annexionisten, die an ein Groß-Israel glauben und sich weigern, auch nur einen Zollbreit des Landes aufzugeben.
Ben Gurion und seine Altersgenossen waren weit davon entfernt gewesen, Rechte zu sein. Aber sie wußten genau,

daß Israel weder von der extremen Linken noch von der extremen Rechten regiert werden könnte Sie manövrierten die Arbeiterpartei in eine Position, in der sie immer mit den Hauptströmungen der Nation identifiziert werden konnte und die Einheit stiftende Kraft für alle diejenigen war, die den rechtsradikalen Annexionismus und den linksradikalen Defätismus ablehnten.

Das Profil der Arbeiterbewegung veränderte sich unter Rabin und Peres, aber nicht weil ihre Auffassungen anders waren als die ihrer Vorgänger; tatsächlich hielten sie seit 1974 an denselben politischen Positionen fest. Aber da sie sowohl schwächer als auch offener waren, führten sie die Partei nicht mit derselben eisernen Hand, wie Ben Gurion und Golda Meir das getan hatten; sie ließen es zu, daß sich in unseren Reihen so etwas wie *Glasnost* ausbreitete, bis schließlich niemand mehr genau wußte, wo die Partei eigentlich stand.

Peres und Rabin waren nicht in der Lage, sich bei den Spitzen der Arbeiterpartei, die in aller Öffentlichkeit die Position der Partei kritisierten, mit ihrer Autorität durchzusetzen. Sie versuchten nicht einmal, dem falschen Eindruck entgegenzutreten, der durch solche abweichlerischen Erklärungen entstand, weil sie Angst hatten, sich von den Leuten zu entfremden, die diese Erklärungen abgegeben hatten. Deshalb drangen aus der Parteizentrale der Arbeiterpartei bald ständig »linke« Erklärungen an die Öffentlichkeit. Und die Medien waren begeistert.

Die Presse hatte natürlich eine besondere Vorliebe für sensationelle Erklärungen, die sich auf einen Palästinenserstaat bezogen, auf völligen Rückzug oder auf Gespräche mit Arafat, wobei die alten, abgedroschenen Parteiformeln des Allon-Plans und des territorialen Kompromisses wiederholt wurden. Jeden Tag schlug eine neue Erklärung in den Schlagzeilen der ersten Seiten wie eine Bombe ein.

Auf diese Weise veränderte sich das gesamte Profil der Arbeiterpartei rasch, und die Öffentlichkeit sah, daß sie sich immer weiter von der Mitte und von der Hauptströmung entfernte.
Einer der Männer, die zu dieser Verwandlung der Arbeiterbewegung beitrugen, war das Knessetmitglied Yossi Sarid. Der junge Sarid war ein Mann von großer moralischer Redlichkeit, ein kühner linker Aktivist und ein ausgezeichneter Redner und Schriftsteller. Er stellte die meisten seiner Kollegen innerhalb oder außerhalb der Knesset in den Schatten. Er war hager, hatte schütteres Haar, und seine kurzsichtigen Augen blitzten aus einem sardonischen Gesicht. Sarid konnte ungeheuer bissig sein und erbarmungslose Witze machen. Er war der Liebling der Presse und äußerte seine Meinung stets laut in der Öffentlichkeit, und diese Meinung war weit von den Positionen der Arbeiterpartei entfernt.
Viele junge Funktionäre der Arbeiterpartei betrachteten Sarid als ihren natürlichen Führer. Andererseits protestierten nicht wenige Parteimitglieder, die sich Sorgen wegen der Reaktion der Leute machten, entschieden gegen sein gefährliches Spiel. Aber weder Peres noch Rabin wagten es, ihm zu widersprechen oder ihn zur Ordnung zu rufen.
Im Gegenteil: Sarid wurde zu einem der Parteisprecher und zum Informationsdirektor in drei aufeinanderfolgenden Wahlkämpfen ernannt. Seine Ernennung allein reichte schon aus, um eine große Zahl von Anhängern der Partei, die sich zu den Falken zählten, zu vergrämen; und sein Name allein genügte dem Likud schon, um zu erklären, daß aus der zuvor patriotischen Arbeiterpartei eine Brutstätte für Anhänger und Propagandisten der PLO geworden sei.
Ich war mit Sarid befreundet, aber ich konnte die absurde Situation, die er in der Arbeiterpartei geschaffen hatte,

nicht ertragen. Bei einem Treffen in der Parteizentrale bat ich ihn, als Sprecher zurückzutreten. »Du kannst nicht so weitermachen, Yossi«, erklärte ich ihm. »Morgens gibst du ein persönliches Interview und erklärst darin, warum wir Verhandlungen mit der PLO aufnehmen sollten. Nachmittags erzählst du denselben Reportern im Namen der Partei, warum wir keine Verhandlungen mit der PLO aufnehmen sollten. Das ist lächerlich.«

Einige Leute in der Zentrale waren auf meiner Seite, aber Sarids Anhänger bezeichneten mich als »Bolschewik«, weil ich versuchte, ihn aus seinem Job zu vertreiben. Der einzige, der während dieser ganzen Debatte, ohne mit der Wimper zu zucken, still zuhörte, war Peres. Es braucht nicht erwähnt zu werden, daß er natürlich nichts unternahm und Sarid seine Position behielt.

Peres hatte nicht begriffen, daß die Veränderung des Images der Arbeiterpartei uns großen Schaden zufügte — daß wir auf dem besten Weg waren, unsere Position als Partei der Mitte zu verlieren, und daß wir unsere Macht an den Likud verlören, wenn wir diese Entwicklung nicht korrigierten. Aber ganz gleich, was ich ihm zu diesem Thema auch zu sagen hatte, ich konnte ihn nicht dazu bewegen, seine Meinung zu ändern.

Vor diesem Hintergrund war dann seine Erklärung über den irakischen Reaktor für die Wahlkampfleiter des Likud wieder einmal ein Geschenk des Himmels. Jetzt konnten sie der Arbeiterpartei wieder einmal vorwerfen, arabische Positionen zu vertreten.

Der Krieg der Worte, der der Zerstörung Osiraqs folgte, stellte den Wendepunkt des Wahlkampfs dar. Hauptsächlich wegen dieser Äußerungen Peres' begann unsere Talfahrt.

Ein weiterer Grund für unsere Niederlage lag darin, daß es uns nicht gelungen war, Sephardim-Wähler zu gewinnen.

Mitte Mai bekam ich eines Abends einen Anruf von Shimon Peres. Er klang beunruhigt. »Michael«, sagte er, »ich habe für morgen früh eine Sitzung mit den Sephardim der Partei angesetzt. Ich lade aus jeder Gemeinde ein paar Männer ein.«

»Was ist los, Shimon?«

»Nach den Umfragen verlieren wir die Sephardim«, sagte er. »Sie laufen zum Likud über. Also morgen in der Parteizentrale. Sieben Uhr früh.«

Es war eine sonderbare Versammlung. Männer und Frauen aus den meisten Sephardim-Gemeinden hatten sich in der rechteckigen Halle versammelt: Marokkaner, Tunesier, Iraker, Libyer, Türken, Griechen, Jemeniten. Der frühere Gesundheitsminister Victor Shemtow und ich repräsentierten die bulgarischen Juden.

Peres kam sofort zum Kern der Sache. »Die Sephardim laufen uns weg«, sagte er düster und schlürfte seinen schwarzen Kaffee. »Wir müssen etwas unternehmen. Ich möchte eure Meinung hören.«

Ich hörte den blumigen Reden meiner Freunde nur mit halbem Ohr zu. Die meisten sagten nichts Neues, und das Alte war schlimm genug. »Die Arbeiterpartei ist die wirkliche Heimat der Sephardim ... Begin haßt die Sephardim ... Sozialismus bedeutet für uns Fortschritt ...« Die meisten Redner vermieden es sorgfältig, die Frustration und den Zorn, den viele orientalische Juden der Arbeiterpartei gegenüber empfanden, zu erwähnen.

Ich wurde aus meiner Lethargie wachgerüttelt, als Hanania Dahan anfing zu reden. Er war ein Marokkaner, etwa fünfundfünfzig Jahre alt, hatte gelocktes Haar und eine sehr helle Haut. Er war Sekretär des Parteibüros in Bat Yam. »Ich muß dir etwas über die orientalischen Juden beibringen, Shimon«, sagte er. Sein Ton war nicht aggressiv, sondern eher beiläufig. »An der Stelle, an der bei euch

Aschkenasim das Herz sitzt« — er legte die Hand auf die Brust — »haben wir solche wunderbaren musikalischen Saiten.« Seine Finger glitten von der Schulter nach unten, um die langen Saiten zu kennzeichnen. »Und derjenige, der auf diesen Saiten spielen kann, kann wunderschöne Musik darauf machen.«

Er machte eine Pause. »Begin weiß, wie man auf unseren Saiten spielt, Shimon. Er weiß, wie man diese wunderschönen Melodien spielt.«

Peres machte einen wütenden Eindruck. »Unsinn«, wetterte er. »Die Sephardim sind intelligent und denken logisch ...«

Hanania lächelte. »Natürlich sind wir intelligent«, sagte er, »genauso intelligent wie ihr. Aber wir sind auch sehr emotionale Menschen, Shimon. Wir hören auf unser Herz, auf unsere Gefühle. Ihr müßt lernen, wie man diese Musik macht.«

Shimon Peres wies ihn brüsk zurück und wandte sich an den nächsten Redner. Ich lehnte mich in meinem Sitz zurück. Hanania hatte recht, dachte ich bei mir. Wir wußten nicht, wie man diese Musik macht.

Wir wußten nicht, wie wir uns an ein sich veränderndes Israel anpassen sollten, das ganz anders war als das Land, das unsere historischen Führer geformt hatten. Arbeit, nichts als harte Arbeit war in Israels Vergangenheit ein Symbol und der höchste Wert gewesen. Es war immer das Ziel unserer Bewegung gewesen, aus dem jüdischen Volk eine arbeitsame und produktive Nation zu machen. Wenn Ben Gurion durch das Land gereist war, gehörte zu seinem Programm immer der Besuch einer Fabrik oder einer Farm; er suchte sich einen verdreckten, schwitzenden Arbeiter in einem zerknitterten Overall aus und ließ sich mit ihm fotografieren, um dem Mann auf diese Weise seinen Respekt vor der Art der Arbeit zu erweisen, mit der er sein Geld verdiente.

1981 war harte körperliche Arbeit in Israel nicht mehr besonders beliebt. Die Leute wollten ein leichteres, bequemeres Leben; sie wollten Jobs, bei denen man gut verdienen konnte. Im Israel der Arbeiterbewegung war es eine Schande gewesen, an der Börse zu spekulieren; in der neuen Gesellschaft des Likud war die Börse nur eine der Möglichkeiten, Geld zu verdienen, ohne sich besonders anstrengen zu müssen. Uns hatte man beigebracht, daß die Pioniere, die Siedler, die Industrie, die Wissenschaft und die Bildung die Garanten unserer Zukunft seien; heutzutage sprach man nur noch von Banken, Investitionen, Aktien und Renditen. An jeder Straßenecke schossen neue Banken wie Pilze aus dem Boden. Riesige Plakatwände an den Autobahnen verkündeten, daß die Banken »der Sauerstoff der Nation« seien.

Bescheidenheit im Auftreten und in der Kleidung, wie sie früher bei den Abgeordneten der Arbeiterpartei üblich gewesen waren, hatte einem auffallenderen, eleganteren Leben Platz gemacht. Statt Ben Gurions offenen Hemdenkragens, statt Goldas einfacher Kleider und Dayans Sandalen sahen wir die Likudminister wie Pfauen in maßgeschneiderten Anzügen umherstolzieren. Die Zeitungen waren voll mit Inseraten, die uns aufforderten, Kühlschränke »wie in Amerika«, Stereoanlagen »wie in Amerika«, Fernsehgeräte und Mikrowellenherde »wie in Amerika« zu kaufen. Die zionistische Vision wurde immer mehr durch den »amerikanischen Traum« ersetzt.

Die *Yordim*-Emigranten, die Israel verlassen hatten, um sich in Amerika ein leichteres Leben zu suchen, waren früher als Deserteure, ja sogar als Verräter an der zionistischen Sache gebrandmarkt worden. Leute, die das Land für immer verlassen wollten, erfanden »Studienreisen«,

ein »Ferienjahr«, eine kranke Tante oder andere Ausreden, weil es ihnen peinlich war und sie sich schämten. Rabin hatte den *Yordim* sogar den Spitznamen »Fallout der Schwächlinge« gegeben.
Aber 1981 brauchte sich niemand mehr zu schämen, wenn er das Land verließ, um sich im Ausland anzusiedeln, vor allem wenn dabei Geld zu verdienen war. Die Zeitungen waren voll von Berichten über Israelis, die ihr Glück in Frankfurt, New York oder Los Angeles gemacht hatten. Einige von ihnen kamen zu uns zu Besuch, stifteten Geld für wohltätige Zwecke, Universitäten und Krankenhäuser, und Israel hieß sie voller Bewunderung und Herzlichkeit willkommen. Ein weiterer Eckpfeiler unserer sozialen und moralischen Welt war eingestürzt.
Früher war Israel eine bedeutend uniformere Gesellschaft gewesen, deren Basis aus ziemlich strengen Wertmaßstäben bestanden hatte. Die Pioniere, Farmer, Offiziere und Kibbuzmitglieder stellten die gesellschaftliche Elite dar. Die junge Generation bewunderte diese Elite und eiferte ihr nach, und das war selbst bei denjenigen der Fall, die sich eine andere Art zu leben ausgesucht hatten. Aus der heutigen israelischen Gesellschaft war diese Elite verschwunden und durch nichts ersetzt worden. Aus Israel war eine Nation ohne Elite geworden. Die jungen Israelis hatten niemanden, zu dem sie aufschauen konnten; soziale und moralische Werte wurden durch materialistisches Streben und den verlogenen amerikanischen Traum ersetzt.
Aber wir lebten nicht in Amerika. Wir standen immer noch am Anfang unserer Unabhängigkeit und mußten mit gewaltigen Sicherheitsproblemen, mit der Integration der Einwanderer, dem Aufbau unserer Wirtschaft und der Gründung einer neuen Gesellschaft fertigwerden.
Trotzdem wollten viele Israelis der achtziger Jahre nichts

davon wissen. Sie träumten von einem besseren Leben, während die Arbeiterpartei ihnen etwas von einer »gerechten Gesellschaft« erzählte, in denen alle gleich seien; die Leute wollten lukrativere Jobs haben, und wir wollten sie dazu ermuntern, in der Fabrik zu arbeiten; sie lehnten die sozialistische Ideologie der Histadrut ab, so, wie sie die wahnsinnige Bürokratie und das dahinsiechende Gesundheitssystem der Histadrut ablehnten; und die »Aschkenasim«-Kibbuzim; und das arabische Establishment. Und wir wurden mit allen diesen Dingen identifiziert. Vier Jahre nachdem man uns abgewählt hatte, wurden wir immer noch als das alte, verknöcherte Establishment betrachtet.

Bei öffentlichen Versammlungen riefen uns die jungen Leute zu: »Ihr habt das Land in dreißig Jahren ruiniert, gebt jetzt dem Likud Gelegenheit, es wiederaufzubauen!« Oder: »Die Arbeiterpartei hat vier Kriege geführt, Begin hat einen Frieden geschlossen!«

Wir hatten natürlich immer noch unsere traditionellen Stammwähler. Aber die Leute, die sich unseren Idealen immer noch verpflichtet fühlten, waren alt, und immer mehr von ihnen starben. Und die jüngere Generation, die Erstwähler, fühlten sich immer mehr zu den Rechten hingezogen. Ein Freund von mir hat es einmal so ausgedrückt: »Jedesmal wenn ich einen Rettungswagen mit Blaulicht und Sirene durch die Straßen von Tel Aviv fahren sehe, weiß ich, daß entweder ein Wähler der Arbeiterpartei gestorben oder ein Likud-Wähler auf die Welt gekommen ist.«

Am 20. Juli 1981 wurde die zehnte Knesset eingeschworen. Begin, dessen Likud-Block fünfundvierzig der hundertzwanzig Sitze gewonnen hatte, bildete eine Koalition und wurde wieder Premierminister. Das Alignment hatte sie-

benundvierzig Sitze. Wir hatten fünfzehn der neunzehn Sitze zurückgewonnen, die wir 1977 verloren hatten.
Das hätte ein großes Comeback werden können. Hätten wir nur ein paar Sitze mehr gewonnen, dann hätten wir die Regierung bilden und sofort eine Friedensinitiative starten können. Begin, der sich der Idee eines Groß-Israels verpflichtet fühlte, konnte Hussein und den Palästinensern keinen territorialen Kompromiß anbieten. Wir hätten das gekonnt. Wenn wir die Wahl gewonnen hätten, hätte der arabisch-israelische Konflikt womöglich eine andere Wendung genommen.
Aber wir hatten verloren, der Likud blieb an der Macht, und alle Hoffnungen auf einen Frieden verschwanden in einer einzigen Nacht.
Ich war in Tel Aviv gewählt worden und wurde Mitglied der Knesset.
Peres schloß ein Bündnis mit Shulamit Aloni, dem Führer und einzigen Knessetmitglied der Bürgerrechtsbewegung, so daß unsere Gruppe im Parlament genauso stark war wie der Likud-Block.
Vor uns lagen vier Jahre in der Opposition.

8. KAPITEL

Nach der Schlacht weinte ein Soldat

Im Juli 1981, am Anfang meines ersten Jahres in der Knesset, kam es an der Grenze zum Libanon zu einem Ausbruch von Gewalttätigkeiten. Es war der klassische Teufelskreis: Ein Terroristenüberfall auf unserem Gebiet an der nördlichen Grenze, israelische Vergeltungsmaßnahmen in Form von Luftangriffen auf PLO-Stützpunkte überall im Libanon, dann das mörderische Feuer auf Galiläa durch PLO-Kanonen und Katjuscha-Raketenwerfer, die im Südlibanon stationiert waren. Die israelische Artillerie erwiderte das Feuer, war aber nicht in der Lage, die feindlichen Geschütze außer Gefecht zu setzen. Die PLO hatte ihre Batterien in Schluchten, Obstplantagen oder Hinterhöfen versteckt, und die Raketenwerfer wurden häufig auf ihren sowjetischen Lafetten in neue Stellungen gebracht.
Ich fuhr mit zwei anderen Knessetmitgliedern der Arbeiterpartei, General Motta Gur und dem Bürgermeister von Safed, Aharon Nahmias, zu einer Besichtigung nach Galiläa. Es lag unter schwerem Beschuß. Wir besuchten die Grenzstadt Kiryat Shemona, die wie eine Geisterstadt aussah, da der größte Teil der Bevölkerung in Unterständen Schutz gesucht hatte. Narhariya, ein Ausflugsort, war auch beschossen worden, ebenso Metula, Hazor, Shelomi und verschiedene Kibbuzim und Dörfer, die in Reichweite der PLO-Geschütze lagen. Wir stellten fest, daß die PLO al-

lein in den letzten Tagen mehr als zwölfhundert Granaten auf zivile Ziele abgefeuert hatte; wir hatten sechs Tote und neunundfünfzig Verletzte zu beklagen.
Nachdem die sporadischen Artillerieduelle ein paar Tage gedauert hatten, traf Botschafter Philip Habib, Ronald Reagans Sonderbeauftragter für den Mittleren Osten, in Israel ein. Habib war ein professioneller Diplomat und begabter Verhandlungsführer, der ständig zwischen Jerusalem und Beirut hin- und herpendelte und schließlich einen Waffenstillstand arrangieren konnte. Dieser Waffenstillstand trat Ende Juli entlang der gesamten libanesischen Grenze in Kraft.
Der absurde Aspekt dieses Waffenstillstands war, daß der Libanon nichts damit zu tun hatte. Die libanesische Regierung hatte längst keine Macht mehr über große Teile des Landes, aus denen ein PLO-Piratenstaat geworden war. Andere Landesteile, zu denen ein großer Teil von Beirut zählte, waren von der syrischen Armee besetzt worden. Obwohl Begin die peinliche Frage vermied, war uns doch klar, daß wir zum erstenmal in unserer Geschichte einen Waffenstillstand mit der PLO vereinbart hatten. Dieser Waffenstillstand trug in sich schon den Keim des tragischen Libanonkriegs, der knapp ein Jahr später ausbrechen sollte.
Zwei Monate nachdem sich in Galiläa alles wieder beruhigt hatte, wurde Präsident Sadat in Ägypten von religiösen Fanatikern ermordet. Sadats Tod sorgte in Israel für Unruhe, aber wir stellten sehr bald fest, daß sein Nachfolger Hosni Mubarak entschlossen war, den Friedensvertrag zwischen unseren beiden Ländern zu respektieren Er rührte keinen Finger, als Begin, der die Krise in der Weltpolitik, die sich auf Polen konzentrierte, ausnutzte und in einer Blitzaktion das Golanplateau eroberte. Mubarak hielt sich an alle Abmachungen, und zwar sowohl vorher

als auch nachdem die Sinai-Halbinsel am 28. April an Ägypten zurückgegeben worden war.
Ich war an diesem Tag in Kairo. Es war mein erster Besuch in Ägypten seit den Camp-David-Vereinbarungen. Es war ein eigenartiges Gefühl für mich, ohne Uniform und Waffen meinen Fuß auf ägyptischen Boden zu setzen und von dieser befreundeten Nation so herzlich begrüßt zu werden. Ich hatte schließlich an drei Kriegen gegen dieses Land teilgenommen. Nachdem ich auf der Straße, auf dem Markt und in den Straßencafés mit vielen Ägyptern gesprochen hatte, war ich davon überzeugt, daß sie, genau wie wir, aufrichtig am Frieden interessiert waren.
An meinem ersten Abend in Ägypten, an dem alle Welt in Kairo die Rückgabe des Sinai feierte, beschloß ich, Sadats Grab zu besuchen. Schließlich war er der Architekt des Friedensvertrages gewesen; ihm verdankten die Ägypter die Rückgabe des verlorenen Landes.
Sadats majestätisches Grab, das die Form einer Pyramide hatte und nur ein paar hundert Meter von der Stelle entfernt lag, an der er ermordet worden war, wurde von vier Armeeoffizieren in Paradeuniform bewacht. Als ich vor ihnen stand, wurde mir plötzlich klar, daß ich völlig allein war. In dieser Nacht, die in der Geschichte Ägyptens für alle Zeiten Anwar el-Sadats Nacht bleiben sollte, hatte es kein Ägypter für nötig befunden, ihm die Ehre eines Besuchs an seinem Grab zu erweisen, nur ein Mitglied der israelischen Knesset.
Einer plötzlichen Eingebung folgend, bat ich meinen Fahrer, mich zu Nassers Grab zu bringen. Als wir die Grabstätte von Sadats Vorgänger erreichten — dieses Mannes, der für so viele Fehler verantwortlich gewesen war, für nutzlose Kriege, für den Tod von Zehntausenden auf den Schlachtfeldern des Sinai —, war der Ort hell erleuchtet, und die Menschen drängten sich dort. Nasser wurde trotz

seiner folgenschweren Fehler immer noch von seinem Volk verehrt und geliebt. Sadat, der von der ganzen Welt bewundert worden war, hatte die Zuneigung seines Volkes offenbar nie gewinnen können.
Am nächsten Tag traf ich mich mit einer Gruppe von Ägyptern, die mit großer Herzlichkeit über ihren gegenwärtigen Präsidenten Hosni Mubarak sprachen. »Er ist ein wunderbarer Mensch«, sagten sie zu mir. »Ein großer Führer, ein ehrlicher Mann und ein tapferer Soldat.«
»Wie Nasser«, sagte einer von ihnen, und die anderen stimmten ihm zu. »Wie Nasser!« wiederholten sie.

Sechs Wochen nach dem Rückzug aus dem Sinai fielen wir im Libanon ein.
Am späten Abend des 3. Juni 1982 verließ Shlomo Argov, der israelische Botschafter in London, das Dorchester-Hotel und ging zu seinem Wagen. In diesem Augenblick tauchten vier Palästinenser auf und eröffneten das Feuer. Sie waren mit polnischen Miniatur-Maschinenpistolen bewaffnet. Der Botschafter wurde an der Schläfe getroffen, brach zusammen und wurde in kritischem Zustand ins Krankenhaus gebracht. Einer der Terroristen wurde verwundet und von der britischen Polizei festgenommen. Die anderen Attentäter konnten zunächst entkommen, wurden aber ein paar Tage später gefaßt.
Am nächsten Morgen hörte ich die Meldung von dem Attentat in den Nachrichten. Es war nicht das erste dieser Art; zwei Monate zuvor war Yaakov Bar-Simantov, ein israelischer Diplomat, in Paris von palästinensischen Terroristen ermordet worden. Derartige verabscheuungswürdige Aktionen rechtfertigten eine Vergeltung, dachte ich; aber ich hatte andererseits Angst, daß Premierminister Begin dieses Attentat zum Vorwand nehmen könnte, um eine militärische Operation gegen PLO-Stützpunkte im Li-

banon zu starten. Seit Monaten waren viele meiner Kollegen und ich selbst uns darüber im klaren, daß Begins Regierung sich auf dem Kriegspfad befand und nur einen Vorwand suchte, der eine Invasion in den Libanon rechtfertigen würde.

Ich war der Meinung, daß ein Krieg katastrophale Folgen haben würde. Als ich die Nachricht von Argov gehört hatte, schickte ich dem Premierminister ein Telegramm. »Die Mordversuche an israelischen Diplomaten im Ausland«, schrieb ich, »verlangen eine angemessene israelische Reaktion. Man sollte diese Reaktion dem israelischen Geheimdienst anvertrauen. Als der Schwarze September in den siebziger Jahren eine Reihe von blutigen Terroranschlägen auslöste, wurden die Führer dieser Organisation einer nach dem anderen liquidiert, bis schließlich der Schwarze September nicht mehr existierte.« Ich drängte Begin, unsere Geheimagenten auf die Spur der Täter zu setzen, um sie zu bestrafen. Da ich aber genau wußte, was er wirklich wollte, bat ich ihn, keine Terroristenstützpunkte im Libanon anzugreifen oder bombardieren zu lassen. »Das wäre keine angemessene Reaktion«, schloß ich.

Noch während ich dieses Telegramm aufsetzte, bereitete sich die israelische Luftwaffe auf einen massiven Luftangriff gegen die PLO im Libanon vor. Begin war natürlich nicht im entferntesten an einer »angemessenen Reaktion« interessiert. Seine Berater hatten ihn bereits darüber informiert, daß Argovs Attentäter zu der Splittergruppe Abu Nidals gehörten, die ironischerweise der schlimmste Feind der PLO innerhalb der Palästinensischen Gemeinde war. Aber Begin wollte nichts über Abu Nidal hören. Er wollte Krieg gegen die PLO im Libanon führen.

In einer Krisensitzung, die an diesem Morgen stattfand, holte er sich die Zustimmung seiner Minister, verschiedene PLO-Ziele im Libanon zu bombardieren. Er wußte

genauso gut wie wir alle, daß die PLO auf die Luftangriffe unweigerlich mit einer massiven Beschießung Galiläas im Norden Israels reagieren würde; das Artilleriefeuer würde aus dem »Fatahland« kommen, jenem Landstreifen im Süden des Libanon, der völlig unter der Kontrolle der Palästinenser stand. Nach dem Beschuß wollte Begin dann seine Regierung bitten, einer militärischen Operation im Libanon zuzustimmen, die das Ziel hatte, die Artilleriestellungen der Terroristen zu zerstören. Es war eine jener Bitten, die sie nicht abschlagen konnten.
Und genauso geschah es auch. Die Israelis bombardierten; die PLO schoß zurück; und am Samstag abend, dem 5. Juni, stimmte die Regierung einer Invasion in den Libanon zu. Am nächsten Morgen befand sich Israel im Krieg.

Als Premierminister Begin am 8. Juni 1982 in der Knesset sprach, war unsere Armee schon weit in den Libanon eingedrungen. Die Operation, sagte Begin, habe den Zweck, die Einwohner von Galiläa von der Bedrohung durch die PLO zu befreien. Deshalb trug sie den Namen »Frieden für Galiläa«.
In seiner theatralischen Art, die ich nicht ausstehen konnte, verkündete er: »Wenn ein zweibeiniges Tier [damit meinte er die PLO-Terroristen] seine Hand gegen eines unserer Kinder erhebt, wird dieser Arm abgeschlagen.« Er umriß die Ziele der Operation und betonte dabei, daß die Armee höchstens vierzig Kilometer weit vordringen würde, denn das war die maximale Reichweite der PLO-Artillerie. »Sobald wir die Vierzig-Kilometer-Linie erreicht haben, werden die Kampfhandlungen eingestellt.« Begin wandte sich auch an Präsident Assad von Syrien, dessen Armee Teile des Libanon besetzt hatte, und bat ihn, sich nicht in die Kampfhandlungen einzumischen. »Kein syrischer Soldat wird verletzt werden«, versprach Begin.

Bei der anschließenden Abstimmung unterstützte die Arbeiterpartei die Regierung. Auch ich hob zusammen mit meinen Freunden die Hand. Ich hatte zwar gegen eine Bombardierung Beiruts protestiert, durch die die augenblickliche Krise heraufbeschworen worden war, aber als der Artilleriebeschuß auf Galiläa erst einmal begonnen hatte, stimmte ich einer rein defensiven Operation mit begrenzten Zielen zu.

Ich konnte mich an eine frühere Operation im Libanon erinnern, die im März 1978 stattgefunden hatte. Menachem Begin hatte sie als Antwort auf eine blutige Aktion der Terroristen im Innern Israels gestartet. PLO-Terroristen waren an einem Strand gelandet, der nicht weit von Caesarea entfernt ist, hatten zuerst wahllos Menschen getötet und dann einen Bus gekapert und den Fahrer gezwungen, nach Tel Aviv zu fahren. Als sie an eine Straßensperre der Polizei und der Armee kamen, hatten die Terroristen brutal fünfunddreißig Geiseln ermordet.

Nach diesem Massaker hatte Begin eine Operation im Fatahland angeordnet. Der Generalstabschef Motta Gur führte einen begrenzten Gegenschlag durch, der den Namen »Operation Litani« trug, nach dem libanesischen Fluß, der die Grenze unserer Operation markieren sollte. Unsere Einheiten drangen auf libanesisches Gebiet vor und griffen dort PLO-Stützpunkte an; Verteidigungsminister Ezer Weizmann hatte ihnen den ausdrücklichen Befehl gegeben, keine libanesische Stadt zu betreten. Ich war kurz nach Beginn der Kampfhandlungen eingezogen worden, um einen Bericht über die Aktionen der Fallschirmjäger bei der Operation Litani zu schreiben. Ich kann mich noch daran erinnern, wie unser Jeep die Spitze eines Hügels erreichte, von dem aus man die weiße Stadt Tyre überblicken konnte, und dort von unseren Vorposten angehalten wurde. Wir fuhren durch das ganze von unserer Armee besetzte Gebiet und zogen uns nach ein paar Tagen gemeinsam mit den Soldaten zurück.

Jetzt, am 8. Juni 1982, sah es so aus, als wolle Begin eine erweiterte Version der Operation Litani ins Leben rufen. Knessetmitglieder aus Begins näherer Umgebung versicherten uns, daß die Kämpfe höchstens zweiundsiebzig Stunden dauern würden; Begin wolle unsere Verluste auf ein Minimum beschränken, fügten sie hinzu und schätzten, daß wir bei unserer Operation nicht mehr als dreißig bis vierzig Mann verlieren würden.

Aber es kursierten auch Gerüchte, wonach Begin einen geheimen, bedeutend ehrgeizigeren Plan hatte: Ein Armeeoffizier erinnerte mich an das geheime Bündnis zwischen Israel und den libanesischen Christen, das 1976 geschlossen worden war. Wir unterstützten die Falangisten, die Christliche Miliz, und versorgten sie mit Waffen. Sie kämpften schon seit Jahren erbittert gegen die PLO und einige extremistische moslemische Splittergruppen. Wir bildeten sogar Einheiten der Falangisten in abgelegenen Stützpunkten in Israel aus; hohe israelische Offiziere besuchten heimlich die Hochburgen der Christen und trafen sich mit ihren Führern. Möglicherweise sei die gegenwärtige Operation mit den Falangisten abgesprochen worden, meinte mein Freund, und habe andere Ziele als die von Begin umrissenen. Ich hätte auf ihn hören sollen.

Ich hätte mich daran erinnern sollen, daß die gegenwärtige Regierung unter Begin die unausgeglichenste und unberechenbarste war, die Israel je gehabt hat. Sie unterschied sich völlig von der ersten Begin-Regierung von 1977.

Ich hätte daran denken müssen, daß die Operation Litani vier Jahre zuvor von einer Regierung durchgeführt worden war, in der den radikalen Extremisten auf der anderen Seite gemäßigte, vorsichtige Führerpersönlichkeiten ge-

genübergestanden hatten, die sich außerdem in militärischen Dingen auskannten: Vizepremierminister Yadin, Außenminister Dayan und Verteidigungsminister Weizmann. Und Generalstabschef Motta Gur war ein Offizier mit kühlem Kopf.
Heute fehlten Dayan, Yadin, Weizmann und Gur, und es gab in der neuen Likudregierung niemanden, der die Extremisten in Schach hätte halten können. Begin betrachtete Arafat und die PLO als direkte Nachfolger Adolf Hitlers und der Nazis; es könnte gut sein, daß er sich von der Vorstellung, nach Beirut zu gehen und »Arafat aus seinem Bunker auszuräuchern«, die ihm von einigen seiner Mitarbeiter in den Kopf gesetzt worden war, hinreißen lassen würde.
Außenminister Yitzhak Shamir war der schlimmste Falke, der je dieses Amt bekleidet hatte; anstatt seine kriegslüsternen Kollegen zu bremsen, was jeder Außenminister tun sollte, unterstützte er sie mit Begeisterung. Moshe Arens, der neue Botschafter in Washington, war trotz seiner ruhigen und sanften Art ein genauso schlimmer Falke wie Schamir. Und General Raphael Eitan, Chef des Generalstabs, hatte noch extremistischere Ansichten als seine zivilen Vorgesetzten. Von ihm stammt der Satz, die Araber benähmen sich wie »gedopte Kakerlaken, die man in eine Flasche gesteckt hat«.
Und der Gefährlichste von allen war der neue Verteidigungsminister Ariel (Arik) Sharon.

Ich habe Arik Sharon kennengelernt, als er noch ein gutaussehender junger Rebell mit widerspenstigem Haar und einem brillanten, unkonventionellen Verstand war. Sharon war ein Held. Er war einer der mutigsten und ungewöhnlichsten Soldaten, die ich je gekannt habe. Anfang der fünfziger Jahre hatte Arik gemeinsam mit Moshe Dayan aus der schlaffen, konservativen Organisation, die die Armee damals darstellte, einen aggressiven, einfallsreichen militärischen Apparat gemacht. Er hatte die legendäre Kommandoeinheit 101 ins Leben gerufen, die gewagte Operationen jenseits der Grenze durchführte; später machte er aus dem gesamten Fallschirmjägerkorps eine unbesiegbare Eliteeinheit und führte sie bei den Vergeltungsaktionen und auf dem Sinaifeldzug.

Arik war der geborene Führer und ein charismatischer Kämpfer. Den Gipfel seines Ruhms erreichte er im Jom-Kippur-Krieg, als er das Kommando über die Planung und Durchführung der Überquerung des Suezkanals hatte. Ich hatte die Tage vor der Überquerung in Ariks Kommandoposten in Tassa auf dem Sinai verbracht und ihn nur verlassen, weil ich zu meiner Fallschirmjägereinheit mußte, die die Operation durchführte. Ich weiß genau, daß wir es damals möglicherweise nicht geschafft hätten, wenn Arik nicht so hartnäckig gewesen wäre, und daß das der Wendepunkt des Krieges war. Als er zu uns kam, nachdem wir einen Brückenkopf eingerichtet hatten, riefen die Soldaten: »Arik, König von Israel!« Und ich weiß genau: Wenn die israelische Armee jemals wieder in den Krieg ziehen sollte, dann werde ich darum bitten, unter Sharon kämpfen zu dürfen.

Aber nur unter einem Sharon in Uniform. Dieser vorbildliche Soldat ist ein armseliger Staatsmann. Er versteht nichts von internationalen Beziehungen und hat die gefährliche Vorstellung, daß man jede politische Situation mit militärischer Macht verändern könne. Ich kann mich noch an die hitzige Diskussion erinnern, die wir am 24. Oktober 1973 hatten, am letzten Tag des Jom-Kippur-Kriegs. An diesem Tag hatte er mich in seinem Jeep zum Luftwaffenstützpunkt Fayid mitgenommen, der auf der afrikanischen Seite des Kanals lag. Er bat mich zu bleiben, damit

ich an der nächsten Phase des Krieges teilnehmen könne, in der wir, die Fallschirmjäger, einen Schlag gegen Kairo durchführen sollten. Die Flugzeuge seien schon startklar, sagte er, und seine Augen glänzten dabei.
Ich versuchte vergeblich, ihn davon zu überzeugen, daß der Krieg in dem Augenblick zu Ende wäre, in dem die Sowjetunion und die Vereinigten Staaten sich geeinigt hätten. »Nein«, hatte er hartnäckig immer wieder wiederholt, »wir marschieren nach Kairo. Du wirst etwas verpassen, Michael. Unsere bisher größte Operation. Die Russen und die Amerikaner kümmern mich nicht. Du verstehst das nicht.«
»Arik«, sagte ich, »du bist der General, und ich bin nur ein Feldwebel. Aber du bist derjenige, der etwas nicht versteht.«
Aber derlei Fehleinschätzungen bedeuteten noch nicht die größte Gefahr bei Sharons Operationen. Er wurde von seinem persönlichen Ehrgeiz förmlich zerfressen und machte vor nichts halt. Mit der gleichen Hartnäckigkeit, mit der er seine militärischen Aktionen plante und durchführte, heckte er politische Intrigen aus und führte Freund und Feind in die Irre. Er ist ein intriganter Politiker, dem man nicht trauen kann. In Ben Gurions Tagebuch fand ich folgende Eintragung, die sich auf Sharon bezog: »Er ist originell und intelligent. Wenn er nur seine Schwächen ablegen und aufhören würde, Klatsch und Tratsch zu verbreiten und die Unwahrheit zu sagen, könnte er ein ausgezeichneter militärischer Vorgesetzter sein.«
Aber Sharon hatte seine Schwächen nicht abgelegt. Menachem Begin wußte das; trotz massiven Drucks hatte er sich in der Vergangenheit geweigert, Sharon zum Verteidigungsminister zu ernennen. Nach Weizmanns Rücktritt hatte Begin selbst das Verteidigungsressort an sich genommen, um Sharon davon fernzuhalten.

Aber nach der Wahl 1981 gab er nach. Sharon war Wahlkampfleiter des Likud gewesen und hatte Begin den größten Sieg seiner Laufbahn beschert. Außerdem war Sharon von allen Kabinettsmitgliedern am besten für das Amt des Verteidigungsministers geeignet. Dazu kam, daß Begin nach der Unterzeichnung des Friedensvertrags mit Ägypten bedeutend an Selbstbewußtsein gewonnen hatte. Dieser Vertrag, so meinte er, hätte bewiesen, daß er mehr von Politik verstand als Dayan oder Weizmann. Und er glaubte außerdem, daß er in der Lage wäre, Sharon unter Kontrolle zu halten.

Das war ein riesiger Fehler, den wir mit Blut bezahlen sollten. Und sobald die Macht über Krieg und Frieden in Sharons Händen lag, bewegte sich Israel wie in einer griechischen Tragödie unausweichlich auf eine Katastrophe zu.

Nach Begins Rede vor der Knesset ging ich nach Hause und holte meine Uniform und meine Fallschirmjägerstiefel hervor. Ich dachte mir, wenn das Volk Israels in den Krieg zieht, ist mein Platz als Volksvertreter bei der Truppe. Ich hatte für diese Operation gestimmt, deshalb war ich auch verpflichtet, daran teilzunehmen. Ich rief das Büro des Verbindungsoffiziers meiner Einheit an, aber die Antwort war unmißverständlich: Sie hatten ausdrückliche Anweisungen, keine Mitglieder der Knesset einzuberufen. Ähnliche Anweisungen waren auch an alle Straßensperren an der libanesischen Grenze ergangen: Sie hatten den Befehl, Mitglieder der Knesset daran zu hindern, das Kampfgebiet zu betreten, damit sie nicht verletzt würden oder in Gefangenschaft gerieten.

Ich beschloß, auf eigene Faust in den Libanon zu gehen. Am nächsten Morgen fuhr ich mit dem Jeep meines Freundes Yigal Lev, der Reporter der *Maariv* ist, über die Grenze. Die Posten würdigten den Reservisten in der schäbigen

Uniform, der sich auf dem Rücksitz lümmelte, kaum eines Blickes. Als wir im Libanon waren, ließ ich Yigal zurück und fuhr per Anhalter bis zur Front. Irgendwo in der Nähe von Sidon organisierte ich mir ein automatisches Gewehr und fuhr in einem offenen Jeep weiter nach Norden. In einem Dorf jubelten uns die jungen Mädchen und die alten Männer zu und warfen Reis und Blumen auf den Jeep. Als wir die offene Straße erreicht hatten, fuhren wir schneller. Vierzig Kilometer, hatte Begin vor der Knesset gesagt, aber als der Jeep über die Autostraße nach Beirut raste, bekam ich das beunruhigende Gefühl, daß wir diese Grenze längst überschritten hatten.
Die Straße schlängelte sich durch einen hübschen, prächtigen Vorort. Zwei junge Männer in den frisch gebügelten Uniformen der Falangisten traten aus einem zerbrochenen Schaufenster heraus, über dem ein Schild hing, auf dem *Modes Parisiennes* stand. Ihre auf Taille gearbeiteten grünen Uniformjacken paßten ihnen wie angegossen. Sie winkten dem Jeep zu, und einer von beiden hakte stolz die Daumen in seinen Ledergürtel.
»Sieh dir die an, wie Mannequins auf einer Modenschau für Safarianzüge«, sagte der Fahrer verächtlich. Er war ein großer, bulliger Marokkaner mit einem wilden Schnurrbart und einem leichten französischen Akzent. »Ich hab noch nie gesehen, daß einer von denen einen Schuß abgegeben hat, sie könnten sich dabei ja ihre Uniform schmutzig machen.«
Ein paar hundert Meter weiter machte die Straße zwischen zwei häßlichen, grauen Häuserreihen eine scharfe Kurve. Der Jeep bremste mit quietschenden Reifen hinter einer Kolonne, die aus Schützenpanzern vom Typ Zelda, Lastwagen, Kübelwagen und einem zivilen Peugeot mit israelischen Nummernschildern bestand. Eine Militärambulanz, die mit den linken Rädern über den Bürgersteig fuhr, raste an uns vorbei.

Ich sprang aus dem Jeep und rannte an der Kolonne entlang. Der Geruch von Rauch, brennenden Reifen und Pulver drang mir plötzlich in die Nase; eine dunkle, graue Rauchwolke erhob sich am Ende der Straße und zitterte in der leichten Brise. Eine schnelle Folge von donnernden Explosionen hallte in der engen Straße wider. Ich erkannte die trockenen Detonationen einer 105-mm-Merkava-Kanone.

Der Zugang zu dem Platz wurde von drei Schützenpanzern blockiert. Die Mannschaften waren in voller Kampfausrüstung, trugen Helme und Tarnjacken. »Was ist hier los?« fragte ich und wies mit dem Kopf auf den Platz.

»Die Fallschirmjäger säubern den Platz«, erklärte mir ein junger Hauptfeldwebel, der auf dem schrägen Heck des Zelda saß. »Hier hat sich überall jede Menge Al Fatah in den Löchern verkrochen.«

Er nahm den Helm ab und wischte sich den Schweiß von der Stirn. »Man weiß nie, wo die Schweinehunde sich verstecken. Die ganze Nacht haben sie uns von einem Krankenhaus aus beschossen.« Er zeigte nach Osten. »Haben ihre Raketenwerfer auf dem Dach installiert. Die haben sich einen Dreck um die Patienten gekümmert. Dabei sind das ihre eigenen Leute.«

»Was habt ihr gemacht?« fragte ich ihn.

Der Soldat zuckte die Achseln. »Ich weiß es nicht. Wir mußten morgens weiter. Als wir abgerückt sind, haben sie immer noch mit ihren Katjuscha-Raketen wie wild um sich geschossen. Wenn Sie mich fragen, sollten wir die Luftwaffe dahin schicken.«

Ich ging auf den Platz zu.

»Passen Sie auf die Kinder auf!« hörte ich die Stimme des Hauptfeldwebels hinter mir herrufen. Ich blieb überrascht stehen. Was meinte er damit? Aber ich war schon wieder mitten drin, wieder einmal umgaben mich die Bilder, die

Geräusche und Gerüche des Krieges. Für uns Israelis ist der Krieg eine ständig gegenwärtige Realität; alle paar Jahre riechen, hören und sehen wir ihn wieder. Es ist wie ein plötzlicher Blick zurück in unsere Vergangenheit, eine Reise in die Vergangenheit mit einer Zeitmaschine. Es ist ein Wiedersehen, über das wir uns freuen und das wir gleichzeitig verabscheuen; es ist, als ob man einen alten lieben Freund trifft und ihn begrüßen will und dann feststellt, daß er tot ist. Für uns ist der Krieg eine wehmütige Erinnerung an unsere unbekümmerte Jugend, an die alles verzehrende Hingabe an unser Land, an enge, aufrichtige Kameradschaft; und es ist eine schmerzliche Konfrontation mit vergessenen Schrecken, mit den Gesichtern und den blutigen Leibern unserer toten Kameraden, die uns verfolgen. Und mit unseren Feinden.

An der mir zugewandten Ecke des Platzes standen dichtgedrängt Mannschaftswagen und Panzer. Ein paar Soldaten hockten hinter einem Panzer und aßen gierig reife Kirschen, die in einem großen Haufen auf zerknittertem Zeitungspapier lagen. Neben ihnen beteten still zwei bärtige Soldaten in Tallits und machten dabei wiegende Bewegungen. Aus einem brennenden Zelda stieg eine dichte, schwarze Rauchsäule nach oben. An der gegenüberliegenden Seite des Platzes rannten Soldaten an den Häusern entlang und riefen sich kurze Kommandos zu. Das Maschinengewehrfeuer klang wie eine Kinderpistole.

Verirrte Kugeln summten wie wütende Wespen über meinem Kopf. Ich hörte eine leise Stimme hinter mir und drehte mich um. Ein libanesisches Mädchen, vermutlich eine Christin, beobachtete mich aus einem offenen Fenster. Sie trug eine weiße Seidenbluse und strich sich kokett über das lange schwarze Haar. Lächelnd rief sie: *»Bon jour!«* Ihre Lippen waren rot und feucht.

Ein Windstoß wehte den grauen Rauch weg, und ich

konnte sehen, daß sich auf der anderen Seite des Platzes eine riesige Menschenmenge angesammelt hatte. Es waren Zivilisten. Soldaten im Kampfanzug trieben sie aus der Gefechtszone heraus an den Strand. Aus dem Fenster hinter mir erklang plötzlich laute Musik. Das Mädchen hatte eine Pink-Floyd-Platte aufgelegt oder Radio Monte Carlo aus Beirut in ihrem Radio eingestellt. Die Situation war so grotesk wie eine Szene aus einem Fellini-Film. Die Rauchsäulen, die Soldaten, die sich über die blutroten Kirschen hermachten, die Zivilisten, die an den Palmenstrand flohen, die tödlichen Schüsse der Fallschirmjäger auf der anderen Seite des Platzes und das sorglose Lachen des Mädchens oben am Fenster, alles vermischte sich zu einem bizarren Tableau.

Ich ging zwischen den Zeldas zur Mitte des Platzes, war ohne Deckung und stand plötzlich ganz allein vor einem hohen gelben Gebäude.

»Zurück!« schrie jemand hinter mir. »Zurück, du Idiot.« Ein hagerer Typ in einer Uniform, die ihm ein paar Nummern zu groß war, sprang auf mich zu und zog mich am Ärmel. »Hast du den Verstand verloren, oder was ist los?«

Ich folgte den Blicken des Soldaten zur obersten Etage des Gebäudes. Als wir beide hinter einem Zelda in Deckung gingen, konnte ich gerade noch den Lauf eines Maschinengewehrs sehen, der aus einem Berg aus Sandsäcken auf einem der Balkone hervorlugte. Eine Salve schlug an der Stelle ein, an der ich gestanden hatte.

»Bar-Zohar? Sind Sie Michael Bar-Zohar, das Knesset-Mitglied?«

Ich stand auf, drehte mich um und schlug mir den Staub von den Knien. Ein Leutnant des Panzerkorps in einem schmutzigen Feuerschutzanzug stand vor mir. Er war jung und hatte das glatte Gesicht eines Teenagers. Er hatte ehr-

liche blaue Augen und Sommersprossen auf der Nase. Ein typischer Junge aus dem Kibbuz.
»Ich habe Sie einmal im Fernsehen gesehen«, sagte der Offizier. Seine Stimme war heiser, unsicher. »Sie haben über die moralischen Wertvorstellungen des israelischen Soldaten gesprochen. Über einen sauberen Krieg — können Sie sich erinnern? Sie haben damals gesagt, wir sollten die Zivilisten verschonen und Frauen und Kinder beschützen, nicht wahr?«
Als er das sagte, bekam er vor Zorn rote Flecken auf den Wangen. Er griff mich beim Arm und zog mich herum. »Schauen Sie!« sagte er und machte eine Kopfbewegung in Richtung auf das gelbe Gebäude. »Sehen Sie sich einmal dieses Haus an!«
»Was ist damit?« Ich konnte das Zittern der Hand des Jungen auf meinem Arm spüren.
»Die dritte, vierte und sechste Etage sind voller Zivilisten. Alte Leute, Frauen, eine Menge Kinder. Sie haben sich unter den Betten und hinter Schränken versteckt.« Der Leutnant gab mir seinen Feldstecher. »Sehen Sie es sich selbst an.«
»Ich glaube Ihnen«, sagte ich.
»Die Terroristen sind im fünften Stock. Sie haben ein Gurionow-Maschinengewehr, zwei Bazookas und jede Menge Kalaschnikows.« Der Leutnant leierte seine Informationen hektisch herunter.
»Es würde mich interessieren...« Der Leutnant machte eine Pause und biß sich auf die Unterlippe. »Die Dreckskerle da oben haben zwei meiner Leute getötet und fünf verwundet. Ich möchte gern wissen« — seine Augen sahen mich mit einem herausfordernden und gleichzeitig verzweifelten Blick an — »ob ich das moralische Recht habe, zurückzuschießen und sie dort auszuräuchern?«
»Also...« setzte ich an. Mein Mund war plötzlich ganz trocken.

»Ich will Ihnen sagen, warum«, brüllte der Leutnant. »Wenn ich meinen Panzern den Feuerbefehl gebe, werden unsere Granaten alle diese Al-Fatah-Schweine umbringen und gleichzeitig aber auch alle alten Männer und die kleinen Mädchen auf den anderen Etagen in Stücke reißen, deshalb frage ich. Und wenn Sie dann das nächste Mal im Fernsehen sind, werden Sie uns Mörder und Kindermörder nennen, deshalb frage ich. Und . . .« Er wurde plötzlich still und starrte mich an, während seine Fingernägel sich in meinen Arm gruben.

Ich hatte plötzlich das Gefühl, als hätte sich eine große Stille über den ganzen Platz gesenkt, und all diese Jungen, die lebenden, die verwundeten und die toten, die ganze Armee Israels, der Stolz und Ruhm der Nation, wartete nur auf mein Urteil. Zum Teufel mit diesem Krieg, dachte ich plötzlich, zum Teufel mit all denen, die uns nach Sidon, nach Tyre und Nabatiyeh geschickt haben. Ich wußte, daß Israels Armee nie wieder die alte sein würde und daß ihre Waffen nie wieder rein werden würden.

»Sie sind doch Soldat, nicht wahr?« murmelte ich und fühlte mich geschlagen. Ich atmete tief. »Geben Sie schon Ihren Männern den Befehl, die verdammten Dreckskerle in die Luft zu jagen.«

Ich riß mich von ihm los und ging auf die dichte Rauchwolke zu, die über dem Strand stand. Eine Minute später — vielleicht hat es auch etwas länger gedauert — hörte ich das Donnern einer Panzerkanone hinter meinem Rücken.

Das Donnern des schweren Geschützes hallte immer noch in meinen Ohren, als ich später am Tag zu dem Platz zurückkehrte. Die Sonne ging gerade unter. Der Kampf war vorüber, und der Platz war leer, überall lag der schmutzige Müll des Krieges verstreut. Über dem Palästinenserlager Ein Hilwe lag dichter Rauch; die überlebenden Terroristen

hatten sich zum letzten Gefecht in die unterirdischen Bunker unter den Flüchtlingsbaracken zurückgezogen. Ein paar Kfir-Flugzeuge machten wiederholt Tiefangriffe auf das Lager und beschossen diese Stellung der Al Fatah.
Als ich an dem Platz ankam, warf ich einen kurzen Blick auf die rußgeschwärzte Wand des gelben Gebäudes, dann wandte ich meinen Blick ab. Möglicherweise wollte ich schon wieder vor dem jungen Leutnant und seinen Männern weglaufen; wahrscheinlich sogar vor meinem eigenen Gewissen. Der Leutnant hatte recht gehabt, mir hatten die Worte gefehlt, mit denen ich ihn aus seiner Zwangslage hätte befreien können. So haben wir unsere Kinder erzogen, dachte ich, eine Generation nach der anderen. Wir haben den Krieg zu einem Symbol der Tapferkeit und der Moral gemacht. Israel führt nur Verteidigungskriege, haben wir ihnen erzählt, nur Kriege, die das Überleben sichern sollen. Israel verletzt keine Menschen, die nicht an den Kämpfen beteiligt sind, schießt niemals auf Zivilisten. Unsere Waffen sind rein, denn sie werden nur zur Selbstverteidigung benutzt.
Was sollte das für ein Verteidigungskrieg sein, bei dem wir mit der größten Armee, die wir je aufgestellt haben, in den Libanon einfielen, um ein paar tausend schlecht ausgebildete, schlecht organisierte Terroristen zu jagen? Welcher Überlebensinstinkt hatte uns von unserer Grenze weg nach Norden bis in die grünen Hügel Beiruts getrieben? Wie sollten diese Jungen, die dazu ausgebildet worden waren, gegen Panzer und Kommandotruppen zu kämpfen, es vermeiden, Menschen zu verletzen, die nicht an den Kampfhandlungen beteiligt waren, wenn sich die Terroristen mitten unter der Zivilbevölkerung einnisteten, aus Krankenhäusern, Schulen und Wohnblocks auf uns schossen? Um einen Al-Fatah-Terroristen auszuräuchern, riskierte man es, viele unschuldige Libanesen oder Palästi-

nenser zu töten. Noch nie zuvor hatten wir den Krieg in die Städte getragen, nie hatten wir mit Kanonen auf Wohnblocks geschossen.
War es Begin und Sharon nicht klar, daß wir unser Gelübde verletzt hatten? Die Zehn Gebote der Armee? Konnten sie nicht begreifen, daß unsere Armee in dem Augenblick, in dem sie die Grenze zwischen Israel und dem Libanon überschritten hatte, auch die Grenze zwischen einem gerechten Krieg und einem skrupellosen militärischen Abenteuer überschritten hat? Unsere Jungen waren die eigentlichen Opfer dieses Krieges. Alle diese ehrlichen, patriotischen israelischen Jungen sind die wahren Opfer der Merkava-Kanone geworden, die das gelbe Gebäude in Stücke gerissen hat.
Als ich jetzt über den Platz ging, sah ich die unbewegliche Gestalt eines Soldaten auf einem weißen Stein sitzen. Sein Helm lag vor ihm auf den Knien. Es war ein angegrauter Reservist Anfang Vierzig. Sein kantiges Gesicht war von einer Schicht aus Schmutz und Schweiß bedeckt. Er hatte die Lippen zusammengepreßt, und seine Augen waren gerötet. Langsam liefen Tränen über sein Gesicht und hinterließen Spuren auf der stoppeligen Haut.
Ich ging auf ihn zu. »Warum weinen Sie?« fragte ich.
Es dauerte lange, bis der Mann mir antwortete. Er hob eine Handvoll Steine vom Boden auf und warf sie einen nach dem anderen ziellos weg.
»Da war ein Terrorist«, sagte er leise. »Er kam heute morgen mit einer Kalaschnikow aus den Ruinen. Er hatte meinen besten Freund umgebracht, direkt neben mir.«
»So ist der Krieg«, sagte ich. »Das passiert immer wieder.«
Der Mann hörte mir nicht zu. »Aber ich ... ich habe ihn erwischt!« stammelte er. »Ich habe den Mörder erwischt. Ich habe ihn mit meinen Händen festgehalten!« Er streckte die Arme mit geballten Fäusten aus.

»Und?« fragte ich.
»Es war ein dreizehnjähriger Junge!« schrie er plötzlich. »Ein dreizehnjähriges Kind!« Er machte eine Pause. »Ich habe einen dreizehnjährigen Sohn. Zu Hause in Haifa. David heißt er. David. Und als ich diesen Jungen, diesen Mörder in meinen Armen hielt« — er streckte wieder die Hände aus, sie zitterten, die Finger krallten sich zusammen, so, als hielte er den kleinen Gefangenen fest — »dachte ich, ich hielt meinen Jungen, meinen David.« Seine Lippen zitterten, und die Tränen strömten ihm über das Gesicht. »Ich habe noch nie gegen Kinder gekämpft!« sagte er verbittert.
»Was haben Sie mit ihm gemacht?« fragte ich.
Der Mann hob langsam die Augen und starrte mich an, so, als sähe er mich erst jetzt. »Was sollte ich mit ihm machen? Ihn töten? Ihm eine Tracht Prügel geben? Er ist ein Kind. Zu Hause habe ich nie meine Hand gegen David erhoben.«
Ich ging weg. Passen Sie auf die Kinder auf, hatte mich der Hauptfeldwebel gewarnt, als ich mit diesem Krieg konfrontiert wurde.
Die Tränen dieses Soldaten verfolgten mich unaufhörlich während des ganzen Krieges. Selbst als ich die Uniform wieder ausgezogen hatte, tauchten diese Tränen in meiner Erinnerung immer dann wieder auf, wenn ich etwas über die jungen Terroristen hörte. Sie wurden »R. P. G. Kids« genannt, weil sie gewöhnlich mit von Raketen angetriebenen Granaten (rocket propelled grenades) bewaffnet waren.
Ich mußte an die Tränen dieses Reservisten denken, als ich sah, wie ein paar dieser R. P. G. Kids in der Geisterstadt Damur gefangengenommen wurden. Sie hatten dort ihren aussichtslosen Krieg weitergeführt, obwohl ihre Mentoren sie längst verlassen hatten und in die Berge geflohen

waren; und ich mußte an den Reservisten denken, als ich erfahren hatte, daß unsere Armee Hunderte von palästinensischen Jungen im Alter zwischen zehn und vierzehn gefangengenommen hatte, die von der Al Fatah an der Kalaschnikow oder den R. P. G.s für den Kampf gegen die Zionisten ausgebildet worden waren; und wenn ich Berichte über Lastwagen las, die mit solchen kleinen Gefangenen vollgeladen waren, um zu den Straßensperren an der Front geschickt und dort an die syrische Armee ausgeliefert zu werden.

»Den ganzen Krieg über sah ich in meinen Alpträumen vor mir diese Kinder«, sagte ein Freund, ein Reserveoffizier, zu mir. »Als ich in Beirut und Bahamdun und der Bekaa gekämpft habe, habe ich immer heimlich gebetet, daß es mir erspart bleiben möge, mit einem R. P. G. Kid im Kampf zusammenzutreffen, denn ich wußte genau, ich würde nur eine Sekunde zögern — nicht länger —, und dann würde ich den kleinen Dreckskerl totschießen.«

9. KAPITEL

Eine Schweigeminute

Expreß Tel Aviv—Beirut«, hatte ein Witzbold mit schwarzer Farbe auf den Lastwagen gesprüht, der mich in den Libanon mitgenommen hatte. In den folgenden Tagen und Monaten dachte ich oft an den anonymen Autor dieses Graffitis. »Ihr in Jerusalem«, schien er sagen zu wollen, »könnt erklären und abstimmen, soviel ihr wollt, aber wir, die einfachen Soldaten, wissen genau, wohin die Reise geht. Nach Beirut!«

Man brauchte tatsächlich nicht lange bei der Armee im Libanon gewesen zu sein, bis man erkannt hatte, daß die ganze Nation, ja die ganze Welt, getäuscht worden war. Wir gingen nicht nach Sidon, das am Rande der Vierzig-Kilometer-Zone lag. Wir waren auf dem Weg nach Beirut. Wir waren auch nicht etwa auf dem Weg zum südlichen Ufer des künstlichen Karun-Sees. Unser wirkliches Ziel war die Autostraße von Beirut nach Damaskus. Wir wollten nicht die PLO-Terroristen vernichtend schlagen und uns dann wieder zurückziehen. Wir sollten uns mit den Streitkräften der christlichen Falange im Norden verbinden. Und statt eine Konfrontation mit den syrischen Einheiten im Libanon zu vermeiden, waren wir entschlossen, sie zu einem blutigen Showdown zu provozieren.

Und wenn ich den Graffiti, den Gerüchten und den geflüsterten vertraulichen Mitteilungen einiger höherer Offiziere nicht geglaubt hätte, hätte ich mich nur umschauen müssen, um die Wahrheit zu erfahren — als ich Sidon verließ und weit hinter die Vierzig-Kilometer-Linie nach Norden vorrückte; oder als ich den Awali überquerte und die üppigen Palmenhaine und grünen Felder von Nebi Yunes sah; als ich mich geduckt an den rußgeschwärzten, ausgebrannten Häusern in der verwüsteten Stadt Damur vorbeischlich, aus der die Terroristen eine drohende Festung gemacht hatten; oder als ich auf den Fallschirmjäger-Konvoi traf und auf das Raupenfahrzeug kletterte, das sich ächzend über die gewundene Straße zwischen schroffen Berghängen und dunklen Schluchten höher und höher den Berg hinaufquälte.

Bis wir von der Spitze eines gezackten Gipfels zu unseren Füßen Beirut, die weiße Stadt, liegen sahen, die unter unserem ständigen Beschuß erzitterte und brannte und nur darauf wartete, von uns eingenommen zu werden.

»Was machen wir eigentlich hier?« Der Soldat neben mir war ein magerer Jemenit mit lockigem Haar und strahlend weißen Zähnen. »Ich habe den Premierminister im Radio gehört. Er hat gesagt, wir gingen nicht nach Beirut.«

»Dann ist das eben nicht Beirut«, sagte ein anderer Fallschirmjäger lachend.

Mädchen und alte Männer standen auf beiden Seiten der Straße und boten uns Blumen und Kirschen an.

»Jedenfalls macht es Spaß«, meinte der Jemenit.

Als die Fallschirmjägerbrigade ein paar Tage später schließlich in Beirut einrückte, schaltete mein jemenitischer Freund wieder sein Transistorradio an. »Ich versichere Ihnen«, erklärte Begin feierlich, »daß wir unter keinen Umständen beabsichtigen, nach Beirut vorzurücken.«

»Hat ihm das keiner gesagt?« wunderte sich der Jemenit laut. »Ist das ein Geheimnis?«

Aber dann war Begin nicht mehr zu hören, sondern aus

dem winzigen Radio hörte man die Stimme eines Kriegsberichterstatters: »Ich stehe hier mitten im Zentrum von Beirut . . .«

Die Soldaten sahen sich erstaunt an.

Erstaunen, Wut und Frustration breiteten sich auch in der Knesset aus. Ein paar Tage vor meiner Rückkehr nach Jerusalem stellte ich fest, daß diese Gefühle auch von einigen Ministern geteilt wurden. Wir waren alle belogen worden — man hatte uns Lügen über die Ziele dieses Kriegs, über die Truppenbewegungen und über die Änderung unserer Pläne aufgetischt. Unser Verteidigungsminister hatte das Kabinett, die Knesset, ja die ganze Nation getäuscht.

Die Regierung, so erfuhren wir, bekam falsche Informationen oder wurde gebeten, Operationen und Veränderungen des Plans im nachhinein zuzustimmen. Aber da Begin unerschütterlich hinter seinem Verteidigungsminister stand, stimmten die meisten Minister Sharons Wünschen zu. Sehr bald wurde klar, daß Israel einen völlig anderen Krieg führte, als ursprünglich geplant war.

Wir begannen, Fragen zu stellen. In der Knesset. Im Hauptquartier der Armee. Wir telefonierten mit hohen Beamten des Verteidigungsministeriums, mit hohen Offizieren, Zeitungsredakteuren und Reportern, die wir kannten; wir fuhren in den Libanon zurück, um uns selbst ein Bild zu machen. Und allmählich ergaben die einzelnen Teile des Puzzles ein Bild, und wir erkannten, was Sharon wirklich vorhatte.

Sharon hatte einen naiven, aber ehrgeizigen Plan ausgeheckt, der auf brutaler Gewalt basierte. Er wollte der PLO nicht nur im Südlibanon, sondern überall im Land einen vernichtenden Schlag versetzen. Er hatte die Absicht, Beirut zu besetzen und die PLO-Terroristen aus der Stadt zu jagen. Die Palästinenser sollten nach Jordanien ausgewiesen werden, das dann zu einem Palästinenserstaat werden würde; dadurch würde sich der internationale Druck auf Israel verringern, das Westjordanland und den Gazastreifen zu räumen. Um im Libanon freie Hand zu haben, mußte Sharon die syrische Armee zum Rückzug zwingen; aus diesem Grund mußte er sie zum Kampf herausfordern, um sie vernichten zu können. Dann würde er die libanesische Präsidentschaft seinem christlichen Verbündeten Bashir Gemayel, dem Führer der Falange, übergeben, der dann einen Friedensvertrag mit Israel abschließen sollte.

Um diesen Plan durchführen zu können, mußte Sharon große Teile des Libanon einschließlich Beirut erobern. Die israelische Armee würde sich mit der Falange verbinden, deren Hochburg in der christlichen Enklave im Norden lag. Sie würde außerdem die östlichen Teile des Libanon besetzen und die syrische Armee aus ihren Stellungen werfen und Syrien durch eine Blockade der Autostraße Beirut—Damaskus von seinen in Beirut stationierten Einheiten abschneiden.

Um das zu erreichen, hatte Sharon einen Invasionsplan mit dem Kodenamen Pines ausgearbeitet, den er der Regierung im Dezember 1981 vorgelegt hatte. Das war das erste Mal, daß von einer israelischen Regierung verlangt wurde, einen Krieg zu beginnen, der nicht dem Überleben Israels diente, sondern dazu, bestimmte politische Ziele zu erreichen. Obwohl Begin diesen Plan unterstützte, rebellierten mehrere Minister dagegen. Begin machte einen Rückzieher, woraufhin Sharon den Plan aufgab.

Pines verschwand in der Schublade, jedenfalls glaubten das die naiven Minister des Begin-Kabinetts. Als im Juni 1982 die Entscheidung fiel, in den Libanon einzufallen, stimmte Begins Kabinett einem neuen Operationsplan namens Small Pines zu. Dieser Plan beschränkte sich auf die berühmten vierzig Kilometer, und Begin erklärte Präsident

Ronald Reagan in einem Brief: »Wir haben nicht die Absicht, diese Vierzig-Kilometer-Linie zu überschreiten.«
In Wahrheit hatte Sharon nie daran gedacht, sich an Small Pines zu halten. Er hatte beschlossen, die ursprünglich geplante Operation durchzuführen und sie nur als eine begrenzte Invasion getarnt, um die Zustimmung der Regierung zu bekommen. So begann das große Täuschungsmanöver. Solange der Krieg dauerte, erschien Sharon jeden Tag bei der Regierung und bat um ein paar taktische Modifizierungen im Norden oder Osten, erklärte die Notwendigkeit irgendwelcher strategischer Veränderungen oder berichtete über syrische Provokationen, denen man entgegentreten müsse. Und die leichtgläubigen Minister sagten zu allem ja und amen, ohne zu erkennen, daß sie in Wirklichkeit Schritt für Schritt der Durchführung des vollständigen Pines-Plans ihre Zustimmung gaben.
Allmählich weitete sich der Krieg aus. Im Westen hatten israelische Streitkräfte Ost-Beirut besetzt und sich mit Bashir Gemayels Falange verbündet, hatten die Shuff-Berge erobert und die Autostraße Damaskus—Beirut blockiert. Sie hatten West-Beirut eingekesselt und belagerten die regulären syrischen Einheiten und etwa zwanzigtausend PLO-Terroristen unter Arafats Kommando, die dort immer noch Widerstand leisteten. Im Osten hatten die Israelis die syrischen Panzereinheiten geschlagen. Zur gleichen Zeit hatte die Luftwaffe die syrischen Boden-Luft-Raketen zerstört, die im Libanontal stationiert gewesen waren, und zahlreiche syrische Flugzeuge abgeschossen.
Aber dieser Sieg war teuer erkauft worden. Die Verluste der Israelis wurden von Tag zu Tag größer und erreichten bald erschreckende Dimensionen. Diese neue Art der Kriegführung, die wir nie zuvor ausprobiert hatten, hatte auch zu großen Verlusten in der Zivilbevölkerung geführt. Viele von uns konnten es einfach nicht mehr mit ansehen,

wie die Artillerie Beirut beschoß oder die Luftwaffe die Stadt bombardierte. Wir wußten zwar, daß unsere Soldaten sich die größte Mühe gaben, nur die Stellungen der PLO zu beschießen, aber wir wußten auch, daß mehr Zivilisten als PLO-Leute dabei ums Leben kamen, da die Terroristen sich in ihren Unterständen und Betonbunkern versteckt hatten.
Wir konnten auch die Belagerung Beiruts nicht gutheißen. In der brütenden Sommerhitze sperrte die Armee das Wasser und die Elektrizität ab und blockierte die Lebensmittelversorgung. Wir konnten den Gedanken nicht ertragen, daß die Zivilbevölkerung hungern mußte, während die Terroristen von ihren Notvorräten lebten.
Außerhalb von Beirut wurden israelische Einheiten in uralte Stammesfehden zwischen libanesischen Dörfern und Gemeinden verwickelt; sie wurden mit dem mörderischen Haß und den ständig sich verändernden Bündnissen zwischen den christlichen Splittergruppen, den Drusen und Palästinensern, den Schiiten und den Sunniten konfrontiert. Wir wurden inzwischen von den Libanesen nicht mehr mit Reis und Blumen begrüßt; terroristische Anschläge, die gegen uns gerichtet waren, kamen in den besetzten Gebieten immer häufiger vor. Sie wurden zum größten Teil von fundamentalistischen Schiiten durchgeführt. Junge Soldaten und Offiziere, die in den Shuff-Bergen, in der Beeka-Ebene und entlang der Autostraße von Beirut nach Damaskus kämpften, stellten ihre Vorgesetzten offen zur Rede und fragten empört: »Was tun wir eigentlich hier?«
Reserveoffiziere, die mich in der Knesset besuchten, sprachen von Täuschung, ungesetzlichen Befehlen und sinnlosen Toten im Libanon. Eine Fallschirmjägerbrigade weigerte sich, zum Dienst zu erscheinen; ein Oberst gab sein Offizierspatent zurück, um seine Leute nicht in Beirut ein-

rücken lassen zu müssen. Ich versuchte, die Soldaten, die zu mir kamen, daran zu erinnern, daß sie Befehlen zu gehorchen hatten; ich hatte Angst vor den katastrophalen Folgen eines Zusammenbruchs jeglicher militärischer Disziplin. Aber auch ich kam nicht an der Tatsache vorbei, daß zum erstenmal in unserer Geschichte Soldaten öffentlich ihre Rolle bei diesen Kämpfen in Frage stellten und die Entscheidungen der Regierung kritisierten.

Als ich in der Knesset sprach, zitierte ich die inoffizielle Hymne des Libanonkrieges. Ich kannte sie, seit ich unsere Soldaten in den Shuff-Bergen besucht hatte. Es war das grausame Zerrbild eines Kinderliedes:

Kleines Flugzeug, bitte komm herunter,
Bring uns in den Libanon.
Wir kämpfen für Sharon,
Und werden in einem Sarg nach Hause zurückkommen.

»Dies ist ein Krieg unserer Wahl«, erklärte ein Spitzenpolitiker des Likud und machte sich damit über den Grundsatz lustig, das Israel nur dann Krieg führen sollte, wenn »es keine andere Wahl hat«, das heißt, wenn es ums Überleben ging. Die moralischen Grundwerte der israelischen Gesellschaft standen auf dem Spiel. Der Likud bezichtigte die Linken des Verrats; Außenminister Schamir reagierte auf die wachsende Kritik aus den Reihen der Arbeiterpartei und sagte: »Und wegen dieser Leute müssen unsere Soldaten im Libanon sterben.« Abgrundtiefer Haß auf die »linken Verräter« und »PLO-Freunde« staute sich bei den rückständigen, extremistischen Teilen unserer Bevölkerung auf. Dieser Haß sollte ein paar Monate später sein erstes Opfer fordern, als ein Attentäter eine Handgranate in eine Demonstration der Friedensbewegung warf und einen jungen Mann namens Emil Gruenzweig tötete.

Die Einigkeit der Nation, die in unseren früheren Kriegen selbstverständlich gewesen war, zerbröckelte vor meinen Augen und mit ihr das Ansehen Israels im Ausland. Die ausländische Presse und das Fernsehen verurteilten Israels Operationen. Die Berichte waren häufig übertrieben und ziemlich verzerrt. Aber wir waren eine Nation, die immer stolz auf ihre hohe Moral gewesen war; deshalb mußten wir es uns jetzt gefallen lassen, daß man an uns strengere Maßstäbe anlegte als an unsere Nachbarn.

In den ersten Wochen des Libanonkrieges spielte die Administration der Vereinigten Staaten eine schändliche Rolle. Trotz zorniger Berichte über Sharons Täuschungsmanöver deckte Außenminister Alexander Haig die israelische Operation und gab Sharon damit ein starkes Argument an die Hand, mit dem er der wachsenden Unzufriedenheit mit der Begin-Regierung entgegentreten konnte.

Die jüdische Gemeinde in Amerika steckte in einem schrecklichen Dilemma. Die amerikanischen Juden hatten sich daran gewöhnt, aus Israels militärischen Ruhmestaten Kraft und Stärke zu beziehen. Jetzt wußten sie nicht, wie sie auf die widerwärtigen Berichte aus dem Libanon reagieren sollten. Einige warfen den Medien vor, die Fakten falsch zu interpretieren. Andere, die Israel öffentlich beschuldigten, wurden zu Feinden des israelischen Staates erklärt. Die große Mehrheit, die sich daran gewöhnt hatte, Israel um jeden Preis zu unterstützen, versuchte jedoch, Menachem Begins Entscheidungen zu rechtfertigen. Überall auf der Welt befanden sich die Freunde Israels in einer ähnlichen Zwangslage.

Einige Wochen lang bot Begin das Bild eines siegestrunkenen Mannes. »Die Operation ›Frieden für Galiläa‹«, sagte er am 6. Juni, »hat die Nation von dem Jom-Kippur-Trauma geheilt.« Vier Tage später erklärte er: »Die PLO im Libanon existiert nicht mehr.« Vor einer jüdischen Delegation aus

Amerika erklärte er: »Jetzt werden wir vierzig Jahre Frieden haben«, und spielte damit auf den Bibelspruch an »und das Land hatte vierzig Jahre Ruhe«. General Ben Gal gegenüber, einem der besten Soldaten der israelischen Armee, offenbarte er, was er mit Arafat vorhatte: »Wir werden ihn aus seinem Bunker herausholen.«

Noch am 21. August 1982 sah es so aus, als ob Sharons Rechnung aufgehen würde. An diesem Tag legten Arafat und seine PLO-Terroristen, die sich in West-Beirut verschanzt hatten, endlich ihre Waffen nieder. Sie wurden aus Beirut ausgewiesen und verließen den Libanon, um in ihr neues Exil in Tunesien zu gehen. Sharon beobachtete voller Freude ihre Abreise aus der libanesischen Hauptstadt. Auch die syrischen Einheiten, die in Beirut von israelischen Truppen eingekesselt worden waren, zogen sich wieder in ihr Land zurück.

Zwei Tage später trat das libanesische Parlament praktisch im Schutz der israelischen Kanonen in aller Eile zusammen und wählte den jungen Bashir Gemayel zum Präsidenten. Eine multinationale Friedenstruppe, die sich aus amerikanischen Marineinfanteristen, französischen Legionären und italienischen Kommandotruppen zusammensetzte, landete im Hafen von Beirut.

Das wäre der richtige Augenblick für den Abzug der israelischen Truppen aus dem Libanon gewesen. Die Operation »Frieden für Galiläa« hatte ihr wichtigstes Ziel erreicht: Die Bedrohung durch die PLO existierte im Libanon nicht mehr. Aber Sharon dachte nicht im Traum daran, sich zurückzuziehen.

Am 14. September, neun Tage vor seiner Amtsübernahme, fiel Bashir Gemayel in Beirut einem Attentat zum Opfer. Eine Bombe explodierte in dem Gebäude, in dem er eine Rede hielt, und begrub ihn und viele andere unter den

Trümmern. Der Mord an Bashir wurde den Syrern oder seinen moslemischen Widersachern zugeschrieben. Israel hatte mit ihm seinen engsten Verbündeten verloren.
Am nächsten Morgen rückte die israelische Armee nach West-Beirut vor, obwohl Sharon sich in aller Form verpflichtet hatte, das nicht zu tun. In derselben Nacht gab die Armee den christlichen Milizen die Genehmigung, zwei palästinensische Flüchtlingslager in West-Beirut, Sabra und Shatila, zu betreten.
Der offizielle Auftrag der Falangisten lautete, die Lager nach versteckten PLO-Guerillas zu durchsuchen, die Arafat zurückgelassen hatte. Aber sie gingen in die Lager, um sich an den Palästinensern für Gemayels Tod zu rächen. Die Operation entwickelte sich schnell zu einer blutigen Orgie. Im Schutz der Nacht metzelten sie Hunderte von Palästinensern, Männer, Frauen und Kinder, nieder. Die genaue Zahl der Opfer ist nie ermittelt worden; Schätzungen reichen von achthundert bis zwölfhundert.
Als die Nachricht von dem Massaker um die Welt ging, wurde Israel von einem ungeheuren Aufruhr erschüttert. Vierhunderttausend Israelis versammelten sich in Tel Aviv zu einer gigantischen Protestkundgebung und verlangten die Einsetzung eines Untersuchungsausschusses. Ich hatte den Eindruck, daß sich der ganze Zorn und die Frustrationen, die sich durch den Libanonkrieg aufgestaut hatten, in diesem Protest entluden. Wir hatten endgültig genug.
Ich war gerade dabei, eine Vortragsreise in die Vereinigten Staaten anzutreten. Als ich die Nachricht von dem Massaker in Sabra und Shatila hörte, rief ich meine Gastgeber an und sagte die Reise ab. Ich war zutiefst erschüttert und angewidert von diesem Massaker, das sich unter unseren Augen abgespielt hatte. Aber nach der Protestveranstaltung beschloß ich, doch noch zu fliegen. Nach diesem Protest

war ich sehr stolz, ein Israeli zu sein. Vierhunderttausend Leute, fast zehn Prozent der Gesamtbevölkerung Israels, waren gekommen, um ihrem Abscheu über die Grausamkeiten, die nicht einmal von Israelis, sondern von anderen, von den Falangisten, begangen worden waren, Ausdruck zu verleihen. Wir waren alle der Meinung, daß solche Grausamkeiten nie und nimmer unter unserer Kontrolle hätten stattfinden dürfen, auch wenn wir selbst nicht daran beteiligt gewesen waren. Wir verlangten Aufschluß darüber, ob wir das Massaker hätten verhindern können; und ob unsere Armee, unsere Regierung direkt oder indirekt für diese Aktion der Falangisten in Sabra und Shatila verantwortlich waren. Für mich war dieser Protest ein Beweis dafür, daß wir uns immer noch unsere moralischen Werte bewahrt hatten.

Bei meiner Ankunft in New York drückte ich diese Gefühle in einem Interview aus: »Zehn Prozent der Bevölkerung Israels haben sich in Tel Aviv versammelt und eine Untersuchung der Vorfälle verlangt. Auf Amerika umgerechnet bedeuten zehn Prozent vierundzwanzig Millionen Menschen. Haben sich etwa vierundzwanzig Millionen Menschen versammelt, um eine Untersuchung des My-Lai-Massakers zu fordern? Oder zehn Millionen? Oder eine Million? Oder nur vierhunderttausend? Haben fünf Millionen Franzosen jemals in Paris gegen die Grausamkeit im algerischen Krieg protestiert? Oder vierhunderttausend? Und unsere Leute verlangten bei ihrem Protest eine gerechte Bestrafung für ein Verbrechen, das wir nicht einmal selbst begangen hatten!«

Unter dem Druck der Öffentlichkeit berief Menachem Begin einen Untersuchungsausschuß ein, der von dem obersten Richter Yitzhak Kahan geleitet wurde. Drei Monate später veröffentlichte der Ausschuß seine Ergebnisse und beschuldigte verschiedene israelische Minister und

hohe Offiziere, darunter General Eitan, indirekt für die blutigen Ereignisse verantwortlich zu sein. Arik Sharon wurde zum Rücktritt gezwungen, allerdings nicht von der Regierung.
Aber es war bereits zu spät. Israel steckte schon zu tief in dem libanesischen Dilemma. Aus der Vierzig-Kilometer-, Zweiundsiebzig-Stunden-, Etwa-dreißig-Mann-Verluste-Operation war der längste und sinnloseste Krieg in unserer Geschichte geworden. Die Zahl unserer Toten näherte sich der Fünfhundertmarke. Die Libanesen hatten Amin Gemayel, den älteren Bruder des ermordeten Bashir, zum neuen Präsidenten gewählt; seine Einstellung Israel gegenüber war kühl, ja sogar feindselig. Langwierige Verhandlungen über einen israelisch-libanesischen Friedensvertrag, bei denen die Vereinigten Staaten die Vermittlerrolle spielten, endeten in einem Fiasko.
Die verschiedenen libanesischen Gemeinden wandten sich wieder fröhlich ihrem erbarmungslosen Bürgerkrieg zu und benutzten die Israelis als Zielscheiben oder naive Werkzeuge bei ihren intriganten Plänen. Fanatische Terroristen, darunter auch Selbstmordkommandos, entführten unsere Soldaten, griffen tagtäglich unsere Patrouillen an und ließen mit Bomben beladene Fahrzeuge mitten in unseren Konvois in die Luft gehen. Sie schickten einen mit Sprengstoff beladenen Lastwagen in das Beiruter Hauptquartier der U.S. Marines, die dort als Kontingent der internationalen Friedenstruppe stationiert waren, und töteten 241 Amerikaner.
Am ersten Jahrestag des Kriegsausbruchs stellte ich in der Knesset den Antrag, reden zu dürfen. Als ich am Rednerpult stand, bat ich meine Kollegen, sich zu erheben und eine Schweigeminute im Gedenken an die Gefallenen des Libanonkriegs einzulegen. Der Parlamentssprecher war von meiner Bitte überrascht, aber er konnte sie nicht ab-

schlagen und nahm den Antrag an. Unter normalen Bedingungen hätte ich einen derartigen Schritt nicht unternommen, ohne mich vorher mit dem Parlamentssprecher zu beraten; aber ich wollte die Knesset aus der Lethargie wachrütteln, in die sie gefallen war.
Als ich vor dem schweigenden Auditorium stand, mußte ich plötzlich an Menachem Begins Misere denken. Der Mann, der uns vierzig Jahre Frieden und die Heilung des Jom-Kippur-Traumas versprochen hatte, stand abgehärmt, mit düsterer Miene und gesenktem Kopf vor mir.
Das war weder der Krieg, mit dem er gerechnet hatte, noch der Sieg, den Sharon ihm versprochen hatte. Ich war davon überzeugt, daß er sich nie auf ein so sinnloses Abenteuer eingelassen hätte, wenn er gewußt hätte, daß der Krieg eine derartige Wende nehmen und Hunderte von israelischen Opfern fordern würde. Wie war es möglich, daß sich dieser intelligente Mann, dieser gerissene Politiker von seinem Verteidigungsminister so betrügen und manipulieren ließ? Hat ihn seine Bewunderung für Sharon, den Helden, so geblendet, daß er die Gefahr nicht wahrnehmen konnte, daß er nicht erkannte, wie gefährlich Sharon, der Politiker, war?
Einer meiner Freunde, ein Minister in der Regierung, erzählte mir, wann Begin zum erstenmal zugab, Zweifel an Sharon zu haben. Es war das Treffen der Regierung vom 7. August. An diesem Tag hatte die Luftwaffe Beirut zehn Stunden lang unaufhörlich bombardiert. Einer von Begins Ministern, der offen gegen Sharon rebellierte, hatte gefragt: »Mr. Begin, wissen Sie, was unsere Armee heute in Beirut macht?«
Seine Antwort hatte gelautet: »Ich weiß alles. Es gibt Dinge, die weiß ich vorher, und andere werden mir hinterher bekannt.« Das war das erstemal, daß er zugab, in die Irre geführt zu werden. Trotzdem kritisierte er Ariel Sha-

ron nie öffentlich; dazu war er ein zu großer Gentleman. Und durch sein Schweigen billigte er Sharons rücksichtslos Politik.
Begin hatte kurz zuvor einen schweren persönlichen Verlust erlitten, als seine geliebte Frau Aliza gestorben war. Bald darauf starb auch sein enger Freund Minister Simcha Ehrlich. Ehrlich hatte dem Libanonkrieg sehr kritisch gegenübergestanden und sich ständig mit Sharon angelegt, ganz gleich, welche Ungelegenheiten er damit für Begin heraufbeschwor.
Als die Schweigeminute zu Ende war, redete ich über den Libanonkrieg: Ich beschrieb Sharons Täuschungsmanöver, die Zerstörung unserer moralischen Werte, den Riß, der durch die ganze Nation ging, und wie unser Ruf im Ausland gelitten hatte. Nachdem ich die Regierung Begins hart kritisiert hatte, forderte ich den Rücktritt des Premierministers. Die Mitglieder des Likud unterbrachen mich mit wütenden Zwischenrufen: »Warte ab, Bar-Zohar«, rief jemand, »warte ab, bis Begin es dir heimzahlt!«
Menachem Begin erhob sich, um zu antworten. Aber das war nicht mehr der Begin der großen Tage. Am Rednerpult stand ein bleicher, verwirrter, auf eine eigenartige Weise abwesender Mann, der so leise sprach, daß man ihn kaum hören konnte. Er gab zu, daß sich im Libanon »eine Tragödie« abgespielt habe, und stimmte einer vollen öffentlichen Debatte in der Knesset zu.
Als er an seinen Platz zurückging, sahen ihn die Leute erstaunt an. Wo waren seine beißende Ironie und seine Schlagfertigkeit geblieben? Wie konnte er sich meine Vorwürfe einfach gefallen lassen, ohne wenigstens den Versuch zu machen, sie zu entkräften? Er schien eigenartig entrückt zu sein, reagierte langsam, und sein Blick wanderte in die Ferne. Einige meiner Freunde, die mit ihm zusammengearbeitet haben, berichteten mir später, daß die

Tragödie im Libanon und der Tod seiner Frau aus ihm einen gebrochenen Mann gemacht hätten.
Begins Zustand verschlimmerte sich in den folgenden Wochen. Er saß häufig unbeweglich auf seinem Sessel in der Knesset, zog den Kopf ein und nahm überhaupt nicht mehr wahr, was um ihn herum vorging; wenn seine Mitarbeiter zu ihm kamen, um ihm zu berichten oder Instruktionen entgegenzunehmen, war er einsilbig. Er sagte viele seiner öffentlichen Verpflichtungen ab. Er benahm sich so, als hätte er sich endgültig aus der Politik zurückgezogen.
Ende Juni sah ich ihn wieder einmal vom Rednerpult aus vor mir sitzen. Wieder einmal hatte ich den Eindruck, daß Israel seinen Premierminister verloren hatte; vor mir saß ein gebrochener Mann, der nicht in der Lage war, sich mit den Ergebnissen der Tragödie auseinanderzusetzen, die er ausgelöst hatte. Ich spürte, wie es mir die Kehle zuschnürte, als ich mich an ihn wandte: »Mr. Begin«, sagte ich, »die Nation hat in der letzten Zeit das Gefühl, daß Sie als Premierminister nicht mehr in der angemessenen Weise arbeiten können. Ich sage das weiß Gott nicht, um Sie zu verletzen. Sie haben im letzten Jahr tragische persönliche Verluste erleiden müssen, und der Libanonkrieg belastet sie sehr. Selbst jemand, der nicht Ihrer Partei angehört, kann Ihren Schmerz und Ihre Erschöpfung verstehen. Aber wir können uns hier nicht mit persönlichen Fragen und persönlichen Problemen befassen, Mr. Begin. Der Staat Israel braucht eine sichere und entschlossene Führung, die weiß, was sie will, und kluge, klare Entscheidungen treffen kann. Ich kann nicht umhin, mir die Frage zu stellen, ob Sie in der letzten Zeit nicht schwer an der Bürde der Verantwortung tragen und ob diese Bürde nicht sogar zu schwer für Sie geworden ist.«
Meine Worte wurden schweigend aufgenommen.
Zehn Wochen später überreichte Menachem Begin Präsi-

dent Herzog sein Rücktrittsgesuch und schloß sich in sein Haus ein, das er nur noch verläßt, um einmal im Jahr das Grab seiner Frau zu besuchen.

Wenn Shakespeare noch gelebt hätte, hätte er womöglich dieser Tragödie gerecht werden können. Er hätte über einen König geschrieben, der von seinem General betrogen worden war und seine Söhne in einen sinnlosen Krieg geschickt hatte. Als der Krieg mit einer Katastrophe endete und die Leichen seiner Söhne nach Hause gebracht und vor ihn gelegt worden waren, warf er seine Krone weg und stieg von seinem Thron.

Und zog sich freiwillig in eine Höhle zurück, in der sein tragischer Irrtum mit seiner Einsamkeit, seinem Schmerz und seiner Reue womöglich eines Tages gesühnt werden kann.

10. KAPITEL

Der Tag, an dem die Rotation erfunden wurde

Vor mir stand ein kleiner Mann mit kurzen Armen und Beinen, grauem, gelocktem Haar, buschigen Augenbrauen und einem Schnurrbart, der aussah, als hätten ihn die Motten zerfressen. Der Kopf schien zu schwer für den kleinen drahtigen Körper zu sein. Trotz der Hitze trug er einen konservativen dunklen Anzug. Sein ausgeprägter Kiefer und seine niedrige Stirn verliehen ihm das Aussehen einer königlichen Bulldogge.

»Bar-Zohar?« fragte er. Er hatte einen starken polnischen Akzent.

Das war meine erste Begegnung mit Yitzhak Schamir in einem Café in Tel Aviv. Es war im Jahre 1969, und ich schrieb gerade die Biographie Isser Harels, des Begründers des israelischen Geheimdienstes. Harel war sehr stolz auf eine Initiative gewesen, die er Anfang der fünfziger Jahre in die Wege geleitet hatte: Er hatte persönlich viele Veteranen der früheren Untergrundgruppen Irgun und Stern dazu gebracht, dem Mossad beizutreten. Das war eine bemerkenswerte Tat, denn zu der Zeit wurden die Mitglieder der Irgun und des Stern als Terroristen und Dissidenten betrachtet und vom Establishment als Ausgestoßene behandelt. Als ich Harel fragte, ob er unter den Stern-Veteranen einen Freund habe, der mir etwas über die Arbeit dieser Untergrundorganisation erzählen könne, erwähnte er Yitzhak Schamir.

Ich wußte sehr wenig über Schamir. Er hatte der extremistischsten Untergrundorganisation angehört, die gegen die Briten gekämpft hat, der Stern-Gruppe. Sie hatte eine konfuse Ideologie, die aus der unglücklichen Mischung eines »Groß-Israel-Kults«, marxistischer Elemente und eines blinden Hasses auf die Briten bestand. Dieser Haß war so groß, daß einige Abgesandte des Stern beim Ausbruch des Zweiten Weltkriegs nach Beirut fuhren, um dort Nazi-Diplomaten zu einem Bündnis Deutschland—Stern gegen Großbritannien zu überreden. 1944 hatten Mitglieder des Stern Churchills persönlichen Freund, den britischen Minister Lord Moyne, in Kairo ermordet. Während des israelischen Unabhängigkeitskriegs vier Jahre später schlug der Stern wieder zu. Diesmal wurde Graf Bernadotte, der Vermittler der Vereinten Nationen, in Jerusalem ermordet. Durch einen eigenartigen Zufall identifizierte ich Jahre später den Mann, der Bernadotte erschossen hatte: Yeoshua Cohen, ein Freund von mir und von Ben Gurion, der zu Ben Gurions Kibbuz gehört hatte!* Ich wußte nicht, ob Schamir, der einer der Gruppenführer des Stern gewesen war, etwas mit diesen Operationen zu tun gehabt hatte; ich wußte allerdings, daß er (unter dem Kampfnamen Michael) persönlich mindestens einen Mann, der im Ver-

* 1965 fand ich in Ben Gurions privatem Tagebuch die Namen der Verdächtigen des Attentats auf Graf Bernadotte. Sie waren aus Mangel an Beweisen nicht verhaftet worden. Zu meiner Überraschung fand ich unter ihnen den Namen von Yeoshua Cohen, einem der Begründer des Sdeh Boker, Ben Gurions Kibbuz. Yeoshua war einer der engsten Freunde Ben Gurions geworden. Ich zeigte Ben Gurion diese Tagebucheintragung, und er war völlig überrascht. Ich schlug ihm vor, Yeoshua zur Rede zu stellen. Wir waren an dem Tag im Kibbuz, und Ben Gurion ließ seinen Freund sofort zu sich in sein Arbeitszimmer kommen. Ich wartete draußen. Als Yeoshua wieder ging, machte er einen aufgeregten Eindruck. Ich kehrte zu Ben Gurion zurück. »Hat er es zugegeben?« fragte ich.

dacht stand, ein Verräter zu sein, tötete und am Strand südlich von Tel Aviv begraben ließ.

Unsere Begegnung war eine einzige Katastrophe. Es zeigte sich, daß es fast unmöglich war, aus dem einsilbigen Schamir auch nur einen vollständigen Satz herauszubringen. Die meisten meiner Fragen beantwortete er mit: »Nun ja . . .« oder indem er mich schweigend anstarrte. Er war gerade noch bereit, mir zu bestätigen, daß er Agent des Mossad gewesen sei oder daß er Isser Harel gekannt habe. Er benahm sich so, als wäre er immer noch im Untergrund und könne mit jedem Wort ein wichtiges Geheimnis verraten.

Ich traf Schamir zwölf Jahre später noch einmal als Außenminister in Menachem Begins Regierung, nachdem er vorher Sprecher der Knesset gewesen war. Er hatte sich kaum verändert. Ich hörte mir seine Reden im Plenum und im Komitee für Verteidigung und auswärtige Angelegenheiten an, dessen Mitglied er war. Er hatte die Ansichten eines Extremisten, hatte gegen die Vereinbarungen von Camp David gestimmt, war ein schlechter Redner und verfügte nur über einen begrenzten Wortschatz; seine Worte kamen abgehackt und nur unter Anstrengung aus seinem Mund, so, als bereue er, sie ausgesprochen zu haben.

»Ja, er hat es zugegeben«, sagte Ben Gurion.

In einem späteren Gespräch beschrieb Yeoshua mir seine Rolle bei dem Attentat und bat mich, diesen Bericht nicht vor seinem Tod zu veröffentlichen. Ich respektierte seinen Wunsch und veröffentlichte seinen Namen erst, nachdem er 1968 gestorben war.

Auch Ben Gurion bewahrte Yeoshuas Geheimnis. Bis zu seinem Tod im Jahre 1973 blieben er und Yeoshua gute Freunde. Der ehemalige Premierminister und das ehemalige Stern-Mitglied verbrachten viele stille Stunden zusammen, ihre Zuneigung und das schreckliche Geheimnis, das einst das neugeborene Israel in seinen Grundfesten zu erschüttern drohte, einte sie.

Schamir erlangte wegen seiner Wahlreden zweifelhaften Ruhm. Bei einer Gelegenheit stellte er die rhetorische Frage, warum das gesamte Eretz Israel unser Eigentum bleiben müsse, und beantwortete sie dann selbst: »Warum? Ich werde euch sagen, warum: darum!« Eine weitere unvergessene Formulierung bezog sich auf die Entbehrungen, die mit unserem Überleben im Mittleren Osten verbunden waren. »Araber sind Araber«, sagte er, »und Juden sind Juden, und das Meer ist das Meer.«

Ich dachte bei mir, das ist ein Mann, den niemand im Verdacht haben kann, daß er ein Buch liest oder ins Theater geht. Soweit ich weiß, hat ihn nie jemand bewundert außer Shirley MacLaine, als sie 1989 Israel besuchte. Sie sagte zu ihm, er sei eine »Legende«. Er hatte nichts von der kultivierten Aura, von dem Elan, den jüdischen Wurzeln oder der Eloquenz Menachem Begins.

Trotzdem war er der Mann, den Begin zu seinem Nachfolger bestimmt hatte. Eine Zeitlang hatten die Leute angenommen, Begin würde einen alten Freund aus den Irgun-Tagen, Yaakov Meridor, einen Geschäftsmann, den er zum Wirtschaftsminister ernannt hatte, für dieses Amt vorschlagen. Aber es stellte sich heraus, daß Meridor ein Exzentriker war. Er machte sich zum Gespött der gesamten Knesset, als er erklärte, er habe eine wichtige Energiequelle entdeckt, die kostenlos zahllose Megawatt Elektrizität produzieren könne. Irgendein Witzbold nannte Meridors Erfindung »Elektrizitätspulver«.

Wir haben uns in dieser denkwürdigen Knessetsitzung, in der er diese Prophezeiungen machte, vor Lachen gebogen, und Yossi Sarid, ein Mitglied des Parlaments, ging zum Rednerpult und kündigte feierlich an, er werde seinen Hut fressen, wenn Meridors Erfindung die erste Glühbirne zum Leuchten gebracht hätte. Sarids Hut blieb natürlich

unversehrt, und Meridors amüsante politische Karriere war zu Ende.
Und dann tauchte Schamir auf.

Wir konnten sehr bald erkennen, daß Schamir die Qualifikationen für seine Aufgabe fehlten. Er war nicht in der Lage, mit Israels Hauptproblemen, dem Libanonkrieg, dem Palästinenser-Problem und der galoppierenden Inflation, fertigzuwerden. Er mußte hilflos mit ansehen, wie die Aktien der wichtigsten Banken im Frühherbst in den Keller fielen und eine wirtschaftliche Katastrophe auslösten. Schamir hatte die Unbeweglichkeit zu einer Religion erhoben; in seiner Amtszeit verfiel die Regierung in völlige Lethargie.
Für Shimon Peres war es unerträglich, den unfähigen Schamir, der außerdem nicht über das geringste Charisma verfügte, am Ruder sehen zu müssen. Er war der Meinung, wir sollten nicht erst bis zu den Wahlen warten, die im November 1985 stattfinden würden. Er begann fieberhaft auf eine Knessetmehrheit für vorgezogene Wahlen hinzuarbeiten.
Ich konnte ihn gut verstehen. Er war bedeutend besser geeignet, das Land zu führen, als Schamir; ich zweifelte nicht daran, daß er in der Lage wäre, einige unserer Hauptprobleme zu lösen. Trotzdem hatte ich das Gefühl, daß die Nation für eine Veränderung noch nicht reif war. Ich traf Peres in Jerusalem, und er erklärte mir, daß das unsere große Chance sei. Wir hatten hervorragende Umfrageergebnisse, Schamir war nicht Begin, der Libanonkrieg war eine Katastrophe, die Wirtschaft zusammengebrochen. Ich versuchte, ihm seine Pläne auszureden; ich hatte das Gefühl, daß die Fehler des Likud noch nicht zu einer wirklichen Veränderung der öffentlichen Meinung geführt hatten. Die Enttäuschung über die gegenwärtige Regie-

rung entwickelte sich gerade erst. Es wäre besser, wenn wir noch abwarten würden.
Peres wischte meine Argumente vom Tisch und setzte seine Kampagne fort. Ich hörte erst ein paar Tage später wieder von ihm, als ich in offizieller Mission in New York zu tun hatte. Als ich in mein Hotelzimmer kam, sah ich, daß das rote Licht an meinem Telefon blinkte. Es gab eine Nachricht für mich: Rufen Sie bitte Peres sofort zurück. Als ich ihn am Apparat hatte, bat er mich, mit dem nächsten Flugzeug zurückzukommen. »Wir haben eine Mehrheit für vorgezogene Neuwahlen!« verkündete er triumphierend.
»Shimon, bist du sicher, daß du das Richtige tust?« fragte ich ihn.
»Absolut.«
Zwei Tage später stimmte die Knesset ab, am 23. Juli 1984 allgemeine Wahlen abzuhalten.

Während des gesamten Wahlkampfs hatte ich ein *déjà-vu*-Gefühl. Peres und die Wahlkampfleitung machten die gleichen Fehler wie im Wahlkampf 1981. Da sie befürchteten, man könne ihnen vorwerfen, das geheiligte Thema der Sicherheit zu verunglimpfen, vermieden sie es sorgfältig, den Likud wegen der tragischen Libanon-Panne zu kritisieren. Auch im Hinblick auf die Palästinenser-Frage sprachen sie nur ganz vage von »Sicherheitsgrenzen«, anstatt unseren Friedensplan zu beschreiben. Sie verließen sich auf den guten Eindruck, den wir in der Opposition gemacht hatten, und auf die Tatsache, daß Menachem Begin sich in seinem Haus eingeigelt hatte und sich weigerte, das Programm seiner eigenen Partei zu unterstützen. Unsere Meinungsforscher verkündeten begeistert, wir hätten neunzehn Sitze Vorsprung vor dem Likud!

Wegen dieser Voraussage kam es zu einem Zusammenstoß zwischen unserem Wahlkampfleiter Motta Gur und mir. Ich führte meinen Wahlkampf auf der Straße, vor allem in den ärmeren Bezirken und in den Schlafstädten; mir war noch niemand begegnet, der bereit gewesen wäre, den Likud zu verlassen, um uns zu wählen. Ganz im Gegenteil: Viele Leute, die früher die Arbeiterpartei oder den Likud gewählt hatten, erklärten mir, sie würden einer der kleineren Parteien ihre Stimme geben.
Vier Tage vor der Wahl kam Motta Gur in meinen Bezirk in Tel Aviv. Er war ziemlich verdrießlich. »Ich habe mich mit Michael über diese Meinungsumfragen gestritten«, sagte er zu den Wahlhelfern in Tel Aviv. »Heute habe ich zum erstenmal so ein Gefühl im Bauch, daß er recht haben könnte.«
Am Abend des Wahltages ging ich nicht einmal in das Palasthotel, wo unsere Führungsmannschaft sich versammelt hatte, um den Wahlsieg zu verkünden. Ich machte mir keine Illusionen; ich war ganz sicher, daß es eine lange, traurige Nacht werden würde.
Und so war es. Die Arbeiterpartei verlor drei Sitze und fiel von siebenundvierzig auf vierundvierzig. Der Vorsprung von neunzehn Sitzen vor dem Likud hatte sich plötzlich in Luft aufgelöst und mit ihm die Leute des Meinungsumfrageinstituts, die nie wieder gesehen wurden. Ich wurde nicht wiedergewählt; und das gleiche Schicksal ereilte den größten Teil der Knessetmitglieder der Arbeiterpartei, die in der zehnten Knesset gesessen hatten. Rabbi Meir Kahane, der Führer der jüdischen Verteidigungsliga aus New York, wurde zum Präsidenten seiner neuen rassistischen Partei gewählt.
Der Likud erhielt nur einundvierzig Sitze. Dieses Wahlergebnis bewies allerdings, daß die große Stammwählerschaft im Land auch ohne Begin eine tiefe Loyalität dem Li-

kud gegenüber empfand; nicht einmal Schamir konnte sie dazu bringen, uns zu wählen.
Wir waren jetzt die stärkste Partei, aber wir hatten nicht gewonnen. Trotz des Vorsprungs, den wir dem Likud gegenüber hatten, waren wir nicht in der Lage, die neue Regierung zu bilden, denn die religiösen Parteien hatten sich verpflichtet, Yitzhak Schamir zu unterstützen. Andererseits konnte aber auch der Likud keine Mehrheit finden. Diese Pattsituation wurde durch die beiden Hauptverlierer Peres und Schamir beendet. Sie erfanden eine einmalige Formel: eine Regierung der Nationalen Einheit, die auf einer Übereinkunft zur Rotation basierte. In den ersten zwei Jahren sollte Peres Premierminister und Schamir Außenminister sein; in den letzten beiden Jahren würde man diese Positionen tauschen. Likud und Arbeiterpartei würden die gleiche Zahl an Ministern in der Regierung haben.
Gemeinsam mit einem Drittel unseres Zentralkomitees war ich gegen diese Vereinbarung. Wir waren alle der Meinung, daß eine Regierung der Nationalen Einheit auf eine Regierung der nationalen Lähmung hinauslaufen würde. In allen wesentlichen Fragen wichen wir von den Standpunkten des Likud ab: sowohl im Hinblick auf die Zukunft des Westjordanlands und des Gazastreifens als auch im Hinblick auf die Bereitschaft zu einem territorialen Kompromiß aus dem Libanon oder die Strategie zur Eindämmung der Inflation. Wir befürchteten, daß die Likudminister unsere Kollegen von der Arbeiterpartei ganz einfach neutralisieren würden und umgekehrt; und das würde bedeuten, daß sich die Regierung vier Jahre lang in einer Art tiefgefrorenem Zustand befände.
Wir waren allerdings in der Minderheit, und das nicht nur in unserer eigenen Partei. Die ganze Nation begrüßte die Schaffung einer Regierung der Nationalen Einheit mit Be-

geisterung. Eins der beliebtesten Lieder in Israel heißt: »Die ganze Welt ist gegen uns.« Die Israelis haben das Gefühl, ganz allein auf sich gestellt, von feindlichen Arabern umgeben, von einer gleichgültigen Welt mißverstanden und von wirklichen oder eingebildeten Antisemiten gehaßt zu werden. Nur wenn wir uns alle vereinigen und zusammenhalten, glauben sie, können wir dieser feindlichen Welt entgegentreten.

Außerdem hatten die Israelis die Nase voll von Koalitionen, weil derartige Regierungen ständig den kleinen Parteien ausgeliefert waren, die die Nation erpreßt und ausgebeutet haben. Die Israelis waren es endlich leid, den Schwanz mit dem Hund wedeln zu sehen. Sie glaubten, eine große Koalition würde die kleinen Parteien wieder auf ihre wirkliche Größe schrumpfen lassen.

Für diejenigen unter uns, die gegen die Regierung der Nationalen Einheit waren, stellte ein solches Arrangement in Friedenszeiten das absolute Gegenteil einer Demokratie dar. Die Nation wies dieses Argument zurück. Sie freute sich darüber, daß die Führer Israels jetzt endlich zusammenarbeiten würden. »Einheit« war das Modewort, als die neue Regierung im Herbst 1984 die Macht übernahm.

Peres' Bündnis mit dem Likud führte zu einer Krise mit dem Alignment. Das Knessetmitglied Sarid und die Mapam-Partei weigerten sich, der Regierungskoalition beizutreten, und trennten sich von uns; sie wurden zum Teil durch Ezer Weizmann und seine kleine Yachad-Partei ersetzt. Weizmann, der Likudführer, der zu den Falken gehört hatte, hatte sich in eine Taube verwandelt, sich von seiner Partei getrennt und war zu uns gestoßen. 1977 war er Wahlkampfmanager des Likud gewesen und hatte Peres' Niederlage verursacht. Jetzt war er Peres' größter Anhänger.

Sharon war in der Regierung der Nationalen Einheit Handels- und Industrieminister und Yitzhak Modai Finanzminister. Chaim Bar-Lev wurde Polizeiminister, Motta Gur Gesundheitsminister und Yitzhak Rabin Verteidigungsminister. Der ehemalige Präsident Yitzhak Navon, der für die Arbeiterpartei kandidiert hatte, wurde Vizepremier und Minister für Bildung und Erziehung.
Shimon Peres wurde achter Premierminister Israels.

11. KAPITEL

Lebensversicherung für einen König

Als Shimon Peres 1984 die Regierung übernahm, machte er die Friedensbemühungen zu seinem Hauptanliegen. Der einundsechzigjährige Premierminister war entschlossen, den festgefahrenen Friedensprozeß, der durch die Invasion des Libanon vor zweieinhalb Jahren zum Stillstand gekommen war, wiederzubeleben.

Peres war der Ansicht, daß Israel mit jeder militärischen Bedrohung fertigwerden könne. Die einzige wirkliche Gefahr für das Überleben des jüdischen Staates sah er in der Bevölkerungsexplosion in den besetzten Gebieten. Im Westjordanland und im Gazastreifen gab es 1,5 Millionen Palästinenser, und die palästinensische Bevölkerung wuchs so schnell an, daß sie sehr bald die jüdische Mehrheit in Israel bedrohen würde.

Yitzhak Rabin teilte seine Meinung, und Peres' Mitarbeiter erinnerten sich an eine Formulierung, die Rabin am Vorabend der Wahl im Juli 1984 benutzt hatte: »Wenn wir gewinnen und es uns nicht gelingt, mit Jordanien zu einem Durchbruch zu kommen, dann haben wir den Sieg nicht verdient.«

Trotzdem hatte man den Eindruck, daß auf dem Terminkalender der Regierung dringendere Angelegenheiten standen als die Friedensbemühungen. Die Nation befand sich in großen Schwierigkeiten. Das Volk wurde durch die

Spannungen und Haßgefühle zwischen Aschkenasim und Sephardim gespalten, die von extremistischen Politikern noch angeheizt wurden; die Wirtschaft brach unter einer Inflationsrate von 445 Prozent zusammen; das gesamte Bankensystem war nach dem Börsenkrach, der durch die künstlich hoch bewerteten Aktien der Banken entstanden war, nur noch ein Trümmerhaufen; die israelische Armee steckte tief im Dreck des Libanon; dem zerbrechlichen Frieden mit Ägypten drohte große Gefahr; und Israels Ansehen in der Welt hatte durch den Krieg mit dem Libanon und die Massaker von Sabra und Shatila sehr gelitten.

Peres hatte zunächst einen schweren Start. In den ersten Monaten seiner Amtszeit konnte er keine konkreten Ergebnisse vorweisen, und die Presse bezeichnete ihn als lahme Ente. Aber unter äußerster Geheimhaltung hatte diese lahme Ente eins der ehrgeizigsten Objekte seiner Laufbahn in die Wege geleitet.

Die Einzelheiten dieser Operation waren geheim und sind es auch heute noch. Als sie ins Leben gerufen wurde, war ich nicht in der Knesset und arbeitete nicht mit Peres zusammen. Ich erfuhr erst viel später von der Friedensinitiative. Aber ich interviewte Leute in Israel und in den Vereinigten Staaten, die mit diesen Bemühungen zu tun hatten, und konnte so den Verlauf des Geschehens nachvollziehen.

Ich fand heraus, daß Peres schon im Frühjahr 1984, lange vor der Wahl, seine Fühler ausgestreckt hatte. Aus seinem schmucklosen Büro im Gebäude der Arbeiterpartei in Tel Aviv hatte er aus Gründen der Sondierung einige Botschaften an König Hussein geschickt, in denen er ihm eine Erneuerung der Beziehungen »wie in den guten alten Zeiten« anbot, in denen er Verteidigungsminister in Yitzhak Rabins Regierung gewesen war. Die Botschaften wurden auf diskrete Weise über das U.S. State Department und das britische Auswärtige Amt übermittelt. Aber die ganze Friedensoffensive selbst wurde im wesentlichen von einer eigenartigen Gruppe junger Männer durchgeführt, die sich selbst »das Hundert-Tage-Team« nannten, aber in der Öffentlichkeit als »Peres' Jungs« bekannt waren.

Diese Gruppe war durch Peres' langjährigen Mitarbeiter Dr. Yossi Beilin ins Leben gerufen worden. Er war ein junger Mann mit einem Kindergesicht, der eine Brille und einen Blazer mit goldenen Knöpfen trug und immer einen scheuen Gesichtsausdruck hatte. Er ist Politologe und ehemaliger Sprecher der Arbeiterpartei. Er vereint in sich drei positive Eigenschaften, die ihn für Peres unverzichtbar machten: eine brillante Intelligenz, einen wachen Verstand und eine Ergebenheit seinem Chef gegenüber, die so groß war, daß Rabin ihm den Spitznamen »Peres' Pudel« gab.

Beilin, der davon überzeugt war, daß Peres die Wahlen im Juli 1984 gewinnen würde, stellte ein Team von Gelehrten und Wirtschaftswissenschaftlern zusammen, die sich dann später »Hundert-Tage-Team« nannten. Ihr Zweck war es, die Ziele der neuen Regierung zu definieren und die Maßnahmen zu planen, die auf den verschiedenen Gebieten durchgeführt werden sollten. Außerdem definierten sie die Aufgaben eines jeden Ministers. Schon lange bevor Peres Premierminister wurde, hatten seine Jungs alles für ihn vorbereitet — Positionspapiere, Reformprojekte, sogar detaillierte Instruktionen für die Gespräche mit den einzelnen Ministerkandidaten.

Zu Anfang widerstrebte es dem mißtrauischen Peres, offen mit den jungen Intellektuellen zu reden, von denen er einige vorher nie gesehen hatte. Er befürchtete, es könne ihnen um politischen Einfluß oder Pressepublicity gehen. Aber es vergingen Wochen, dann Monate, und die Ergebnisse kamen herein, ohne daß irgend etwas an die Presse durchsickerte. Allmählich ließ Peres seine Schutzhüllen fallen und teilte der Gruppe seine intimsten Gedanken über das mit, was getan werden sollte.

»Ich möchte Israel an den Scheideweg bringen«, sagte Peres zu seinen Jungs. »Ich möchte, daß das Land sich entscheidet, ob es seinen gegenwärtigen Kurs fortsetzen oder den Weg der jordanischen Option beschreiten will. Wenn diese jordanische Option existiert, wenn Hussein gemeinsame Sache mit uns machen will, sollten wir diesem Weg folgen. Wenn nicht, sollte Israel sich den Spiegel vors Gesicht halten und sich fragen, was wir mit anderthalb Millionen Palästinensern anfangen sollen.«

Peres hielt nicht mit seiner persönlichen Meinung hinterm Berg, er glaubte daran, daß die jordanische Option immer noch existierte, da Husseins grundsätzliche Interessen sich nicht geändert hatten. Die entscheidende Frage für den König lautete: Wer würde wem die Befehle geben, Jordanien den Palästinensern oder die Palästinenser den Jordaniern. Einer von Peres' Mitarbeitern drückte das so aus: »Der König besteht darauf, daß die Typen, die das Westjordanland kontrollieren, seine eigenen sind und nicht Arafats.«

Peres erklärte seinen Leuten, daß es außerordentlich wichtig sei, Hussein an den Verhandlungstisch zu bringen, koste es, was es wolle. Aber er beabsichtigte nicht, seinem Außenminister Yitzhak Schamir diese Aufgabe anzuvertrauen. Er wußte, daß Schamir sich jeder Initiative widersetzen würde, die zu einem territorialen Kompromiß führen könnte; Peres zweifelte nicht daran, daß der Vorsitzende des Likud diesen Prozeß sabotieren würde. Abgesehen davon umging Peres, der ein sehr mißtrauischer und unsicherer Mensch war, offizielle Kanäle und Prozeduren und bediente sich meistens lieber der Mitglieder seines in-

neren Kreises, um die besonders delikaten Angelegenheiten erledigen zu lassen.
Im September 1984, kurz nach seinem Amtsantritt als Premierminister, wählte er zwei seiner Jungs für diese Operation aus: Yossi Beilin, den er zum Staatssekretär ernannte, und Dr. Nemrod Novik, seinen außenpolitischen Berater. Beilin wurde die Gesamtverantwortung für die Verhandlungen übertragen. Inoffiziell wurde ihm außerdem die Leitung der Aktionen zur Verbesserung der Lebensbedingungen im Westjordanland und im Gazastreifen übertragen. Novik war für die Großmächte, vor allem für die Amerikaner und Russen zuständig.
Novik war Mitglied des Strategic Research Center (Zentrum für strategische Forschung) an der Universität von Tel Aviv. Er war Absolvent der University of Pennsylvania und hatte am Foreign Policy Institute (Institut für Außenpolitik) unter Alexander Haig gearbeitet, bevor der ehemalige Oberbefehlshaber der alliierten Streitkräfte zum Außenminister ernannt worden war. Haig hatte eine Gruppe von Noviks amerikanischen Freunden mit nach Foggy Bottom genommen, wo sie inzwischen in Schlüsselpositionen im Außenministerium, im Schatzamt, im Weißen Haus und beim CIA saßen.
Diese Alte-Herren-Verbindung sollte dem jungen Peres-Berater noch sehr zustatten kommen, als er sich gemeinsam mit Beilin in den Dschungel der Geheimdiplomatie gestürzt hatte.
Trotzdem war Beilin bei den anstehenden Verhandlungen Peres' engster Mitarbeiter. Da Geheimhaltung von höchster Wichtigkeit war, durfte den größten Teil der Briefe, Nachrichten und Notizen, die sich auf diese Kontakte bezogen, nicht einmal eine Stenotypistin sehen. Beilin verbrachte viele Nächte damit, Memos und Positionspapiere zu schreiben und persönlich Fotokopien anzufertigen. Er

war der einzige, der Zugang zu der Akte über die Friedensinitiative hatte.

Ein weiteres Mitglied in Peres' Team war der Direktor des Büros des Premierministers, General der Reserve Abraham Tamir. Gemeinsam mit Beilin hatte er verschiedene Positionspapiere einschließlich einer Studie über die unpopuläre internationale Konferenz für Peres ausgearbeitet. In der zukünftigen Friedensinitiative sollte Tamir die Verhandlungen mit den Arabern, vor allem mit den Ägyptern, führen. Tamir war Chef der Planungsabteilung der Armee gewesen. Er war früher Sharons Assistent und enger Vertrauter Weizmanns gewesen — eine ungewöhnliche und ziemlich rätselhafte Kombination. Tamir gehörte allerdings nie zu Peres' innerem Kreis und wurde von den kritischen Phasen der Verhandlungen ausgeschlossen.

Peres wußte genau, daß es erst dann zu ernsthaften Verhandlungen mit Jordanien kommen würde, wenn Israel sich aus dem Libanon zurückgezogen hatte. Also bereitete er sofort den Rückzug der israelischen Truppen vor. Dieser Abzug aus dem Libanon war andererseits auch eine Voraussetzung für die Verbesserung der Beziehungen zu Ägypten.

Ägypten stellte eine wichtige Position in Peres' Schachspiel dar: Es konnte womöglich eine entscheidende Rolle spielen, wenn es darum ging, Israel und Jordanien an einen Tisch zu bringen.

Aber Ägyptens Präsident Mubarak war nicht bereit, auch nur ein Wort mit Peres zu wechseln, bevor nicht eine weitere Bedingung erfüllt war: die Lösung des Taba-Problems. Taba war ein winziger Strandabschnitt an der israelisch-ägyptischen Grenze, den beide Seiten beanspruchten.

Peres versuchte ohne Erfolg, Mubarak die Dringlichkeit

seines Projekts klarzumachen. Mubarak blieb ablehnend: Kein Treffen, bevor die Taba-Frage nicht geklärt wäre. Anschließend folgten lange vergebliche Verhandlungen, die achtzehn Monate später mit der Vereinbarung endeten, internationale Vermittler einzuschalten. Erst danach war Mubarak bereit, Peres in Kairo zu empfangen. Israel und Jordanien mußten für diese achtzehn Monate, die wegen Mubaraks Hartnäckigkeit verschwendet worden waren, einen hohen Preis bezahlen.

Peres wartete nicht erst, bis Mubarak im Oktober 1984 seine Annäherungsversuche an Hussein begann. Die erste Phase von Peres' geheimer Friedensinitiative dauerte von Oktober 1984 bis September 1985. Von Anfang an war Peres sich darüber im klaren gewesen, daß er ein mächtiges Hindernis überwinden mußte, das den Weg zu den Verhandlungen blockierte: Husseins unverrückbaren Standpunkt, daß Gespräche mit Israel nur im Zusammenhang mit einer internationalen Friedenskonferenz stattfinden könnten.

Bei den geheimen Begegnungen zwischen Peres und Hussein, die im Mittleren Osten oder in Europa stattfanden, und bei den Geheimmissionen der Abgesandten von Peres in Amman, gaben die jordanischen Führer nicht nach: Keine Gespräche ohne eine internationale Konferenz, an der die fünf ständigen Mitglieder des UN-Sicherheitsrats teilnehmen müßten.

Die gleiche Einstellung wurde Peres von hohen Beamten des State Department und des britischen Außenministeriums mitgeteilt, die als Goodwill-Vermittler zwischen Peres und Hussein fungierten.

Peres lehnte das kategorisch ab, da ihm klar war, daß eine internationale Konferenz per definitionem den beiden gegnerischen Parteien ihre Lösung aufzwingen würde.

Kein verantwortungsbewußter Israeli würde freiwillig ein solches Konferenzzimmer betreten und die fünf Mächte über die Grenzen und die Sicherheit seines Landes entscheiden lassen. Wenn er über diese Konferenz sprach, nahm er kein Blatt vor den Mund. »Der Gedanke an eine internationale Konferenz ist bisher noch von jedem abgelehnt worden«, sagte er im Dezember 1984 in der Knesset. »Ihr wahres Ziel ist es, Israel die Möglichkeit zu nehmen, auf gleichberechtigter Ebene zu verhandeln.« 1985 fügte er hinzu: »Auf einer solchen Konferenz würde Israel isoliert; wir wären nur dazu da, um den Konferenzteilnehmern territoriales Futter zu liefern. Ein derartiger Plan kann nur der Unterwerfung Israels und nicht den Verhandlungen dienen.«

Um einen Ausweg zu finden, bot er Hussein alle möglichen anderen Varianten an, die ihm einfielen: direkte Verhandlungen; simultane bilaterale Gespräche mit mehreren arabischen Staaten; Verhandlungen durch Bevollmächtigte; eine regionale Friedenskonferenz mit Ägypten und Saudi-Arabien; ein Treffen in Kairo unter dem Vorsitz von Repräsentanten der Vereinigten Staaten; Gespräche in Camp David, in Williamsburg, Virginia, in San Francisco, der symbolischen Wiege der Vereinten Nationen.

Nein, sagte Hussein, eine internationale Konferenz, sonst nichts.

Er sagte auch, warum. Erstens traute er den Amerikanern nicht. Sie waren ihm zu pro-israelisch. Auf die Sowjets konnte er sich auch nicht verlassen, denn sie waren die Schutzpatrone der Syrer und der PLO. Nur auf einer internationalen Konferenz, sagte er, würden sich die widerstreitenden Interessen der Großmächte gegenseitig aufheben.

Ob er denn niemandem traue, fragten die Israelis.

Margaret Thatcher, erwiderte Hussein.

Sein zweites Argument war, daß er nicht aus dem arabischen Konsens ausbrechen könne. Das könnte ihn die Unterstützung der Araber kosten. Mit anderen Worten, er hatte Angst, die Unterstützung der Saudis zu verlieren.
Husseins drittes Argument war offenbar das wichtigste. Er wüßte, bekannte er freimütig, daß er im Falle von Verhandlungen mit Israel nicht alle seine Gebiete zurückbekommen würde. Er würde dann Teile des Landes aufgeben müssen, das als arabisches Land betrachtet wurde. Das würde bei den Palästinensern und den extremistischen Arabern zu einem gewaltigen Aufschrei gegen ihn führen. Sein Leben, seine Familie, seine Regierung und sein Land wären dann in Gefahr. Das haschemitische Königreich brauche eine Lebensversicherung. Jemand müßte Arafat, Assad und Gaddafi bremsen. Und dieser »jemand« war Moskau.
Die Sowjetunion, fuhr er fort, sei die einzige Macht, die die Extremisten in Tunis, Damaskus und Tripolis in Schach halten könne. Sie versorge sie mit Waffen, Geld und diplomatischer Unterstützung und könne sie zwingen, einen Kompromiß zu akzeptieren. Damit sie das aber täten, müsse die Sowjetunion an dem Friedensprozeß beteiligt werden. Wenn man die Sowjets aus den Verhandlungen ausschließen würde, würden sie ausgesprochen feindselig reagieren und die Syrer, Palästinenser und Libyer auf Jordanien hetzen.
Selbst die Mitarbeiter aus Peres' Stab, die den beiden ersten Argumenten Husseins skeptisch gegenüberstanden, mußten zugeben, daß das dritte nicht von der Hand zu weisen war. Israelische Gesandte, die sich heimlich mit den engsten Mitarbeitern des Königs trafen, waren erstaunt, welche Bedeutung die Jordanier der persönlichen Sicherheit beimaßen.
Die jordanischen Führer konnten sich noch gut an die Zeit vor dem September 1970 erinnern, als die PLO die Straßen

ihrer Hauptstadt unter Kontrolle hatte. Damals hatten sie den königlichen Palast nur in einem gepanzerten Fahrzeug verlassen können und waren nur von bewaffneten Leibwächtern begleitet in ein Restaurant gegangen. Nicht einmal in ihren Privathäusern waren sie ihres Lebens sicher gewesen.

Dieser Zustand der Anarchie und der Gefahr für Leib und Leben war im September 1970 durch die Armee des Königs beendet worden, die die PLO vernichtend geschlagen hatte. Der König und seine Leute waren entschlossen, es nie wieder so weit kommen zu lassen wie vor dem Schwarzen September.

Die Israelis versuchten, sie umzustimmen, und wiesen darauf hin, daß Israels Macht nach Abschluß einer Vereinbarung zwischen Israel und Jordanien ein starkes Bollwerk gegen Syrien oder die PLO darstellen würde. Aber die Jordanier waren nicht bereit, sich im Hinblick auf ihre Sicherheit von Israel abhängig zu machen. Sie sagten immer wieder: »Wir wollen auf keinen Fall noch einmal in unseren eigenen Häusern Angst haben müssen.«

Und damit hatten sich die Verhandlungen festgefahren.

Trotzdem gaben die Israelis und die Amerikaner die Hoffnung nicht auf. Der König war zu der Zeit an einer Modernisierung der jordanischen Armee interessiert und versuchte, in den Vereinigten Staaten Waffen zu kaufen. Er wollte keine sowjetischen Waffen kaufen, denn er wußte nur zu gut, daß diese Waffen automatisch von »Beratern« begleitet und mit einem politischen Risikofaktor verbunden wären. Da ihm die nötigen Geldmittel fehlten, konnte er keine Waffen in Europa kaufen. Aber ein Geschäft mit den Vereinigten Staaten, das von entsprechenden Finanzhilfen begleitet wäre, könnte sein Problem lösen. Hussein betrachtete das Waffengeschäft als einen Test des amerikanischen und israelischen guten Willens.

Das State Department beschloß, Husseins Bitte als Werkzeug zu benützen, um ihn damit an den Verhandlungstisch zu bringen. US-Diplomaten brachten zum Ausdruck, daß der Kongreß der Bitte zustimmen würde, wenn Hussein eine Erklärung über das Ende der Feindseligkeiten gegenüber Israel abgäbe.

Nach langem Zögern beschloß Hussein, die Vereinigten Staaten zu besuchen und vor der Vollversammlung der Vereinten Nationen zu sprechen. Anschließend wollte er Präsident Reagan im Weißen Haus treffen. Dort auf dem Rasen des Weißen Hauses sollte er dann die Zauberformel aussprechen. Beamte des State Department versicherten ihm, daß eine Erklärung Seiner Majestät, die Feindseligkeiten gegen Israel zu beenden, in Washington wie ein »Sesam öffne dich« klingen würde. Die amerikanischen Schatztruhen voller Waffen und Geldmittel stünden ihm dann zur Verfügung.

Im September 1985 traf Hussein in den Vereinigten Staaten ein. Bevor er nach Washington flog, verbrachte der König ein Wochenende in New England bei Richard Murphy, dem Gesandten und Vize-Außenminister, der für den Nahen Osten und Südostasien zuständig war. Sie besprachen verschiedene Entwürfe der vorgeschlagenen Erklärung. Der König beriet sich sogar über einige der Formulierungen mit Arafat. Dann hielt er am 30. September 1985 eine vielversprechende Rede vor der UN-Vollversammlung; das war ein guter, vorbereitender Schritt für seine Erklärung im Weißen Haus.

Aber als er mit Ronald Reagan auf dem Rasen des Weißen Hauses stand, machte Hussein — wie schon so oft in der Vergangenheit — einen Rückzieher. Statt der Formulierung, der Konflikt mit Israel könne nur mit »nichtkriegerischen Mitteln« gelöst werden, sagte er, »in einer nichtkriegerischen Atmosphäre«.

Die Amerikaner und die Israelis waren bitter enttäuscht. »Der Mann war aufgefordert worden, eine verbindliche Erklärung abzugeben«, sagte Peres in Jerusalem, »statt dessen präsentiert er uns einen Wetterbericht.«
Die Vereinigten Staaten weigerten sich, den König mit Waffen zu beliefern, und er flog enttäuscht nach Hause. »Die Zionisten regieren in Washington«, sagte er wütend zu einem amerikanischen Sonderbeauftragten, »und der amerikanische Kongreß ist ein Ableger der Knesset.« Hussein war zwar schon so viele Jahre an der Macht, aber er hatte offenbar immer noch nicht begriffen, wie das amerikanische System funktionierte und wie wichtig es war, das Richtige im richtigen Augenblick zu sagen.
Trotzdem gab Peres nicht auf. Als der Sommer 1985 zu Ende ging, war ihm klar, daß Hussein niemals nachgeben würde. Der Versuch der Vereinigten Staaten, von Washington aus eine Verhandlung in die Wege zu leiten, war fehlgeschlagen. Ohne eine internationale Konferenz würde es keine Verhandlungen geben.
Deshalb versuchte er, das Problem der Quadratur des Kreises zu lösen und die Konferenz, wie ein Mitarbeiter es ausdrückte, zu »kastrieren«.
»Wir wollen alle Elemente aus der Konferenz eliminieren, die uns Sorgen machen«, sagte er zu seinen Vertrauten. »Wir wollen nur den internationalen Regenschirm übriglassen, den Hussein braucht.«
Einige seiner Leute waren damit nicht einverstanden. Sie glaubten, Hussein bluffe nur und benutze die internationale Konferenz nur dazu, den gesamten Friedensprozeß zu sabotieren. »Der Mann hält dich hin, Shimon«, sagte einer von ihnen. »Er hat schon immer vom Neinsagen gelebt.«
Aber Peres ließ nicht locker. Er zweifelte nicht an Husseins Redlichkeit. Der König hat auch den Wunsch nach einer

Vereinbarung, sagte er. Und wenn er sich ohne Konferenz nicht mit uns einigen kann, dann wollen wir ihm eine geben.
Und im Oktober 1985 bot er ihm vom Rednerpult der Vollversammlung der Vereinten Nationen aus eine Konferenz an.

Den ganzen Sommer über hatten »Peres' Jungs« Überstunden gemacht, um die erste Reise des Premierministers zur Vollversammlung in New York vorzubereiten. Seine Rede war geschrieben und mehrfach überarbeitet worden, jedes Wort und jeder Ausdruck waren sorgfältig abgewogen worden.
Die Rede hatte ein geheimes Ziel: Sie sollte zum erstenmal verschiedene Begriffe, die im Zusammenhang mit einer internationalen Konferenz standen, einführen und prägen; und sie sollte die Reaktion der internationalen und der israelischen Öffentlichkeit testen. Peres wollte nicht so weit gehen, das Zauberwort »internationale Konferenz« auszusprechen; damit würde er ein Verhandlungsargument aus der Hand geben. Aber er würde einer internationalen Öffnung und einer internationalen »Unterstützung« der Verhandlungen zustimmen.
Am 21. Oktober sprach Peres vor der Vollversammlung. Er bot Jordanien direkte Verhandlungen an und fügte dann hinzu: »Wenn es nötig sein sollte, könnten diese Verhandlungen mit der Unterstützung eines internationalen Forums in die Wege geleitet werden, über das sich die an den Verhandlungen beteiligten Staaten vorher geeinigt haben . . . Die ständigen Mitglieder des Sicherheitsrats können eingeladen werden, die Initiation dieser Verhandlungen zu unterstützen . . . Dieses Forum soll zwar kein Ersatz für direkte Verhandlungen sein, kann ihnen aber Unterstützung gewähren.«

Die internationale Reaktion war ausgezeichnet. In Israel gab es wütende Proteste der Spitzenpolitiker der Rechten. Aber es erhob sich kein politischer Sturm, nicht einmal, als Peres dieselbe Rede auf hebräisch in der Knesset in Jerusalem hielt. Abgesehen von einigen wütenden Zwischenrufen aus dem Plenum, stimmte die Regierungskoalition dafür, die Rede des Premierministers in das Archiv der Knesset aufzunehmen.

Peres war zufrieden; er hatte die Feuertaufe bei sich zu Hause bestanden. Aber er deutete die Zurückhaltung des Likud falsch. Er glaubte tatsächlich, daß der Likud bereit sei, seine Friedensinitiative zu schlucken. Er begriff nicht, daß Yitzhak Schamir und seine Leute, die die Initiative in Wirklichkeit heftig ablehnten, es innerhalb des Regierungsbündnisses nicht zu einer Konfrontation kommen lassen wollten, weil sie befürchteten, daß Peres sich dann im Oktober 1986 weigern würde, das Amt des Premierministers abzugeben. Da sie vor allem sicherstellen wollten, daß Peres sich an die Rotationsvereinbarung hielt, ließen sie ihn mit seinem Plan gewähren.

Durch seine Erfolge zu Hause ermutigt, beschleunigte Peres seine Kontakte mit Hussein und trat in die zweite und fruchtbarste Phase der Verhandlungen ein, die von Oktober 1985 bis zum Januar 1986 dauerte.

Richard Murphy, George Shultz' Sonderbeauftragter, diente dabei als ständiger Verbindungsmann zwischen Peres und Hussein. Er pendelte unablässig zwischen Jerusalem und Amman hin und her, wenn beide Regierungschefs in ihren Hauptstädten waren. Auch als Peres einen Besuch in London machte und Hussein in die Niederlande flog, setzte Murphy seine Reisediplomatie fort. Im Januar 1986 traf sich Murphy mit dem König in London und vollendete dort seine mühsame und dramatische Arbeit.

Das Ergebnis bestand aus dem geheimen Entwurf einer

Vereinbarung, die nie veröffentlicht worden ist. In der Geschichte der Friedensverhandlungen bekam er die Bezeichnung »Erste Londoner Vereinbarung«. Sie enthielt zehn Punkte, die die Mechanismen der zukünftigen Verhandlungen darlegten. Der erste Absatz stellte einen großen Triumph für Shimon Peres dar. Mit vielen Worten wurde dort festgelegt, daß beide Seiten übereinkamen, eine »pro forma internationale Konferenz« einzuberufen. König Hussein stimmte dieser Formulierung zwar geheim, aber doch vollinhaltlich, zu.

Das war ein entscheidender Durchbruch. Hussein hatte Peres' Konzept einer »kastrierten« Konferenz akzeptiert und damit bewiesen, daß er die ehrliche Absicht hatte, die Verhandlungen weiterzuführen.

Aber das war nur ein Teilerfolg. Israel und Jordanien konnten sich über drei wichtige Punkte noch nicht einig werden.

Der erste betraf die Sowjetunion. Wegen des Widerstands in Israel schlugen die Amerikaner eine internationale Konferenz ohne die Teilnahme der Sowjetunion vor.

Peres hatte zwei Bedingungen für eine Teilnahme der Sowjets gestellt: freie Auswanderungsmöglichkeiten aus der UdSSR nach Israel und eine Normalisierung der diplomatischen Beziehungen zwischen beiden Ländern. Die Sowjetunion hatte die diplomatischen Beziehungen zu Israel zwei Jahrzehnte zuvor während des Sechstagekriegs von 1967 abgebrochen.

»Hussein sagte zu uns: ›Einen Augenblick bitte‹«, erinnerte sich einer von Peres' Mitarbeitern später. »›Ihr Israelis erwartet doch nicht etwa von mir, daß ich den Russen sage: Tut mir leid, aber ihr seid aus dem Friedensprozeß ausgeschlossen, weil ihr die Juden nicht auswandern laßt und keine diplomatischen Beziehungen zu Israel habt. Das ist Israels Problem, nicht meins. Wenn die Russen sich selbst für eine Teilnahme disqualifizieren, werde ich eine Konferenz ohne sie besuchen. Aber wenn ihr, die Israelis, sie zurückweist, dann seid ihr diejenigen, die den Friedensprozeß unterminieren.‹«

Nach langen Diskussionen akzeptierte das State Department die jordanische Sicht. Aber es sollte über ein Jahr dauern, bis die Sowjets sich bewegten, und es sollte ein kritisches Jahr werden

Der zweite strittige Punkt betraf die PLO. Zu der Zeit herrschte zwischen Hussein und Arafat wieder einmal eitel Sonnenschein, und der König war sehr darauf bedacht, eine Teilnahme der PLO am Friedensprozeß sicherzustellen. Im Februar 1985 hatten er und Arafat eine Vereinbarung unterzeichnet, in der sie sich zu einer gemeinsamen Linie bekannten; der König war an der Spitze einer siebenköpfigen Delegation durch ganz Europa und China gereist und hatte Unterstützung für eine internationale Konferenz gesucht. Die Reise war, abgesehen von einer unerfreulichen Episode in Moskau, wo die Sowjets die Idee kurzerhand zurückgewiesen hatten, erfolgreich gewesen.

Trotzdem war Hussein guter Hoffnung, denn Jassir Arafat hatte ihm gegenüber eine feierliche Erklärung abgegeben. Der PLO-Chef hatte versprochen, die Resolutionen 242 und 338 des Sicherheitsrates öffentlich anzuerkennen (das sind die Resolutionen, die Territorien im Austausch gegen einen Frieden betreffen) und den Terrorismus aufzugeben. Arafat hatte diese wichtigen Zugeständnisse akzeptiert, um an der internationalen Konferenz teilnehmen zu können.

Hussein dachte nicht im Traum an Friedensverhandlungen ohne die Palästinenser. Er brauche sie »in der vordersten Linie«, sagte er zu den Amerikanern; der König war außerdem davon überzeugt, daß eine umfassende Übereinkunft mit Arafat über ihre jeweiligen zukünftigen Rollen von eminenter Bedeutung sei und daß der PLO-Chef Husseins Autorität anerkennen und sich ihm unterordnen würde. Deshalb erklärte er, daß Arafat sich für die Teilnahme an der Konferenz qualifiziere, falls er seine Versprechungen vom letzten Februar einlösen würde.

Das war auch die Ansicht der Vereinigten Staaten. Als Richard Murphy im Januar nach London kam, um sich dort mit Hussein zu treffen, brachte er aus Washington schriftlich festgelegte Garantien mit, die besagten, daß sich die PLO für eine Teilnahme an der Friedenskonferenz qualifizieren würde, wenn sie sich vom Terrorismus lossagen, Israel anerkennen und die Resolutionen des Sicherheitsrates anerkennen würde. Arafat hatte Hussein versprochen, die Bedingungen der Vereinigten Staaten anzunehmen, und der Weg zu einer PLO-Teilnahme an der Konferenz schien zumindest aus amerikanischer Sicht geebnet zu sein.

Nein, sagte Peres. Er wußte von dem Brief, den Murphy Hussein überbracht hatte, aber er stimmte ihm nicht zu, zumindest nicht offiziell. Arafat sei keinen Millimeter von seinen alten Positionen abgerückt, erklärte Peres. Er weigere sich immer noch, sich vom Terrorismus loszusagen und Israel anzuerkennen; deshalb könne er kein Partner für ihn sein. Außerdem war Peres von seiner »jordanischen Option« fasziniert. Er brauchte Arafat nicht.

Trotzdem ließen einige von Peres' Mitarbeitern durchblicken, daß sein Nein womöglich »ja, wenn« bedeuten könne. Mit anderen Worten: Wenn Arafat seine Versprechungen erfüllen würde, sollte Hussein das Thema noch einmal anschneiden. Peres' Jungs erklärten, wenn die PLO sich vom Terrorismus lossagen und Israel anerkennen würde, wäre es keine PLO mehr und dadurch ein möglicher Verhandlungspartner.

Aber sie hatten erhebliche Zweifel, daß so etwas tatsächlich geschehen würde. Sie wußten, daß die PLO-Führer auf einer Geheimkonferenz in Bagdad vor ein paar Monaten beschlossen hatten, die Resolutionen des Sicherheitsrates abzulehnen. Arafats Versprechen an Hussein sei nur ein Bluff gewesen. Abgesehen davon waren die Israelis außerordentlich skeptisch, was Arafats Bereitschaft anbetraf, Hussein bei einer zukünftigen Regelung einen übergeordneten Status einzuräumen. Die nächsten Wochen sollten zeigen, daß sie recht hatten.

Der dritte strittige Punkt zwischen Peres und Hussein war der schwerwiegendste: Es ging um die sogenannte »Verweisungsklausel« (Referral Clause), die in Abschnitt 7 des Einigungsentwurfs formuliert worden war und ohne die Hussein keinen Millimeter seiner Positionen preisgeben würde.

Abschnitt 7 umriß Struktur und Bedingungen der internationalen Konferenz. Die Eröffnungssitzung des Plenums sollte demgemäß nur eine förmliche Zeremonie sein. Danach sollte sich die Konferenz in bilaterale Komitees aufteilen — Israel — Jordanien, Israel — Syrien, ohne daß eine dritte Partei daran teilnahm.

Aber an diesem Punkt führte Hussein die Verweisungsklausel ein. Sollten sich die bilateralen Verhandlungen festfahren, sagte er, so würde er das Problem an das Plenum der internationalen Konferenz verweisen.

Nein, erwiderten die Israelis. Wenn Husseins Klausel angenommen würde, wäre es keine Pro-forma-Konferenz mehr. Wenn strittige Fragen an das Plenum verwiesen würden, hätte das zur Folge, daß Israels schlimmste Alpträume wahr würden: Die Konferenz würde alle wesentlichen Fragen entscheiden und Israel zur Annahme ihrer Lösungen zwingen.

Und wieder einmal hatten sich die Verhandlungen festgefahren. Das erste Londoner Dokument war eine Totgeburt.

Trotz dieses Rückschlags gingen die Verhandlungen weiter. Sie drehten sich um zwei Formulierungen, denen US-Diplomaten die Spitznamen das »Namens-« und das »Verzögerungsspiel« gegeben hatten. Da beide Seiten daran glaubten, daß die Verhandlungen womöglich letzten Endes doch beginnen würden, wollten sie vorher so viele Hindernisse wie möglich aus dem Weg räumen. Das erste Hindernis bezog sich auf die palästinensische Delegation. Wer würde sich für das palästinensisch-jordanische Team qualifizieren können?
Israel lehnte alle offiziellen Mitglieder der PLO ab und behauptete, daß sie alle einer terroristischen Organisation angehörten. Die Vereinigten Staaten gingen davon aus, daß die Al Fatah und andere terroristische Gruppierungen nur ein Teil der PLO seien; ein Mitglied des Nationalrats der PLO sei nicht unbedingt ein Terrorist, sagten sie. Hussein war in dieser Hinsicht eine Hilfe gewesen: Arafat hatte ihm zugesichert, daß unter den palästinensischen Delegierten keine hochrangigen PLO-Führer oder Mitglieder einer terroristischen Organisation wären.
Um die endlose Debatte abzukürzen, schlugen die Israelis den Amerikanern das »Namensspiel« vor. »Vergessen wir die Kategorien«, sagten sie. »Erzählt uns nicht, warum dieser oder jener Typ qualifiziert ist. Gebt uns einfach eine Namensliste, und wenn wir jemanden darauf finden, der für uns akzeptabel ist, sagen wir euch Bescheid.«
Und das machten sie dann auch. Eine amerikanisch-ägyptische Gemeinschaftsaktion erbrachte sechs Namen. Die Israelis waren mit zwei bekannten Palästinensern einverstanden: Fayez Abu Rahme und Hanna Siniora.

Der dritte war Sheik Sayah, Vorsitzender des Palästinensischen Nationalrats, des PLO-Parlaments. »Er ist ein seniler alter Mann«, berichtete mir einer von Peres' Mitarbeitern später, »aber wir waren dumm genug, nein zu sagen.«
Der vierte war Nabil Shaat, ein brillanter junger Mann, einer der vielversprechendsten PLO-Führer. Die israelischen Shin Beth befragten ihren Computer und fanden heraus, daß er wegen halbmilitärischer Aktivitäten im Südlibanon in israelischer Gefangenschaft gewesen war. Er wurde abgelehnt.
Die beiden letzten Namen waren PLO-Hardliner, die beide in terroristische Aktionen verwickelt gewesen waren und deshalb nicht akzeptiert werden konnten.
Während der Diskussionen beschloß Richard Murphy, nach Jerusalem zu kommen, um sich dort mit verschiedenen Palästinensern zu treffen, weil er hoffte, weitere Kandidaten für die palästinensisch-jordanische Delegation zu finden. Aber Außenminister Shultz sagte dieses Treffen in letzter Minute ab, weil er befürchtete, daß dadurch die PLO und ihr Einfluß in der Delegation gestärkt würden.
In ähnlicher Weise spielten die Amerikaner mit Unterstützung Husseins das »Verzögerungsspiel« mit Arafat. Das Spiel hatte zwei Regeln: »Abwarten« und »Fuß in der Tür«.
Den amerikanischen Diplomaten und den Israelis war bekannt, daß die PLO sich insgeheim entschlossen hatte, die Resolutionen des Sicherheitsrates abzulehnen. Sie wollten Arafat etwas mehr Zeit lassen, um ihm Gelegenheit zu geben, später an den Gesprächen teilzunehmen. Ihre Botschaft an Arafat lautete: »Wir können gut verstehen, daß Sie womöglich noch nicht bereit sind, unsere Bedingungen jetzt direkt zu akzeptieren. Also warten Sie einfach ab, und lassen Sie ein paar andere Palästinenser, mit denen sowohl Jordanien als auch Israel einverstanden sind, den

Prozeß beginnen. Im Gegenzug garantieren wir Ihnen, daß Sie zu einem späteren Zeitpunkt einen Fuß in die Tür bekommen werden.«
Die Amerikaner ließen durchblicken, daß die Vereinigten Staaten Arafat unterstützen würden, wenn er ein paar Monate nach Beginn der Verhandlungen an ihnen teilnehmen wolle. Wichtig war, daß er den Prozeß nicht zum Scheitern brachte.
Die Israelis sollten eigentlich nichts über diese Spielchen der Amerikaner wissen. In Wirklichkeit aber waren Peres und seine Jungs über den »Fuß in der Tür« völlig im Bilde; sie wußten genau, um welche Tür und um wessen Fuß es sich dabei handelte.
Aber alle diese Spiele endeten ganz abrupt im Februar 1986, als aus der Idylle zwischen Hussein und Arafat eine grimmige Konfrontation wurde.

Am 19. Februar hielt König Hussein im jordanischen Fernsehen eine dreieinhalbstündige Rede. In einer überraschend freimütigen und ehrlichen Weise äußerte er sein Mißfallen über Arafats Verhalten und beschuldigte ihn in aller Öffentlichkeit, die Friedensbemühungen zum Scheitern gebracht zu haben.
Arafat habe sein Versprechen nicht gehalten, sagte der König. Jordanien hatte die Unterstützung der Vereinigten Staaten für eine internationale Konferenz und eine Teilnahme der PLO an dieser Konferenz bekommen. Das war ein großer Sieg für die arabische Nation und für die Sache der Palästinenser.
Und dann hatte Arafat plötzlich einen Rückzieher gemacht. Bei einem Treffen in Amman am 7. Februar hatte Arafat plötzlich neue Bedingungen an sein Versprechen geknüpft, die lauteten, zuerst müßten die Vereinigten Staaten das Recht der Palästinenser auf Selbstbestimmung an-

erkennen. Ohne diese Anerkennung würde er keiner Vereinbarung zustimmen.
Das war der Todesstoß für die gesamte Friedensinitiative. Es bedeutete, daß die Amerikaner vorab den Palästinensern die Unabhängigkeit garantieren müßten, was sie natürlich nicht konnten.
Der König warf Arafat indirekt vor, unzuverlässig und wankelmütig zu sein; er beschuldigte ihn direkt, die Chancen für einen Frieden zerstört zu haben. Er könne nicht mehr mit ihm zusammenarbeiten, erklärte er.
»Es ist mein Schicksal«, schloß er mit erstickter Stimme, »als Sohn des haschemitischen Klans, der sich von Mohammed persönlich herleitet, in einem arabischen Staat zu leben, von dem aus man das Land Palästina überblicken kann. Es ist mein Schicksal, daß ich mit ansehen muß, was in und außerhalb der besetzten Gebiete geschieht, und mein Herz ist voller Schmerz. Gott sei mein Zeuge.«
Im Laufe der nächsten Tage bezog der König immer direkter Stellung gegen Arafat. »Das palästinensische Volk muß entscheiden, durch wen es sich vertreten läßt«, erklärte er im amerikanischen Fernsehen und deutete damit an, daß Arafat ersetzt werden müsse. Aus dem Palast sickerten Gerüchte über eine stürmische Szene zwischen Arafat und dem jordanischen Premierminister Zaid al-Rifai durch, in der Rifai Arafat angeschrien haben soll: »Durch Ihre Aktionen unterstützen Sie nur den Likud in Israel. Gehen Sie doch hin und treten Sie in die Partei ein!«
Die PLO-Sprecher warfen ihrerseits den Vereinigten Staaten vor, sie seien nicht bereit, das Recht der Palästinenser auf Selbstbestimmung anzuerkennen. Aber von Botschafter Wat T. Cluverius IV., Shultz' erstem Berater für den Frieden im Mittleren Osten, und aus anderen zuverlässigen Quellen war zu erfahren, daß es noch andere, tieferliegende Ursachen für den Bruch zwischen Hussein und Arafat gab.

Während der Diskussionen im königlichen Palast, die Anfang Februar stattfanden, hatten Arafat und Hussein versucht, eine Einigung über die zukünftige Verbindung zwischen den Palästinensern und Jordanien nach einem Rückzug Israels zu erzielen. Sie hatten beschlossen, daß Jordanien und das Westjordanland einschließlich des Gazastreifens eine Konföderation bilden sollten. Arafat hatte fünf Bedingungen für das Zustandekommen einer solchen Konföderation genannt.

Die ersten drei Bedingungen waren, daß die Palästinenser eine eigene Fahne, ein eigenes Parlament und eine eigene Währung haben müßten. Hussein hatte dem zugestimmt.

Aber die vierte Bedingung war, daß die Palästinenser auch eine eigene Armee haben sollten. Das hatte Hussein abgelehnt.

Die fünfte Bedingung lautete, daß der Chef der Exekutive der Konföderation abwechselnd ein Palästinenser und ein Jordanier sein sollten. Diese Rotation sollte beginnen, nachdem Husseins »Ära« zu Ende gegangen war.

Das ließ in Husseins Kopf alle Alarmsignale klingeln. Ihm war sofort klar, daß diese Klausel die Palästinenser dazu motivieren würde, seine »Ära« so schnell wie möglich zu beenden, um ihn loszuwerden. Hussein lehnte auch diese Bedingung ab, und die Gespräche mit Arafat wurden daraufhin erfolglos abgebrochen.

Die Medien der Welt hatten nichts Eiligeres zu tun, als den völligen Zusammenbruch der Friedensbemühungen zu verkünden. Sie irrten sich. Sie hatten König Husseins Erklärung in der New York Times übersehen: »Dies ist das Ende eines Kapitels, aber nicht das Ende des Buches.«

Und während die öffentliche Meinung der Welt den Tod des Friedensprozesses betrauerte, waren die Leute auf beiden Seiten des Jordan eifrig damit beschäftigt, ihn wiederzubeleben.

Aber durch den Bruch zwischen Hussein und Arafat waren die Chancen für eine Einigung nicht verspielt worden, vielmehr wurde dadurch eine der drei wichtigsten Hürden aus dem Weg geräumt, die Israel bisher an der Annahme des Londoner Dokuments gehindert hatten. Peres war ein unerschütterlicher Anhänger der jordanischen Option: einer Lösung, die auf einer Zusammenarbeit mit König Hussein und einer projordanischen Palästinenserdelegation basierte. Die Rede des Königs schien die Verhandlungen in Richtung auf die jordanische Option zu steuern. Jetzt, da die PLO aus dem Weg war, mußten nur noch die Probleme des sowjetischen Widerstandes und der Verweisungsklausel gelöst werden.
Als der Frühling nahte, waren Peres und sein Team damit beschäftigt, die Lebensqualität der Palästinenser in den besetzten Gebieten zu verbessern. Peres wurde dabei durch Yitzhak Rabin und den Koordinator des Verteidigungsministeriums für das Westjordanland und Gaza, Shmuel Goren, tatkräftig unterstützt. Peres' Vertreter bei diesem Projekt war Dr. Beilin. Sie bereiteten einen umfassenden Plan für die Neuwahlen von Bürgermeistern vor, gründeten eine neue Bank und brachten verschiedene Gemeinschaftsprojekte in Gang, die die Landwirtschaft, die Wasserwirtschaft und die Industrie betrafen. Sie hoben alle Einschränkungen des Geldtransfers über die Jordanbrücken auf und ermunterten die Palästinenser, direkte Exporte landwirtschaftlicher Güter vom Gazastreifen nach Ägypten durchzuführen. Außerdem führten sie die Telefondirektwahl vom Westjordanland aus ein.
Ihre Aktionen waren keineswegs uneigennützig, und einige von Peres' Leuten betrachteten das ganze Projekt als einen cleveren Trick; aber sie hatten George Shultz' ständigem Drängen nachgegeben.
Die Verbesserung der Lebensbedingungen der Palästinen-

ser hatte sich beim Außenminister der Vereinigten Staaten zu einer fixen Idee entwickelt, und er betrachtete das Projekt als eine noble, humanitäre Leistung. Die Ägypter teilten seine Begeisterung und gaben den Bemühungen das Etikett »vertrauensbildende Maßnahmen«. Nach der teilweisen Lösung der Taba-Frage hatten die Ägypter sich an den Friedensgesprächen beteiligt.

Seltsamerweise war Hussein der einzige, auf den diese neuen Maßnahmen keine vertrauensbildende Wirkung hatten. Er betrachtete das israelische Projekt mit wachsendem Mißtrauen und fürchtete, daß es nur dem Zweck diene, das Image der Besatzer in den Medien der Welt aufzupolieren. Anfangs hatte er sogar jede Zusammenarbeit abgelehnt, weil er nicht begriff, daß dieses neue Projekt — vorausgesetzt, es wurde verantwortungsbewußt durchgeführt — seinen schwindenden Einfluß im Westjordanland wieder stärken würde. Ihm war nicht klar, daß die Arabische Bank ein Machtinstrument zur Unterstützung seiner und der Interessen seiner Anhänger in den besetzten Gebieten werden könnte.

Zu der Zeit erkannte Hussein nicht, welcher tiefgreifende Wandel sich im Westjordanland vollzogen hatte und wie gering sein Einfluß dort geworden war. Die gesellschaftlichen und politischen Strukturen, die Jordanien im Juni 1967 dort hinterlassen hatte, als sich seine Truppen überstürzt vor den Israelis zurückziehen mußten, waren längst zusammengebrochen. Husseins traditionelle Anhänger hatten in der neuen palästinensischen Gesellschaft nichts mehr zu sagen; der größte Teil der Bevölkerung des Westjordanlands und im Gazastreifen war entweder unter israelischer Besetzung geboren oder aufgewachsen. Dem König war nicht bewußt, daß sie ihm gegenüber gleichgültig oder sogar feindselig eingestellt waren.

»Er glaubte immer noch, daß seine Anhänger nur vorüber-

gehend gestrandet wären«, erinnerte sich eine seiner israelischen Kontaktpersonen. »Er dachte, er müsse nur pfeifen und dann stünden sie alle wieder stramm.«
Für Hussein gab es knapp vierzehn Tage nach seiner Anti-Arafat-Rede ein bitteres Erwachen: Zafer el-Masri, der Bürgermeister von Nablus, wurde Opfer eines Attentats.

Masri, ein jugendlicher, warmherziger Palästinenser, war der jüngste Sohn einer der wohlhabendsten und einflußreichsten Familien des Mittleren Ostens. Seine Familie kontrollierte riesige wirtschaftliche Unternehmungen überall in der arabischen Welt, in Europa und in den Vereinigten Staaten. Zafers Onkel, Hikmet el-Masri, war Mitglied des jordanischen Parlaments und sein ehemaliger Sprecher; Zafers Vetter ersten Grades, Taher el-Masri, der in Amman wohnte, war Husseins Außenminister. Zafer selbst ging in Husseins Palast aus und ein.
Im Dezember 1985 war Zafer zum Bürgermeister von Nablus ernannt worden. Der junge Magnat war schon vorher zweiter Bürgermeister gewesen, hatte aber dann der Politik den Rücken gekehrt. »Ich liebe das gute Leben und die Geschäftswelt zu sehr!« hatte er seinem Freund, dem israelischen General Benyamin (Fuad) Ben Eliezer, anvertraut. Unter dem Druck seiner Familie hatte er sich dann aber doch bereit erklärt, die Führung über die größte Stadt des Westjordanlands zu übernehmen.
Seine Ernennung war von Hussein und Arafat unterstützt worden, als beide noch gute Freunde waren. Trotz Zafers enger Verbindung zu Hussein betrachtete die PLO ihn als einen stolzen palästinensischen Nationalisten.
Aber nach Husseins Anti-Arafat-Rede änderte sich alles in dramatischer Weise. PLO-Führer wurden aus Jordanien ausgewiesen; ihre Büros wurden geschlossen; überall im Land wurde auf sorgfältig geplanten politischen Veranstal-

tungen die neue Politik des Königs Arafat gegenüber gepriesen, während gleichzeitig das jordanische Fernsehen getürkte »Delegationen« aus dem Westjordanland zeigte, die nach Amman eilten, um dem König ihre Loyalität auszudrücken. In dieser Atmosphäre mußten die palästinensischen Terrororganisationen schnell demonstrieren, wem die Loyalität der Menschen des Westjordanlands wirklich galt.

Am 2. März wurde Zafer el-Masri auf dem Weg zum Rathaus von zwei Männern angegriffen, die ihm drei Kugeln in den Rücken schossen. Eine von ihnen traf das Herz des Bürgermeisters. Ein paar Stunden später bekannte sich George Habashs Volksfront, eine der extremistischen Splittergruppen der PLO, zu dem Attentat. Arafat selbst verurteilte den Mord und pries Masri. Aber die Botschaft an den Palast von Amman war klar: Die Palästinenser waren nicht bereit, einen Anhänger Husseins in einer wichtigen Position zu dulden.

Als am nächsten Tag mehr als zwanzigtausend Leute an Masris Begräbnis teilnahmen, mußte seine Familie feststellen, daß die PLO noch eine Überraschung für Hussein hatte. Hunderte von jungen Leuten, die PLO-Fahnen schwenkten und nationale Parolen riefen, entrissen der erstaunten Familie den Sarg, drapierten ihn mit einer PLO-Fahne und trugen ihn zum Friedhof. Sie funktionierten das Begräbnis zu einer der größten PLO-Demonstrationen um, die jemals im Westjordanland stattgefunden hatte. Die Menge skandierte PLO-Parolen, pries Masri als Held der PLO und Märtyrer der Revolution; wütend schüttelten sie ihre Fäuste, als der Name Hussein erwähnt wurde. »Hussein, du bist ein Schwein«, schrien sie, »wir werden dich in Ketten legen!«

Hilflos betrachtete Hussein den Umzug auf dem Bildschirm. Einer seiner treuesten Anhänger, und mit Sicher-

heit der begabteste und populärste, war ermordet worden; und aus seinem Begräbnis hatte man eine Machtdemonstration der PLO gemacht.
Die Männer, die Zafer el-Masri das Leben genommen hatten, hatten ihm auch noch den Tod gestohlen.

Jetzt wurde Hussein klar, wie angeschlagen seine Position im Westjordanland war, und er versuchte, der Situation so schnell wie möglich Herr zu werden. Aber es wurde ein erbärmlicher Versuch, der von Anfang an zum Scheitern verurteilt war. Der König versuchte verzweifelt, die verstockten Palästinenser davon zu überzeugen, daß er der einzige wäre, der ihnen das Heil bringen könnte, und startete ein großzügiges 1,5-Milliarden-Dollar-Projekt im Westjordanland, das sich über die nächsten fünf Jahre erstrecken sollte.
Es war nur eine Fata Morgana. In Wirklichkeit hatte Hussein gar kein Geld, um ein solches Projekt finanzieren zu können. Ohne die Amerikaner vorher gefragt zu haben, verließ er sich auf die Unterstützung der Vereinigten Staaten. Selbst als die Israelis das Kapitol bestürmten und versuchten, Hussein zu helfen, bewilligte der Kongreß lediglich achtzehn Millionen Dollar. Der Hussein-Plan scheiterte kläglich, und sein Scheitern vergrößerte die Verbitterung der Palästinenser gegen ihn nur noch mehr. Husseins Schritt war zu ehrgeizig gewesen; seine Wirkung — wenn es überhaupt eine gab — war zu gering und kam zu spät.
Auch Peres' Zeit lief ab, obwohl es lange dauerte, bis er das begriffen hatte.

12. KAPITEL

Der verhängnisvolle Fehler des Shimon Peres

Der 10. April 1986 stellte einen Wendepunkt in der Geschichte Israels und in Peres' Karriere dar. An diesem Abend strahlte Shimon Peres, der sich im überfüllten Mann-Auditorium in Tel Aviv in der Bewunderung von dreitausend begeisterten Anhängern sonnte und von der jubelnden Menge gefeiert wurde, Kraft und Selbstvertrauen aus. Er hatte einen leichten Sieg über mich und meine Handvoll Anhänger errungen — und seine Erfolgsaussichten für die Zukunft zunichte gemacht.

Wenn wir Erfolg gehabt hätten, wäre Peres Premierminister geblieben, hätte die vorgezogenen Wahlen gewonnen, Israels marode Wirtschaft gerettet und möglicherweise auch Israel, dessen Erde blutgetränkt war, den Frieden gebracht. Aber Shimon Peres ist nie ein weitsichtiger Politiker gewesen. Er war ein gerissener Manipulator, auf jeden Fall jemand mit Durchhaltevermögen und ganz gewiß ein Visionär. Das sind wichtige Eigenschaften, aber sie reichen leider nicht aus. Seit er in jener Nacht einen haushohen Sieg über mich errungen hatte, ging es mit ihm und unserer Partei ständig bergab.

Ich hatte mich schon seit langer Zeit offen gegen ihn gestellt. Trotzdem war ich Ende 1985 zu dem Schluß gekommen, daß er seine Sache als Premierminister gut machte. Zu Beginn seiner Amtszeit hatten ihn die Medien scharf kritisiert, daß er unfähig sei, die Ziele zu erreichen, die er seiner Regierung gesteckt hatte: Rückzug aus dem Libanon, Erholung der Wirtschaft, Frieden mit Jordanien und mit den Palästinensern. Die Regierung der Nationalen Einheit schien eine Regierung der nationalen Lähmung zu sein; der verbitterte Schamir und dieser Störenfried Sharon schienen jede Initiative der Arbeiterpartei zu blockieren. Aber Peres hatte seine unmögliche Regierung trotzdem langsam und geduldig in die richtige Richtung manövriert.

Er war ein ausgezeichneter Premierminister geworden. Sein erster Erfolg war der Rückzug aus dem Libanon. Der völlig überflüssige, erbarmungslose Krieg hatte uns 660 Menschenleben, Tausende von Verwundeten und Hunderte Millionen Dollar gekostet. Das Volk war durch diesen Krieg in der empfindlichsten und wichtigsten Frage, nämlich der Sicherheitsproblematik, gespalten worden. Der Krieg hatte dem Libanon Tod und Zerstörung gebracht und eine neue Terroristenbrut hervorgebracht: die Hisbollah.

Hisbollah bedeutet »Gottes Partei«. Die Hisbollah, eine fundamentalistische Schiitengruppe mit extremen religiösen Glaubensvorstellungen, die eine fanatische Anhängerin der iranischen Ayatollahs ist, hat eine neue Art des Krieges eingeführt — den Selbstmord-Terrorismus. Dem Terroristen, der im Namen Gottes starb und dabei seine Feinde tötete, winkte als Lohn dafür ewige Glückseligkeit in Allahs himmlischem Paradies. Das war das Credo vieler junger Schiiten, die Mitglieder der Hisbollah wurden.

Eine Ausbildung von ein paar Wochen genügte, und dann tauchten sie plötzlich bei unseren Truppen auf. Mit glasigen Augen wie unter Drogen murmelten sie Verse aus dem Koran. Diese modernen Kamikazekämpfer suchten den Tod, sprengten sich mitten in einer Gruppe jüdischer Un-

gläubiger mit Handgranaten in die Luft, schossen wie in Trance die Magazine ihrer Maschinenpistolen auf eine Marschkolonne von Soldaten leer; sie fuhren mit Sprengstoff beladene Lastwagen auf Stützpunkte der US-Marineinfanterie oder mitten in israelische Konvois hinein. Oft nahmen sie unschuldige Bürger westlicher Länder als Geiseln oder folterten sie grausam, bevor sie sie töteten.
Es gelang Peres, den hartnäckigen Widerstand seiner unfreiwilligen Likudgenossen zu überwinden und in der Regierung eine Mehrheit für einen sofortigen Truppenabzug aus dem Libanon zu gewinnen. Er erreichte das, indem er einige seiner Likudkollegen auf subtile Weise manipulierte. Den Entwicklungsminister Gideon Pat konnte er überzeugen; der eitle, aber vernünftige Vizepremier David Levy ließ sich von ihm überreden; den Finanzminister Yitzhak Modai konnte er dazu bringen, sich der Stimme zu enthalten. Am 14. Januar 1985 stimmte die Regierung schließlich für den Truppenabzug aus dem Libanon; er begann eine Woche später und wurde im Juni abgeschlossen.
Nur eine Sicherheitszone von 930 Quadratkilometern, die etwas größer war als die, die Israel vor dem Libanonkrieg eingerichtet hatte, blieb unter israelischer Kontrolle. Eine lokale Streitmacht, die südlibanesische Armee, wurde aufgestellt und dem Kommando eines pro-israelischen Offiziers, General Lakhad, unterstellt.
Peres' zweiter Erfolg war die Eindämmung der Inflation. Sie hatte sich zu einem Alptraum entwickelt, schraubte sich täglich weiter in die Höhe und stellte immer wieder neue Rekorde auf. Überall in den Supermärkten sah man, wie das verzweifelte Verkaufspersonal ständig neue Preisschilder auf die einzelnen Artikel klebte. Ende 1984 hatte die Inflation einen Höhepunkt erreicht: Sie betrug 445 Prozent pro Jahr.

Peres und seine Mannschaft entwickelten einen übergreifenden Plan, der drastische Lohnkürzungen, eine dreißigprozentige Abwertung des Schekel, eine strenge Preiskontrolle und die Einführung eines neuen Schekel im Wert von tausend alten Schekel vorsah. Peres arbeitete diesen Plan in allen Einzelheiten mit unendlicher Geduld aus. Nach und nach gelang es ihm, die skeptischen Spitzenfunktionäre seiner eigenen Partei, die privaten Unternehmer und die Gewerkschaften, ohne deren Mitarbeit Lohnkürzungen nicht möglich gewesen wären, auf seine Seite zu ziehen. Dann überredete er ein paar Likudminister, die Parteilinie zu verlassen und für seinen Plan zu stimmen, und überwand auf diese Weise die automatische Pattsituation der Regierung.

Minister David Levy war die Schlüsselfigur gewesen. Ihn hatte Peres ein paar Monate zuvor überredet und auf diese Weise erreicht, daß die Waage zugunsten eines Truppenabzugs aus dem Libanon ausschlug. Aber dieser Vorgang ließ sich nicht wiederholen, denn Levy leistete großen Widerstand gegen alle Maßnahmen, die die niederen Einkommensklassen treffen würden. Peres nahm sich statt dessen Finanzminister Yitzhak Modai vor.

Modai ist ein brillanter, aber unberechenbarer Mann mit einem scharfen Intellekt, der aber durch abrupte Stimmungsschwankungen behindert wird. Er war allerdings eitel genug, Peres' Zusicherungen zu glauben, daß dieser kühne Plan zur Sanierung der Wirtschaft zum größten Teil von ihm selbst — Modai — stamme. Ich erinnere mich an eine Begegnung mit einem Mitarbeiter aus Peres' Team, der die Reform vorbereitet hatte. Als ich ihn fragte, ob der Finanzminister tatsächlich die Grundzüge des Plans entwickelt habe, hätte sich mein Freund beinahe an seinem Bier verschluckt. »Modai hat keine Ahnung und weiß nicht einmal, worum es dabei geht«, sagte er verächtlich.

»Er wird nicht einmal zu den wichtigen Konferenzen eingeladen. Aber wir geben uns die größte Mühe, ihn davon zu überzeugen, daß er der Urheber dieses Plans ist.«
Es hatte sich gelohnt. Modai, Schamir und Korfu waren die einzigen Likudminister, die im Juli 1985 bei der Abstimmung die Hände zugunsten der Reform hoben. Der Plan wurde ein Riesenerfolg. Innerhalb von wenigen Monaten sank die Inflationsrate von 450 auf 19 Prozent, wo sie auch blieb. Es war das erstemal, daß eine galoppierende Inflation ohne schwerwiegende Eingriffe in demokratische Institutionen gestoppt werden konnte. Es ist deshalb kein Wunder, daß Peres' Wirtschaftsreform heute an den Universitäten in aller Welt gelehrt wird. Und ich zweifle nicht im geringsten daran, daß niemand außer Peres in der Lage gewesen wäre, eine solche Reform durchzuführen.
Während seiner Amtszeit gelang es Peres außerdem, das Bild Israels in der Welt aufzupolieren. Wir hatten uns seit dem Libanonkrieg und durch Begins und Schamirs ständigen Widerstand gegen eine Friedensinitiative mit Jordanien und den Palästinensern im Ausland außerordentlich unbeliebt gemacht. Peres, der sich bedeutend gemäßigter ausdrückte, beteuerte seine Bereitschaft, Frieden zu schließen, und schlug offen einen territorialen Kompromiß im Westjordanland und im Gazastreifen vor. Das unterschied ihn in auffälliger Weise von seinen Vorgängern. Die Spitzenpolitiker der westlichen Welt sahen ein neues Israel entstehen, ein weises, vernünftiges Israel, das intensiv um den Frieden bemüht war.
Ich wußte, daß Peres keinen Frieden schließen konnte, solange seine Hände durch die Regierung der Nationalen Einheit gebunden waren. Auf Konferenzen in der Zentrale der Arbeiterpartei wies ich ihn immer wieder darauf hin, daß es nur einen Weg gäbe, den Friedensprozeß in Gang

zu bringen: Auflösung der Regierung und Neuwahlen. Das wurde mein ganz persönliches Ziel.
Ich startete meine Initiative im März 1985, indem ich einen Artikel mit der Überschrift »Wahlen jetzt« in der Parteizeitung veröffentlichte. Ich beschrieb darin die düsteren Aussichten für unsere Wirtschaft und für den Friedensprozeß, falls wir im Oktober 1986 die Macht an den Likud abgeben würden. Wir müßten sofort nach dem Truppenabzug aus dem Libanon die Regierung der Nationalen Einheit auflösen, schrieb ich.
»Viele meiner Freunde fragten mich: Haben wir nicht ein Rotationsabkommen mit dem Likud unterzeichnet? Was wird aus unseren Verpflichtungen? Was aus unserer Glaubwürdigkeit? Ich kann darauf nur antworten, daß wir in erster Linie unserem Volk und dem Staat Israel verpflichtet sind und daß diese Verpflichtung einen höheren Rang hat als alle anderen Vereinbarungen. Was unsere Glaubwürdigkeit angeht, haben wir die Partnerschaft mit dem Likud von einer Bedingung abhängig gemacht: Sie muß gut funktionieren. Es ist inzwischen längst klargeworden, daß man die beiden Pferde Likud und Arbeiterpartei nicht vor denselben Karren spannen kann. Deshalb sollten wir die Partnerschaft beenden und Neuwahlen ansetzen.«
Mein Artikel wurde von vielen Mitgliedern der Arbeiterpartei wohlwollend aufgenommen. Mein nächster Schritt bestand darin, daß ich unter den Mitgliedern des Zentralkomitees einen Antrag verteilen ließ. Nach den Satzungen unserer Partei wurde jeder Antrag, der mindestens von zehn Prozent der Mitglieder (etwa eintausend zu der Zeit) unterstützt wurde, automatisch auf die Tagesordnung des Komitees gesetzt. Stolz legte ich unserem Generalsekretär Uzi Baram die 1001 Unterschriften vor, die ich gesammelt hatte. Er freute sich über meine Initiative und sagte mir offen, daß er sie unterstützen würde. Er würde mir auf dem

bevorstehenden Parteitag Gelegenheit geben, meinen Vorschlag vorzutragen.
Aber lange vor der geplanten Debatte über meinen Antrag wurde die Regierung durch verschiedene Krisen erschüttert. Jede einzelne dieser Krisen hätte Peres einen ausgezeichneten Grund geliefert, die Koalition zwischen der Arbeiterpartei und dem Likud aufzulösen.
Im August 1985 griff Sharon Peres heftig an und wurde dabei ziemlich ausfallend. Peres drohte, ihn zu entlassen; Schamir konterte, daß Peres kein Recht dazu habe. Es war offensichtlich, daß es das Ende der Regierung gewesen wäre, wenn Peres seine Drohung wahr gemacht hätte. Aber Peres machte im letzten Augenblick einen Rückzieher, und die Krise ging vorüber.
Im November beleidigte Sharon den Premierminister ein zweites Mal in unflätiger Weise. Wieder drohte Peres, ihn zu entlassen. Das Ende der Regierung schien nur noch eine Frage von Stunden zu sein. Bei einem Treffen des Zentralkomitees der Arbeiterpartei jubelten die Parteifunktionäre begeistert einem entschlossenen Shimon Peres zu; viele kamen zu mir und schüttelten mir die Hand. »Michael, du hast gewonnen!« sagten sie zu mir. »Wir treten aus der Regierung aus.« Aber Peres war nicht in der Lage, Nägel mit Köpfen zu machen, sondern machte wieder einen Rückzieher, nachdem Sharon vorher widerstrebend eine Entschuldigung auf einen Zettel gekritzelt hatte.
Im Januar 1986 gab es dann eine dritte Krise. Das Kabinett war zusammengetreten, um über die kleine Taba-Enklave zu entscheiden, die unsere Beziehungen zu Ägypten schon lange belastete. Es ging um die Frage, ob diese Enklave zum Gegenstand einer internationalen Vermittlung gemacht werden sollte. Der Likud lehnte Peres' Vorschläge nachdrücklich ab; Peres warf daraufhin Schamir und seinen Kollegen vor, daß sie den Friedensprozeß sabotieren

würden. Er drohte mit seinem Rücktritt, falls der Likud eine Vermittlung ablehnen sollte.

Am frühen Abend des 12. Januar trat das Kabinett zusammen. Die Begegnung dauerte die ganze Nacht, zwölf Stunden lang. Die Likudminister griffen Peres an, und einige von ihnen beleidigten ihn in plumper Weise. Die Debatte wurde mehrmals unterbrochen. Jeder andere Politiker hätte das Handtuch geworfen, wäre direkt zur Residenz des Präsidenten gegangen, um sein Rücktrittsgesuch einzureichen. Aber Peres schien unendliche Geduld zu haben. Schließlich kam man in den frühen Morgenstunden zu einer Einigung, und das Kabinett akzeptierte die Vermittlung.

Als alle Minister gegangen waren, um noch ein paar Stunden Schlaf zu ergattern, kam Nemrod Novik in Peres' Büro. Peres sah ihn mit verschlafenen Augen an. Novik sagte kein Wort, aber Peres verstand ihn: Sein Mitarbeiter hatte das Gefühl, daß er die Chance, zurückzutreten und Neuwahlen anzusetzen, vertan hätte. Der Premierminister sah Novik an und sagte: »Ich habe noch Zeit, Nemrod.«

So schleppte sich die Regierung von einer Krise zur anderen, war aber am Parteitag der Arbeiterpartei im April 1986 immer noch im Amt.

Shimon Peres stand auf dem Gipfel seiner Karriere. Die Partei schien stärker und selbstbewußter denn je zu sein. Der Parteitag des Likud, der ein paar Wochen früher stattgefunden hatte, war zu einer gewalttätigen Konfrontation zwischen den rivalisierenden Fraktionen ausgeartet. Er war vorzeitig abgebrochen worden, weil einige hitzköpfige Delegierte auf das Podium gesprungen waren und das Pult des Parteivorsitzenden umgeworfen hatten. Im Saal hatte es zahlreiche Schlägereien gegeben.

Im krassen Gegensatz dazu verlief der Parteitag der Arbeiterpartei diszipliniert und war von Einigkeit und Optimis-

mus gekennzeichnet. Letzte Umfragen bewiesen, daß Peres' Beliebtheit ein nie dagewesenes Ausmaß erreicht hatte; die Rückkehr der Arbeiterpartei an die Regierungsmacht schien in greifbare Nähe gerückt zu sein.
An dem Tag, an dem der Parteitag begann, berichteten die Zeitungen in Schlagzeilen von einer weiteren Regierungskrise. Wieder einmal hatte ein Likudminister einen bösen Angriff gegen Peres geführt. Diesmal war es Modai, der den Premierminister beleidigt hatte. Peres erklärte, er sei nicht bereit, das länger hinzunehmen. Die Zeitungen prophezeiten das Ende der Regierung.
Vor diesem Hintergrund sollte der Parteitag über meinen Antrag abstimmen, die Regierung aufzulösen und Neuwahlen auszurufen.

Am Tag der Abstimmung war ich zum Mittagessen in der Residenz des französischen Botschafters eingeladen. Das prächtige weiße Haus lag auf dem höchsten Berg Jaffas und bot einen atemberaubenden Blick aufs Mittelmeer. Das Mittagessen fand zu Ehren des Sozialistenführers Pierre Maurois, des ehemaligen französischen Ministerpräsidenten, statt, der Israel als Ehrengast unseres Parteitags besuchte.
Wir waren nur wenige am Tisch des Botschafters: ein paar Diplomaten und Maurois auf der französischen, Peres, Bar-Lev, Motta Gur und ich auf der israelischen Seite. Ein paar Mitarbeiter unterhielten sich flüsternd am anderen Ende des Tisches. Maurois, ein großer, schwerer, jovialer Mann, äußerte sich Peres und mir gegenüber witzelnd über die Möglichkeit, die Rotationsvereinbarung aufzukündigen und im Herbst vorgezogene Neuwahlen anzusetzen. Er war über unsere inneren Zwistigkeiten gut informiert.
Als das Mittagessen vorüber war, kam Peres zu mir und

sagte: »Michael, laß uns irgendwo hingehen, wo wir miteinander reden können.«
Ich nahm an, daß er unter vier Augen mit mir reden wollte. Also schlug ich vor, in seinem Auto in der Stadt herumzufahren. Der Premierminister war einverstanden.
Wir machten es uns im Fond des Wagens bequem. Auf dem Vordersitz saß ein Leibwächter, und vor uns fuhr ein Wagen der Shin Beth und machte den Weg für uns frei. Dann sah Peres mich an und sagte: »Michael, willst du deinen Antrag heute abend nicht zurückziehen?«
Ich sagte: »Shimon, in sechs Monaten wirst du Schamir die Schlüssel zu diesem Land übergeben. Das wird eine Katastrophe für die Nation, für die Partei und für dich. Wir dürfen das nicht zulassen. Ich habe das Gefühl, daß die Mehrheit der Delegierten für mich stimmen wird, wenn du dich nicht einmischst. Also ziehe ich den Antrag nicht zurück.«
Er beugte sich zu mir. »Glaubst du wirklich, ich würde Schamir das Amt des Premierministers übergeben?«
Ich starrte ihn an: »Was willst du damit sagen?«
»Glaubst du, ich hätte den Verstand verloren? Glaubst du, ich würde denen die Macht übergeben? Mach dir keine Sorgen. Ich werde dafür sorgen, daß diese Regierung noch vor dem Rotationstermin zusammenbricht. David Levy wird Schamir von der einen Seite angreifen und Sharon von der anderen. Die sitzen sich ohnehin gegenseitig im Nacken. Ich werde Initiativen einleiten, die den Likud zwingen werden, die Regierung zu verlassen. Sie werden nicht in der Lage sein, meine Politik mitzutragen, also werden sie die Regierung verlassen müssen.«
»Ist das dein Ernst?« fragte ich ihn.
»Ich weiß, was ich tue, das kannst du mir glauben.«
Ich erwiderte: »Shimon, du bist kein ›unverbesserlicher Unterminierer‹ [so hatte Rabin ihn in seinen Memoiren

verbittert genannt], aber du bist ein unverbesserlicher Optimist. Großer Gott, weißt du eigentlich, was du da sagst? Glaubst du wirklich, die würden freiwillig die Regierung verlassen? Schon seit zwei Jahren machen deine Likudpartner die Faust in der Tasche und ertragen die schlimmsten Demütigungen. Sie haben nur ein einziges Ziel: Sie wollen den 20. Oktober erreichen, den Tag, an dem du ihnen die Macht übergeben wirst. Sie werden vor dir auf dem Bauch kriechen und alle Beleidigungen hinnehmen, nur um das Datum der Rotation zu erreichen.«

»Vertraust du mir nicht?« sagte er. Er machte einen außerordentlich selbstbewußten Eindruck. Es war ein viel zu heißer Tag für die Jahreszeit, und die Klimaanlage blies eine angenehm kühle Brise durch den Wagen.

»Nein«, erwiderte ich. »Shimon, wenn du nicht willst, daß der Likud an die Macht kommt, dann stell dich heute abend nicht gegen mich. Geh zum Rednerpult und erkläre, daß du das Urteil des Parteitags annehmen wirst. Sei nicht parteiisch. Man wird dich verstehen.«

Er schüttelte den Kopf. »Nein, das wird nicht nötig sein. Ich werde gegen deinen Antrag stimmen.«

In diesem Augenblick wußte ich, daß die Schlacht verloren war. Peres traute sich nicht zuzugeben, daß er es nicht wagte, die Rotationsvereinbarung zu brechen, weil er sich Sorgen um seine Glaubwürdigkeit machte. Ich wollte ihn nicht daran erinnern, daß er einem seiner Mitarbeiter den Auftrag gegeben hatte, mich beinahe täglich anzurufen, um mir Mut für meine Initiative zu machen. Jetzt war er zu dem Schluß gekommen, daß die Sache für ihn zu riskant sei, also machte er einen Rückzieher.

Ich habe mit niemandem über unser Gespräch geredet, aber die Neuigkeit breitete sich unter den Delegierten wie ein Lauffeuer aus. Eine Stunde später traf ich Motta Gur. Am Freitag der Woche davor hatte er mir stundenlang zugehört und erklärt, er würde meinen Antrag uneingeschränkt unterstützen. Er hatte sich bei einem Fernsehauftritt mutig und klar ausgedrückt und erklärt, warum er für mich stimmen würde.

Aber das war letzten Freitag gewesen. »Ich werde gegen dich stimmen«, sagte er jetzt in einem seltsam fröhlichen Ton. Ich zuckte die Achseln und ging weg. Uzi Baram, unser Generalsekretär, wandte sich mit einem verlegenen Lächeln an mich. »Ich werde gegen dich stimmen«, informierte er mich.

Aber die bloße Abstimmung reichte nicht aus. Der gut geschmierte Parteiapparat hatte im Rausch seines falschen Selbstbewußtseins beschlossen, die Abstimmung zu einer Demonstration der Stärke und Solidarität für Peres zu machen. Aus diesem Grund ließen sie Sarale Sharon, eine bekannte Sängerin, und einen Kibbuz-Chor zur Eröffnung der Sitzung am Abend kommen. Es wurde ein denkwürdiger Abend. Sarale Sharon begeisterte das Publikum mit ihren Liedern; nach wenigen Minuten sangen dreitausend Leute mit ihr im Chor, klatschten in die Hände und stampften mit den Füßen; viele hochrangige Parteifunktionäre, unter ihnen Mitglieder der Knesset und ein paar Minister, tanzten fröhlich auf der Bühne herum.

Ich beobachtete das festliche Treiben von meinem Platz in einer Ecke des Saals aus. Warum sie sangen, fragte ich mich. Wozu diese große Feier? Wo werden wir alle in sechs Monaten sein? Ist ihnen das nicht klar?

Das gemeinsame Singen verfehlte seinen Zweck nicht. Die Delegierten wurden dadurch in eine überschwengliche Stimmung versetzt; es gab ihnen ein Gefühl von Kraft und Selbstbewußtsein. Eine Delegierte aus Acre las ein Gedicht vor, das sie zu Ehren des großen Staatsmanns und Führers Shimon Peres verfaßt hatte. Alle applaudierten. In dieser Atmosphäre müssen meine Kollegen mich als Spielverderber betrachtet haben, der nur gekommen war, um allen mit seinen düsteren Prophezeiungen Wasser in den Wein zu gießen.

Als die Debatte über meinen Antrag endlich begann, hatten Peres' Leute nicht einmal den Anstand, mir Gelegenheit zu geben, meine Sache vor dem Parteitag in angemessener Weise vorzutragen. Es wurde mir nicht erlaubt, die Debatte zu eröffnen; sie beauftragten statt dessen Itzhak Navon, das an meiner Stelle zu tun und gleichzeitig zu erklären, warum wir jetzt keine Neuwahlen anstreben sollten. Ich durfte ganze sieben Minuten reden. »Du hast die gleichen Rechte wie alle anderen Teilnehmer der Debatte«, erklärte mir der Nissim Zvili, der Vorsitzende, der von Peres ernannt worden war und als einer seiner treuesten Anhänger galt. Ich war sehr angespannt. Ich mußte meine Rede kürzen und mir anschließend anhören, wie Peres, Baram und das gesamte Establishment der Partei meinen Vorschlag verwarfen. Als schließlich abgestimmt wurde, erhielt ich ganze neun von dreitausend Stimmen.

Am 20. Oktober fand die Rotation statt, und Schamir wurde Premierminister. Kurz darauf traf ich Peres in einer anderen Angelegenheit in seinem Büro im Außenministerium. Ich erinnerte ihn an unser Gespräch in seinem Wagen und an seine Beurteilung der Situation, wonach es keine Rotation geben würde. »Dann habe ich eben einen Fehler gemacht«, sagte er brüsk.

13. KAPITEL

Das Londoner Dokument

Shimon Peres blieb noch eine Amtszeit von knapp sieben Monaten. Jetzt war die Zeit zum Handeln gekommen. Die PLO war aus dem Spiel. Der König war außerordentlich beunruhigt und deshalb bereit zuzuhören. Die Ägypter waren endlich auch mit von der Partie. Die Amerikaner und Briten waren bereit zu helfen. Gorbatschow war dabei, die Sowjetunion und die russische Außenpolitik zu reformieren.

Aber trotzdem geschah nichts. Peres glaubte immer noch, er hätte genügend Zeit; er war immer noch davon überzeugt, er könne die Likudführer überlisten und einen Weg finden, wie er die Rotation vermeiden könnte. Hussein mißverstand das Schweigen des Likud völlig: Er deutete es als unausgesprochene Übereinstimmung mit Peres' Friedensinitiative. Es gäbe keinen Grund, sagte er kühl zu einem amerikanischen Journalisten, weshalb der Likud sich dem Friedensprozeß widersetzen sollte.

Und so steuerte die Friedensinitiative unaufhaltsam ihrem Scheitern entgegen.

Ein schwacher Versuch, den Prozeß wieder in Gang zu setzen, brachte etwas Bewegung in die Lethargie der letzten Monate von Peres' Amtszeit. Es war sein plötzlicher offizieller Besuch bei König Hassan von Marokko.

Der Besuch selbst war unbedeutend. Ich wußte, daß Rabin als Premierminister heimlich in Marokko gewesen war, so

wie auch Dayan als Außenminister und Peres einige Male als Oppositionsführer. Aber diese Besuche waren nie offiziell gewesen und aus diesem Grunde auch nicht von den Medien wahrgenommen worden. Diesmal, in den letzten Tagen des Juni 1986, flog Peres offiziell nach Marokko, in ein arabisches Land, und war Staatsgast des Königs.
Jedermann erwartete, daß dieser Besuch dramatische Schritte einleiten würde, zum Beispiel ein Gipfeltreffen zwischen Peres und Hussein oder mit einem anderen arabischen Regierungschef. Es ergab keinen Sinn, daß König Hassan von Marokko eine derart wagemutige Initiative nur deshalb ergriffen haben sollte, um Peres die legendäre arabische Gastfreundschaft demonstrieren zu können. Aber nichts geschah, und Peres kehrte mit leeren Händen nach Israel zurück. Man hatte allgemein das Gefühl, daß wieder einmal eines seiner Projekte fehlgeschlagen war.
Peres' Besuch hätte in der Tat zu einem dramatischen Durchbruch im Friedensprozeß führen können. Ursprünglich war er als Gipfeltreffen gedacht gewesen, an dem Hussein und Mubarak teilnehmen sollten. Aber der Besuch war dilettantisch vorbereitet worden. Als Peres in Marokko angekommen und in dem prächtigen Gästehaus in Ifran im Atlasgebirge untergebracht worden war, wurde er gebeten, eine Erklärung abzugeben, die sich auf verschiedene Schlüsselbegriffe wie »internationale Konferenz« und »nationale Rechte für die Palästinenser« beziehen sollte. Peres weigerte sich, und Hussein und Mubarak beschlossen daraufhin, zu Hause zu bleiben. Shimon Peres kehrte am 23. Juli nach Jerusalem zurück.
Am 20. Oktober übergab er das Amt des Premierministers an Yitzhak Schamir. Mit dem Händedruck zwischen dem ehemaligen und dem zukünftigen Premierminister war das Schicksal des Friedensprozesses besiegelt. Aber an jenem kühlen Oktobermorgen war das niemandem klar.

Ironischerweise war Peres der letzte, der erkannte, welche gewaltige Veränderung sich vollzogen hatte. Sicher, er war nicht mehr Premierminister, aber in der Praxis schien sich wenig geändert zu haben. Er war Vizepremier und Außenminister und konnte deshalb seine diplomatischen Initiativen fortsetzen. Er tat weiterhin das, was er wollte, ohne Schamir um Erlaubnis zu fragen, und er erstattete ihm auch nur dann Bericht, wenn er es wollte.

Er war mit seinem gesamten Team vom Büro des Premierministers ins Außenministerium umgezogen. Nach ein paar törichten Streitereien mit Schamir und einem unklugen Versuch, eine Gesetzesänderung herbeizuführen, um für seinen Vertrauten Yossi Beilin den Posten eines stellvertretenden Ministers zu schaffen, ernannte er ihn schließlich zum »politischen Generaldirektor des Außenministeriums« neben General Abraham Tamir, der jetzt nur noch »Generaldirektor des Außenministeriums« war. Diese Ämtertrennung sollte eine Quelle von Reibereien und Skandalen werden, aber zunächst schien das Peres gleich zu sein.

Er betrachtete Schamir mit Verachtung. Schamir war nicht beliebt; er wurde selbst von seiner eigenen Partei offen kritisiert. In den letzten beiden Jahren hatte er als Außenminister zu Peres' Initiativen geschwiegen. Die Leute konnten sich daran erinnern, daß er in seiner letzten Amtsperiode ein ziemlich mittelmäßiger Premierminister gewesen war, der das Erbe Begins nicht hatte verwalten können und die Wahlen verloren hatte. Selbst als er wieder Premierminister war, war er einsilbig, unbeholfen und mißtrauisch geblieben und es hatte ihm an Originalität und Charme gemangelt.

Peres konnte andererseits etwas nicht begreifen, was meine Freunde und ich klar erkannten: Schamir war der Chef, und Peres war aus dem Spiel. Peres' Plan zur Sanierung der Wirtschaft war gekürzt worden, und er hatte

keine Macht mehr, um seine Friedensinitiative durchzusetzen.
Er sah das nicht so. Die Arbeiterpartei folgte ihm blind und war davon überzeugt, daß er schon wisse, was er tue. Was die israelische Öffentlichkeit anging, so schwamm er immer noch auf der Welle der Beliebtheit; die Menschen konnten sich immer noch daran erinnern, daß er derjenige gewesen war, der die Armee aus dem Libanon nach Hause geholt und der Inflation ein Ende bereitet hatte; die Regierungschefs in aller Welt betrachteten ihn immer noch als den einzigen Israeli, auf den es ankam.
Margaret Thatcher empfing ihn immer noch herzlich, Helmut Kohl brachte im Kanzleramt in Bonn Trinksprüche auf ihn aus, François Mitterrand gab als Zeichen seiner Freundschaft ihm zu Ehren ein opulentes Diner im Elysée-Palast. Die Amerikaner arbeiteten weiter mit ihm an dem Friedensprozeß.
Und die Sowjets streckten nach einem verzweifelt langen Prozeß endlich ihre Fühler nach ihm aus.

Anfang November 1986, ein paar Wochen nach der Rotation, wurde Nemrod Novik in die sowjetische Botschaft in Washington eingeladen. Er wurde zum Zweck einer geheimen zweieinhalbstündigen Unterredung mit einem jungen sowjetischen Diplomaten namens Rogow in ein privates Büro geführt. Der Russe war ein offener, selbstbewußter Mann — ein überraschender Gegensatz zu den Robotern der Breschnew-Ära, die bei diplomatischen Begegnungen mit versteinerten Mienen dagesessen und ihre abgedroschenen Formeln heruntergeleiert hatten. Die Sowjetunion wollte sich nicht noch einmal auf dem falschen Fuß erwischen lassen, wie im Falle von Camp David, sagte Rogow lächelnd. Sie würde selbst Initiativen in die Wege leiten.

Novik fragte ihn, wie es um diplomatische Beziehungen bestellt sei. Der Russe gab zu, daß der Bruch mit Israel ein Fehler gewesen sei. Die Beziehungen müßten wiederaufgenommen werden — natürlich in angemessenem Kontext.

Und wie es mit der jüdischen Emigration stehe, fragte Novik.

Diese Frage hatte Rogow erwartet. Novik verließ die Botschaft mit der Zusicherung, daß ab März 1987 die Juden in einer monatlichen Quote von fünfhundert nach Israel auswandern könnten. (Die Emigration begann dann tatsächlich im Mai.)

Das war nicht die einzige überraschende Neuigkeit, die Novik mitbrachte. Die beiden Diplomaten hatten auch über den Friedensprozeß und über eine internationale Konferenz diskutiert. Die UdSSR würde dem Konzept einer internationalen Konferenz zustimmen, die sich in bilaterale Komitees aufspaltete, sagte der Sowjetdiplomat. Aber er bestand hartnäckig darauf, daß keine separate Vereinbarung zwischen zwei Parteien möglich sein dürfe. Kein einzelnes bilaterales Komitee dürfe eine Vereinbarung treffen, wenn die anderen scheitern sollten.

Novik war klar, daß die Sowjets versuchten, die Syrer zu schützen, und daß Hussein ihnen sein Ehrenwort gegeben hatte, daß es ohne eine syrisch-israelische Vereinbarung auch nicht zu einer jordanisch-israelischen Vereinbarung kommen würde. »Die Wände der bilateralen Komitees sollten irgendwie transparent sein«, sagte Noviks sowjetischer Gastgeber. »Dritte Parteien sollten sich keine Sorgen machen müssen.« Als Novik diesen Bericht schrieb, hatte er nur einen Gedanken: Niemand im Außenministerium würde ihm glauben.

Und so war es auch.

Aber die Sowjets gingen sogar noch weiter. Sie wollten

den »New Look« in ihrer Mittelostpolitik öffentlich bekanntmachen. Und dazu benutzten sie ihren alten Bundesgenossen, Syriens Präsidenten Hafez al-Assad, gegen seinen Willen.

Jahrelang hatte die Sowjetunion Syrien finanziell, mit Waffen und diplomatisch unterstützt. Die UdSSR hatte sich in einem gegenseitigen Verteidigungsbündnis verpflichtet, Assad zu Hilfe zu eilen, wenn Syrien von einer fremden Macht angegriffen werden sollte. Deshalb wurden die sowjetischen Spitzenpolitiker auch in jedem Frühling nervös, wenn Assad anfing, mit dem Säbel, das heißt mit seinen Panzern und Raketen, zu rasseln, und Israel mit einem neuen Krieg drohte. Sie hatten Angst, der syrische Präsident könnte sie gegen ihren Willen in eine Konfrontation mit Israel oder womöglich sogar mit den Vereinigten Staaten hineinziehen.

Die jungen Diplomaten der Perestroika waren dieses seltsame Arrangement mit Assad leid. Ein junger sowjetischer Diplomat namens Zotow schreibt in einem Artikel in Moskau ganz offen, es sei an der Zeit, die Beziehungen der Sowjetunion zu Syrien zu modifizieren. Sinngemäß schrieb er, es gehe nicht an, daß Syrien die sowjetische Politik im Mittleren Osten bestimme; die UdSSR solle Damaskus klarmachen, wer der Chef und wer der Kunde sei.

Diese Gelegenheit ergab sich 1987, als Assad nach Moskau eingeladen wurde. Der Kreml beschloß, ihn vor dem Besuch absichtlich auszuhungern. Assad bemühte sich verzweifelt, drei Ziele zu erreichen: Er wollte seine Schuldenlast verringern, über ein neues Hilfsprogramm verhandeln und MiG-29-Jäger bekommen.

Bevor Assad seine Reise antrat, hatten die Sowjets ihn öffentlich gedemütigt. Sie vermieden jede Diskussion über einen Schuldenerlaß und über zukünftige Hilfsprogramme. Sie hatten Simbabwe und Jordanien MiG-29-Jäger angeboten und sie an Indien und an den Irak verkauft. Nur Assad konnte nicht einmal ein paar Flugzeuge für seine Luftfahrtschau am Unabhängigkeitstag bekommen.

Bei einem Staatsbankett in Moskau prostete Außenminister Schewardnadse Präsident Assad vor den Fernsehkameras zu und erklärte lautstark, daß es nicht normal sei, daß zwischen der Sowjetunion und Israel keine diplomatischen Beziehungen bestünden. Der arabisch-israelische Konflikt könne nur mit diplomatischen Mitteln gelöst werden, betonte er.

Assad hörte erstaunt zu und schwieg.

Gleichzeitig gaben die Sowjets dem syrischen Präsidenten alles, was er haben wollte. Sie strichen 25 Prozent der Schulden Syriens, gewährten ihm innerhalb der nächsten drei Jahre einen Kredit in Höhe von drei Milliarden Dollar und unterzeichneten einen Vertrag über die Lieferung von MiG-29-Jägern an die syrische Luftwaffe.

Die Botschaft der Sowjets an Assad hätte nicht deutlicher ausfallen können: Wenn du etwas von uns willst, kannst du es haben, aber verhalt dich still und misch dich nicht in unsere Politik ein.

Die Botschaft wurde sowohl in Damaskus als auch in Amman gut verstanden. Zaid al-Rifai, Husseins Premierminister, hatte enge Verbindungen nach Damaskus. Ähnlich wie Assad war auch er ein Feind der PLO. Rifai ist mit einer Narbe gezeichnet, die von einer palästinensischen Kugel stammt.

Der Premierminister besuchte Assad kurz nach seiner Rückkehr aus Moskau und berichtete Hussein, daß die Sowjets dabei wären, ihre Politik im Mittleren Osten zu ändern. Auch Israel erkannte die ersten Auswirkungen dieser neuen sowjetischen Sicht: Im März 1987 schalteten die

Sowjets den Störsender ab, mit dem sie israelische Rundfunksendungen an Juden in der Sowjetunion gestört hatten.
Die Sowjets begannen, mitzuspielen, und entfernten eines der beiden letzten Hindernisse auf dem Weg zu Verhandlungen. Gorbatschow führte endlich die Perestroika auch in der Außenpolitik ein. Aber der sowjetische Regierungschef erkannte nicht, daß er zu spät kam. Noch vor einem Jahr hätten seine Zugeständnisse eine entscheidende Wirkung gehabt; zumindest hätten sie ihm einen Sitz in der internationalen Konferenz eingebracht. Heute waren sie so gut wie wertlos.

Der erste, der aufwachte, war Hussein. Er verfolgte aufmerksam jede Äußerung der israelischen Minister und erkannte, daß die öffentlichen Erklärungen Schamirs und Sharons einen anderen Zungenschlag bekommen hatten. Der Likud dachte nicht daran, Peres' Initiative weiterzuverfolgen.
Hussein erkannte, daß die Führer des Likud kein Interesse an Friedensgesprächen, an territorialen Kompromissen oder irgendeiner Vereinbarung hatten, die einen Rückzug aus dem Westjordanland nach sich ziehen würde. Sie wollten keine internationale Konferenz. Sie hatten sich in den letzten beiden Jahren nur deshalb ruhig verhalten, weil sie nicht an der Macht waren. Jetzt brachten sie eine harte Note in die israelische Politik. Um Israels Kontrolle über die besetzten Gebiete abzusichern, würden sie nicht einmal vor Massenausweisungen von Palästinensern zurückschrecken; und der Strom der verbitterten, enttäuschten, mit der PLO sympathisierenden Flüchtlinge nach Jordanien könnte seinen Thron gefährden.
Er durfte keine Zeit verlieren; er mußte Schritte unternehmen, solange Peres in der israelischen Öffentlichkeit noch

Einfluß hatte. Als er eine Nachricht von Peres erhielt, in der dieser ihn um ein Treffen bat, sagte er sofort zu. Das Treffen sollte am 11. April in London stattfinden. Husseins offizieller Grund für die Reise war, wie schon so oft, ein Arztbesuch. Diesmal hatte er Schwierigkeiten mit dem Ohr.
Bevor er nach London flog, versuchte Hussein ein letztes Mal, die Unterstützung der Vereinigten Staaten für die Verweisungsklausel zu bekommen. Er schickte Zaid al-Rifai nach Washington. Aber Rifai wurde dort ziemlich kühl und reserviert empfangen. Die Amerikaner spürten schon, daß Peres Schwierigkeiten mit seinen Partnern zu Hause hatte; sie wollten ihm das Leben mit der Verweisungsklausel nicht noch schwerer machen.
Rifai konnte nicht verstehen, daß sein König weich geworden war und daß seine Mission in Washington tatsächlich Husseins letztes Gefecht im Hinblick auf die Verweisungsklausel darstellte. Nachdem seine Gespräche in Washington fehlgeschlagen waren, drückte Rifai in verschiedenen Interviews und Pressekonferenzen seine Enttäuschung aus und warf den Vereinigten Staaten vor, sie könnten die Realitäten im Mittleren Osten nicht richtig einschätzen und würden die Chancen für einen Frieden vertun. Nachdem er seine düsteren Botschaften losgeworden war, packte Zaid die Koffer und flog nach London, um sich dort mit seinem König zu treffen.
Hussein selbst reiste über Kairo nach London, wo er mit Hosni Mubarak konferierte. »Vergessen Sie die Verweisungsklausel«, riet ihm der ägyptische Präsident freimütig. »Peres' Lage ist auch so schon schlimm genug.«
In London sollte der König von Margaret Thatcher einen ähnlichen Rat bekommen. »Peres kann Ihre Bedingungen nicht annehmen«, sagte sie ihm in sein gesundes Ohr. »Sehen Sie nicht, was der Likud mit ihm macht?«
Am Samstag, den 11. April, trafen sich Peres und Hussein

wie gewöhnlich in der Klinik des Arztes. Peres war in Begleitung von Dr. Yossi Beilin. Später behauptete Peres, er habe zu der Zeit wenig Hoffnung gehabt und nicht damit gerechnet, daß der König etwas Neues sagen würde. Er glaubte, daß Hussein sich in seine Positionen hinsichtlich der internationalen Konferenz fest verbissen habe; Zaids Mission in Washington sei der Beweis dafür, daß Hussein hart bleiben wolle.

Der Hauptgrund für seinen Besuch, wie Peres ihn Schamir vor seiner Abreise darlegte, war, daß er mit dem König über ein Projekt diskutieren wollte, das ihm besonders am Herzen lag: der Bau eines Kanals zwischen dem Roten Meer und dem Toten Meer, von dem sowohl Jordanien als auch Israel erheblichen Nutzen haben würden. Das Projekt sollte Jordaniens Energieprobleme lösen, beide Länder in die Lage versetzen, ihre Häfen ins Inland zu verlegen, und dadurch kilometerlange Strände für den Tourismus schaffen. Peres hatte bereits mit Margaret Thatcher und Mitterrand über diesen Kanal zwischen den beiden Meeren diskutiert, und beide hatten ihm versprochen, das Projekt mit 1,5 Milliarden Dollar zu unterstützen.

Aber als Hussein anfing zu reden, wurde Peres plötzlich klar, daß der König überhaupt nicht an dem Kanal interessiert war. Etwas bedeutend Dramatischeres spielte sich ab: Hussein schien bereit zu sein, auf die Verweisungsklausel zu verzichten.

»Sollten wir nicht unsere gemeinsamen Standpunkte fixieren und zu Papier bringen?« fragte Peres vorsichtig.

»Gute Idee«, erwiderte der König. »Ich habe noch eine Verabredung in der Stadt [Hussein traf sich am gleichen Tag mit dem sowjetischen Botschafter], aber ich bin bald wieder zurück. Bereiten Sie doch schon einmal einen Entwurf vor, dann können wir den später gemeinsam durchsehen.«

Der König kam nach ein paar Stunden wieder zurück. Zusammen mit seinem Premierminister prüfte er das Dokument sorgfältig, das Peres und sein Team vorbereitet hatten. Sie schlugen verschiedene Änderungen vor, und die Vereinbarung mußte ein paarmal neu aufgesetzt werden. Zaid al-Rifai ergänzte die endgültige Version durch ein paar handschriftliche Korrekturen. Das Treffen dauerte bis zum späten Nachmittag. Nach sieben Stunden schüttelten sich der König von Jordanien und der Außenminister Israels die Hände. Sie hatten eine historische Vereinbarung getroffen. Das Dokument trug den Titel *Eine dreiteilige Übereinkunft zwischen Jordanien und Israel.*

In Kapitel A wird die Verfahrensweise der Einberufung der Konferenz festgelegt. »Der Generalsekretär der Vereinten Nationen schickt Einladungen an die fünf ständigen Mitglieder des Sicherheitsrats und an die am arabisch-israelischen Konflikt beteiligten Parteien«, um über eine friedliche Lösung zu verhandeln. In diesem Kapitel werden die UN-Resolutionen 242 und 338 erwähnt und die Ziele der Konferenz definiert: Sie soll der Region einen umfassenden Frieden bringen, den Staaten Sicherheit garantieren und die »legitimen Rechte des palästinensischen Volkes« wahrnehmen. Die letzte Formulierung hatte man aus der Camp-David-Vereinbarung übernommen.

In Kapitel B wurden die Parteien dazu aufgefordert, »bilaterale Komitees zu bilden, um gemeinsame Probleme zu erörtern«.

In Kapitel C, das bei weitem das wichtigste war, wurde die Verfahrensweise festgelegt, in der die Verhandlungen stattfinden sollten, über die sich Jordanien und Israel geeinigt hatten. Die internationale Konferenz, so hieß es da, würde den Verhandlungspartnern weder eine Lösung aufzwingen noch ein Veto gegen eine Vereinbarung einlegen, die die beiden Partner getroffen hätten; die bilateralen Komi-

tees würden direkt miteinander verhandeln; die palästinensischen Vertreter wären in der jordanisch-palästinensischen Delegation enthalten.
In einer Sonderklausel wurde festgelegt, welche Palästinenser sich für die Delegation qualifizieren würden: »Teilnahme an der Konferenz würde auf den UN-Resolutionen 242 und 338 basieren sowie auf der Absage an Gewalt und Terrorismus.«
Im nächsten Abschnitt, C (VI), fiel Hussein tatsächlich Syrien in den Rücken. In dem Abschnitt hieß es: »Die einzelnen Komitees verhandeln unabhängig voneinander.« Diese Klausel stand in krassem Widerspruch zu der Versicherung, die Hussein den Sowjets und den Syrern gegenüber abgegeben hatte, nämlich keine Verhandlungen über einen Separatfrieden zu führen. Das war ein entscheidender Durchbruch, weil Israel, Jordanien und die Palästinenser dadurch die Möglichkeit bekamen, zu einer Einigung zu kommen, selbst wenn Israel und Syrien sich noch im Krieg befanden.
Aber den wirklich entscheidenden Durchbruch stellte Abschnitt C (VII) dar. Anstelle der notorischen »Verweisung« problematischer Fragen an das Plenum der Konferenz hieß es in diesem Abschnitt jetzt einfach nur: »Andere Fragen werden durch eine gemeinsame Übereinkunft zwischen Jordanien und Israel entschieden.« Das bedeutete, daß jedwede Intervention durch die Konferenz bei den Verhandlungen formal ausgeschlossen war.
Das Dokument schloß: »Diese Vereinbarung bedarf der Zustimmung der jeweiligen Regierungen Israels und Jordaniens. Der Text dieses Dokuments soll den Vereinigten Staaten als Vorschlag vorgelegt werden.«
Dieser Schluß sollte König Hussein schützen. Peres und Hussein hatten vereinbart, daß die Israelis den Amerikanern das Dokument übergeben sollten; die Vereinigten

Staaten würden es dann offiziell den Regierungen Israels und Jordaniens als amerikanisches Dokument vorlegen. Auf diese Weise konnte man König Hussein keine heimliche Verbindung mit Israel vorwerfen.
Aus demselben Grund beschloß man, Kapitel A und B nach einer gewissen Zeit zu veröffentlichen, Kapitel C aber geheimzuhalten.
An diesem Abend flog Peres mit der Überzeugung nach Israel zurück, daß er den Weg zum Frieden geebnet habe.

Jetzt, als Peres fast am Ziel war, hätte er mit äußerster Vorsicht vorgehen müssen, so, wie er es im Falle des Truppenabzugs aus dem Libanon und im Zusammenhang mit der Inflationsproblematik vor zwei Jahren getan hatte. Er hätte alles sorgfältig vorbereiten müssen, indem er sich heimlich der Unterstützung mindestens eines Kabinettsmitglieds des Likud versichert hätte und die Spitzenpolitiker der Vereinigten Staaten persönlich davon überzeugt hätte, daß sie seine Initiative unterstützen müßten.
Aber er tat nichts von alledem. Er war so fasziniert davon, daß er sein Ziel erreicht hatte, daß er glaubte, das Londoner Dokument allein würde reichen. Er startete seine Offensive ohne jede Vorbereitung.
Am nächsten Morgen legte Peres das Londoner Dokument auf Schamirs Schreibtisch. Der Premierminister runzelte die Stirn und studierte die Vereinbarung zwischen Hussein und seinem Außenminister sorgfältig. Peres beschrieb das Treffen mit Hussein und Rifai und umriß die nächste Phase, über die sich die beiden Parteien geeinigt hatten. »Schamir war völlig verblüfft«, erinnerte sich einer von Peres' Mitarbeitern. »Bis zu diesem Morgen hatte er nicht geglaubt, daß aus der Peres-Initiative etwas werden würde. Und jetzt mußte er plötzlich feststellen, daß das eine ernste Sache war.«

»Als wir zu ihm kamen, um ihm zu berichten«, erzählte mir ein anderer von Peres' Leuten, »hörte er entweder schweigend zu, oder er seufzte und sagte ›Wozu soll das gut sein? Es brennt doch nicht, warum hat Shimon es so eilig?‹ Aber er brachte keine Einwände vor.«
Am Morgen des 12. April äußerte sich Schamir immer noch nicht in negativer Weise, aber sein wütender Gesichtsausdruck verriet seine Gedanken. Ein peinlicher Augenblick entstand, als er das Londoner Dokument in die Hand nahm, um es zu fotokopieren. Peres untersagte ihm das. »Das ist das einzige Exemplar«, sagte er, »und die handgeschriebenen Notizen am Rand stammen von Zaid al-Rifai. Ich muß ihn schützen.«
Schamir kochte vor Wut. »Er war verletzt und fühlte sich gedemütigt«, erzählte mir einer seiner Mitarbeiter später. Peres' Jungs hatten das Recht, das Dokument zu lesen und damit herumzuhantieren, aber der Premierminister von Israel durfte es nicht einmal zu seinen Akten nehmen.
Nach diesem Treffen zeigte Peres Yitzhak Rabin das Dokument. Der Verteidigungsminister war tief beeindruckt und erklärte begeistert, daß er es unterstützen wolle.
Während Peres in Jerusalem war, traf sich Yossi Beilin in Tel Aviv mit Thomas Pickering, dem Botschafter der Vereinigten Staaten. Pickering begriff sofort, welche enorme Bedeutung dieses Londoner Dokument hatte; er drängte Beilin, sofort nach Helsinki zu fliegen, um dort George Shultz abzufangen. Der Außenminister der Vereinigten Staaten war auf dem Weg nach Moskau, um dort mit der sowjetischen Führung zu verhandeln.
Beilin sah auf die Uhr. Es war zehn Uhr vormittags; das nächste Flugzeug ging in einer Stunde. Er fuhr sofort zum Flughafen. Er hatte kein Ticket, aber der Stationsleiter ließ ihn an Bord gehen; er könne das Ticket später bezahlen. Als das Flugzeug auf seine Reiseflughöhe über dem Mit-

telmeer stieg, lehnte Beilin sich in seinem Sitz zurück. Wir haben es geschafft, dachte er. Wir werden den Konflikt endlich beenden. Ich werde Shultz das Dokument bringen, er wird es Gorbatschow zeigen, die Großmächte werden uns unterstützen, und wir werden Frieden haben. Er dachte kurz über die innere Situation in Israel nach. Der Likud würde ein solches Dokument nicht ablehnen können. Es bedeutete den Frieden!

In Helsinki traf sich Beilin mit dem Botschafter Charles Hill, einem engen Mitarbeiter des Außenministers, und gab ihm eine Kopie des Dokuments. Shultz las es noch am gleichen Abend und erkannte sofort die enorme Bedeutung der Vereinbarung. Trotzdem beschloß er, den Sowjets die Existenz des Dokuments zu verschweigen. Während seiner Gespräche in Moskau machte er nicht einmal eine Andeutung, daß Israel und Jordanien zu einer Einigung gekommen waren.

Als Shultz wieder in Washington war, unternahm er die Schritte, um die Israel ihn gebeten hatte. Ein paar Tage später kam der Botschafter der Vereinigten Staaten in Yitzhak Schamirs Büro. Er war sichtlich bewegt und machte ein dramatisches Statement zur Eröffnung. Ein hoher israelischer Beamter beschrieb mir das Treffen folgendermaßen: »Ich komme zu Ihnen nicht nur als Botschafter der Vereinigten Staaten«, erklärte Pickering Schamir, »sondern auch als Sonderbeauftragter des Außenministers. Der Minister ist der Ansicht, daß ein historischer Durchbruch erreicht worden ist.«

Außenminister Shultz, fuhr der Botschafter fort, wolle in die Region kommen und die beiden Parteien an einen Tisch bringen. Der Außenminister habe im Juni zwar einen vollen Terminkalender, aber er sei der Meinung, daß die Reise nicht auf Juli oder August verschoben werden könne, denn in der Zwischenzeit könnten die verfeindeten

Parteien womöglich Schritte gegen die Vereinbarung unternehmen.
Dem Botschafter war nicht klar, daß er genau in diesem Augenblick mit den »verfeindeten Parteien« sprach.
Aus diesem Grund, sagte Pickering zum Schluß, würde Außenminister Shultz am ersten Termin im Mai kommen, der Schamir genehm wäre.
Als er das gesagt hatte, überreichte er dem Premierminister feierlich das Dokument. Am gleichen Tag bekam Shimon Peres eine Kopie.
Peres warf einen Blick auf das Dokument und glaubte, seinen Augen nicht trauen zu können. Das US-Außenministerium hatte einen kolossalen Fehler gemacht. Unter der Überschrift »Geheim/sehr delikat« stand: »Übereinkunft zwischen der Regierung von Jordanien, die sie den Vereinigten Staaten gegenüber bestätigt hat, und dem Außenminister Israels zur Vorlage bei der Regierung Israels. Die Teile ›A‹ und ›B‹, die anschließend im Einverständnis der beiden Parteien veröffentlicht werden, sollen als Vorschläge der Vereinigten Staaten betrachtet werden, über die sich Israel und Jordanien geeinigt haben. Teil ›C‹ muß streng vertraulich als Verpflichtung der Regierung Jordaniens gegenüber den Vereinigten Staaten behandelt werden, die an die Regierung Israels übertragen werden.«
Dann kam der Text der Vereinbarung und darunter »11/4/87 — London.«
London!
Das Datum und die Worte »sollen als Vorschläge der Vereinigten Staaten betrachtet werden« enthüllten das wichtigste Geheimnis des Dokuments — daß es sich nämlich nicht um einen amerikanischen Vorschlag handelte, sondern um eine israelisch-jordanische Vereinbarung, die in London unterzeichnet worden war.

Schamir fotokopierte das Dokument sofort und verteilte es an alle seine Kollegen. Es diente ihm als Beweis dafür, daß Peres sich heimlich hinter seinem Rücken mit Hussein verschworen hatte; Likudminister Modai, der einen Groll auf Peres hegte, wetterte in der Öffentlichkeit: »Sie wollten uns betrügen. Sie haben gesagt, es sei ein amerikanisches Dokument, aber unten steht ›London‹! Ein amerikanisches Dokument? Unsinn!«
Ein weiterer Fehler war die Einbeziehung des Teils C in das offizielle amerikanische Dokument. Die beiden Parteien hatten sich geeinigt, daß dieses streng geheime Kapitel mündlich vorgetragen und nicht schriftlich fixiert werden sollte. Darauf hatte König Hussein bestanden, denn für seine Feinde war es ein Beweis dafür, daß er die Syrer und die Palästinenser betrogen hatte.
In Amman war König Hussein dann auch sehr überrascht, als er feststellte, daß die Amerikaner einen solchen Schnitzer gemacht hatten und dadurch die geheime Absprache offenbart hatten.
Aber trotz all dieser Mißgeschicke des US-Außenministeriums waren alle Parteien bereit, den Plan weiterzuverfolgen.
Alle Parteien mit Ausnahme Schamirs.

Schamir sträubte sich hartnäckig gegen eine internationale Konferenz; er hatte außerdem große Angst, in der jordanisch-palästinensischen Delegation könnten sich PLO-Mitglieder befinden. Und schließlich dachte er im Traum nicht daran, auch nur einen Teil des historischen Landes Israel im Austausch gegen einen Frieden abzugeben.
Der israelische Premierminister versuchte noch in letzter Minute, das Projekt zum Scheitern zu bringen, indem er den Minister Moshe Arens mit dem Auftrag nach Wa-

shington schickte, Shultz die Reise nach Israel auszureden.
Arens war noch nie ein besonders feinfühliger Politiker gewesen und hatte die Leute bei verschiedenen Anlässen durch seine Direktheit schockiert. Als er jetzt mit Shultz zusammentraf, erklärte er offen, daß zur gegenwärtigen Zeit ein Besuch des US-Außenministers eine Einmischung in die inneren Angelegenheiten des Staates Israel darstellen würde. Die Einberufung einer internationalen Konferenz sei in Israel ein sehr umstrittenes Thema, erklärte er. »Wir müssen das zu Hause untereinander ausmachen«, sagte er. »Sie sind uns immer willkommen, aber der Premierminister ist der Meinung, daß jetzt nicht der richtige Zeitpunkt sei.«
Jetzt war es an Shultz, selbst auch einen Fehler zu machen. Er beugte sich vor Schamirs Weigerung. »Er ist Premierminister von Israel«, sagte er zu seinen Mitarbeitern. »Ich kann mich ihm nicht aufdrängen. Wenn der Premierminister nicht will, daß ich komme, werde ich nicht kommen.«
Amerikanische Diplomaten, Peres, Hussein und ihre Mitarbeiter rauften sich verzweifelt die Haare. Shultz spielte bei den bevorstehenden Verhandlungen die entscheidende Rolle. »Henry Kissinger hätte Arens' Argumente vom Tisch gefegt und gesagt: ›Tut mir leid, aber ich komme im Namen des Präsidenten‹«, bemerkte ein amerikanischer Diplomat traurig.
Aber Shultz war nicht Kissinger. Er war ein umgänglicher Mann, sehr elegant und in seinen Äußerungen gemäßigt. Er hatte eine hohe Meinung von den Regierungschefs der Bundesgenossen Amerikas. Außerdem hatte er nie viel für eine internationale Konferenz übrig gehabt. Die Aussicht auf eine Teilnahme der Sowjets hatte ihn ziemlich lauwarm auf diesen Aspekt der Londoner Vereinbarung rea-

gieren lassen. Er war zwar bereit gewesen, in den Mittleren Osten zu kommen, aber Arens hatte keine große Mühe, ihm die Reise auszureden.

Shultz machte einen Rückzieher und sprach damit das Todesurteil über die Londoner Vereinbarung aus, die in irgendeinem staubigen Archiv vermodern sollte.

Von dem Augenblick an half nichts mehr: weder die verzweifelten Briefe und Telegramme aus Washington an Schamir, mit denen man versuchte, ihm seine Ängste im Hinblick auf eine Beteiligung der PLO an der Konferenz zu nehmen, noch die Gesprächsmarathons zwischen Botschafter Pickering und dem Premierminister; und die psychologische Kriegführung von Peres, der den Inhalt des Londoner Dokuments an die Presse durchsickern ließ und israelische Spitzenpolitiker und Auslandskorrespondenten darüber informierte, half genausowenig wie Peres' und Rabins Drohung, aus der Regierung auszutreten und vorgezogene Neuwahlen zu fordern, wenn das Kabinett dem Londoner Dokument nicht zustimmen würde; ja, nicht einmal Husseins mutige Erklärungen, die er dem Bostoner *Globe* gegenüber äußerte, daß man realistischerweise nicht davon ausgehen könne, daß Israel sich aus allen Gebieten zurückziehen würde, die es 1967 besetzt hatte, und daß Jerusalem nicht wieder eine geteilte Stadt werden sollte, konnten etwas ändern.

Die Friedensinitiative war gestorben. Am 13. Mai 1987 diskutierte das israelische Kabinett über das Londoner Dokument, stimmte ihm aber nicht zu.

Ende 1987 und im Laufe des Jahres 1988 sollte Shultz noch einmal einen halbherzigen Versuch machen, die Friedensoffensive wieder in Gang zu bringen, indem er verschiedene Besuche im Mittleren Osten machte. Im Jerusalem Hilton, wo er immer abstieg, wurde in der Halle eine riesige Friedenstaube aus Pappkarton und Stoff aufgestellt, an deren Schwanz eine lange Schnur befestigt war. Wenn Shultz hereinkam, zog er an der Schnur, und die Taube bewegte die Flügel. Aber im Laufe der Monate wurde Shultz' Miene immer düsterer und resignierter, und auch die Taube spreizte ihre Flügel nicht mehr mit der gleichen Begeisterung.

Dann erklärten Schamir und Arens Shultz eines Abends unverblümt, daß die UN-Resolution 242, in der die »Gebiete im Austausch für den Frieden« erwähnt wurden, sich nicht auf das Westjordanland und den Gazastreifen beziehen würde. Das hatte Shultz so noch nie gehört. Um eine Illusion ärmer verließ der Außenminister Jerusalem und die weiße Taube im Hilton auf Nimmerwiedersehen.

Ich muß betonen, daß ich im Hinblick auf das Londoner Dokument immer skeptisch gewesen bin. Heute, drei Jahre danach, geht es mir immer noch so. Ich bin der Ansicht, daß Peres sehr naiv gewesen sein muß, wenn er geglaubt hat, daß die Sowjets, die Chinesen, die Syrer, die Ägypter, ja sogar die Franzosen und Briten eine internationale Konferenz akzeptiert hätten, die keinerlei Entscheidungsbefugnis gehabt hätte.

Für die Sowjetunion wäre es einem politischen Selbstmord im Mittleren Osten gleichgekommen, wenn sie aufgehört hätten, die PLO und die Syrer, die Eckpfeiler ihrer Politik, zu unterstützen, und Israel, Jordanien und einer ohnmächtigen Palästinenserdelegation die Entscheidung über die Zukunft des arabisch-israelischen Konflikts überlassen hätten.

Hussein selbst sollte ein paar Monate später die Forderung stellen, daß eine »Berichtsklausel« angefügt würde, durch die die bilateralen Komitees verpflichtet würden, dem Plenum der Konferenz regelmäßig Bericht zu erstatten. Allein diese »Berichterstattung« könnte unter dem Druck aggressiver Fragen und Mahnungen die Konferenz in ein internationales Tribunal verwandeln, das automatisch Stellung gegen Israel beziehen würde.

Bei allen Gesprächen der Arbeiterpartei über die Friedensinitiative hatte ich Peres gewarnt, daß sein Konzept einer internationalen Konferenz ein schöner Traum wäre, der niemals Wirklichkeit werden könnte. Und so sah es auch die israelische Öffentlichkeit. Ich wandte mich gegen ein solches Konzept, auch gegen den Wunsch nach einer internationalen Konferenz, wie er vor den Wahlen von 1988 im Wahlprogramm der Arbeiterpartei laut wurde. »Bestenfalls kann man eine internationale Konferenz als ein notwendiges Übel betrachten«, erklärte ich dem Zentralkomitee der Arbeiterpartei. »Die Israelis wollen nicht die Russen oder Chinesen über ihr Schicksal entscheiden lassen. Wenn wir zu einer solchen Konferenz gehen müssen, dann wollen wir wenigstens die Wahrheit sagen: daß wir sie nicht wollen, daß wir sie nicht brauchen, daß sie riskant ist — aber daß sie andererseits besser ist als eine Pattsituation. Aber wir wollen nichts beschönigen oder als der Wahrheit letzten Schluß hinstellen.«

Ich wurde überstimmt, und meine Warnungen wurden in den Wind geschlagen. Heute wissen wir, daß wir dadurch, daß wir die internationale Konferenz zum zentralen Wahlkampfthema der Arbeiterpartei gemacht haben, viele Wählerstimmen verloren haben.

Trotzdem glaube ich, daß damals im Frühling 1987 die Annahme des Londoner Dokuments den Palästinensern Hoffnung gemacht hätte. Möglicherweise hätte sich das Gefühl verbreitet, daß es eine Chance für eine friedliche Lösung gäbe. Und was noch wichtiger war, das Dokument hätte zu einer weitreichenden Übergangsvereinbarung zwischen Israel und Jordanien führen können, die die Ge-

müter abgekühlt und in unserer Region ein Gefühl des Friedens ausgelöst hätte.
Das Scheitern der Londoner Initiative ließ die Enttäuschung und Verzweiflung des palästinensischen Volkes immer größer werden und trug dazu bei, daß der Druck im Westjordanland und im Gazastreifen anstieg und sich sehr bald schon in Form von Steinwürfen und Brandbomben der Intifada Luft machte.

14. KAPITEL

Ein Sturm zieht auf

Am Abend des 25. November 1987 landete ein Drachenflieger lautlos auf einem Acker in Galiläa in der Nähe der Stadt Kiryat Shemona. Er kam aus dem Libanon und war mit einem Hilfsmotor ausgerüstet, den der Flieger aber kurz vor dem Überqueren der israelischen Grenze abgestellt hatte.

Milud Ben Alnajakh, der junge Mann, der das winzige Fluggerät gesteuert hatte, gehörte zu einer Kommandoeinheit von Ahmed Jibrils extremistischer Volksfront für die Befreiung Palästinas. Er war Palästinenser, hatte eine gedrungene Figur, lockiges Haar und trug einen zerknitterten Overall. Er war ein erfahrener Flieger und Scharfschütze, der in den Bergen in einem Trainingslager der Jibril-Organisation eine intensive Ausbildung erhalten hatte. An diesem Abend war es endlich soweit gewesen. Er wußte, daß gleichzeitig mit ihm ein zweiter Drachensegler in den nordöstlichen Teil Israels mit einem ähnlichen Auftrag gestartet war.

Milud löste die Gurte des Drachenseglers und machte sich sofort auf den Weg zu der Hauptstraße, die knapp 150 Meter entfernt im Süden im Mondlicht zu erkennen war. Er war mit einer Kalaschnikow-Maschinenpistole, einem Beutel voller Handgranaten und einer Pistole mit unförmigem Schalldämpfer bewaffnet.

Als er die Straße erreicht hatte, konnte er die Scheinwerfer eines Wagens erkennen. Ein Armeelastwagen kam aus östlicher Richtung. Er wartete so lange, bis der Lastwagen dicht genug herangekommen war, trat dann auf die Straße und feuerte eine kurze Salve gegen die Windschutzscheibe. Das Fahrzeug geriet ins Schleudern und rutschte in den Straßengraben. Der Palästinenser gab sich gar nicht erst die Mühe herauszufinden, was aus den Insassen geworden war, sondern überquerte die Straße und rannte in Richtung auf einen Militärstützpunkt, der zweihundert Meter weiter entfernt im Süden lag.

Bei dem Stützpunkt handelte es sich um das provisorische Zeltlager einer Nahal-Kompanie. Die Nahal ist ein einzigartiges Armeekorps, das aus Freiwilligen besteht, die ihren Dienst teilweise als militärische Ausbildung und teilweise als Pionierarbeit im Kibbuz ableisten; sie sind gut ausgebildet, hoch motiviert und stehen in dem Ruf, ausgezeichnete Soldaten zu sein.

An diesem Abend konnten sie allerdings ihrem Ruf nicht gerecht werden. Als Milud sich dem erleuchteten Eingang des Camps näherte, warf er eine Handgranate und feuerte ein paar Salven aus seiner Maschinenpistole auf das Häuschen des Wachtpostens ab. Der Posten, ein junger Mann aus Safed, geriet in Panik und lief weg. Der Terrorist drang blitzschnell in das ungeschützte Lager ein, warf Handgranaten und feuerte aus seiner Maschinenpistole.

Eine Gruppe von Soldaten stand vor dem sogenannten »Klub-Zelt« und bereitete sich in aller Ruhe auf ihre Patrouille vor; erst vor wenigen Minuten waren sie vom Hauptquartier alarmiert worden, weil bruchstückhafte Meldungen über das Eindringen niedrig fliegender Drachensegler von der libanesischen Grenze eingegangen waren.

Milud feuerte auf die Soldaten, tötete vier von ihnen und verwundete mehrere. Als der Kompaniechef Hauptmann

Yaakov Weier die Schüsse hörte, sprang er in seinen Wagen und raste mit aufgeblendeten Scheinwerfern auf den Terroristen zu. Er versuchte, Milud zu überfahren, aber sein Gegner war schneller. Milud feuerte nur einen einzigen Schuß auf das herannahende Fahrzeug ab, und der Offizier brach in die Stirn getroffen hinter dem Steuer zusammen.

Der Zahlmeister des Camps, ein junger Hauptfeldwebel, tauchte zwischen den Zelten auf. Der Terrorist feuerte auf ihn und traf ihn in den Unterleib; aber der verwundete Feldwebel lief weiter und feuerte aus seiner Maschinenpistole. Eine Kugel traf Milud am Kopf, und er fiel zu Boden. Er war schon tot, bevor sein Körper den Boden berührte.

Ein paar Minuten später leitete das Armeehauptquartier, Kommando Nord, eine Fahndung ein, und überall im Norden des Landes brach die Hölle los. Der Tod des Terroristen war nicht das Ende, sondern der Anfang einer intensiven Menschenjagd überall in Galiläa. Über die Städte und Dörfer wurde eine Ausgangssperre verhängt, Straßensperren wurden errichtet, und die Armee durchkämmte die Landschaft und suchte weitere Drachenflieger und andere Terroristen.

In der allgemeinen Verwirrung feuerte eine Patrouille auf einen verdächtigen Schatten in einem Feld und verwundete einen ausländischen Freiwilligen, der in einem in der Nähe gelegenen Kibbuz arbeitete. Andere Einheiten rasten zur Grenze, um die Berichte zu überprüfen, nach denen ein zweiter Drachenflieger gesichtet worden war; sie wurden von mehreren Kampfhubschraubern unterstützt.

Die Operation dauerte die ganze Nacht an. Armee-Einheiten patrouillierten im Schein zahlreicher Leuchtkugeln, die das Land in ein unheimliches orangerotes Licht tauchten, während sie an ihren winzigen Fallschirmen langsam zu Boden sanken. Hunderte von Reservisten, die in einer

speziellen Alarmeinheit zusammengefaßt waren, durchstreiften die Felder von Galiläa.
Am nächsten Morgen entdeckte man in aller Frühe in der Nähe der libanesischen Grenze das Wrack eines zweiten Drachenseglers; er war bei der Landung abgestürzt. Der Terrorist, der ihn geflogen hatte, war allerdings nirgendwo zu entdecken. Eine Kommandoeinheit, die von einer Gruppe von Spurensuchern begleitet war, wurde in die Region entsandt. Sie folgten der Spur des zweiten Terroristen und töteten ihn nach einem kurzen Feuergefecht. Er hatte Papiere bei sich, die auf den Namen Khaled Muhammad Abed lauteten.
Es wurde Entwarnung gegeben. Für die Israelis hatte das Geschehnis bittere Folgen gehabt. Milud Ben Alnajakh hatte sechs Soldaten getötet: die vier Soldaten in dem Camp und den Kompaniechef in seinem Wagen, außerdem den Fahrer des Lastwagens, einen jungen Leutnant. Ein weiblicher Soldat, der in dem Lastwagen gesessen hatte, war leicht verwundet worden.
Der Vorfall hatte katastrophale Auswirkungen auf die Moral. Zum erstenmal in der Geschichte des zwanzig Jahre alten Konflikts mit der PLO hatte ein Terrorist einen militärischen Stützpunkt angegriffen und im Handstreich sechs Offiziere und Soldaten getötet. Der Wachtposten war geflohen. Das war nicht mit anderen Terroraktionen zu vergleichen. Die Opfer des Palästinensers waren diesmal keine hilflosen Frauen und Kinder gewesen, sondern Soldaten, einige von ihnen voll bewaffnet. Und er war ihnen überlegen gewesen.
Seine bemerkenswerte Tat zerstörte den Mythos von der Überlegenheit unserer Armee; von vielen Juden und Arabern wurde das Ereignis als ein symbolischer Rollentausch betrachtet. Diesmal waren die Juden feige und unfähig gewesen, während der Palästinenser seinen Auftrag mutig

und mit ungewöhnlicher Geschicklichkeit ausgeführt hatte.
In einem satirischen Artikel, den ich für die Tageszeitung *Davar* schrieb, kehrte ich den Spieß um und tat so, als wäre es ein jüdischer Kommandokämpfer gewesen, der in ein arabisches Armeelager eingedrungen wäre. Ich beschrieb den erdachten Dialog zwischen zwei Arabern, die sich über die übermenschlichen Fähigkeiten dieses jüdischen Teufels unterhielten, dem es gelungen war, in ihr Territorium einzufliegen und sechs arabische Soldaten zu töten.

»Diese Juden sind Teufel, keine Menschen«, sagte Hassan zu Ahmed. »Einer von ihnen reichte, um unsere Sicherheitsvorkehrungen zunichte zu machen. Er kam herübergeflogen, landete und tötete, ohne Probleme, so, als wäre er in sein Haus in Tel Aviv gegangen. Und hast du gehört, wie der Wachtposten abgehauen ist? Er hat sich in die Hosen geschissen. Jetzt wird jeder sagen: ›Diese Araber sind alle Feiglinge. Ein Jude in einem Drachensegler, und schon laufen sie weg wie die Mäuse.‹«
»Jeder einzelne von diesen Juden ist ein Rambo, das kannst du mir glauben«, sagte Ahmed. »Wir können von Glück sagen, daß wir einen verrückten Zahlmeister hatten; wenn der nicht gewesen wäre, hätte dieser jüdische Superman das ganze Camp ausradiert.«
»Weißt du, Ahmed, manchmal frage ich mich, ob wir Araber die Juden nicht ein einziges Mal so fertigmachen können, wie sie uns fertigmachen.«
»Vergiß es, du Esel, gegen die Juden haben wir nicht die geringste Chance.«

Obwohl mein Artikel als Satire gedacht war, war mir nicht zum Lachen zumute. Ich wußte, daß jeder israelische Soldat für ein solches Bravourstück einen Orden bekommen hätte.
Die arabische Welt belohnte den palästinensischen Terroristen nicht nur mit einem Orden. Milud Ben Alnajakh wurde in Damaskus, in Beirut, in Gaza und im Westjordanland als Held gefeiert. Er war der Beweis dafür, daß die Israelis durchaus verwundbar waren und in ihrem eigenen Land geschlagen werden konnten. Hier war der Beweis dafür, daß die Palästinenser den Kampf gewinnen konnten.

Der Überfall der Drachenflieger war das letzte Glied einer Kette scheinbar unzusammenhängender Ereignisse, die unweigerlich zum Aufstand der Palästinenser führen mußten. Die Nacht der Drachenflieger hatte den Palästinensern trotz ihrer militärischen Unterlegenheit das Gefühl vermittelt, daß sie die Juden besiegen könnten. Es war das zweite Mal, daß sie dieses berauschende Gefühl hatten. Zum erstenmal hatten sie es bei dem berüchtigten »Jibril Exchange« im Mai 1985 gehabt.
Das war eine weitere Folge des Libanonkriegs gewesen. Eine ziemlich große Anzahl von Soldaten war im Libanon als vermißt gemeldet worden. Israel ist sehr empfindlich, wenn es um Verluste geht, und bemüht sich nach allen Kräften, seine Kriegsgefangenen wieder nach Hause zu holen. Keine andere Nation hat je einen so hohen politischen und militärischen Preis für die Freilassung seiner Kriegsgefangenen und Geiseln gezahlt.
Anfang 1985 gab es gesicherte Erkenntnisse darüber, daß drei vermißte israelische Soldaten von der Terrororganisation des Ahmed Jibril festgehalten wurden. Sonderbeauftragte Israels, die in geheimer Mission nach Europa geschickt wurden und gute Verbindungen zu ausländischen

Staatsmännern hatten, boten Jibril in Verhandlungen ein Geschäft an: Unsere drei Soldaten sollten gegen 1140 Terroristen, die in israelischen Gefängnissen saßen, ausgetauscht werden. Unter denen, die damals freigelassen wurden, war Kozo Okamoto, der vor dreizehn Jahren gemeinsam mit drei weiteren Japanern für das Massaker am Flughafen Lod verantwortlich war, bei dem siebenundzwanzig Israelis und ausländische Passagiere getötet worden waren. In dem Geschäft waren außerdem noch einige der brutalsten Mörder in der Geschichte des israelisch-arabischen Konflikts enthalten. Und was noch schlimmer war: Ungefähr der Hälfte der freigelassenen Terroristen wurde gestattet, sich absolut frei im Westjordanland und im Gazastreifen zu bewegen. Das Geschäft hatte die Zustimmung unserer Regierung.

Die Nachricht von dem Austausch erreichte mich auf einem Diner im Hause eines Freundes, an dem auch der ehemalige Präsident Frankreichs, Valéry Giscard d'Estaing, teilnahm. Sie wurde uns von Ben Porat, einem führenden israelischen Journalisten, mitgeteilt. Als Giscard von dem Austausch hörte, war er völlig verblüfft. »Ihr müßt den Verstand verloren haben«, sagte er.

Das war auch meine Meinung. Ich wußte zwar, wie wichtig es für uns war, unsere Jungen wieder nach Hause zu holen, aber drei Soldaten für 1140 Terroristen? Und wir gestatteten es Hunderten von Terroristen, frei unter uns zu leben? Das war ein Beweis dafür, daß sich Terrorismus lohnte, wenn die schlimmsten Meuchelmörder freikamen und wenn Israel, besessen von dem Gedanken, seine Soldaten wieder nach Hause zu holen, seine ohnehin begrenzten Mittel der Abschreckung opferte und gleichzeitig seine Achillesferse bloßlegte.

An diesem Abend schrieb ich einen offenen Brief an die israelische Regierung und veröffentlichte ihn in einer der

führenden Zeitungen Israels. »Wenn ich ein junger Palästinenser aus Hebron oder Nablus wäre«, schrieb ich, »wäre ich triumphierend durch die Straßen marschiert, hätte nationalistische Lieder gesungen und Parolen über die bevorstehende Befreiung Palästinas gerufen. Ich hätte die befreiten Gefangenen zu Hause besucht und sie gebeten, mich in ihre Organisation aufzunehmen. Ich würde einer von ihnen werden wollen; ich würde eine Bombe auf einen belebten Marktplatz legen oder einen Soldaten umbringen, der als Anhalter auf der Straße steht. Abschließend würde ich ein, zwei Jahre im Gefängnis absitzen, um dann als Held nach Hause zurückkehren zu können.«
Und genau das geschah, nachdem Jibrils Terroristen freigelassen worden waren. Wir mußten zusehen, wie sie unsere Gefängnisse in neuen Jogginganzügen verließen, winkten und vor den Kameras des Fernsehens Siegeszeichen machten. Zum erstenmal seit 1987 waren die Straßen voll von Palästinensern, die spontane Triumphzüge bildeten, Parolen skandierten und PLO-Fahnen schwenkten. Sie ignorierten sogar ein paar aufgebrachte Siedler, die in ihre Städte fuhren, wütend das Feuer auf der Straße eröffneten und Autos und fremdes Eigentum beschädigten. Die Palästinenser schien das nicht zu kümmern: Sie hatten gewonnen!
»Ich glaube, das war der Abend, an dem der Aufstand begann«, sagte ein hochrangiger Beamter des Verteidigungsministeriums Jahre später zu mir, »auch wenn die eigentlichen Ausbrüche erst 1987 erfolgten.«

Das Jahr 1987 wurde für die Araber zum Jahr der Verheißung. Es gab eine nebulöse Prophezeiung, wonach die Befreiung Palästinas bevorstünde, denn am 4. Juli 1987 war der 800. Jahrestag der Schlacht von Hattin.
Am 4. Juli 1187 war das Schicksal der Palästinenser für

viele Generationen in Hattin in der Nähe von Tiberias entschieden worden. An jenem brütendheißen Sommertag hatten achtzehntausend moslemische Krieger gegen fünfzehntausend Ritter des Guy von Lusignan, des Königs von Jerusalem, gekämpft. Der moslemische Kriegsherr, der legendäre Saladin, hatte dem Königreich der Kreuzritter im Heiligen Land einen tödlichen Schlag versetzt. Er hatte ihre Armee niedergemetzelt, ihrem König aber edelmütig das Leben geschenkt; drei Monate später eroberte er die Stadt Jerusalem.

In den Köpfen der heutigen Araber ist der Staat Israel eine neue Version des Königreichs der Kreuzritter. Zahllose Staatsmänner, Schriftsteller und Prediger haben Israel prophezeit, daß dem Land durch einen neuen Saladin ein ähnliches Schicksal drohe.

In der prächtigen Empfangshalle in Präsident Assads Palast hängt ein großes Gemälde, auf dem Saladins historischer Sieg dargestellt ist. Der syrische Präsident betrachtet sich als Nachfolger Saladins. Bei der Feier zum 800. Jahrestag der Schlacht von Hattin verglich er in einer Ansprache vor seiner Armee die Zionisten mit den Kreuzrittern und prophezeite den Arabern einen triumphalen Sieg.

Überall im Mittleren Osten haben Minister, arabische Prinzen und moslemische Scheichs in ihren Palästen, Kanzleien und Moscheen diese Worte wiederholt. Während die ganze arabische Welt Saladins historischen Sieg feierte, betrachteten die Palästinenser die Zahl 800 als ein Omen. Das Ende der jüdischen Kreuzritter war nahe.

In diesem Teil der Welt, in dem Phantasie und Realität so eng miteinander verbunden sind — wo religiöser Glaube, phantastische Prophezeiungen und finsterer Aberglaube aus allem ein mystisches Symbol machen können —, hat der Sieg von Hattin für Hunderttausende Araber die Bedeutung einer Quelle, aus der sie Kraft schöpfen und die

Überzeugung, daß der Tag der Abrechnung nicht mehr fern ist. Ich hörte, wie ein junges arabisches Mädchen zu einem Rundfunkkorrespondenten sagte: »Die Juden sind die Kreuzritter der Gegenwart. Und achthundert Jahre nach den Kreuzzügen werden wir die Juden ins Meer treiben.« Der Jahrestag der Schlacht von Hattin, der Jibril-Austausch und die Nacht der Drachenflieger hatten den Palästinensern neue Hoffnung gegeben. Aber ein noch stärkeres Motiv war die Verzweiflung, die mit der Zeit die armseligen Bewohner der besetzten Gebiete ergriffen hatte.

Die israelischen Siedlungen, die von 1977 an in großem Stil entstanden waren, dehnten sich im Westjordanland und im Gazastreifen immer mehr aus. Die vorsichtige Politik der Regierung der Arbeiterpartei, die Beschränkung der Siedlungen auf bestimmte, streng abgegrenzte Gebiete, war vorüber. Die Regierungen unter Begin und Schamir befürworteten eine uneingeschränkte Siedlungspolitik überall im biblischen Land Palästina. Der Likud hatte es sogar fertiggebracht, der Regierung der Nationalen Einheit diese Siedlungspolitik aufzuzwingen.
Das Bild des gewöhnlichen Siedlers hatte sich ebenfalls verändert: In den achtziger Jahren waren die Siedler keine freundlichen Mitglieder eines Kibbuz oder einer Moshav, die die Rechte der Araber respektierten und sich in großer Entfernung von den dichtbevölkerten Regionen auf dem flachen Land angesiedelt hatten. Heutzutage waren es zum größten Teil aggressive, orthodoxe Juden mit Käppchen und Bart, die mit Maschinenpistolen bewaffnet waren. Sie waren davon überzeugt, daß sie ein von Gott verbrieftes Recht auf das gesamte Land Israel hätten. Die nationale Konfrontation wurde auf diese Weise noch durch den Zusammenstoß der beiden Religionen, des Islam und des Judentums, verschlimmert. Ein paar Jahre zuvor, 1984,

war die ganze Nation verblüfft gewesen, als sie erfuhr, daß der Geheimdienst eine jüdische Untergrundorganisation aufgedeckt und zerschlagen hatte. Die Mitglieder dieser Organisation waren zum größten Teil religiöse Siedler aus dem Westjordanland gewesen, die verschiedene terroristische Aktionen durchgeführt und Morde an radikalen Palästinenserführern, Bürgermeistern aus dem Westjordanland und unschuldigen Zivilisten begangen hatten. Sie waren vor Gericht gestellt und zu hohen Gefängnisstrafen verurteilt worden. Trotzdem sind diese jüdischen Terroristen in den Augen der fanatischen Siedler auch heute noch Patrioten und Helden.

Der Anblick einer neuen israelischen Siedlung, die direkt vor ihrer Tür entstand, erzeugte bei vielen Palästinensern großen Zorn; es war ihr Land und ihr Wasser, das die Israelis sich aneigneten. Und das Gefühl, daß sich niemand im Ausland um sie kümmerte, verwandelte ihren Zorn in Verzweiflung. Hin und wieder verurteilten die Vereinigten Staaten die Siedlungspolitik, zogen einen Friedensplan aus der Schublade, um ihn dann schnell wieder in Vergessenheit geraten zu lassen, und schickten Sonderbeauftragte in die Region. Aber all das konnte nicht darüber hinwegtäuschen, daß die Reagan-Administration mehr denn je auf der Seite der Israelis stand und daß es keine Hoffnung gab, daß sie ihre Politik ändern würde. Europa verhielt sich anders, die Europäer schenkten den verzweifelten Klagen der Palästinenser Gehör und sympathisierten mit ihnen; aber Europa hatte im Mittleren Osten überhaupt keinen Einfluß.

Das Scheitern der Peres-Hussein-Friedensinitiative ließ die Verzweiflung der Palästinenser noch größer werden; die Ermordung Zafer el-Masris, des charismatischen Bürgermeisters von Nablus, setzte den schwachen Hoffnungen ein Ende, daß es in den von Israel besetzten Gebieten

jemals eine eigenständige palästinensische Führung geben könne; und nach der Gipfelkonferenz von Amman Ende 1987 erreichte die Verbitterung der Palästinenser ihren Höhepunkt.
Im November 1987 fand in Amman eine Gipfelkonferenz statt, an der die Regierungschefs der arabischen Staaten teilnahmen. Sie war ein großer Erfolg. König Hussein war der perfekte Gastgeber, und die arabischen Führer diskutierten über viele Fragen, die sich hauptsächlich auf den Golfkrieg zwischen dem Irak und dem Iran konzentrierten. Das einzige Thema, daß in stillem Einverständnis unter den Teppich gekehrt wurde, war die Palästinenserfrage. Niemand schien sich um dieses peinliche, unlösbare Problem kümmern zu wollen. Jassir Arafat, der an dem Gipfel teilnahm, erlebte nur Demütigungen und kehrte enttäuscht und verbittert nach Tunis zurück. Und die Palästinenser, die große Hoffnungen auf die Gipfelkonferenz gesetzt hatten, fühlten sich wieder einmal von ihren eigenen Brüdern im Stich gelassen.
Aber die schlimmsten und intensivsten Gefühle der Verbitterung und Verzweiflung waren auf die Demütigungen zurückzuführen, die einzelne Palästinenser erleben mußten. Die blutigste terroristische Aktion in der Geschichte der Intifada war die selbstmörderische Tat eines jungen Palästinensers aus Gaza namens Abd el Hadi Suleiman Ranem. Am 7. Juli 1989 stieg Abd el Hadi am Busbahnhof von Tel Aviv in einen Bus nach Jerusalem. Als sich der Bus Jerusalem näherte, stürzte Abd el Hadi sich auf den Fahrer, ergriff das Lenkrad und steuerte den Bus in eine 150 Meter tiefe Schlucht. Der Wagen überschlug sich mehrmals und fing Feuer. Sechzehn Leute starben. Der Terrorist, der wie durch ein Wunder überlebt hatte, sagte aus, daß er seine Aktion monatelang geplant habe, daß sie aber keinen nationalistischen Hintergrund habe. Als er sich auf den Fah-

rer gestürzt hatte, hatte Abd el Hadi den Namen seines besten Freundes ausgerufen. Die Israelis hatten ihn eingesperrt, sagte er später, und verprügelt. Mit seiner grausigen Tat wollte Abd el Hadi die Demütigung seines Freundes rächen.

Tausende von Arabern sind durch diesen Rachedurst, der durch die ihnen von uns zugefügten Demütigungen erzeugt worden ist, dazu motiviert worden, sich gegen Israel aufzulehnen.

Ich hatte Gelegenheit, mit verschiedenen Palästinensern aus dem Gazastreifen zu reden, die zur ersten Welle des Aufstands gehört, auf den Straßen gekämpft und Steine geworfen hatten. »Warum habt ihr das getan?« fragte ich sie.

Nur zwei oder drei von ihnen sagten, sie hätten es für die Freiheit oder für die Unabhängigkeit Palästinas getan. Die meisten hatten mit uns eine persönliche Rechnung zu begleichen. »Ich bin in Tel Aviv auf der Straße verprügelt worden, weil ich mit einem jüdischen Mädchen gesprochen habe«, sagte einer. »Ich bin von der Grenzpolizei vor dem Restaurant, in dem ich arbeite, getreten und geschlagen worden«, sagte sein Freund. »Ich wurde spätabends aufgegriffen und hatte keine Aufenthaltserlaubnis.« Andere berichteten mir von Demütigungen an der Erez-Straßensperre zwischen Gaza und Ashkelon. Soldaten hätten wahllos ihre Wagen angehalten und sie gezwungen, PLO-Graffiti von den Wänden zu entfernen oder eine PLO-Fahne von einem Telegrafenmast herunterzuholen; Familienmitglieder wären verhaftet, geschlagen, durchsucht und mitten in der Nacht aus ihren Häusern abgeholt und stundenlang verhört worden.

Manche von ihnen mußten zusehen, wie die Soldaten bei den Hausdurchsuchungen ihre Möbel zertrümmerten; andere hatten Verwandte, deren Haus von der Armee wegen terroristischer Aktivitäten in die Luft gesprengt worden war. Jeder nährte in seinem Herzen einen unversöhnlichen Haß und war besessen von dem Gedanken an Rache.

Aber tief unter dieser persönlichen Verbitterung verbarg sich die kollektive Enttäuschung. Die Bevölkerung des Westjordanlandes und Gazas ist jung; 80 Prozent sind jünger als fünfunddreißig Jahre. Das heißt, die meisten Palästinenser sind unter israelischer Besatzung geboren oder großgeworden. Die Verzweiflung und das Gefühl, unterdrückt und ungerecht behandelt zu werden, hat sich in über zwanzig Jahren verfestigt. Den meisten Palästinensern haben die israelischen Soldaten schon von früher Kindheit an gesagt, was sie tun sollten, ihnen entweder erlaubt, zur Schule zu gehen, oder die Schultore geschlossen; ihnen gestattet, zur Arbeit zu gehen, oder eine Ausgangssperre über ihre Städte verhängt. Sie haben sie entweder schlafen lassen oder mitten in der Nacht aus dem Bett geholt, um eine Hausdurchsuchung zu machen; sie bei einer Patrouille auf einer belebten Straße entweder nicht beachtet oder an die Wand gestellt und in demütigender Weise durchsucht.

Trotzdem weiß ich, daß die israelischen Besatzer im Vergleich zu anderen Besatzungstruppen unseres Jahrhunderts im Hinblick auf Fairneß und Humanität mit Abstand an der Spitze stehen. Keine andere ausländische Macht hat einer besetzten feindlichen Bevölkerung so viele Freiheiten gewährt: Redefreiheit, Pressefreiheit, Bewegungsfreiheit und eine Rechtsvertretung; keine andere fremde Macht hat seine eigenen Bürger, seine Medien, freiwillige Organisationen, politische Parteien, seine staatlichen Institutionen, sein Parlament, ja sogar seinen Obersten Gerichtshof zur Wahrnehmung der Rechte der besetzten Nation eingesetzt. Aber diese Tatsache wird von der Weltöffentlichkeit ignoriert, weil die verschiedenen Nationen nur selten bereit sind, sich den Spiegel vorzuhalten; sie wird von einer Außenwelt ignoriert, die von einem jüdischen Staat mit Recht mehr verlangt. Und der Vergleich ist angesichts der Realität des Mittleren Ostens absolut bedeutungslos, vor allem zu einer Zeit, in der die meisten Nationen in unserer Region ihre volle Unabhängigkeit erlangt haben.

Die älteren Palästinenser können sich zwar noch gut daran erinnern, wie rücksichtslos sie vor 1967 von König Hussein behandelt worden sind: Wie oft hatte der König ihre Proteste und Massendemonstrationen dadurch beendet, daß er seine Soldaten in die Menge schießen oder Panzer in den Straßen auffahren ließ. Wie viele Menschen waren von dem haschemitischen Regime getötet, beschimpft oder eingesperrt worden, wobei die Menschenrechte in zynischer Weise mißachtet wurden. Aber eine Unterdrückung durch die eigenen Leute ist nicht mit der Unterdrückung durch eine verhaßte, fremde Besatzungsmacht zu vergleichen, selbst wenn diese Besatzung aufgeklärt und fortschrittlich ist. Auf der anderen Seite waren auch die Palästinenser nicht mehr die alten. In der Vergangenheit waren alle ihre Revolten gegen die Briten, alle Versuche, sich gegen die Juden zu verbünden, alle ihre Aufstände gegen König Hussein gescheitert, weil sie untereinander zerstritten waren. Wegen der im Widerstreit liegenden Interessen der führenden Klans und wegen des Antagonismus zwischen der führenden elitären Schicht und den unteren Klassen waren alle ihre Initiativen zum Scheitern verurteilt gewesen. Aber das war lange her. Seit die israelischen Panzer im Juni 1967 am Ufer des Jordan in Stellung gegangen waren, hatte die palästinensische Gesellschaft einen enormen Wandel durchgemacht.

Ich kann mich noch gut an die rückständige, konservative

Gesellschaft erinnern, mit der ich im Westjordanland und im Gazastreifen in Kontakt gekommen bin, als ich mit Mosche Dayan durch diese Gebiete gefahren war. Die Elite bestand aus ein paar wohlhabenden, einflußreichen Familien, aus denen Mitglieder des jordanischen Parlaments, Minister der jordanischen Regierung, hohe Beamte, Bürgermeister, Rechtsanwälte, Ärzte, Ingenieure und Geschäftsleute hervorgingen. Diese Leute sprachen ausgezeichnet Englisch, lebten in großen Häusern, besaßen Sommerresidenzen außerhalb der Stadt und schickten ihre Söhne auf englische oder amerikanische Universitäten. Religionsführer gehörten ebenfalls zur Prominenz. In den kleineren Ortschaften oder Dörfern hatten die lokalen Dorfältesten und der moslemische Klerus die absolute Macht. Die Palästinenser in den Städten und Dörfern waren bloße Untertanen; wenn es um die Gestaltung ihres Lebens ging, hatten sie nichts zu sagen. Auf der untersten Stufe der sozialen Leiter hockten die Flüchtlinge. Sie waren in Elendslagern zusammengepfercht, wurden arm, schmutzig und unwissend gehalten und waren die Parias dieser starren Gesellschaftsstruktur.

Nach zwanzig Jahren unter israelischer Regierung hatte sich das Bild geändert, eine neue Gesellschaft war entstanden. Die Mitglieder der herrschenden Klasse, die sich verzweifelt an Husseins Rockschöße klammerten, verloren allmählich ihren Einfluß. Sie hatten kaum noch politische Macht, und der Arbeitsmarkt, das Finanz- und Subventionswesen, die Entwicklungsprojekte, die Legislative, Baugenehmigungen und Import-Export-Lizenzen, all das stand nicht mehr unter ihrer Kontrolle. In all diesen Fällen mußten die Palästinenser sich jetzt an ihre neuen Herren, die Israelis, wenden.

Die Israelis entwickelten sich außerdem zum größten Arbeitgeber, den das Land je hatte: Sie boten den Palästinensern über 110000 Arbeitsplätze in Israel an. Durch diese Arbeitsplätze — im Bauwesen, in der Landwirtschaft, in der Industrie und in verschiedenen Dienstleistungssektoren — wurden Millionen Dollar in das Westjordanland und den Gazastreifen gepumpt. Die Lebensqualität eines großen Teils der palästinensischen Bevölkerung, vor allem der Lebensstandard der Flüchtlinge, erfuhr eine enorme Steigerung. Zum erstenmal in ihrem Leben konnten sich diese Menschen Kühlschränke, Elektrogeräte, Fernsehgeräte und Gebrauchtwagen kaufen. Viele Palästinenser bauten sich Häuser, die sie sich vorher nie hätten leisten können. Zum erstenmal in ihrem Leben gingen einige von ihnen zu einem Flughafen, kauften sich ein Ticket und flogen ins Ausland.

Der Anstieg ihres Lebensstandards und der Zusammenbruch der Macht und des Wohlstands der Elite führte zu einer bedeutend uniformeren Gesellschaft. Die Klassenunterschiede verwischten sich; in vielen Fällen verschwanden sie ganz. Die Mittelklasse, die die Ausbrüche der militanten jungen Leute immer wieder unter Kontrolle gebracht hatte, hatte ihre Führungsrolle verloren. »Die Intifada ist möglich geworden«, sagte Dr. Mishal von der Universität Tel Aviv, »weil es zu einem Bündnis zwischen der Mittelklasse und den radikalen jungen Leuten gekommen ist, oder mit anderen Worten, zwischen den Dickbäuchen und der Generation der Rolling Stones.«

Auf eine seltsame Art und Weise trug die israelische Besatzung mit dazu bei, die Klassengegensätze zu überbrücken. Reich und arm, Aristokraten und Flüchtlinge litten in der gleichen Weise unter der Herrschaft des Militärs. Die Ausgangssperren, die nächtlichen Durchsuchungen oder die plötzliche Beschlagnahme ihrer Autos, die für militärische Zwecke benötigt wurden, betrafen jeden. In gewisser Hinsicht litten die Familien der Oberschicht sogar noch mehr als die anderen, denn die israelischen Besatzer boten ihren Kindern keine Positionen an, die ihrer Ausbildung und ihrem gesellschaftlichen Stand entsprachen. Rashad A-Shawa, der Bürgermeister von Gaza und Mitglied einer der ersten Familien, drückte auf dem Totenbett aus, was ihn an der israelischen Besatzung am meisten störte: »Ich habe Angst«, sagte er, »daß mein Sohn eines Tages in einem Restaurant in Tel Aviv Teller wäscht.«

A-Shawas Angst war durchaus begründet. Seit Anfang der achtziger Jahre befand sich die gesamte arabische Welt in einer Wirtschaftskrise. Die arabischen Staaten konnten Tausenden von palästinensischen Universitätsabsolventen, die früher überall im Mittleren Osten gearbeitet und ihr Geld ins Westjordanland geschickt hatten, keine lukrativen Stellungen mehr anbieten. Den College-Absolventen blieb daher nichts anderes übrig, als die manuellen Arbeiten anzunehmen, die Israel ihnen anbot. Sie mußten ihre Diplome vergessen und sich zu ihren Landsleuten gesellen, die auf dem Bau, bei der Müllabfuhr oder als Tellerwäscher arbeiteten oder in den israelischen Städten die Straße fegten. Obwohl wir gar nicht dafür verantwortlich waren, steigerte diese Demütigung die Verbitterung und den Haß gegen Israel bei der jungen Elite noch mehr.

Das Bildungswesen spielte bei diesem gesellschaftlichen Wandel eine ebenso wichtige Rolle. Als wir das Westjordanland erobert hatten, gab es dort nur ein College von zweifelhaftem Ruf, das den paar Studenten, die dort immatrikuliert waren, nicht einmal einen akademischen Grad verleihen konnte. Zwanzig Jahre später war die Zahl der Universitäten im Westjordanland auf zwanzig und die Zahl der Studenten auf fünfundzwanzigtausend angestiegen; viele von ihnen waren Kinder von Fellachen, die selbst noch Analphabeten waren, und Kinder von verarmten Flüchtlingen.

Abgesehen davon, daß die Universitäten ein Schmelztiegel waren, formten sie außerdem eine neue intellektuelle Elite, die außerordentlich nationalbewußt und radikal war. Diese jungen Menschen wollten Freiheit und Unabhängigkeit; vor allem aber wollten sie uns mit unseren eigenen Waffen schlagen. Sie waren in unserer Mitte aufgewachsen; sie kannten uns gut; sie waren in vielfacher Hinsicht ein Produkt unserer Gesellschaft.

Ironischerweise bekam diese intellektuelle Elite bei ihrer Revolte sehr bald einen skrupellosen Bundesgenossen vom anderen Ende der gesellschaftlichen und politischen Skala: die islamischen Fundamentalisten. Der Sturm des religiösen Fanatismus, der über die ganze islamische Welt gefegt war, hatte auch unsere Region erreicht. Im Westjordanland, vor allem aber im Gazastreifen, scharten sich Tausende um die extremistischen Vertreter des Islam und kehrten zur strikten Befolgung der Riten zurück. Sie waren von einem fanatischen Haß besessen, der an das finsterste Mittelalter ihrer Religion erinnerte. Sie träumten vom Krieg gegen die Ungläubigen, vom Sterben für Allah. Verzückt nahmen sie die Schmähreden ihrer Führer in sich auf, die den »Jihad«, den Heiligen Krieg, predigten, durch den ganz Palästina von den Juden befreit werden sollte.

Die Signale waren nicht zu übersehen: Die Palästinenser standen an der Schwelle eines Aufstands gegen Israel. In seinem aufsehenerregenden Buch *Der gelbe Wind* beschreibt David Grossman eindrucksvoll, wie die Zeitbombe, die mit Haß und Bitterkeit geladen ist, in Judäa und Samaria drohend tickt. Aber Israel nahm das Menetekel nicht wahr. Nach langen Jahren der Ruhe zufrieden und selbstgefällig geworden, schlug Israel wieder einmal die Warnungen einiger weniger in den Wind, die das Unwetter sahen, das sich über unseren Köpfen zusammenbraute.

Einer dieser wenigen war mein Freund Fuad Ben Eliezer.

Eliezer war im Irak geboren, als Kind nach Israel ausgewandert und in dem Kibbuz Merhavia großgeworden. Sein Lehrer ersetzte seinen arabischen Vornamen Fuad durch den hebräischen Benjamin. Aber er war schon als Kind ein Dickkopf und blieb bei Fuad; später sollte er einmal der einzige israelische General werden, der einen arabischen Vornamen hatte.

Weil er so hartnäckig an seiner Herkunft festhielt, brachte er bei einer Gelegenheit Golda Meir an den Rand eines Herzanfalls. 1972 war er, damals noch Oberst, in Singapur stationiert und sollte den einheimischen Behörden beim Aufbau einer Militärakademie helfen. Am 28. Dezember erreichte die Nachricht Singapur, daß palästinensische Terroristen, Mitglieder des »Schwarzen September«, die israelische Botschaft in Bangkok besetzt und mehrere Geiseln genommen hätten. Fuad wurde beauftragt, unverzüglich nach Bangkok zu fliegen. Dort wurde er sofort zur Kommandozentrale gebracht, die israelische Offiziere in einem Gebäude gegenüber der Botschaft eingerichtet hatten. Über eine Direktschaltung war diese Zentrale mit dem Büro der Premierministerin in Jerusalem verbunden.

Im dramatischsten Augenblick der Krise hörte Fuad, wie das Telefon klingelte, und nahm den Hörer ab. »Ja«, sagte er.

»Wer spricht da?« hörte er eine tiefe Stimme fragen.

»Fuad«, erwiderte er.

»Was?« Er erkannte die Stimme. Es war Golda Meir.

»Fuad«, sagte er noch einmal.

Er hörte ein Keuchen und dann Goldas entsetzte Stimme: »Mein Gott«, stöhnte sie. »Die Terroristen! Verdammt noch mal, jetzt haben sie auch die Kommandozentrale besetzt!«

Die Krise wurde schließlich ohne Blutvergießen beigelegt. Die Terroristen ergaben sich den einheimischen Behörden und wurden mit dem Flugzeug außer Landes gebracht. Etwas später lernte Golda Fuad kennen. Er war einer der ersten Offiziere, die in den Libanon geschickt wurden, wo er Verhandlungen mit den Falangisten führte und die Leitung über die Ausbildung ihres Militärs übernahm. Er hatte allerdings große Vorbehalte, was die Zuverlässigkeit der libanesischen Streitkräfte anbetraf. 1978 wurde er zum Militärgouverneur des Westjordanlandes ernannt; 1982 war er Koordinator der Regierung für dieses Land und einer der führenden Experten auf dem Gebiet des Palästinenser-Problems. Als er aus der Armee ausgeschieden und in die Politik gegangen war, nahm leider niemand seine Warnungen ernst.

1984 war Fuad der erste, der den Zusammenhang zwischen dem Libanonkrieg und der Situation im Westjordanland erkannte. »Nach ihrer Niederlage im Libanonkrieg«, schrieb er, »wird die PLO ihre Aktivitäten im Westjordanland verstärken. Das Steinewerfen ist zur Haupttaktik der PLO geworden, weil sie weiß, daß die israelische Armee darauf nicht in angemessener Weise reagieren kann. Den Kindern, die die Steine werfen, wird der Sonderstatus ›Freiheitskämpfer‹ zugestanden, genau wie den ›R.P.G. Kids‹ im Libanon. Das Steinewerfen ist ein Mittel, um die Palästinenser im Westjordanland anzufeuern ... Es ist ein sehr wirksames Mittel, um die Medien auf das Problem der besetzten Gebiete aufmerksam zu machen, sowohl in Israel als auch überall auf der Welt.«

Genauso war es. Die Bedeutung der Palästinenser im Westjordanland nahm nach dem Debakel der PLO im Libanon dramatisch zu. Plötzlich waren sie die einzige arabische Gruppe, die den Israelis noch Widerstand entgegensetzte. Die Zusammenstöße zwischen Israelis und Bewohnern des Westjordanlandes, zum größten Teil junge Leute, wurden zusehends häufiger. Aktivitäten, die von der Armee

als »Störungen« bezeichnet wurden — Proteste, Streiks, Steinewerfen, Hissen von PLO-Fahnen —, stiegen von fünfhundert im Jahr vor dem Libanonkrieg auf fünftausend Mitte der achtziger Jahre. Der steile Anstieg der Unruhen im Westjordanland war die direkte Folge des Verlustes der libanesischen PLO-Festung.
Fuad Ben Eliezer wurde 1984 über die Liste der kleinen Yachad-Partei, die sich später mit der Arbeiterpartei verbündete, in die Knesset gewählt. Er sprach seine Warnungen in Interviews, Artikeln und Reden in der Knesset weiter aus. »Die neue Form des Terrorismus«, erklärte er 1985, »besteht aus spontanen, sporadischen Aktionen, die von einer jungen Generation ausgeführt werden, die zum größten Teil erst nach dem Sechstagekrieg geboren wurde ... Es ist durchaus möglich, daß sie sehr bald zum entscheidenden Element innerhalb der palästinensischen Bevölkerung werden und das Volk zu Bürgerprotesten auffordern werden.« In einer Rede vor der Knesset betonte er, daß diese jungen Palästinenser von der PLO beeinflußt würden, auch wenn sie nicht in ihrem Auftrag handelten. Er drängte seine Kollegen, schnell etwas zu unternehmen, solange diese jungen Rebellen noch in der Minderzahl wären; wenn sich die bisher passive Mehrheit mit ihnen verbünden würde, wäre es zu spät.
Fuad hatte eine fertige Lösung: Selbstbestimmung im Westjordanland und im Gazastreifen. Der Gedanke war nicht neu; man hatte ihn in Camp David beschrieben und sich darüber geeinigt; Moshe Dayan war einer seiner überzeugtesten Anhänger gewesen. Aber der größte Teil des politischen Establishments Mitte der achtziger Jahre betrachtete den Gedanken als eine bloße Formel, nicht als einen funktionsfähigen Plan. Der Likud hatte die Autonomie schon längst eingemottet; die Arbeiterpartei verfolgte unter Shimon Peres die jordanische Option. Die meisten Führer der

Arbeiterpartei standen der Autonomie als Zwischenlösung zwar positiv gegenüber, behaupteten aber, sie sei ohne die Kooperation Jordaniens nicht zu erreichen.
Fuad gehörte zu den wenigen, die eine einseitige israelische Entscheidung für die Einrichtung der Selbstbestimmung forderten, ganz gleich, was Ägypten oder Jordanien dazu sagen würde. Als sich die Zeichen für eine Eskalation mehrten, wiederholte er seine Warnungen, daß eine Katastrophe nur dadurch vermieden werden könne, daß man den Palästinensern Gelegenheit gebe, sich in Ruhe um ihre eigenen Angelegenheiten zu kümmern.
Niemand nahm ihn ernst. Niemand war daran interessiert, einseitig die Selbstbestimmung zu garantieren. Im März 1986 legten Gad Yaacobi und ich zusammen mit ein paar Freunden dem Parteitag der Arbeiterpartei einen Entwurf für eine unilaterale Autonomie vor. Er wurde von verschiedenen Ausschüssen verwässert und dann von den dreitausend gelangweilten Delegierten einstimmig angenommen. Sie machten sich nicht einmal die Mühe, darüber zu diskutieren; der Entwurf war bereits gestorben, noch bevor er angenommen worden war. Ich muß zugeben, daß wir nicht hart genug gekämpft haben, um die Entscheidung wirksam werden zu lassen.
Erst 1988, als die Intifada gewaltsam ausgebrochen war, gaben ein paar Politiker zu, daß Fuad recht gehabt hatte. »Fuad war der einzige, der von der Intifada nicht überrascht worden ist«, gab das Knessetmitglied Dan Meridor traurig zu. »Über zwei Jahre lang hat er uns im Komitee für Auswärtige Angelegenheiten und im Sicherheitsausschuß gewarnt, was passieren würde ... Jeder, der heute Fuads Anmerkungen in den Protokollen des Komitees liest, glaubt, er lese die heutige Zeitung.«
Auch Moshe Dayan hatte in den letzten Jahren seines Lebens erkannt, wie dringend notwendig die unilaterale Au-

tonomie im Westjordanland war. Ähnlich wie Fuad war es auch ihm nicht gelungen, jemanden zu finden, der ihm zugehört hätte.
Als die Intifada schließlich ausbrach, mußte ich mich an eine Rede erinnern, die Dayan im September 1977 gehalten hatte: »Eine wichtige Komponente unserer Stärke in Verhandlungen liegt in der Tatsache, daß wir auch ohne eine Übereinkunft so weiterleben können wie bisher. [Aber] wenn wir nicht klug handeln, kann es passieren, daß wir plötzlich vor einer anderen Situation stehen: Sie [die Palästinenser] werden anfangen zu protestieren, und wir werden auf sie schießen, und all das wird fotografiert und veröffentlicht werden. Dann werden wir bei Verhandlungen mit den Arabern nicht mehr sagen können, daß wir eine Alternative haben, und wir werden nicht mehr so weiterleben können wie bisher.«
Ohne es zu wissen, hatte Dayan schon vor zehn Jahren die Intifada prophezeit.

15. KAPITEL

Tage der Steine und des Blutes

Ihr, die ihr zwischen den flüchtigen Worten hindurchschlüpft,
Nehmt eure Namen und geht.
Nehmt eure Stunden aus unserer Zeit und geht.
Stehlt, was ihr wollt,
Aus dem blauen Meer und vom Sand der Erinnerung
Nehmt die Bilder mit, die ihr haben wollt,
Um zu verstehen, was ihr nie verstehen werdet:
Wie ein Stein unseres Landes das Dach der Welt bildet.

Von euch das Schwert, von uns das Blut;
Von euch der Stahl und das Feuer, von uns das Fleisch;
Von euch ein weiterer Panzer, und von uns ein Stein;
Von euch die Gasgranate und von uns der Regen ...
Nehmt euch also eure Portion von unserem Blut und geht.

... Nehmt, wenn ihr wollt, die Vergangenheit und tragt sie auf die Flohmärkte.
Und gebt, wenn ihr wollt, dem Phönix das Skelett zurück
Auf einem Tablett aus Lehm —
... Begrabt Eure Illusionen an einem verlassenen Ort und geht.
Stellt die Zeiger der Uhr bis zur Herrschaft des Goldenen Kalbs zurück
oder bis zum Zeitalter der Kanonenmusik.

Denn wir haben etwas, was ihr nicht besitzt:
Eine Heimat, die mit dem Blut ihres Volkes getränkt ist.

... Eure Zeit ist gekommen, ihr müßt gehen.
Bleibt, wo immer ihr wollt, nur nicht bei uns;
Sterbt, wo immer ihr wollt, nur sterbt nicht bei uns;
Uns gehört die Vergangenheit... die Gegenwart und die Zukunft
Also geht...
Hinaus aus unserem Land, aus unserem Meer,
Hinaus aus unserem Weizen, unserem Salz, aus unseren Wunden
Hinaus aus allem.
Hinaus aus den Gedanken und den Erinnerungen.
Ihr, die ihr zwischen den flüchtigen Worten hindurchschlüpft.

Als dieses Gedicht des palästinensischen Schriftstellers Mahmud Darwish im Januar in einem kuwaitischen Magazin erschien, entzündete sich in ganz Israel daran eine Kontroverse. Darwishs Botschaft an Israel war eindeutig: Geht, verlaßt unser Land, nehmt eure Lebenden und eure Toten und geht. Die Welt der Intellektuellen in Israel war in Aufruhr: Darwish, der vielen als der führende Dichter der PLO bekannt war, war der Liebling der israelischen Linken und wurde wegen seiner gemäßigten Einstellung in Israel häufig veröffentlicht. Vor ein paar Jahren war es auf seine Initiative hin zu einem Gespräch zwischen Palästinensern und Israelis gekommen.
Darwishs Gedicht wurde in der Knesset wütend zitiert; in Leitartikeln wurde es als ein schmerzlicher Schlag gegen das israelische Friedenslager betrachtet. Viele unserer Linksliberalen konnten kaum glauben, daß Darwish ein derartiges Gedicht geschrieben hatte, das eher eine Kriegserklärung als eine Botschaft der Toleranz und des Kom-

promisses war. Sie behaupteten, die Übersetzung hätte den Sinn des Gedichtes entstellt; schließlich brachte die *Maariv* in ihrem Feuilleton vier verschiedene Übersetzungen auf derselben Seite. Die Beweise waren erdrückend: Darwish hatte sich vom sanften Freund und umworbenen Partner zu einem absoluten Feind entwickelt.

Darwish hatte sein leidenschaftliches Gedicht in den ersten Tagen der Intifada geschrieben. Noch viel deutlicher war das Gedicht seines Kollegen Nizar Kabani, das in dem *October*-Magazin in Kairo veröffentlicht wurde. Mein Freund Semadar Peri, einer der prominentesten Kenner der arabischen Welt, brachte mir die hebräische Übersetzung des Kabani-Gedichts. Kabani hatte ihm den Titel »Doktorat über die Chemie der Steine« gegeben.

Er wirft ein paar Steine,
Zerschmettert die israelische Viper,
Kaut das Futter der Kanonen,
Kehrt ohne Glieder zu uns zurück.

Und gleich darauf
Erscheint Land hinter den Wolken.
Eine Heimat wird in einem Augenblick geboren.
Haifa erscheint und Jaffa.
Gaza taucht aus der Brandung auf
Und Jerusalem, von einem Turm illuminiert zwischen den Lippen.

... Und gleich darauf
wachsen die Olivenbäume,
und die Milch strömt zwischen den Brüsten.
Er malt ein Feld in Tiberias,
Mäht Weizenspeere,
Streicht ein Haus auf dem Carmelberg an.

Eine Frau mahlt Kaffee vor der Tür.
Und zwei Krüge . . .

Und gleich darauf
Steigt der Duft der Zitronen auf.
Und zwischen den Pupillen wird eine Heimat geboren.

. . . Ein Kind fällt, und gleich darauf
Werden Tausende von Kindern geboren.
Vollmond in Gaza,
Und gleich darauf
Steigt eine Sichel über Beisan auf,
Wirft das Heimatland in eine Gefängniszelle,
Und eine Heimat wird in einem Augenblick geboren.

. . . Er wirft einen Stein,
Meißelt die Umrisse Palästinas hinein
Wie ein Lied.
Er wirft noch einen Stein —
Äcker steigen aus dem Meer auf, eine Flasche Parfüm.
Er wirft einen dritten Stein —
Ramallah taucht auf, voller Narben nach einer Nacht der Folter.

Er wirft einen zehnten Stein,
Und das Antlitz des Herrn wird enthüllt.
Der Morgen dämmert.

Er wirft den Stein der Revolution,
Wirft
Und wirft,
Bis er den Davidstern entwurzeln
Und in die Tiefe des Meeres werfen wird.

So erschien die Intifada in den Augen vieler Israelis ganz plötzlich nicht nur als eine Revolte gegen unsere Besatzung, sondern auch als ein freimütiges Bekenntnis der Palästinenser zu ihren wahren Zielen, dem wirklichen Traum: die völlige Vernichtung des Judenstaates, die Rückgewinnung Palästinas einschließlich aller Gebiete, die das heutige Israel umfaßt. Das war das alte und neue Banner, der alte Traum und der neue, eine Hoffnung, die wieder zum Leben erweckt worden war. »Vorwärts, vorwärts zu unserem Galiläa!« hieß es in einem Lied der Intifada. »Zu unserem Galiläa, unserem Land, auf nach Jerusalem! Wir sagten zu dem Zionisten: ›Hau ab! Hau ab! Bevor die Steine dein Haus zerstören.‹«

Aber die Intifada hatte nicht mit Liedern und Gedichten begonnen. Der erste Ausbruch am Morgen des 9. Dezember 1987 war von Steinen und Brandbomben begleitet. Wir saßen schon seit langem auf einem Pulverfaß; der Erez-Vorfall vor den Toren von Gaza war nur der Funke gewesen. Trotzdem hatten die spontanen Proteste, die sich über das ganze Westjordanland und den Gazastreifen ausbreiteten, jeden überrascht: die Israelis, die arabischen Staaten, die PLO, ja sogar die Palästinenser selbst. Zehntausende — derartige Massendemonstrationen hatten wir zuvor nie erlebt — gingen auf die Straße; das brodelnde Gemisch aus Frustration, Haß und Verzweiflung durchbrach alle Dämme, die während der zwanzigjährigen Besatzungszeit aufgeschüttet worden waren.

Das kleine Kontingent israelischer Truppen — etwa zweitausend Soldaten —, das in den besetzten Gebieten stationiert war, ging fast in dem Meer von Menschen unter, mit dem es plötzlich konfrontiert wurde. Palästinenser — viele unter ihnen Teenager oder sogar noch jünger — hatten sich mit Keulen, Küchenmessern und Äxten bewaffnet, schwenkten PLO-Fahnen, verbrannten Autoreifen, errichteten Straßensperren auf den Überlandstraßen und warfen Steine auf israelische Autos, die sie unschwer an ihren Nummernschildern erkennen konnten. Kleine Einheiten der Armee, die von Palästinensern umzingelt waren, eröffneten das Feuer und verwundeten oder töteten einige ihrer Angreifer. Viele der Opfer waren Teenager oder sogar Kinder.

Der Generalstab schickte widerwillig zusätzliche Einheiten in das Westjordanland. Der Generalstabschef, General Dan Shomron, träumte schon seit Jahren davon, die israelischen Verteidigungsstreitkräfte zu einer »kleinen, aggressiven und sehr effektiven« Armee zu machen, die mit den raffiniertesten Waffen ausgerüstet ist. Jetzt sah er sich plötzlich gezwungen, die meisten seiner Pläne zu kürzen, das Routinetraining der Elitetruppen zu beenden und viele seiner Entwicklungsprojekte auf Eis zu legen. Anstatt die Armee zu modernisieren, mußte er schnellstens Tausende von Soldaten ins Westjordanland schicken, die dort mit Frauen und Teenagern konfrontiert werden sollten; es blieb ihm nichts anderes übrig, als seine raffinierten Waffen oder seine »Krieg der Sterne«-Strategie zu vergessen und sich statt dessen auf Gummi- oder Plastikgeschosse, Tränengasgranaten und Steinschleudern zu konzentrieren. Die Intifada zwang die modernste Armee der Welt dazu, wieder in die Steinzeit zurückzukehren.

Die Armee verhängte überall im Westjordanland und im Gazastreifen Ausgangssperren, verhaftete Verdächtige und verfolgte die protestierenden Demonstranten durch die verwinkelten Straßen der Kasbahs oder durch die Labyrinthe der Flüchtlingslager. Als die blutigen Krawalle trotzdem nicht aufhörten, konnten wir schließlich die Versicherungen unserer Regierung und der Armeesprecher nicht mehr ernst nehmen, die uns glauben machen wollten, daß sich die Störungen dem Ende näherten. Die Intifada verwandelte sich in einen Strudel, der unsere Energien, unsere Ressourcen und unsere Söhne mit sich in die Tiefe riß. Er drohte außerdem viele unserer moralischen Werte zu verschlingen.

Ruhmreiche, kampferprobte Einheiten — die harte Givati-Brigade, die legendären Fallschirmjäger, die Grenztruppen — schwärmten in den Städten und Dörfern des Westjordanlands aus. Aber nicht, um gegen feindliche Armeen zu kämpfen, sondern um in den Straßen der Städte hinter Zivilisten herzujagen, in die Häuser der Leute einzubrechen, Hausdurchsuchungen zu machen, Verdächtige zu verhaften und zu verhören; dabei beschädigten die Soldaten häufig privates Eigentum und Mobiliar oder verletzten verdächtige Zivilisten, vor allem wenn vorher einer ihrer Kameraden von einem Stein getroffen worden war oder Brandwunden von einem Molotowcocktail erlitten hatte. Die Soldaten haßten ihre neue Aufgabe und äußerten sich auch ihren Vorgesetzten gegenüber offen darüber; deshalb hatten sie sich nicht freiwillig zu einer Elite-Einheit gemeldet.

Als Premierminister Schamir auf einem Berg oberhalb von Nablus mit einigen dieser jungen Männer sprach, sagte ein Fallschirmjäger-Reservist zu ihm: »Wir sind mit allgemeingültigen Werten, mit moralischen Werten aufgewachsen. Aber wenn man uns in die Kasbah schickt, um die Ordnung wiederherzustellen, müssen wir mit Gewalt und Brutalität gegen unschuldige Leute vorgehen. Ich verletze wissentlich das militärische Recht, damit unschuldige Leute Angst vor mir haben. Wenn ich morgens aufwache, frage ich mich, warum ich dahin gehen und jemanden zusammenschlagen muß. Ich muß einen Mann ins Gesicht schlagen und ihn verprügeln ... nur damit er Angst vor mir hat. Ich fühle mich vor diesem Mann gedemütigt. Denn das sind nicht meine Werte, das sind keine ehrenhaften Werte. Er wird stärker, und ich werde schwächer.«

»Hier, an dieser Stelle«, sagte ein anderer Fallschirmjäger, »wird eine neue Nation geboren, während auf unserer Seite die Einheit schwindet.«

Kurz nach seiner Rückkehr aus den Vereinigten Staaten hatte Verteidigungsminister Rabin den umstrittenen Befehl ausgegeben, die Steinwerfer zusammenzuschlagen; zum erstenmal in der Geschichte Israels wurden die Soldaten mit Holz- und Plastikstöcken bewaffnet.

Während der ersten wütenden Proteste kristallisierten sich die lokalen Führer der Palästinenser heraus; sie nahmen schnell Kontakt miteinander auf und schufen eine Grundlage für organisierte Aktionen. Lokale Widerstandskomitees und eine geheime Hierarchie wurden gebildet, an deren Spitze sehr bald ein »Vereintes Nationales Kommando« (United National Command — UNC) stand, das sich aus PLO, Kommunisten und verschiedenen Splittergruppen zusammensetzte. Die PLO-Sympathisanten hatten in der UNC die absolute Mehrheit. Ein paar islamische Fundamentalisten bildeten die Islamische Dschihad, aber die meisten traten der anderen Organisation, der Hamas, bei. Diese Hamas war die wichtigste Widerstandsgruppe im Gazastreifen; das »Vereinte Nationale Kommando« dominierte im Westjordanland.

Die beiden Untergrundorganisationen stellten einen nicht sehr stabilen Modus vivendi her und koordinierten trotz der Differenzen, die sie miteinander hatten, den größten Teil ihrer Aktionen. Die UNC war gemäßigter als die Hamas, die ganz Palästina einschließlich des Staates Israel als das heilige Land des Islam betrachtete; die Scheichs der Hamas predigten einen heiligen Krieg, der bis zum endgültigen Sieg über die Zionisten dauern sollte. Aber die Hamas und die UNC stritten sich nicht über ihre Philoso-

phien. Das hatten sie aus den Erfahrungen mit früheren Revolten gelernt, die wegen innerer Zwistigkeiten gescheitert waren; diesmal waren sie entschlossen, den verhängnisvollen Fehler nicht zu wiederholen.
Sehr bald schossen überall in den besetzten Gebieten lokale Komitees, die von der UNC und der Hamas organisiert worden waren, wie Pilze aus dem Boden. Ein sehr wirksames Kommunikationsmittel wurde eingeführt: Flugblätter. Die Anführer des Aufstands veröffentlichten ihre Instruktionen auf hastig gedruckten Flugblättern, die fotokopiert und überall im Westjordanland und im Gazastreifen verteilt wurden; eine Zeitlang benutzte das Komitee aus Jerusalem dafür in aller Seelenruhe den Fotokopierer des israelischen Obersten Gerichtshofs. Der Inhalt der Flugblätter wurde telefonisch an die anderen arabischen Länder übermittelt, und Radio Monte Carlo, ein in Beirut stationierter Sender, strahlte sie an die Bevölkerung des Westjordanlands aus.
Die Flugblätter wurden zur Bibel der Intifada. Sie enthielten detaillierte Instruktionen, die sich auf alle möglichen Lebensbereiche der Palästinenser bezogen. Sie ordneten allgemeine oder spezielle Streiks an und legten ihre Dauer fest; sie verbaten oder gestatteten den Palästinensern, israelische Produkte zu kaufen; sie regelten Bürgerproteste, veröffentlichten Verbote, die sich auf das Zahlen von Steuern, auf Anträge bei den Militärgouverneuren und auf die Zusammenarbeit mit den israelischen Behörden bezogen. In den Flugblättern wurden Verwaltungsbeamte, Polizisten und Angestellte im öffentlichen Dienst aufgefordert, ihr Arbeitsverhältnis zu beenden. Die meisten gehorchten, einige weigerten sich; aber verschiedene grausame Attentate überzeugten sie schnell davon, daß die UNC es ernst meinte, blutig ernst.

Die PLO-Führung, die zunächst verwirrt war, zögerte eine Weile und sprang dann noch auf den fahrenden Zug auf. Nach ein paar Erklärungen, die den Eindruck erwecken sollten, daß die PLO die Initiatorin und Führerin des Aufstandes sei, inszenierte Jassir Arafat ein großes Medienspektakel: Er beschloß, ein Schiff, vollgepackt mit Palästinenserführern, nach Israel zu schicken. Das Schiff, das in Zypern gekauft worden war, wurde *Return Ship* (Schiff der Rückkehr) getauft. Das Schiff und seine Passagiere, die zum größten Teil verurteilte Terroristen oder radikale Rädelsführer waren, die man aus dem Westjordanland ausgewiesen hatte, waren nicht bewaffnet. Vorbild für diese Reise war die Fahrt der *Exodus*, des berühmten Hagana-Schiffs, das 1947 die britische Blockade der jüdischen Einwanderer nach Palästina gebrochen hatte.
Die israelische Regierung war verwirrt. Man konnte das Schiff nicht versenken; man konnte es auch nicht auf hoher See kapern und seine Passagiere ins Gefängnis werfen, denn beides hätte der PLO perfekt in den Kram gepaßt. Israel hatte es schwer, dem Ausland den Unterschied zwischen der *Exodus* und diesem *Return Ship* klarzumachen. Die *Exodus* brachte Tausende von Überlebenden aus den Todeslagern zu der einzigen Zuflucht, die ihnen in der Welt noch geblieben war, während das *Return Ship* als Pressegag gedacht war, durch den die Israelis als die neuen Unterdrücker gebrandmarkt werden sollten.
Aber die größte Verlegenheit entstand durch die Reaktion in Israel selbst. Ich muß den Leser daran erinnern, daß die Juden den Masochismus und Selbsthaß zu einer hohen Kunst entwickelt haben. Manche von uns sind geradezu süchtig danach, sich die Positionen unserer schlimmsten Feinde zu eigen zu machen, selbst wenn das zum politischen oder sogar zum tatsächlichen Selbstmord führt. Sobald die Nachricht von der geplanten Reise Israel erreicht

hatte, verkündete eine Gruppe von Schriftstellern, Dichtern und Schauspielern, daß sie ein Boot mieten wollte, um dem *Return Ship* auf dem Meer entgegenzufahren und die Palästinenser bei ihrer Rückkehr willkommen zu heißen. Es war offensichtlich, daß diese gutwilligen Israelis sich in törichter Weise freiwillig für den Propagandatrick der PLO zur Verfügung stellten.

Mein Freund, der Dichter Chaim Gouri, schrieb einen offenen Brief an A. B. Yeoshua, einen weltberühmten israelischen Schriftsteller, der die Petition der Intellektuellen unterzeichnet hatte. »Abraham, geh nicht hin!« flehte Gouri ihn an. »Nimm nicht an diesem Schwindelmanöver, an diesem Medientrick teil. Du bietest denen, die da ›zurückkehren‹, tausendmal mehr an, als sie uns angeboten haben, seit der Krieg gegen uns begonnen hat, weil sie das Recht des jüdischen Volkes, in Eretz Israel zu leben, absolut nicht anerkennen. Du hast den Aufruf, sie willkommen zu heißen, unterzeichnet und sie nicht einmal vorher gebeten, auch nur ein Wort ihres Programms zu ändern [dessen wichtigstes Ziel die völlige Vernichtung Israels ist] ... Wenn du zu einer Versöhnung zwischen den Söhnen des Shem aufrufen würdest, zu Verhandlungen, die dem blutigen Zwist ein Ende bereiten würden, sei es durch direkte Gespräche oder durch irgendeine andere Strategie, an der alle Araber beteiligt wären, die mit uns im Konflikt liegen, einschließlich der PLO, dann würdest du mich an deiner Seite finden. Auch ich bin der Überzeugung, daß ein Volk das andere nicht beherrschen sollte ... Aber was du jetzt tust, ist keine kluge und ausgewogene politische Aktion. Es ist ein Betrug, der noch Öl ins Feuer gießen wird. Abraham, geh nicht hin!«

Die Kontroverse breitete sich schnell aus und erfaßte das ganze Land. Es ist schwer zu sagen, was daraus geworden wäre. Glücklicherweise sprengte jemand am Vorabend der

Abreise — ausländische Quellen behaupten, es wäre der israelische Mossad gewesen — ein Loch in eine Seite des Schiffsrumpfes, so daß es zwar nicht sank, aber nicht mehr manövrierfähig war. Das PLO-Projekt wurde abgeblasen, und Abraham blieb zu Hause.

Aber die Intifada machte weiter; und vor ihr konnten wir nicht fliehen, ihre Existenz konnten wir nicht leugnen, und wir konnten ihr auch kein Loch in den Rumpf sprengen. Die abstoßenden Bilder ihrer Taten verfolgten uns, so, wie uns auch das abstoßende Bild Israels verfolgte, das in der plötzlichen Welle der Gewalt sichtbar wurde. Täglich lasen wir etwas darüber in unseren Zeitungen oder sahen abends auf den Bildschirmen die Zusammenstöße der Palästinenser mit den israelischen Soldaten; wir sahen, wie Jungen Steine warfen, Felsbrocken von Dächern herunterfallen ließen oder eine israelische Fahne verbrannten; wir sahen, wie palästinensische Kinder gejagt und geschlagen wurden, wie sie mit auf den Rücken gefesselten Händen auf dem Boden lagen; wir sahen tote Kinder. Wir sahen Umzüge von schwarzgekleideten Männern mit vermummten Gesichtern, die eine palästinensische Fahne schwenkten; wir lasen, daß es hundert, zweihundert und schließlich dreihundert Tote gegeben habe; Zehntausende saßen in den Gefängnissen, riesige Mengen waren ausgewiesen worden. Wir sahen, wie die Häuser von verurteilten Terroristen in die Luft gesprengt wurden, während ihre Familien mit dunklen Augen, in denen Tränen aufstiegen, zuschauten; wir sahen, wie palästinensische Frauen aus dem Schatten ihrer Hinterhöfe hervortraten, ihre Tradition vergaßen und vor Wut schreiend auf die israelischen Soldaten zuliefen. Wir sahen geschlossene Universitäten, geschlossene Schulen, geschlossene Geschäfte, geschlossene Werkstätten, geschlossene Städte, verlassene Äcker, unrasierte Gefangene, blutbespritzte Verwundete, dahingestreckt liegende Tote. Zähneknirschend hörten wir uns den neuesten Witz aus dem Ketziot-Internierungslager an: »Der Araber ist des Menschen bester Freund.«

Wir lasen Berichte über schockierende Exzesse. Eines Nachts trieb eine Kompanie Soldaten in Hawara, einem kleinen Dorf im Westjordanland, zwölf Männer zusammen, von denen man wußte, daß sie in der Intifada aktiv waren; sie wurden zu einer Obstplantage gebracht, wo die Soldaten ihnen mit ihren schweren Stöcken systematisch die Arme und Beine brachen und sie im Dunkeln liegenließen. Einem der Opfer, dessen Beine verschont geblieben waren, gelang es, ins Dorf zurückzulaufen und die Nachricht zu verbreiten.

Wir lasen den Bericht über die vier Soldaten der Givati-Brigade, die im Gazastreifen einen arabischen Gefangenen brutal zusammengeschlagen hatten; der Mann war kurz darauf gestorben. Wir erfuhren, daß man versucht hatte, einige arabische Gefangene bei lebendigem Leib zu begraben; von anderen, die man zu Tode geprügelt hatte; von abstoßenden Grausamkeiten und Demütigungen; wir lasen Berichte über Siedler im Westjordanland, die junge Menschen, darunter junge Mädchen, getötet und anschließend erklärt hatten, sie hätten in Notwehr gehandelt. Und wir fragten uns immer wieder gequält: Konnte das wahr sein? Wie war es möglich, daß unsere Söhne, unsere jüdischen Jungen, so etwas tun konnten?

Die Saat der Intifada war gut aufgegangen und hatte eine reiche Ernte an abstoßenden Israelis hervorgebracht. Es war für mich ein schwacher Trost, daß auch abstoßende Palästinenser wie böse Geister aus der Intifada-Flasche herauskamen. Das waren die Palästinenser, die Soldaten, die per Anhalter unterwegs waren, entführten und dann auf grausame Weise töteten. Es gab Kinder, die ihre Siedlung verließen, mit einem freundlichen Siedler Witze austauschten und sich von ihm lächelnd fotografieren ließen, bevor sie ihm ein Messer in den Rücken jagten. Es gab Palästinenser, die ihre Molotowcocktails geschickt in die offenen Fenster von Bussen oder Personenwagen warfen, um sicherzugehen, daß die Insassen bei lebendigem Leib verbrannten. Andere lockten Soldaten weit in die Kasbah von Nablus hinein und zerschmetterten ihnen dann die Köpfe mit Granitblöcken. Manche waren aus Gaza oder Nablus nach Tel Aviv, Jerusalem oder Gan-Yavne gekommen, hatten Messer aus ihren Hemden gezogen und wahllos und kaltblütig Menschen umgebracht, in den meisten Fällen ältere Juden, die sich nicht wehren konnten. Andere hatten mehr als hundert Araber, die im Verdacht standen, mit den Israelis zusammenzuarbeiten, gehängt, verbrannt, geköpft oder erstochen. Die Leichen waren hinterher auf bestialische Weise verstümmelt worden. Eine Gruppe von palästinensischen Rächern vergewaltigte und folterte ein arabisches Mädchen, schaffte es aber nicht, ihr Opfer direkt zu töten. Anschließend verfolgte sie das Mädchen bis in sein Krankenhauszimmer und vollendete dort ihr grausiges Werk.

Diese Aktionen waren widerwärtig, aber wir waren nicht für die Moral und die Wertvorstellungen der Palästinenser verantwortlich. Ich wußte, daß unser größtes Problem im Mittleren Osten darin bestand, daß wir es mit Menschen zu tun hatten, die eine andere Mentalität und Kultur hatten als wir — die in einem anderen Zeitalter lebten und häufig von einem düsteren religiösen Fanatismus angetrieben wurden. Ein Menschenleben bedeutete ihnen nicht viel, und sie gaben sich nicht die geringste Mühe, auch die andere Seite zu verstehen. Ich wußte, daß zwischen uns und ihnen eine unüberbrückbare Kluft bestand, wenn es um Gerechtigkeit, Moral, Menschenrechte um und nationale

Rechte ging. Aber ich hatte Angst, daß wir genauso werden könnten wie sie; es war so leicht und manchmal auch so verführerisch. Und wenn wir das wirklich wollten, könnten wir in unserer Heiligen Schrift die Rechtfertigung finden: Auge um Auge, Zahn um Zahn.

Ich mußte unsere Taten nach unseren eigenen Wertmaßstäben beurteilen und das Verhalten unserer Feinde ignorieren. Ich wußte, daß die Intifadaführer in zynischer Weise bei Protestmärschen bewußt Frauen in den vorderen Linien gehen ließen und Kinder und Teenager mit selbstgemachten Steinschleudern auf unsere Soldaten schießen ließen. Sie wußten genau, daß wir lange zögern würden, manchmal gefährlich lange, bevor wir zurückschießen würden; sie wußten auch, daß wir der Intifadapropaganda erschütternde Fotos liefern würden, falls wir tatsächlich schossen, Fotos, die die Welt schockieren würden, wenn sie veröffentlicht wurden. In den UNC-Flugblättern wurden die Kinder Frontkämpfer und Kinder der Revolution genannt. In einem Intifada-Lied wendet sich ein Kind an seine Mutter:

Liebe Mutter, ich bin ein Kind der Revolution.
Sag nicht, ich wäre noch zu klein,
Denn ich bin in einem ausbrechenden Vulkan
großgeworden,
Der grausam seine Lava spuckt.

Eine besorgniserregende Untersuchung, die 1989 abgeschlossen wurde, ergab, daß viele palästinensische Kinder von Todessehnsucht besessen waren, sie sehnten sich nach dem Tod, um *Shahed* — Märtyrer der Revolution — zu werden. Während der Straßendemonstrationen führten sie gegen die Warnungen ihrer Eltern die riskantesten Aktionen durch.

Trotz allem konnte ich die offizielle Verlautbarung nicht akzeptieren, daß unsere Soldaten strikte Befehle hätten, nur auf die Füße der Steinewerfer zu schießen; oder daß Gummi- oder Plastikgeschosse nicht töten. Die Äußerung des Knessetmitglieds Tzahar verfolgte mich, der zu Yitzhak Rabin gesagt hatte: »Herr Verteidigungsminister, schlafen Sie nachts gut?« Oder Yossi Sarid, der vom Rednerpult der Knesset im Namen der toten Intifada-Kinder gefragt hatte: »Warum behauptet man, daß man uns in die Füße geschossen hätte, wo man uns in Wirklichkeit in den Kopf und die Brust geschossen hat? Warum behauptet man, Gummigeschosse würden nicht töten? Unsere Köpfe sind voll von Gummigeschossen, die nicht töten. Warum behauptet man, Plastikgeschosse würden nicht töten, obwohl wir tot daliegen und von Plastikkugeln durchlöchert sind?«

Trotzdem wußte ich nur zu gut, daß uns alle diese abstoßenden Tatsachen allein deshalb bekannt wurden, weil eine freie Presse über sie berichten konnte; und alle, die diese Exzesse begangen hatten — die Offiziere von Hawara, die Soldaten der Givati, die schießwütigen Siedler und die, die die Gesetze übertreten und das Feuer eröffnet oder Gewalt angewendet hatten, ganz gleich, ob einfache Soldaten oder Generäle —, waren vor Gericht gebracht, verurteilt und bestraft worden.

Ich wußte auch, daß es für Zivilisten leicht war, zu kritisieren. Ich bin oft im Westjordanland und im Gazastreifen unterwegs gewesen, war Einheimischen begegnet und hatte unsere Soldaten in Aktion erlebt. Ich konnte mir gut vorstellen, wie es einem israelischen Soldaten, der knapp achtzehn Jahre alt war, zumute war, wenn er mit Steinen und Molotowcocktails angegriffen wurde; wenn palästinensische Jugendliche ihn umzingelt hatten, vor seinen Augen eine israelische Fahne verbrannten, seine Mutter verfluchten und sich darüber lustig machten, daß er nicht reagierte; oder wenn sie hinter einer niedrigen Mauer standen, die ihnen bis zum Oberschenkel reichte, und ihn verspotteten und daran erinnerten, daß er ihnen nichts tun könne, weil er ja nur auf ihre Füße schießen durfte. Ich konnte gut verstehen, daß einmal in hundert Fällen ein junger Soldat seine Geduld verlor und abdrückte. Aber ich wußte auch, daß ich ihn schützen mußte, ihm einen Weg aus diesem quälenden Dilemma weisen mußte; wenn ich seine seelische Gesundheit und die Welt seiner Werte retten wollte, mußte ich ihn da herausholen, und zwar so schnell wie möglich.

Selbst ohne die Intifada hatte die zwanzigjährige Besatzung zu einer enormen moralischen Desorientierung in unserer Gesellschaft geführt. Trotz der grausamen Wirklichkeit des Mittleren Ostens konnten wir uns nicht daran gewöhnen, ein anderes Volk zu beherrschen. Da wir selbst in der Vergangenheit eine unterdrückte Nation gewesen sind und entsprechende moralische Wertvorstellungen haben, ist es uns unmöglich, uns wie Herrenmenschen aufzuführen und die Rechte der Palästinenser mit Füßen zu treten. Eine Vielzahl von Organisationen — Frieden Jetzt, Friedenszentren, Friedensbewegungen, Bürgerrechtsorganisationen, Bürgeranwälte, Frauengruppen, politische Lobbys, Schriftstellerverbände, linke Organisationen — setzte sich aktiv für die Palästinenser ein und ließ ihnen juristische, finanzielle und moralische Unterstützung zukommen. Israels Schriftsteller und Dichter beschrieben eindrucksvoll die Not der Palästinenser und hatten Verständnis für ihre nationalen Bestrebungen. Häufig verglichen sie dabei ihren Kampf mit unserem; einige verschrobene Köpfe schossen allerdings in ihrer Begeisterung über das Ziel hinaus und verglichen die is-

raelische Armee mit den Nazis — ein widerwärtiger Vergleich.
Spitzenfunktionäre der linken Parteien predigten unermüdlich, Israel solle direkte Verhandlungen mit der PLO aufnehmen. Obwohl es ein Gesetz gab, wonach Kontakte mit PLO-Führern verboten waren, flogen linke Israelis immer wieder nach Tunis, um sich dort mit Arafat und seinen Kumpanen zu treffen. Die israelische Justiz reagierte darauf sehr nachsichtig, und die meisten Übeltäter gingen frei aus.
Diese hektischen Aktivitäten wurden enorm intensiviert, als die Intifada sich auf die besetzten Gebiete ausdehnte. Manche reagierten hysterisch, wie mein Freund Yaakov Sharett, der Sohn des zweiten israelischen Premierministers. Für ihn bedeutete die Intifada den Anfang vom Ende Israels; er gab mir den Rat, meine Sachen zu packen und auszuwandern, und veröffentlichte ein Buch mit dem Titel *Israel gibt es nicht mehr.* Andere sagten einen Krieg voraus, das Ende des Friedens mit Ägypten oder ein internationales Diktat, das über Israel verhängt würde.
Die Intifada zerstörte unser Ansehen im Ausland. Die Welt ging hart mit uns ins Gericht, aber diese Beschuldigungen waren noch milde im Vergleich zu dem, was wir uns selbst vorwarfen. Jeder Gewaltakt, der von unserer Armee verübt wurde, jeder ungeklärte Tod, jeder Bericht über eine Schlägerei oder andere Auswüchse führte unweigerlich zu einer direkten Reaktion in der Presse, in der Öffentlichkeit und in der Knesset. Die Popsängerin See Heiman drückte das, was ihre Generation fühlte, in einem Lied mit dem Titel *Shooting and Crying* (Schießen und Weinen) an. Der Oberste Gerichtshof verhinderte die Zerstörung der Häuser von Terroristen und die Ausweisung radikaler Palästinenser, solange die vorgesehenen Rechtsmittel nicht ausgeschöpft worden waren. Ich muß allerdings darauf hin-

weisen, daß die Rechtsparteien und die Siedler im Westjordanland sehr selten, wenn überhaupt, gegen eine Verletzung der Rechte der Palästinenser protestierten.

Aber ich muß andererseits auch darauf hinweisen, daß unser Verständnis und unsere häufige Unterstützung der Palästinenser einseitig war. In der arabischen Welt hatte sich keine »Frieden Jetzt«-Bewegung konstituiert; kein einziger Araber hat je seine Stimme erhoben, um die Rechte der Juden auf ihr Land zu verteidigen; kein einziger palästinensischer Schriftsteller, Dichter oder Politiker hat jemals die terroristischen Aktionen gegen Israel verurteilt. Selbst das blutigste Massaker wurde von den Palästinensern mit ekstatischer Freude aufgenommen, solange die Opfer Juden waren.

Amos Oz, unser berühmtester Schriftsteller, hat gegen diese beschämende Einstellung protestiert. Oz, der eindeutig zu den »Tauben« zählt, Verhandlungen mit der PLO und die Gründung eines unabhängigen Palästinenserstaats befürwortet, nahm kein Blatt vor den Mund, als er den Kampf der Palästinenser kritisierte. »Die nationale palästinensische Bewegung«, schrieb er, »ist in meinen Augen eine der stumpfsinnigsten, übelsten und fanatischsten dieses Jahrhunderts. Manchmal begreife ich nicht, wie so viele gute Männer aus dem gemäßigten Lager in unserem Land sich mit einer derartigen Leidenschaft in die Arme der palästinensischen Kahanisten werfen können [Oz spielt auf den rassistischen, fanatischen Rabbi Kahane an] und voller Begeisterung eine Willkommensfeier für ein Schiff voller palästinensischer Kahanisten planen können, während sie völlig zu Recht die jüdischen Kahanisten verurteilen... Die palästinensische nationale Bewegung hat uns alle, Juden und Araber, in fünfundsechzig Jahren in Blut und Dreck ertränkt. Ich bete zu Gott, daß wir nicht heute noch davon infiziert werden.« Einige linksliberale Is-

raelis verziehen es Amos Oz nie, daß er es gewagt hatte, die PLO und ihre braven, friedfertigen Führer zu verurteilen.
Aharon Meged, ein anderer berühmter Schriftsteller, analysierte die Presseberichte eines einzigen Wochenendes, die sich mit der Intifada befaßten. Es waren insgesamt dreiundvierzig Artikel, von denen sechsunddreißig die Palästinenser unterstützten und Israel Vorwürfe machten. »Die Palästinenser wurden als unschuldige Opfer der Armee, der Polizei, der Gerichte und der zentralen und lokalen Regierungsbehörden dargestellt«, schrieb Meged, ». . . Die Aussagen der Palästinenser wurden für bare Münze genommen . . . Gewalttätigkeiten gegenüber Soldaten oder Zivilisten, zu denen auch Tötungsversuche gehörten, wurden nicht erwähnt.
Die Tatsache, daß die Medien im Hinterland sich einmütig mit dem Feind des eigenen Landes identifizieren, wie das hier und jetzt bei uns der Fall ist, und ihn unterstützen«, schrieb Meged weiter, »ist in der Geschichte der Menschheit beispiellos.
Diejenigen, die von morgens bis abends von Moral reden, sollten eines nicht vergessen: Daß es die Intifada schon so lange gibt, hängt nur von den moralischen Kriterien Israels ab. Wenn das nicht so wäre, wäre die Intifada mit einem einzigen Schlag ›vernichtet‹ worden, so, wie es die Rechten fordern; genauso, wie die Jordanier die Terroristen im Schwarzen September zerschlagen haben, die Syrer die Haleb-Rebellen, die Russen die Georgier und die Chinesen die Studenten auf dem Platz des Himmlischen Friedens.«

Ein paar Monate nach dem Ausbruch der Intifada kam Professor Fouad Ajami nach Israel. Ajami, ein brillanter libanesischer Gelehrter, hatte mehrere arabische Länder im

Mittleren Osten besucht, bevor er nach Tel Aviv kam. »Ich habe die Zeitungen studiert und mir die Fernsehnachrichten in diesen Ländern angesehen«, sagte Ajami zu mir. »Sie berichten über die Intifada in riesigen Schlagzeilen. Im Fernsehen und auf den Fotografien, die in den Zeitungen abgebildet sind, sieht man keine Kinder, die Steine werfen, oder Frauen, die gegen Ihre Armee demonstrieren. Sie wollen ihren eigenen Leuten keine falschen Ideen in den Kopf setzen, zu was Menschen fähig sind, wenn sie ihr Schicksal nicht mehr ertragen können.

Wissen Sie«, fuhr Ajami fort, »diese Kinder, die Steine auf euch werfen — das sind keine arabischen Kinder. Das sind nicht unsere Kinder. Ihr selbst habt sie zu dem gemacht, was sie heute sind. Sie sind in eurer offenen Gesellschaft großgeworden. Sie wissen, wie wichtig freie Medien sind, sie wissen, welche Rechte sie in einem demokratischen Staat haben; ihre Aktionen haben ihre Ursache in ihrer Umwelt, in der Gesellschaft, die sie so geformt hat.

Wir wollen sie nicht«, schloß Ajami. »Niemand in der arabischen Welt will sie haben. Das sind nicht unsere, sondern eure Kinder!«

Und weil sie unsere Kinder sind, haben sie die Intifada gewonnen.

Die Intifada wurde schon in den ersten Tagen von den Palästinensern gewonnen, auch wenn Israel über ein Jahr brauchte, um sich das klarzumachen. Weder die Armee noch die Regierung hatten die wirklichen Ziele der Intifada erkennen können. Es ging nicht um die Befreiung des Westjordanlands und des Gazastreifens. Die Führungsspitze der Intifada wußte genau, daß wir uns nicht von ihrem Land vertreiben lassen würden; mit ihren Protesten und Steinwürfen, Morden und Molotowcocktails konnten sie uns aufreiben, aber so konnten sie niemals die beste Militärstreitmacht im Mittleren Osten besiegen. Die »Eroberung« einiger Straßen und Bergdörfer durch junge Leute der Intifada und ihr späterer »Rückzug« vor unseren Soldaten waren lächerlich. Bei der Intifada ging es nicht um einen Krieg der Steinewerfer.

Ihre Strategie bestand darin, die Fernsehbildschirme, die Rundfunksender und die ersten Seiten der Zeitungen überall in der Welt zu erobern. Und in dieser Hinsicht war die Intifada außerordentlich erfolgreich.

Die Führer der Intifada — unsere Kinder, wie Ajami sie nannte — hatten begriffen, welche enorme Bedeutung die Medien in einer offenen Gesellschaft hatten. Sie wollten ihre Not, ihr Leid und ihren Ruf nach Freiheit ins Bewußtsein der Öffentlichkeit bringen, sowohl in Israel als auch in der übrigen Welt. Sie wollten den Nationen und Regierungen klarmachen, daß sie frei sein wollten.

Ihr Erfolg war größer, als sie es sich in ihren kühnsten Träumen vorgestellt hatten. Seit über zwei Jahren haben die Ereignisse im Westjordanland und im Gazastreifen einen herausragenden Platz in jeder Fernsehnachrichtensendung und in jeder Zeitung. Ich kann mich noch an das erste Foto erinnern, das ich in der ersten Woche der Intifada in einem amerikanischen Magazin gesehen habe. Es zeigte einen israelischen Soldaten in Uniform und Helm, der einen M-16-Karabiner in den Händen hielt, und vor ihm eine riesige Menge palästinensischer Frauen und Teenager, die drohend die Fäuste schüttelten, mit dicken Keulen bewaffnet waren und Steine warfen. Im Hintergrund brannte ein Autoreifen, und dicke schwarze Qualmwolken stiegen von ihm auf.

Und ich wußte: Der einsame Soldat würde immer als der Unterdrücker angesehen werden, ganz gleich, ob er seine Waffe benutzte oder nicht oder ob er zu Tode gesteinigt würde. Die Tausende, die da protestierten, Reifen anzün-

deten oder Steine warfen, würden immer als die Unterdrückten angesehen werden. So ist die Welt, und, offen gesagt, so sollte sie auch sein.
Als ich das Foto sah, wußte ich, daß wir verloren hatten. Gleichgültig, wie viele Monate es dauern und wie viele Opfer es beide Seiten kosten würde, die Würfel waren gefallen.
Die Palästinenser waren die Sieger der Intifada.

16. KAPITEL

Wählt Gott zum Präsidenten!

1988, das Jahr der Intifada, war auch Wahljahr in Israel. Ich verbrachte fast zehn Monate damit, verschiedene aufeinanderfolgende Wahlkämpfe zu führen. Nach den Wahlen im Jahr 1984 hatte ich beschlossen, dem antidemokratischen System der Arbeiterpartei den Garaus zu machen. Es ging nicht an, daß einige wenige Politiker darüber entschieden, wer Knessetkandidat wurde, indem sie Listenplätze vergaben. Es war nachgerade an der Zeit, daß wir unsere Vertreter frei wählen konnten. Der Likud wählte seine Knessetmitglieder bereits in geheimer Abstimmung durch sein zweitausend Mann starkes Zentralkomitee. Das Ergebnis war, daß diese Partei inzwischen eine junge, vielversprechende Mannschaft hatte, während unsere Liste alt war und niemanden mehr vom Stuhl reißen konnte.
Ich startete mein Reformprojekt im Herbst 1984; nach langem Kampf und mit der Unterstützung unseres Generalsekretärs Uzi Baram, den ich für mein Projekt gewinnen konnte, wurde die Reform vom Parteitag 1986 einstimmig angenommen. Das war für mich ein Trostpreis dafür, daß es mir nicht gelungen war, die Partei davon zu überzeugen, vorgezogene Wahlen abzuhalten.
Nach dem neuen System sollte nur die Hälfte der Kandidaten in ihrem Wahlkreis gewählt werden und die andere Hälfte durch die zwölfhundert Mitglieder des Zentralko-

mitees. In einer anschließenden Abstimmung sollte das Zentralkomitee dann die Listenplätze der Kandidaten festlegen.
Im April 1988 begann die Arbeiterpartei mit der Wahl ihrer Vertreter. Ich wurde in meinem Wahlkreis Tel Aviv auf einen der ersten Listenplätze gewählt; zwei Monate später, am 16. Juni, wählte mich unser Zentralkomitee auf einen »sicheren« Listenplatz, und meinem Comeback in die Knesset stand nichts mehr im Wege.
Aber zuerst mußten wir die allgemeinen Wahlen gewinnen.
Das Zentralkomitee der Arbeiterpartei wählte Peres einstimmig zu unserem Kandidaten für das Amt des Premierministers, alle jubelten ihm zu und applaudierten. Ich konnte ihre Begeisterung nicht teilen, weil mir klar war, daß unsere Chance auf einen Wahlsieg mit Peres sehr gering war, obwohl er bedeutend besser war als Schamir. Aber die Leute mochten ihn nicht. Er war nur einmal sehr beliebt gewesen und das war während seiner Zeit als Premierminister und inzwischen schon Geschichte.
Unser Wahlkampf begann bald danach. Mir war das Sprichwort von dem alten Hund, dem man keine neuen Kunststückchen mehr beibringen konnte, nur zu bewußt. Deshalb war ich auch nicht sonderlich überrascht, als Peres stur seine früheren Fehler wiederholte. Er machte die Forderung nach einer internationalen Konferenz zum Hauptthema unseres Wahlkampfs, obwohl niemand im ganzen Land viel dafür übrig hatte und die jordanische Option als Folge der Intifada längst tot und begraben war.
Im Juli 1988 fand ein wichtiges Ereignis statt, das Peres von seinem Plan hätte abbringen müssen. König Hussein, der die Bedeutung der Intifada erkannt hatte, gab eine dramatische Erklärung ab, in der er sich definitiv vom Westjor-

danland lossagte. Mit anderen Worten: Die Zukunft der Palästinenser im Westjordanland interessierte ihn nicht mehr; er legte die Pläne, das Gebiet seinem Königreich wieder einzugliedern, in die Schublade.
Auf Husseins Rede folgte eine Reihe von praktischen Maßnahmen, die bewiesen, daß der König es absolut ernst meinte. Aber nicht einmal dieser *coup de théatre* konnte Peres überzeugen. Er sprach weiter von der Londoner Vereinbarung, von der jordanischen Option und von einer internationalen Konferenz. Als ich versuchte, die Forderung nach einer internationalen Konferenz im Programm der Arbeiterpartei zu streichen, wurde ich auf einer Sitzung des Zentralkomitees von Peres und seinen Anhängern überstimmt.
Peres' zweiter Fehler war die Ernennung Ezer Weizmanns zum Wahlkampfmanager. Weizmann war erst vor kurzem in die Arbeiterpartei eingetreten und kannte sich als Außenseiter in ihrer Struktur und in ihren Methoden nicht aus. Sein wesentlichster Mangel war allerdings, daß er eine »Taube« war, das war in den Tagen der Intifada der schlimmste Makel, mit dem einer behaftet sein konnte. An einem Tag erklärte er, er wolle mit dem PLO-Vorsitzenden Jassir Arafat verhandeln, am nächsten Tag, Peres' zukünftige Regierung sollte sich auf die Unterstützung der Progressiven Friedenspartei verlassen, die mit der PLO sympathisierte und von den meisten Menschen in unserem Land als Staatsfeind Nummer eins betrachtet wurde. Bei einer anderen Gelegenheit schrieb Weizmann einem arabischen Kommunistenführer einen freundlichen Brief, was jeden wütend machte.
Aber die Intifada war immer noch unser Hauptfeind in diesem Wahlkampf. Sie hatte einen enormen Einfluß auf die Stimmung in der Öffentlichkeit. An ihr schieden sich die Geister, große Teile der Wählerschaft wurden durch die In-

tifada den Extremisten in die Arme getrieben. Die israelischen Araber, die sich Sorgen wegen der Not ihrer Brüder im Westjordanland machten, waren unruhig geworden; in vielen Dörfern waren die Wände mit feindseligen Parolen beschmiert, und es wurden PLO-Fahnen gehißt; Wagen, die durch hauptsächlich von Arabern bewohnte Gebiete fuhren, wurden gelegentlich mit Steinen beworfen. Viele arabische Wähler, die traditionsgemäß die Politik der Arbeiterpartei unterstützt hatten, wandten unserer Partei den Rücken. Abd el Wahab Darawshe, ein arabisches Knessetmitglied, war aus Protest gegen die brutale Art und Weise, wie Rabin die Intifada behandelte, aus der Partei ausgetreten. Viele, die uns früher unterstützt hatten, liefen in sein Lager über.

Die Intifada hatte auch die Wirtschaft des Landes beeinflußt. Der Tourismus hatte ein Rekordtief erreicht, da die Leute Angst hatten, in ein Gebiet zu reisen, das sie fälschlicherweise als Kriegsgebiet betrachteten. Viele Palästinenser, die in Israel arbeiteten, erschienen nicht an ihrem Arbeitsplatz, und der Mangel an billigen Arbeitskräften erschütterte die Wirtschaft. Der Export israelischer Güter und Agrarprodukte in das Westjordanland war als Folge des Boykott-Aufrufs der UNC auf die Hälfte geschrumpft.

Die Krise betraf alle Wirtschaftsbereiche, am schlimmsten aber die Histadrut-Industrie. Das Wirtschaftsimperium der Histadrut war ohnehin schon in schlechter Verfassung, so wie auch viele Industriezweige und landwirtschaftliche Betriebe, die von der gedankenlosen Politik des Likud betroffen waren; die Intifada war allerdings der Tropfen, der das Faß zum Überlaufen brachte.

Der riesige Koor-Konzern brach zusammen und löste eine nie dagewesene Welle der Kritik an dem schlechten Management aus. Die Vorwürfe waren berechtigt, aber solange

Koor Geld verdient hatte, hatte sich niemand um die längst fälligen Reformen gekümmert. Da die Histadrut unter der Kontrolle der Arbeiterpartei stand, saß auch die Partei sehr schnell auf der Anklagebank.

Aber eine der entscheidenden Folgen der Intifada war die, daß das ganze Land von einer Welle der Angst, die mit Haß gemischt war, überflutet wurde. Die täglichen Konfrontationen mit den Massen wütender Araber, die überall im Westjordanland Molotowcocktails warfen, die zahllosen Morde und Terroranschläge erfüllten die jüdische Gesellschaft mit Angst und erzeugten einen nie dagewesenen Haß. Früher waren wir immer stolz darauf gewesen, daß wir die Araber nicht haßten. Das änderte sich jetzt. Die Intifada hatte die Gefahr plötzlich in unsere Wohnung gebracht.

Jeder, der einen Sohn in der Armee hatte oder selbst Reservist war, konnte verletzt werden; jeder, der mit dem Auto im Westjordanland umherfuhr, konnte angegriffen werden; selbst die, die in Tel Aviv, Haifa oder Jerusalem in ihren Häusern blieben, konnten nicht sicher sein. Mehr als hunderttausend Palästinenser lebten unter uns, arbeiteten in unseren Häusern, Fabriken und Restaurants, waren Verkäufer auf unseren Märkten, spazierten durch unsere Straßen, kamen in unsere Wohnungen. Und jeden Augenblick konnte einer von ihnen ein Messer ziehen; ein paarmal ist das auch passiert. Niemand war sicher.

Es gab nur eine einzige Lösung, und die predigte die Arbeiterpartei schon seit Jahren: einen territorialen Kompromiß, eine sofortige Trennung der beiden Nationen. Nur die Rückgabe des größten Teils der besetzten Gebiete an einen jordanisch-palästinensischen Staat oder eine Föderation und die Entmilitarisierung des Westjordanlandes und die des Gazastreifens könnten unsere Sicherheit garantieren.

Aber diese Lösung war zu logisch. Im Herbst 1988 reagierten die Israelis emotional auf die Intifada. Sie konnten sich nicht für die komplexen Lösungsvorschläge der Arbeiterpartei erwärmen; sie wollten das Westjordanland nicht aufgeben, weil es eine Pufferzone gegen eine mögliche Invasion der Araber im Osten darstellte. Aber auch die verschwommenen Formulierungen des Likud, mit denen diese Partei die Widersprüche verschleiern wollte, die ihre Annexionsparolen enthielten, konnten sie nicht sonderlich beeindrucken. Die Führung des Likud versuchte krampfhaft, der entscheidenden Frage auszuweichen: Was sollte aus den Palästinensern werden, wenn das Westjordanland und der Gazastreifen von Israel annektiert würden?

Die Leute machten sich Sorgen wegen der demographischen Gefahr. In Israel lebten ungefähr 3,7 Millionen Juden und achthunderttausend Araber, im Westjordanland und im Gazastreifen etwa 1,7 Millionen Palästinenser. Diese Zahlen bedeuteten, daß durch eine Annexion eine Minderheit von 2,5 Millionen Arabern einer Mehrheit von 3,7 Millionen Juden gegenüberstünde; und da die Araber eine höhere Geburtenrate hatten, wäre das Ende des jüdischen Staates abzusehen.

Die Frage war, wie könnte man Israel Sicherheit garantieren und gleichzeitig die demographische Gefahr beseitigen? Viele hofften auf eine Patentlösung, eine Zauberformel, die die Gefahr plötzlich verschwinden ließe. Sie träumten davon, eines Morgens aufzuwachen und festzustellen, daß sich alle Palästinenser in Luft aufgelöst hätten. Deshalb fühlten sie sich zur extremen Rechten hingezogen, weil ihnen dort radikale Lösungen angeboten wurden. Rabbi Kahane, der israelische Rassist, war allerdings nicht mehr im Rennen: Seine Partei war vom Obersten Gerichtshof Israels verboten worden. Das war das Ende eines langen Kampfes gewesen, den wir seit seiner Wahl gegen ihn ausgefochten hatten; ich kann mich heute noch an die Prügel erinnern, die ich von der Polizei bezogen habe, als ich vor zwei Jahren an der Spitze einer Demonstration gegen eine Wahlkampfveranstaltung Kahanes marschiert war.

Aber anstelle von Kahane gab es jetzt eine neue nationalistische Partei, die sich Moledet (Heimat) nannte und deren Führer, General Zeevi, die Idee gehabt hatte, man könne alle palästinensischen Araber an das andere Ufer des Jordan schaffen. So verrückt dieser Gedanke auch erscheinen mag, entsprach er doch der verschwommenen Sehnsucht vieler, die die Araber ein und für allemal loswerden wollten. Die Moledet schien Boden zu gewinnen. Und das gleiche galt auch für die anderen extremistischen rechten Parteien, die eine Intensivierung der Siedlungspolitik, eine Politik der starken Hand gegenüber den Arabern, die Todesstrafe für Terroristen, Massenausweisungen, Restriktionen und den Gebrauch radikaler Maßnahmen zur Niederschlagung der Aufstände forderten.

Zwei Tage vor der Wahl fand ein absolut grauenhaftes Massaker statt. In der Vorstadt von Jericho griffen ein paar Palästinenser einen israelischen Bus mit Molotowcocktails an. Die brennenden Flaschen flogen ins Innere des Wagens; eine Frau und ihre beiden Kinder verbrannten vor den Augen der anderen Fahrgäste, denen es gelungen war, aus dem brennenden Bus zu fliehen. Ein Soldat, der versucht hatte, die Familie zu retten, erlag später einer Rauchvergiftung.

Dieses schockierende Ereignis hat mit Sicherheit viele unentschlossene Wähler ins Lager der Extremisten getrieben.

Die Intifada war zweifellos einer der wichtigsten Faktoren der Wahl von 1988. Aber ein faszinierendes Phänomen war während des Wahlkampfes zu beobachten: Die ultraorthodoxen Juden hatten nach zweitausend Jahren das Fernsehen entdeckt.
Bei früheren Wahlen hatten die Rabbiner der Agudat Israel, einer nicht-zionistischen, starren, fanatischen Partei, ihren Anhängern die Benutzung derartig dekadenter und gottloser Apparate verboten. Viele von ihnen betrachten auch heute noch die bewegten Bilder auf dem Fernsehschirm als Gotteslästerung, weil die Bibel ausdrücklich verbietet, sich ein Bildnis zu machen; solche frommen Juden verdecken ihre Gesichter, wenn das Objektiv einer Fernsehkamera auf sie gerichtet ist.
In der Vergangenheit hatte die Agudat Israel sich geweigert, die Zeit auszunutzen, die ihr vom staatlichen Fernsehen für den Wahlkampf zugestanden worden war. Ihre Führung hatte es statt dessen vorgezogen, die kostbare Fernsehzeit gegen längere Rundfunkübertragungen einzutauschen. Aber 1988 verletzten sie ihr eigenes Tabu und erschienen auf dem Bildschirm, um die frommen Juden Israels dazu zu bringen, für sie zu stimmen.
Im allgemeinen nutzten die religiösen Parteien die Massenmedien bedeutend besser aus als die erfahreneren weltlichen Parteien. Während der Likud und die Arbeiterpartei, die von in der ganzen Welt bekannten Medienzauberern beraten wurden, sich gegenseitig mit raffinierten Wahlkampfplakaten und feinen Pointen beharkten, machten die orthodoxen Rabbiner aus ihren Sendungen eine jüdische Version des Fernsehgottesdienstes am Sonntagmorgen. Sie stellten sich einfach nur vor die Kamera, predigten und mobilisierten Gott für ihre Partei und versprachen denen, die sie wählen würden, den Segen der weltbe-

rühmten Rabbiner und prophezeiten denen, die sie nicht wählten, eine düstere Zukunft.
Die Wahlkampfmanager des Likud und der Arbeiterpartei hielten sich den Bauch vor Lachen über die Dummheit der Rabbiner, die da herumbrüllten, segneten, verurteilten, warnten, schwitzten und die Fäuste vor der Kamera ballten; sie kritisierten, daß sich ein Lubavitch-Rabbiner, ein hassidischer Führer, der in den Vereinigten Staaten lebte, im israelischen Wahlkampf engagierte; sie machten sich darüber lustig, daß Baba Sali, ein vor langer Zeit gestorbener hassidischer Religionsführer, der ein ziemlich sonderbarer Heiliger der marokkanischen Juden gewesen war, als Wahlkampflokomotive eingesetzt wurde; und sie verhöhnten den Rabbi Yitzhak Peretz, den Führer der Shas, der orthodoxen Partei der Sephardim, der in seiner Sendung leidenschaftlich erklärt hatte: »Eine jüdische Frau, die am Abend des Sabbat ihre Kerzen anzündet, ist bedeutend wichtiger als fünfzig Professoren, die uns erklären wollen, daß wir von den Affen abstammen.«
»Primitiv«, sagte einer unserer Medienzauberer an diesem Abend in den G.G.-Studios zu mir, »lächerlich, unprofessionell, uneffizient. Die haben keine Ahnung vom Fernsehen.« Er sollte sich gewaltig geirrt haben.
Die Sendungen der Ultraorthodoxen hatten großen Einfluß auf die Massen. Sie brachten neben Peres und Schamir einen neuen Wettbewerber ins Rennen: Gott. Versuchen Sie einmal, sich einen braven Sephardim- oder Aschkenasim-Juden vorzustellen, der die alten Traditionen respektiert und hin und wieder in die Synagoge geht, ohne deshalb unbedingt ultraorthodox zu sein. Früher hat er womöglich die Arbeiterpartei oder den Likud gewählt, obwohl das nichtreligiöse Parteien sind. Er setzt sich während des Wahlkampfs jeden Abend vor seinen Fernseher und sieht und hört die Wahlsendungen der einzelnen Par-

teien. Er sieht Shimon Peres, den »Premierminister, den Israel braucht«, und rümpft mißtrauisch die Nase. Er mag Peres nicht. Dann sieht er Schamir, einen kleinen, finster blickenden Mann, der sich nur schwerfällig ausdrücken kann und im Vergleich zu seinem Vorgänger an der Spitze des Likud, dem charismatischen Menachem Begin, armselig wirkt. »Nur der Likud schafft es«, verkündet der Sprecher. Unser Zuschauer sieht sich Schamir an und schüttelt den Kopf. Nein, er glaubt nicht, daß Schamir es schafft.
Und dann kommt Gott. Zu Fanfarenklängen und vor dem Hintergrund von Thora-Rollen, die in blauen Samt gehüllt sind, der mit Goldfäden durchwirkt ist, erscheint das Gesicht eines Rabbiners in Großaufnahme auf dem Bildschirm. Er verspricht unserem Zuschauer, daß Gott ihn segnen, für ihn sorgen und ihn beschützen werde, wenn er die Shas (oder Degel Hatorah oder Agudat Israel) wählt. Und im Namen Gottes verspricht der Rabbiner ihm, dafür zu sorgen, daß die wunderschönen jüdischen Bräuche erhalten bleiben, daß die Kinder eine gute Erziehung bekommen, daß die jüdische Lebensart gestärkt und die jüdische Nation im Lande Israels verteidigt wird.
Unser Zuschauer hat kein besonderes Vertrauen zu den beiden anderen Bewerbern, die bedeutend weniger Charisma haben als der Allmächtige. Und er ist in diesen bitteren Tagen der Intifada, des Terrorismus, der demographischen Bedrohung und der wachsenden Kritik des Auslands verwirrt, voller Sorgen, ja sogar irgendwie verängstigt. In einer solchen Situation braucht der Mensch jemanden, auf den er sich immer verlassen kann, nicht irgendeinen abgehalfterten Politiker. Wer kann da besser sein als Gott?
Deshalb entschließt sich unser Fernsehzuschauer, für den Herrn Israels zu stimmen.

Als am Abend des 1. November die Wahlergebnisse bekanntgegeben wurden, war die ganze Nation fassungslos. Die Arbeiterpartei war von vierundvierzig auf neununddreißig Sitze zurückgefallen; der Likud hatte nur einen Sitz verloren und war mit vierzig Sitzen die stärkste Partei in der neuen Knesset geworden. Die religiösen Parteien waren von zwölf auf achtzehn Sitze gestiegen; das war eine Zunahme um fünfzig Prozent! Es war klar, daß die Arbeiterpartei keine Koalition bilden konnte. Der Likud hätte das gekonnt, aber es wäre eine unmögliche Regierung geworden, an der die Rechtsextremisten und die ultraorthodoxen Parteien beteiligt gewesen wären. Das wäre die finsterste und selbstmörderischste Regierung in unserer Geschichte geworden.

»Was, glauben Sie, wird passieren?« fragte mich ein Fernsehreporter in unserer Wahlkampfzentrale im Dan-Hotel.

»Meiner Meinung nach sollte die Arbeiterpartei in der Opposition bleiben«, sagte ich, »aber wahrscheinlich wird es wieder auf eine Regierung der Nationalen Einheit hinauslaufen.«

Die Chancen für eine solche Regierung schienen sehr mager zu sein. Die Parteispitze des Likud wollte die Macht nicht mit der Arbeiterpartei teilen. Sie bemühte sich angestrengt um eine Koalition mit den Rechten. Aber Yitzhak Schamir war klar, wie zerbrechlich eine Regierung, die vom guten Willen politischer oder religiöser Extremisten abhing, sein würde. Er wußte, daß Israel in einen heftigen inneren Zwist zwischen rechts und links verwickelt werden und sich von der internationalen Szene völlig isolieren würde. Gleichzeitig würde sich die Konfrontation mit den Palästinensern und der arabischen Welt weiter verschärfen. Er wußte außerdem, daß die orthodoxen Parteien der Koalition nur unter der Bedingung beitreten würden, daß das »Gesetz der Rückkehr« (Law of Return) durch einen

Zusatz ergänzt würde, der als »... wer Jude ist« bekanntgeworden war. Dieser Zusatz würde eine gewaltige Krise zwischen Israel und den amerikanischen Juden auslösen, die entweder Reformer oder Konservative sind.
Deshalb machte Schamir im letzten Augenblick vor der Unterzeichnung der Koalitionsvereinbarung einen Rückzieher. In einem kühnen Schritt zwang er dem rebellischen Zentralkomitee seiner Partei seinen Willen auf und ließ es für eine Regierung der Nationalen Einheit stimmen. Diesmal sprach niemand von Rotation, und die Arbeiterpartei trat der Regierung als kleinerer Partner bei. In meinen Augen kam das einer Kapitulation gleich.
Yitzhak Rabin wurde wieder Verteidigungsminister. Peres bot man die Wahl zwischen dem Außenministerium und dem Finanzministerium an. Die Histadrut und die Kibbuzbewegung setzten ihn unter Druck, das Finanzministerium zu übernehmen. Die ruinöse Politik des ehemaligen Finanzministers hatte sie in die Knie gezwungen; sie brauchten jemanden, der ihnen wieder auf die Beine half, damit sie überleben konnten. Ich begegnete Peres ein paar Stunden bevor er sich entschied. »Shimon«, sagte ich, »wir mögen ja über viele Dinge verschiedener Meinung sein, aber wir sind doch trotzdem Freunde. Ich flehe dich an, werde nicht Finanzminister. Das wird dich kaputtmachen. Nimm das Außenministerium. Wenn nicht, wirst du von allen Friedensbemühungen ausgeschlossen sein.«
Er zuckte die Achseln. Ich hatte den Eindruck, seine Entscheidung stand bereits fest; sein finsterer Gesichtsausdruck bewies mir, daß er sich für das Finanzministerium entschieden hatte und selbst überhaupt nicht glücklich darüber war.
Am nächsten Morgen wurde die neue Schamir-Regierung vereidigt.

Ich saß wieder in der Knesset. Meine Kollegen ernannten mich zum Vorsitzenden des Komitees für Erziehung und Kultur und des Sportausschusses. Aber ich war in diesen Tagen Anfang Januar des Jahres 1989 in keiner besonders festlichen Stimmung. Das Land war in einem so schlimmen Zustand wie nie zuvor. In der israelischen Gesellschaft standen sich religiöse und weltliche, arabische und jüdische Bürger, Falken und Tauben erbittert gegenüber.
Die Kluft zwischen den Sephardim und den Aschkenasim war nicht verschwunden. Was die Politik und die Hierarchie der Administration anbetraf, war zwar zwischen den beiden Gruppen kein Unterschied zu erkennen. Jeder Sephardim-Jude konnte Bürgermeister, Mitglied der Knesset, Generalstabschef der Armee, Minister, Premier oder Präsident werden; aber im Erziehungswesen, vor allem im Hochschulwesen, war die Kluft seit 1948 immer größer geworden. Als der Staat gegründet worden war, mangelte es den meisten Sephardim an einer höheren Bildung; aber das war auch bei vielen Aschkenasim der Fall, die in ihren osteuropäischen Kleinstädten einfache Arbeiter gewesen waren. Heute hatten ihre Söhne allerdings zum größten Teil eine bessere Ausbildung, während die meisten Sephardim, die eine Universität besuchten, entweder schon im ersten Jahr aufhörten oder sich mit einem mittleren Abschluß (Bachelor Degree) zufriedengaben. Nur wenige machten weiter, um ein Diplom zu machen oder zu promovieren.
Für mich war das eine brisante Situation. Es mußten dringend Schritte unternommen werden, um diese Ungleichheit aus der Welt zu schaffen; wir mußten Energie und Geld in ein umfassendes Erziehungsprogramm investieren. Die Programme existierten bereits; wir wußten genau, was wir zu tun hatten. Aber woher sollten wir die finanziellen Mittel nehmen?

Wir mußten außerdem unsere Wirtschaft umstellen. Bei uns gab es keine billigen Arbeitskräfte aus Korea, Nigeria oder China. Die Textilfabriken, die wir in den fünfziger Jahren gebaut hatten, um möglichst viele ungelernte Einwanderer beschäftigen zu können, konnten mit den »Dritte-Welt-Läden« nicht konkurrieren. Wir verfügten auch nicht über Bodenschätze. Jedesmal, wenn wir nach Öl bohrten, stießen wir auf alte Ruinen — wieder eine antike Stadt, eine Truhe mit Menoras oder noch ein Mosaik. Auch wenn die Sachen wunderschön waren, war das doch irgendwie frustrierend.
Die einzige Marktlücke, die Israel in der Weltwirtschaft finden konnte, lag auf dem High-Tech-Sektor und in hochmodernen Industrieprodukten. Wir hatten den Sachverstand, die originellen Ideen, die aggressiven Methoden und eine junge Generation, die es mit jedem aufnehmen konnte. In der kurzen Zeit seines Bestehens hatte Israel Schiffe, Panzer, Düsenflugzeuge und ferngelenkte Raketen gebaut und einen eigenen Satelliten ins All befördert. Und der ausländischen Presse zufolge wußte niemand genau, was die Israelis in ihrem Atomzentrum in Dimona machten.
Wir verfügten über ein einzigartiges Potential, obwohl Tausende von begabten Israelis jetzt das Land verließen, um im Silicon Valley in den Vereinigten Staaten oder in anderen modernen Industriezentren überall auf der Welt ihr Glück zu machen. Wir mußten diese Abwanderung stoppen und uns auf die Entwicklung einer eigenen ultramodernen Infrastruktur konzentrieren. Aber für unsere Wirtschaftsreform waren gewaltige Investitionen nötig. Auch in diesem Fall wußten wir zwar genau, was zu tun wäre, aber nicht, woher wir die Mittel nehmen sollten.
Zweiundsechzig Prozent unseres Staatshaushalts waren für die Tilgung ausländischer Schulden und für Sicher-

heitsausgaben bestimmt; die Etats für Erziehung, Gesundheit und andere soziale Ausgaben wurden nicht erhöht, sondern gekürzt. Bevor es nicht zu einem Friedensschluß gekommen war, konnte Israel diese Probleme nicht lösen.

Aber die Chancen für einen Frieden standen Anfang 1989 nicht sehr gut. Der rechte Flügel wollte nichts von territorialen Kompromissen hören. Die linken Parteien — wie zum Beispiel die Mapam, die Bürgerrechtsbewegung und die Taubenfraktion in der Arbeiterpartei — drängten auf Verhandlungen mit Arafats PLO und auf die Gründung eines unabhängigen Palästinenserstaats im Westjordanland und im Gazastreifen. Für mich waren beide Formulierungen schlimm.

Wir konnten die besetzten Gebiete allein schon wegen der demographischen Gefahr nicht annektieren. Wir konnten nicht zulassen, daß aus Israel ein zweites Südafrika wurde. Und ein binationaler Staat würde den Selbstmord der jüdischen Gemeinde bedeuten.

Aber ein Palästinenserstaat, der zwischen Israel und Jordanien läge, wäre genauso gefährlich. Wir wußten alle nur zu gut, daß ein solcher Staat nicht lebensfähig wäre. Er hätte die gleiche Größe wie der Staat Delaware in den USA, wobei aber vierzig Prozent der Fläche auf die Wüste von Judäa entfielen. Er hätte keinerlei wirtschaftliche Ressourcen. Das Flüchtlingsproblem würde sich nicht bessern, sondern noch verschlimmern. Die Palästinenser würden Jerusalem als Hauptstadt beanspruchen, während die Israelis die Stadt nie und nimmer aufgeben würden. Sobald dieser Staat gegründet wäre, würden die palästinensischen Extremisten ihre nächste Annexionskampagne starten und die nächste Phase anpeilen — die »Befreiung« ganz Palästinas einschließlich des gesamten Gebietes des heutigen Israel.

Wenn ich mir diese Ziele der Palästinenser vorstellte, mußte ich immer an den heißen Sommer 1967 denken, als ich mit Moshe Dayan den Gazastreifen besucht hatte. Wir standen mitten auf einer ungepflasterten Straße und waren von hohen Offizieren und Reservisten umgeben. Aus einem dunklen Hauseingang blinzelten ein paar Kinder zu uns herüber, zeigten auf Dayans schwarze Augenklappe und tuschelten ängstlich miteinander. Eines von ihnen, das jüngste und womöglich auch das mutigste, kam auf die Straße und starrte uns mit finsterem Blick an. Es war ein etwa sechs oder sieben Jahre alter Junge; er war barfuß.

Dayan bemerkte ihn. »Komm mal her«, sagte er auf arabisch zu ihm. Das Kind ging einen Schritt auf ihn zu und starrte uns weiter mißmutig an.

»Wo kommst du her?« fragte Dayan. Er wollte wissen, aus welchem Lager der Junge kam. Der Gazastreifen und der Norden des Sinai waren voll von Flüchtlingslagern.

»Ich bin aus Jaffa«, antwortete das Kind.

Dayan lachte leise. »Unsinn. Wie alt bist du? Sieben? Du hast Jaffa noch nie im Leben gesehen.« Das war 1967, die letzten Flüchtlinge hatten Jaffa 1948, also vor neunzehn Jahren, verlassen.

Der kleine Junge kam noch einen Schritt auf uns zu und streckte trotzig das Kinn vor. »Ich bin aus Jaffa«, wiederholte er hartnäckig, »und meine Brüder sind auch aus Jaffa, und meine Mutter und mein Vater und meine Großmutter — wir sind alle aus Jaffa.«

Dayan drehte sich zu mir um. Sein Lächeln war bitter. »Siehst du, Michael«, sagte er, »das ganze Palästinenser-Problem in einem einzigen Satz.«

Und ich dachte bei mir, ja, in der Tat, das ist das Palästinenser-Problem. Sie wollen nicht nach Gaza, Nablus und Jericho zurück. Sie wollen wieder dahin zurück, wo ihre

Heimat war, nach Ramla, Lod, nach Beersheba, Haifa und Jaffa. Ich empfand tiefes Mitgefühl für dieses kleine arabische Kind. Ich wußte genau, wenn ich Araber wäre, würde ich nicht eher ruhen, bis ich dieses Ziel erreicht hätte.
Aber ich war ein Jude; hier war mein Land, und ich wußte nicht, wo ich sonst hingehen könnte.

Ich hatte keine Angst vor der militärischen Stärke der Palästinenser. Sie waren für Israel, das stärkste Land im Mittleren Osten, kein Gegner. Aber ich wußte, daß sie nichts daran hindern würde, Verteidigungsbündnisse mit dem Irak, mit Syrien, Libyen, ja sogar mit der Sowjetunion zu schließen, sobald sie ihre Souveränität erlangt hätten. Niemand könnte sie daran hindern, modernste Waffen und fremde Truppen bis vor unsere Haustür zu bringen. Sowohl Israel als auch Jordanien wären dann in tödlicher Gefahr.
Deshalb unterstützte ich die Idee eines jordanisch-palästinensischen Staates oder einer entsprechenden Föderation, mit Amman als Hauptstadt. Ein solcher Staat würde aus zwei autonomen Provinzen bestehen, eine im Westjordanland und im Gazastreifen und die andere, flächenmäßig bedeutend größere, am Ostufer des Jordan. Die beiden Provinzen hätten ähnlich wie die Vereinigten Staaten eine föderative Regierung. Ich wußte, daß König Hussein und zahlreiche Palästinenserführer eine solche Lösung befürworten würden.
Ich glaube, daß wir mit einem solchen Staat zu einer Übereinkunft im Hinblick auf eine Entmilitarisierung des Westjordanlands und einer Stationierung israelischer Truppen in einer Sicherheitszone entlang des Jordan kommen könnten. Die Anwesenheit unserer Armee in einer Sicherheitszone entlang des Jordan, wie sie schon im

Allon-Plan vorgeschlagen worden war, würde jede arabische Armee daran hindern, sich unseren bevölkerten Zentren zu nähern. Wenn der größte Teil der besetzten Gebiete zu jordanisch-palästinensischem Hoheitsgebiet erklärt würde, dachte ich mir, würden wir auch die nationalen Ansprüche der Palästinenser befriedigen. Wenn irgendein Palästinenser in seiner nationalen Armee dienen wollte, brauchte er dann nur seine Hosen hochzukrempeln und das Rinnsal zu überqueren, das Jordan genannt wird.

Ein gutes Beispiel für Entmilitarisierung und Frieden war der Sinai. Nach Unterzeichnung des Friedensvertrags haben wir den Sinai an Ägypten zurückgegeben, aber es waren praktisch keine Truppen mehr dort stationiert. Und die Ägypter durften auch nicht einen einzigen Düsenjäger auf einem der sieben Fliegerhorste haben, die über die Halbinsel verstreut lagen. Den Ägyptern war das egal, weil sie wußten, daß sie auf der anderen Seite des Suezkanals so viele Divisionen, Panzer und Flugzeuge stationieren konnten, wie sie wollten.

Darüber hinaus war ich der Ansicht, daß Jordanien letzten Endes ein palästinensisches Land werden würde. Heute schon besteht die Mehrheit der Einwohner Jordaniens — man spricht von etwa sechzig Prozent — aus Palästinensern. Wenn die Ära König Husseins zu Ende ging, würde man die Haschemitenprinzen leicht entmachten können. Ihnen fehlte diese besondere Mischung aus Charisma, Mut, Intelligenz und diplomatischem Geschick, die Hussein in die Lage versetzt hat, sich immer wieder auf seinem wankenden Thron zu halten. Nach ihm würde ganz Jordanien mit Sicherheit unter palästinensische Herrschaft fallen. Das würde dazu führen, daß aus der jordanisch-palästinensischen Föderation an der Ostgrenze unseres Landes zu beiden Seiten des Jordan ein palästinensischer Staat entstehen würde. Aber dieser große Staat mit der Hauptstadt Amman wäre trotz seiner Wirtschaft, seiner Armee und seiner gewaltigen Ausdehnung für Israel bei weitem nicht so gefährlich wie ein winziger, frustrierter Palästinenserstaat, der zwischen Israel und Jordanien eingezwängt und von der PLO regiert würde.

Das Problem eines solchen Palästinenserstaats, der sich auf das Westjordanland und Gaza beschränken würde, war der Hauptgrund für meinen Widerstand gegen Verhandlungen mit der PLO. Ich bin viel umhergereist und habe die PLO-Manager in Designer-Anzügen und mit eleganten Diplomatenköfferchen auf den Flughäfen herumlaufen sehen. Sie lebten gut in ihren Villen in Tunis und in den Luxussuiten der Hotels überall auf der Welt. Das konnten sie noch viele Jahre aushalten, solange die Millionen aus den reichen arabischen Staaten in ihre Kassen flossen.

Aber wenn Arafats Leute, Jibrils Offiziere und Hawatmas Leutnants nach Palästina zurückkehren würden, dann nicht, um dort Müllkutscher in Jenin zu werden, Oliven in Tubas zu züchten oder die Kanalisation in Kalkiliya zu überwachen. Die Tausende von PLO-Terroristen, die schon seit vielen Jahren im Exil lebten, dachten nicht im Traum daran, in die ärmlichen palästinensischen Dörfer zurückzukehren, die auf den unfruchtbaren Hügeln des Westjordanlands verstreut lagen. Sie träumten von den üppigen Küstenregionen von Tel Aviv und Caesarea, von Mount Carmel und Jerusalem, vom Tiberias-See und von den grünen Bergen von Galiläa. Der Palästinenserstaat im Westjordanland wäre nur ein erster Schritt.

Einige meiner Freunde waren trotzdem davon überzeugt, daß wir mit Jassir Arafat verhandeln sollten. Ich hatte darüber eine andere Meinung. Viele Israelis haßten Arafat, weil an seinen Händen das Blut unschuldiger Opfer klebte. Ich konnte sie verstehen, war aber nicht ihrer Meinung. Ich erinnerte mich an meine Jahre in Paris, in denen ich während des Algerienkriegs als Korrespondent gearbeitet hatte. Ich war dort, als General de Gaulle den dramatischen Durchbruch geschafft hatte, indem er mit der algerischen Résistance, der *Front de Libération Nationale*, verhandelt hatte. »Wie konnten Sie mit Leuten verhandeln, an deren Händen das Blut der Opfer klebt?« hatte ein Journalist den Präsidenten gefragt.

De Gaulles Antwort war zynisch, aber leider so wahr. *»Le sang sèche vite sur les pages de l'histoire«*, hatte er erwidert. »Das Blut trocknet schnell auf den Seiten der Geschichte.« Er meinte damit, daß wir uns nicht durch unsere Gefühle daran hindern lassen dürfen, mit unseren Feinden von gestern zu reden.

Meine Weigerung, mit Arafat zu verhandeln, hatte nichts mit seiner Vergangenheit zu tun. Ich hatte alle seine Äußerungen sorgfältig studiert und dabei herausgefunden, daß er im wesentlichen zwei Ziele hartnäckig verfolgte: die Gründung eines unabhängigen Palästinenserstaats und das Recht für alle Palästinenser, aus der Diaspora in das Land Israel zurückzukehren. Solange er an diesen beiden Punkten festhielt, konnten wir nicht mit ihm reden. Ich hatte also nicht unbedingt etwas gegen den Mann, sondern gegen seine Positionen, in denen ich eine tödliche Gefahr für Israel erblickte.

Aber Anfang 1989 erschienen alle diese Fragen und die internen israelischen Diskussionen und Gewissensbisse, die damit zusammenhingen, akademisch. Es gab niemanden, mit dem man hätte reden können, und angesichts unserer Regierung der nationalen Lähmung konnte niemand erwarten, daß sich das in absehbarer Zeit ändern würde. Die Grundstimmung war, daß wir weitere vier Jahre der Immobilität erleben würden, die zu einem neuen Krieg führen könnten.

Aber all das sollte sich Ende Januar schlagartig ändern.

17. KAPITEL

Keine andere Wahl

Vom Starken kommt Süßes«, steht in der Bibel (Richter 14,14). Und von der Intifada kam in ihrer blutigsten Stunde ein schwacher, aber ermutigender Hoffnungsschimmer.

Im Oktober 1988, ein paar Wochen vor den Wahlen, traf ich mich heimlich mit einem Palästinenserführer, der mir sagte: »Wenn Arafat seine Politik gegenüber Israel nicht in absehbarer Zeit ändert, könnte das womöglich einen Bruch zwischen der PLO in Tunis und den Palästinensern in den besetzten Gebieten zur Folge haben.«

Ich war fasziniert, und wir redeten an diesem Tag noch lange miteinander. Nach meiner Wahl zum Mitglied der Knesset traf ich mich noch häufig mit prominenten Palästinensern, ohne daß die Öffentlichkeit etwas davon erfuhr; nach und nach wurde mir klar, daß die Intifada nicht nur Tod und Trauer über uns gebracht hatte; sie hatte auch etwas geschaffen, was zwanzig Jahre israelischer Herrschaft nicht vermocht hatten: eine echte palästinensische Führungsschicht, die uns zwar haßte, aber trotzdem Israels Partner bei der Suche nach einer Lösung unserer Fehde werden könnte.

Während die Intifada in den besetzten Gebieten wütete, tauchten neue Palästinenserführer auf. Sie waren die wirklichen Anführer des Aufstands. Sie kämpften gegen uns. Einige von ihnen waren verwundet oder zusammengeschlagen worden; manche waren verhaftet und verhört worden; wieder andere hatten in unseren Internierungslagern und Gefängnissen gesessen. Sie hatten die Intifada zu dem gemacht, was sie war, und hatten sich ihr mit Leib und Seele verschrieben. Sie erklärten, daß sie die PLO unterstützen würden, und schworen Arafat und seiner in Tunis stationierten Organisation absolute Treue. Aber in Wirklichkeit waren sie auf der Suche nach einem anderen Gral; es war ihnen nur noch nicht bewußt.

Sie hatten gesiegt. Sie hatten alle unsere Bemühungen, der Intifada ein Ende zu bereiten, vereitelt. Aber sie wußten genau, daß sie mit Israel verhandeln mußten, wenn sie die Früchte ihres Erfolgs ernten und für ihre Leute etwas Konkretes erreichen wollten.

Bei all unseren Gesprächen konnte ich feststellen, daß diese Leute sehr realistisch waren. Sie hatten Verständnis für uns und wußten, was sie von uns bekommen konnten und was nicht. Ihnen war klar, daß die Intifada nicht ewig dauern konnte. Die Palästinenser waren nach den langen Jahren der Proteste, Streiks, Gewalttätigkeiten und Entbehrungen langsam erschöpft. Das Wesen des Aufstands hatte sich verändert: Die Massendemonstrationen waren nach und nach verschwunden, und die Unruhen bestanden jetzt hauptsächlich aus Zusammenstößen zwischen der Armee und kleineren, kompakteren Gruppen. Diese Veränderung hatte zwar keinen Einfluß auf die Zahl der Opfer, aber auf die Zahl der Leute, die an den Demonstrationen und an den Zusammenstößen beteiligt waren. Aber selbst diese verkleinerte Form der Intifada konnte zu Ende gehen, und das Triumphgefühl der Palästinenser würde sich dann unter Umständen schnell in eine akute Frustration verwandeln.

Eine weitere Möglichkeit bestand darin, daß sich das Interesse der Medien auf andere Themen konzentrierte — die

Schwierigkeiten in der Sowjetunion, in Afghanistan, in China. Wenn die Welt sich an die Intifada gewöhnt hatte und sie nicht mehr auf der ersten Seite der Zeitungen behandelt wurde, könnten die Palästinenser ihren Einfluß auf die internationale öffentliche Meinung verlieren und die Gelegenheit verpassen, ein Rezept — wenn auch nur ein partielles — gegen ihre Not zu finden.
Aus diesem Grund mußten sie so schnell wie möglich Verhandlungen mit uns aufnehmen. Aber das war nicht möglich, solange die PLO, ihr Mentor und offizieller Repräsentant, einen totalen Krieg gegen Israel propagierte und schwor, das Land zu zerstören. Außerdem konnten die Palästinenser bei den Verhandlungen auch nicht mit der dringend benötigten Unterstützung der Vereinigten Staaten rechnen, da Arafat sich weigerte, dem Terrorismus abzuschwören und Frieden mit Israel zu schließen. Arafat würde sich ändern müssen, wenn er nicht wollte, daß sich die Palästinenser immer weiter von seiner in Tunis stationierten Organisation entfernten.
Arafat verstand die Botschaft der Palästinenser und machte am 13. Dezember im Palais des Nations in Genf eine Kehrtwendung. Er war nach Genf gekommen, um vor der UN-Vollversammlung eine Rede zu halten. Ursprünglich hatte er geplant, an der Sitzung in New York teilzunehmen, aber das Außenministerium der Vereinigten Staaten hatte ihm das Visum verweigert, weil er Beihilfe zum Terrorismus geleistet habe. Die UN-Delegierten hatten deshalb mit 154 zu 2 Stimmen beschlossen, nach Genf zu gehen und Arafat dort anzuhören. In einer Rede, die unter heimlicher Mithilfe einer Reihe von Vermittlern — Schweden, Amerikanern und anderen — aufgesetzt worden war, sagte Arafat sich vom Terrorismus los und akzeptierte die UN-Resolutionen 242 und 338.
Trotzdem konnte seine Rede die Vereinigten Staaten nicht

überzeugen. Am nächsten Tag berief Arafat eiligst eine Pressekonferenz ein und sprach die Zauberformeln aus, die ihm über Fernschreiber und Telefon aus Washington übermittelt worden waren: »Wir sagen uns voll und ganz von allen Formen des Terrorismus los ... Wir respektieren das Recht aller Parteien, die an dem Konflikt im Mittleren Osten beteiligt sind, einschließlich des Staates Palästina, Israels und anderer Nachbarn, in Frieden und Sicherheit zu leben.«

Das waren die Worte, die Washington hören wollte. Dreizehn Jahre lang hatten die Vereinigten Staaten sich geweigert, Kontakte mit der PLO aufzunehmen, und sich damit an eine Übereinkunft zwischen den Außenministern Henry Kissinger und Yigal Allon gehalten. Sie waren übereingekommen, daß solche Gespräche erst dann stattfinden könnten, wenn die PLO sich vom Terrorismus lossagen und die Resolutionen der Vereinten Nationen und Israels Existenzberechtigung anerkennen würde.

Das waren die Tabus, die Arafats Rede jetzt gebrochen hatte. Die Belohnung folgte auf dem Fuße. Vier Stunden nach Arafats Pressekonferenz erklärte Außenminister George Shultz, daß die Vereinigten Staaten nun zu einem Dialog mit den Repräsentanten der PLO bereit wären. Am Ende derselben Woche traf sich der US-Botschafter Robert Peletreau in Tunesien zum erstenmal mit den Repräsentanten der PLO.

Israel reagierte mit Zorn und Verbitterung. Sowohl Schamir als auch Peres nannten diese Entscheidung töricht. Sie sprachen von einem Fehler und einer falschen Einschätzung der Lage; sie würde dem Friedensprozeß nicht förderlich sein, erklärten sie.

Meiner Meinung nach hatten beide unrecht. Nachdem Arafat die amerikanischen Vorbedingungen erfüllt hatte, blieb Washington gar nichts anderes übrig, als mit den

PLO-Vertretern zu reden. Wir konnten den Amerikanern keinen Vorwurf daraus machen, daß sie sich genau so verhielten, wie sie es uns versprochen hatten.
Aber die Entscheidung der Vereinigten Staaten brachte Israel in eine unangenehme Lage: Plötzlich war Arafat der große Friedensheld, während wir, die Israelis, als Kriegstreiber bezeichnet wurden. Ich hielt nicht viel von der stürmischen Begeisterung der europäischen Spitzenpolitiker, die Israel jahrelang gedrängt hatten, mit Arafat zu reden. Die Medien bezeichneten Arafats Leistung als einen gewaltigen Sieg, und die Franzosen, die Briten und viele Amerikaner schlossen sich dieser Meinung an.
Trotzdem hatten weder die Amerikaner noch die Europäer die wahre Bedeutung der Genfer Rede Arafats begriffen. Es war in der Tat ein gewaltiger Sieg gewesen, aber nicht für die PLO oder die Palästinenser. Es war ein Sieg für Israel gewesen.

Fast fünfundzwanzig Jahre lang hatte Arafat seine Nation auf einem Weg geführt, der von Haß, Zerstörung und Blutvergießen geprägt war. Von ihm stammte die Parole, daß die Palästinenser ihr legitimes Recht nur durch Gewalt erreichen würden. Was am 1. Januar 1965 als dilettantischer Sabotageversuch begonnen hatte, entwickelte sich nach 1967 zu einer wahren Orgie des Terrorismus.
Anschläge auf Schulen und Schulbusse, Massaker an Sportlern und unschuldigen Reisenden, die Ermordung von Frauen und Kindern, Entführungen, Bombenanschläge auf Botschaften westlicher Länder, mörderische Überfälle auf Synagogen, die Exekution amerikanischer und europäischer Diplomaten: alles diente der Sache.
Die blutige Spur, die Arafat in ganz Europa und im Mittleren Osten zurückgelassen hat, hatte viele europäische Spitzenpolitiker nicht daran hindern können, ihm den

Hof zu machen, sich mit seinen Mitarbeitern zu treffen und zu erklären, die PLO sei die einzige rechtmäßige Vertretung des palästinensischen Volkes. Sie bedrängten Israel pausenlos, Gespräche mit Arafat aufzunehmen. Er wäre letzten Endes doch ein guter Mann, erklärten unsere europäischen Freunde und reisten in Scharen nach Tunis oder Algier, um sich mit dem PLO-Führer fotografieren zu lassen. Der gute Mann bewies den distinguierten Gästen seinen guten Willen, indem er seine terroristischen Aktivitäten kurz unterbrach, um sie vor den Kameras umarmen zu können; einmal flog er sogar nach New York und ging mit einem Olivenzweig und einer .38er in einem Cowboyholster in die UN-Vollversammlung.
Während der ganzen Zeit ließ sich Israel nicht davon abbringen, daß Terrorismus kein Mittel sei, um das Palästinenserproblem zu lösen, und daß Frieden nur durch Verhandlungen mit den Vertretern der Araber erreicht werden könne, die sich nicht am Terrorismus beteiligten. Aber unsere Einstellung wurde von vielen unserer Freunde scharf kritisiert.
Und dann traf Arafat plötzlich im Palast der Nationen in Genf ans Rednerpult und sagte, *mea culpa*. Er sagte sich eindeutig vom Terrorismus los. Diese Worte des PLO-Führers liefen auf das Eingeständnis hinaus, daß alles, was er in den letzten fünfundzwanzig Jahren getan hatte, ein tragischer Irrtum gewesen sei. Das ganze Blutvergießen sei umsonst gewesen, und Tausende von Menschen seien in Israel, im Westjordanland, in Jordanien, im Libanon und überall sonst im Mittleren Osten und in Europa wegen einer falschen Idee gestorben. Er wolle Israel nicht mehr zerstören, sagte Arafat; er erkenne den Staat Israel an und akzeptiere die Resolutionen des Sicherheitsrates.
Mit dieser Rede rechtfertigte der PLO-Chef Israels Positionen und akzeptierte den größten Teil seiner Forderungen.

Die UN-Delegierten, die ihm begeistert zujubelten, begriffen nicht, daß sie einem Mann zujubelten, der gerade seine Niederlage eingestanden hatte.
Und die europäischen Regierungschefs, dieselben, die sich mit Arafat getroffen hatten, als er noch ein hartgesottener Terrorist war, besaßen jetzt die Unverschämtheit, sich an Israel zu wenden und zu sagen: »Seht ihr, wir haben immer schon gewußt, daß Arafat ein guter Mann ist. Ihr hättet schon viel früher mit ihm reden sollen.«
Großer Gott, dachte ich, als ich mir die Erklärungen der französischen, deutschen und italienischen Regierungschefs anhörte, wie könnt ihr es wagen? Ihr habt Arafat den Hof gemacht, als er noch ein professioneller Mörder war, ein Terrorist mit Diplomen, und seine blutigen Aktivitäten haben euch nicht im geringsten gestört. Und jetzt kommt ihr und macht uns, den Israelis, Vorwürfe, weil wir eurem Beispiel nicht gefolgt sind? Wenn wir das getan hätten, was ihr von uns verlangt habt, und Arafat vor einem Jahr, vor sechs Monaten oder sogar nur vor einer Woche anerkannt hätten, hätte er diese Rede nicht gehalten und nie dem Terrorismus abgeschworen.
Aber auch die Genfer Rede machte aus Arafat noch keine Mutter Teresa. Durch eine Ironie des Schicksals sollte diese Rede in dem Friedensprozeß noch eine Rolle spielen, an die Arafat mit Sicherheit nicht gedacht hatte. Durch seinen sensationellen Auftritt im Palast der Nationen hatte Arafat, ohne es zu wissen, den Weg für den nächsten Akt im arabisch-israelischen Drama bereitet: die Rabin-Friedensinitiative.

Yitzhak Rabin erschien ziemlich unerwartet auf der Szene. Wir alle wußten, daß er, abgesehen von seinen Routineaufgaben als Verteidigungsminister Israels, mit der Intifada beschäftigt war, bei der kein Ende abzusehen war. Eines

Morgens überraschte uns jedoch eine Zeitungsmeldung über einen »Friedensplan«, den er konzipiert und auf einer öffentlichen Veranstaltung präsentiert hatte. Wir luden ihn in unseren Sitzungsraum in der Knesset ein, damit er unserer parlamentarischen Gruppe seinen Plan erklären konnte.

Das war am 30. Januar 1989 gewesen. Die Intifada hatte diesen Tag »Molotow-Tag« genannt und den Palästinensern befohlen, israelische Ziele mit Molotowcocktails und Brandbomben anzugreifen. Rabin berichtete zuerst über die Sicherheitslage und legte dann seinen Plan vor. Er ging von der Annahme aus, daß in der augenblicklichen politischen Situation ohne ein Einverständnis zwischen den beiden großen Parteien kein Schritt in Richtung auf einen Frieden möglich sei. Deshalb hatte Rabin ein Projekt entworfen, das in den ersten Stadien von der Regierung der Nationalen Einheit ausgeführt werden sollte; in einer späteren Phase würden Likud und Arbeiterpartei ihre abweichenden Ansichten dem Wähler zur Entscheidung vorlegen müssen.

Jordanien habe die palästinensische Szene verlassen, sagte Rabin, und ein Vakuum hinterlassen, das Arafat auszufüllen versuche. Aber Arafat könne für uns kein Partner sein, da er hartnäckig an dem »Recht zur Rückkehr« der Palästinenser und an einem unabhängigen Palästinenserstaat festhalte. Deshalb sollten wir uns an die Palästinenser im Westjordanland und in Gaza wenden. Sie könnten unsere Partner sein.

Bei Hunderten von Begegnungen mit Palästinensern hatte Rabin immer wieder gesagt: »Zum erstenmal seit 1948 haben sich die Palästinenser, die hier leben, an die Spitze ihres nationalen Kampfes gestellt. Warum nehmt ihr euer Schicksal nicht selbst in die Hand? Warum setzt ihr euch nicht selbst ans Steuer?«

Bei einem solchen Treffen mit vier Palästinensern hatte einer von ihnen offen gesagt: »Weil die PLO uns dann umbringen würde.«
Die anderen drei hatten protestiert; deshalb hatte der Mann seine Antwort anders formuliert: »Wenn die PLO uns nicht umbringt, dann werden Sie, Herr Verteidigungsminister, uns ins Gefängnis werfen.«
»Ich will erreichen, daß sie sich auf den Fahrersitz setzen, ohne Angst zu haben, daß sie jemand ins Gefängnis steckt oder umbringt«, sagte Rabin zu uns.
Rabin schlug vor, im Westjordanland und in Gaza freie Wahlen abzuhalten. Diesen Gebieten würde Selbstbestimmung garantiert, und die Palästinenser, die gewählt worden wären, würden den »Autonomie-Rat« (Autonomy Council) bilden. Israel würde ihnen das Recht zugestehen, über ihre Angelegenheiten selbst zu bestimmen, ausgenommen davon wären nur Fragen der Sicherheit und die Verantwortung für die jüdischen Siedlungen im Westjordanland. Diese Autonomie würde für eine Periode von fünf Jahren gelten.
In einer zweiten Stufe würden dann die gewählten Palästinenserführer unsere Gesprächspartner bei Verhandlungen sein. Drei Jahre nach Einrichtung der Autonomie sollten Verhandlungen über eine umfassende Lösung zwischen den Vertretern der Palästinenser und der Regierung Israels stattfinden.
Wenn wir an diesem Stadium angelangt wären, würden Likud und Arbeiterpartei mit Sicherheit nicht übereinstimmen. Der Likud würde wahrscheinlich hartnäckig auf einer Einbeziehung der autonomen Gebiete in das Hoheitsgebiet Israels bestehen; die Arbeiterpartei würde versuchen, einen weitreichenden territorialen Kompromiß durchzusetzen, bei dem der größte Teil des Westjordanlands und des Gazastreifens einem jordanisch-palästinen-

sischen Staat oder einer Föderation übergeben werden würde. Das würde beide Parteien dazu veranlassen, Neuwahlen anzusetzen, um die Wähler über die verschiedenen Pläne entscheiden zu lassen.

Nach dem Treffen sah ich meine Notizen durch. Rabins Plan war nicht gerade originell; er war eher ein gutgemixter Cocktail aus der Vereinbarung von Camp David und dem Programm der Arbeiterpartei. Aber der Verteidigungsminister hatte nur die Bestandteile ausgewählt, über die sich beide Seiten einigen konnten.

Rabin wußte genau, daß alle Bemühungen, eine rasche Lösung oder eine sofortige Vereinbarung zu erreichen, zum Scheitern verurteilt waren. Die Palästinenser würden zweifellos die Gründung eines unabhängigen Staates im Westjordanland und im Gazastreifen fordern, eine Formel, die sowohl von Israel als auch von den Vereinigten Staaten strikt abgelehnt werden würde und die Friedensbemühungen zum Scheitern bringen könnte. Rabins Stufenplan war nicht neu, stellte aber die einzige Möglichkeit dar, wie wir und die Palästinenser lernen könnten, miteinander zu leben. Wenn man uns genügend Zeit lassen würde, dachte ich, könnten viele unserer Tabus und Ängste beim Beginn der nächsten Phase abgebaut sein.

Der vorgeschlagene Plan trieb zwei Keile zwischen die hiesigen Palästinenser und die PLO in Tunis; beide basierten auf unseren gemeinsamen Interessen. Der eine war das unmittelbare Bedürfnis der hiesigen Palästinenserführer nach konkreten Ergebnissen, mit denen sie ihren Leuten beweisen konnten, daß die Intifada einen Sinn gehabt hatte. Wir wußten genausogut wie sie, daß Arafat und die PLO in Tunis es damit nicht so eilig hatten. Sie könnten es gut noch ein paar Jahre in ihren schicken Villen in Tunis aushalten.

Der zweite Keil bezog sich auf das »Recht zur Rückkehr«.

Obwohl sich die Palästinenser den PLO-Parolen verpflichtet fühlten, wollten sie genausowenig wie wir, daß eine oder zwei Millionen Flüchtlinge zurückkehrten. Ich kann mich an einen Palästinenser erinnern, der mich kurz zuvor gefragt hatte: »Wo sollen wir hin mit denen? In meinen Vorgarten? In mein Wohnzimmer? In mein Schlafzimmer?«
Rabins Plan war vernünftig. Er basierte auf völlig freien Wahlen. Es war nicht beabsichtigt, eine Führerschaft von Strohmännern Israels oder sogenannten Quislingen vorzuschieben, sondern echte Palästinenserführer, selbst PLO-Sympathisanten und Leute der Hamas. Der Erfolg des Plans hing von ihrer Beteiligung ab.
Außerdem folgte der Plan Prinzipien, über die Israel und die Vereinigten Staaten sich geeinigt hatten: Wahlen und Selbstbestimmung, so, wie es in den Camp-David-Vereinbarungen festgelegt worden war, Ablehnung eines unabhängigen Palästinenserstaats. Er umriß auch die wichtige Rolle der US-Diplomatie. Da die mit der PLO sympathisierenden Palästinenser zweifellos Arafat um seine Zustimmung bitten würden, war es für die amerikanische Diplomatie äußerst wichtig, sich nach bestem Können zu bemühen, die Zustimmung der PLO zu diesem Plan zu erreichen.
Aber es gab noch einen weiteren Grund, warum ich den Plan unterstützte: die Reaktion der Palästinenserführer, die ich ausgeforscht hatte. Die meisten hatten positiv reagiert. »Der Plan ist voller Fehler, er garantiert uns nicht den unabhängigen Staat, den wir uns wünschen, und läßt viele Fragen unbeantwortet. Außerdem schließt er unseren Führer, Jassir Arafat, aus ... Aber es ist ein Anfang.« So die Palästinenser.

Rabin wurde durch seinen Plan ins Zentrum der politischen Szene katapultiert; er stellte die Krönung seines erstaunlichen Comebacks dar. Noch Tage zuvor war er wegen seiner Härte der Intifada gegenüber scharf kritisiert worden; jetzt war er plötzlich ein Mann des Friedens. Während der letzten paar Jahre hatte die Presse Rabin einstimmig als jemanden betrachtet, der seine große Zeit in der Politik hinter sich hatte. Von heute auf morgen war er der beliebteste Spitzenfunktionär der Arbeiterpartei geworden. Er hatte mehrfach erklärt, daß er sich nicht vorstellen könne, noch einmal für das Amt des Premierministers zu kandidieren. Aber sein Friedensplan, der von seinem intensiven Engagement für Sicherheitsfragen ergänzt wurde, ließ seine Beliebtheit innerhalb und außerhalb der Arbeiterpartei bis zu einem solchen Grad ansteigen, daß Peres sich in seiner Position als Parteivorsitzender gefährdet sah.

An diesem Januartag nahmen die Knessetmitglieder der Arbeiterpartei Rabins Plan einstimmig an. Mehrere Likudminister lehnten ihn ab. Andere, wie zum Beispiel Schamir, schwiegen verbissen. In einer anderen Situation hätte Schamir den Plan rundweg abgelehnt; aber jetzt befand er sich in einer delikaten Lage.

Jassir Arafats Rede in Genf hatte Israel plötzlich auf die Anklagebank gebracht. Die Meinung der Weltöffentlichkeit war uns gegenüber sehr kritisch geworden, und man warf uns vor, alle Friedensinitiativen abzulehnen und die Intifada-Kinder umzubringen, während die PLO, eine blutrünstige Terrororganisation, Friedensgespräche führte und uns um Verhandlungen bat. Arafat reiste um die ganze Welt, verströmte seinen Charme auf Pressekonferenzen mit israelischen Reportern, übermittelte uns Botschaften, in denen er uns um einen Dialog bat, und erklärte, er suche einen israelischen de Gaulle.

Ohne die vorbehaltlose Unterstützung der Vereinigten Staaten mußten wir uns ganz allein mit den Vorwürfen der

gesamten Welt auseinandersetzen. Die neue Bush-Administration war Israel nicht so freundlich gesonnen wie das Reagan-Shultz-Team. Außerdem hatte eine Reihe von dummen Fehlern, die wir gemacht hatten, unsere Allianz ziemlich belastet.
Der Libanonkrieg war allen noch als tragisches Abenteuer Israels in Erinnerung, ein Abenteuer, durch das die Vereinigten Staaten in eine Konfrontation mit den finstersten Mächten im Mittleren Osten, vor allem mit der Hisbollah, hineingezogen worden waren. Israel war im Zusammenhang mit verschiedenen Skandalen des Pentagon erwähnt worden. Senatoren und hohe Regierungsbeamte stellten öffentlich die umfangreichen Finanzhilfen in Frage, die Israel von Washington bekam. Wir hatten in der Iran-Kontra-Affäre eine zweifelhafte Rolle gespielt; einige unserer Vertreter in den Vereinigten Staaten waren in die Pollard-Affäre verstrickt gewesen, einen schmutzigen Spionagefall, an dem ein jüdischer Angestellter der Spionageabwehr der US-Marine beteiligt gewesen war. Er hatte kofferweise streng geheime Dokumente an seine israelischen Auftraggeber weitergegeben. Wir gerieten unter Beschuß, weil wir zu hart auf die Intifada reagiert hatten; die Ausweisung Mubarak Awads, eines US-Bürgers palästinensischer Abstammung, hatte Washington in Rage gebracht; das Außenministerium hatte uns in einem Bericht über die Menschenrechte in den besetzten Gebieten heftig kritisiert.
Die Führer verschiedener Organisationen der Schwarzen bezogen anti-israelische Positionen; sogar jüdische Organisationen kritisierten offen unsere Politik im Westjordanland. Einige jüdische Kreise hatten sich von Israel abgewandt. Sie betrachteten das Land nicht mehr als das stolze Symbol des jüdischen Volkes; sie sprachen davon, daß Amerika jetzt das spirituelle Zentrum der Juden werden

würde. Man hatte den Eindruck, daß viele einflußreiche Gruppen in den Vereinigten Staaten, darunter der Senat, unsere störrische Einstellung leid waren. Wir sahen gar nicht gut aus. Wir waren zwar immer noch Amerikas Verbündeter, aber doch ein ziemlich peinlicher.

Vor diesem Hintergrund konnte Israel es sich nicht leisten, eine Friedensinitiative abzulehnen, zumal uns außerdem noch Arafat im Nacken saß. Selbst dem phlegmatischen Schamir war klar, daß er sich etwas Neues einfallen lassen mußte, ein Konzept, mit dem er einen Ausweg aus der verzwickten Lage im Mittleren Osten finden könnte. Als er schließlich im April 1989 nach Washington kam, brachte der den Rabin-Plan mit, aus dem inzwischen ein Schamir-Rabin-Plan geworden war.

Schamirs Vorschläge wurden in Washington sehr begrüßt. Das Außenministerium war von dem Gedanken an freie Wahlen und Selbstbestimmung beeindruckt und startete sofort eine diplomatische Offensive, deren Ziel es war, Arafat zur Annahme dieses Plans zu bewegen. Arafat leistete Widerstand; ihm war klar, daß dieser Plan seine Stellung gefährdete. Wenn freie Wahlen abgehalten und Selbstbestimmung eingeführt würde, wenn die ortsansässigen Palästinenserführer selbst über ihre Leute bestimmen könnten — würden sie dann in fünf Jahren Arafat noch brauchen?

Abgesehen davon vergaß Arafat nicht, daß er der Kopf einer Terrororganisation war, deren Extremisten seinen jüngsten Initiativen nur mit halbem Herzen zugestimmt hatten. Wenn Arafat noch weitere Zugeständnisse machen würde, könnte es zu einer Revolte verschiedener PLO-Splittergruppen kommen, die es kaum erwarten konnten, den bewaffneten Kampf gegen Israel wiederaufzunehmen.

Auf der anderen Seite war den örtlichen Palästinenserführern klar, daß der Plan, der ihnen freie Wahlen garantierte, das Beste war, was sie erwarten konnten. Sie hatten erlebt, wie die rechten Likudminister, die von Sharon angeführt wurden, versucht hatten, die Friedensinitiative zu sabotieren, indem sie zahlreiche brisante Bedingungen gestellt hatten, die unerfüllbar waren; sie waren Zeuge der Reaktion der Arbeiterpartei gewesen, die damit gedroht hatte, die Regierung zu verlassen, wenn auch nur ein Paragraph des Friedensplans geändert würde.

Sie mußten letzten Endes zugeben, daß Schamir den Plan offenbar ernst nahm; das bewiesen die Anstrengungen, die er unternahm, um die Unterstützung der Palästinenserführer dafür zu gewinnen. Im Juli 1989 begann Schamir, sich mit prominenten Leuten aus dem Westjordanland und dem Gazastreifen zu treffen. Einige seiner Gäste, zum Beispiel Jamil Tarifi aus El-Bireh, bekannten sich öffentlich zur PLO. Noch vor ein paar Jahren hätte sich nicht einmal Rabin mit einem derartigen Extremisten getroffen.

Ich beobachtete Schamir, als er sich rechtfertigte und seine Begegnungen mit den Palästinenserführern erklärte, und hatte den Verdacht, daß die meisten Israelis nicht begriffen, welche gewaltige Veränderung Rabins Plan bei dem Likud verursacht hatte. Schamir und Arens, die beiden härtesten Likudführer, die die Vereinbarungen von Camp David abgelehnt hatten und gegen den Friedensvertrag mit Ägypten gewesen waren, verhandelten jetzt intensiv mit den Palästinensern und boten ihnen die Selbstbestimmung an. Es fiel ihnen nicht leicht, und als Präsident Mubarak ihnen vorschlug, zwischen Israel und einer palästinensischen Delegation in Kairo zu vermitteln, machten sie schnell einen Rückzieher. Trotzdem rückten sie ganz langsam von den verhärteten Positionen ab, die das Markenzeichen ihrer Partei geworden waren. Sharon hatte letzten

Endes recht bekommen: Der Likud veränderte sich — widerwillig, aber er veränderte sich.
Ich wußte, daß Schamir den Plan noch im allerletzten Augenblick aufgeben könnte, weil er befürchtete, daß die in Aussicht gestellte Selbstbestimmung zu einem Tausch von Gebieten gegen den Frieden führen könnte. Es konnte auch passieren, daß er den Hardlinern in der eigenen Partei unterliegen würde. Das wiederum könnte zu einer Regierung der Arbeiterpartei oder zu vorgezogenen Neuwahlen führen. Aber derartige politische Veränderungen würden die Einführung der Selbstbestimmung im Westjordanland und im Gazastreifen nur verzögern, aber nicht verhindern. Viele Israelis hatten begriffen, daß Autonomie die einzige praktikable Lösung darstellte.
In der Zwischenzeit häuften sich im Westjordanland die Anzeichen für eine Normalisierung. Palästinensische Arbeiter nahmen in großer Zahl ihre Arbeit in Israel wieder auf. Da die Schulen immer noch geschlossen blieben, nahm ich mir vor zu intervenieren und veranstaltete eine Anhörung meines Komitees mit den wichtigsten Mitarbeitern Rabins. Wir empfahlen die sofortige Wiedereröffnung der Schulen und bekamen ein positives Echo. Kurz darauf wurde das Versprechen eingehalten. Ich erfuhr, daß es in dieser Frage auch erheblichen Druck aus Washington gegeben hatte, aber unabhängig davon waren die Verteidigungsexperten Israels zu demselben Schluß gekommen.
Die Operation der Wiedereröffnung der Schulen im Westjordanland fand im Juli 1989 statt und wurde durch den Besuch des Komitees für Erziehungswesen und Kultur gekrönt. Wir besuchten verschiedene Schulen im Westjordanland. Schüler und Lehrer standen um uns herum, dankten uns für unsere Bemühungen und versicherten uns, daß sie entschlossen seien, ihre Arbeit wiederaufzu-

nehmen. Als die Kinder den General bestürmten, der den Oberbefehl im Westjordanland hatte, und Shaike Etgar, der General aus dem Kibbuz Shfayim, sie herzte und an sich drückte, kam ich mir wie in einem surrealistischen Film vor.
Und dann zog ein kleiner Junge eine Kugel, die er auf der Straße gefunden hatte, aus der Tasche und bettelte: »Bitte, schießt nicht mehr auf uns!«
Diese Szene symbolisierte die unglaublich absurde Wirklichkeit, in der wir, Juden und Araber, im zweiten Jahr der Intifada lebten. Zu der Zeit waren schon über fünfhundertzwanzig Palästinenser getötet, dreihundertdreißig Häuser in die Luft gesprengt, fünfunddreißigtausend Menschen ins Gefängnis gesteckt und einundfünfzig ausgewiesen worden. Diese Situation mußte so schnell wie möglich beendet werden. Selbst Yossi Sarid, das hitzige Mitglied der Opposition, erklärte in der Knesset: »Die Wahlen müssen stattfinden. Jeder sollte begreifen, daß das die einzige Möglichkeit ist.«

Sowohl für die Juden als auch für die Araber war eine friedliche Lösung dringend erforderlich. Als das Jahr 1989 seinem Ende entgegenging, zeigte unsere Gesellschaft Ermüdungserscheinungen, die bis in die tiefsten Grundfesten reichten. Vierzig Prozent der High-School-Studenten erklärten in Umfragen, die das Ministerium für Erziehungswesen durchführte, daß sie die Araber haßten. Jüdische Siedler griffen im Westjordanland israelische Soldaten und Offiziere an und behaupteten, sie würden sie nicht in der angemessenen Weise vor arabischen Angriffen schützen; die Fälle von Siedlern, die in arabischen Städten und Dörfern Zivilisten erschossen, weil sie mit Steinen geworfen hatten, nahmen beträchtlich zu; nach verschiedenen Mordanschlägen arabischer Terroristen bewarfen Israelis

auf der Straße von Aschkalon nach Gaza arabische Autos mit Steinen und verletzten dabei palästinensische Fahrer schwer.
Aufstände flackerten in arabischen Gemeinden in Galiläa und mitten in Israel auf; Sommerlager wurden zu »Intifada-Camps« umfunktioniert, in denen israelische Araber ihren Kindern beibrachten, wie man Steine wirft und jüdische Ziele angreift. Linksliberale Politiker bekamen Drohbriefe von rechten Organisationen; eine Gruppe von Anhängern des Rabbi Kahane stand im Verdacht, Waffen für die Errichtung eines unabhängigen Staates Judäa im Westjordanland zu sammeln.
Nach dem schlimmsten Vorfall, bei dem ein Araber einen Bus in eine Schlucht gesteuert und sechzehn Menschen getötet hatte, versuchten in den Straßen Jerusalems einige Israelis, Araber zu lynchen. Die Menge warf Steine auf arabische Autos und griff dann die Häuser der jüdischen »Verräter« an. An einem glühendheißen Sonntag überfiel ein Mob das Haus von Deddy Zucker in Jerusalem, der Mitglied der Knesset war und die Bürgerrechtsbewegung und die Friedensbewegung vertrat. Obwohl unsere Ansichten auseinandergingen, war Deddy einer meiner Freunde. Ich rief ihn an, um herauszufinden, ob es ihm gutgehe.
Seine Antwort hat mich zutiefst schockiert und verfolgt mich heute noch. »Michael«, sagte Deddy, »das ist nur der Anfang. Der Film hat gerade erst begonnen.«
Nein, sagte ich mir, ich bin nicht bereit, das hinzunehmen. Wir müssen alles Menschenmögliche tun, um diesen Film anzuhalten, bevor er zu Ende ist.

18. KAPITEL

Der Sandsturm

Solange der Friedensplan nur aus höflichen Verhandlungen zwischen Israel, den Vereinigten Staaten und Ägypten bestand, die sich nur langsam von der Stelle bewegten, war Itzhak Schamir einer seiner treuesten Befürworter. Aber als es Anfang 1990 Zeit wurde, den Plan in die Tat umzusetzen, geriet er in Panik und machte ganz schnell einen Rückzieher. Außenminister James Baker, der von Hosni Mubarak unterstützt wurde, schlug vor, daß sich die Israelis mit den Ägyptern und Palästinensern zu einer vorbereitenden Konferenz in Kairo treffen sollten, um die Modalitäten für die bevorstehenden Wahlen im Westjordanland und im Gazastreifen festzulegen. Er schlug vor, daß unter anderen ein im Exil lebender Palästinenser und ein Palästinenserführer, der seinen zweiten Wohnsitz in Ost-Jerusalem hatte, der palästinensischen Delegation angehören sollten.

Die Arbeiterpartei stimmte diesem Vorschlag bereitwillig zu. Die Führer des Likud reagierten dagegen mit Angst und Frustration. Ein im Exil lebender Palästinenser könne nur ein PLO-Mitglied sein, behaupteten sie. Und die Teilnahme eines Palästinensers aus Ost-Jerusalem könne nur bedeuten, daß der zukünftige Status Jerusalems auch Gegenstand der Verhandlungen sein solle. Beide Unterstellungen waren natürlich lächerlich. Die Vereinigten Staaten waren genausowenig daran interessiert wie wir, der PLO eine Gelegenheit zu bieten, sich durch die Hintertür in den Konferenzraum von Kairo einzuschleichen. Und was Jerusalem anbetraf, so war klar, daß niemand Israel zwingen konnte, auch nur eine Handbreit Boden der Heiligen Stadt abzugeben.

Aber Schamir wollte nicht hören. Er wußte genau, daß der Weg, der zu Wahlen und letzten Endes zur Autonomie der Palästinenser führen würde, nicht zu einem Groß-Israel, sondern eher in die entgegengesetzte Richtung weisen würde. Er war entschlossen, jeden territorialen Kompromiß zu verhindern. Aus diesem Grund mußte er die Konferenz in Kairo platzen lassen, ohne es ausdrücklich zu sagen. Aber das war nicht so leicht. Unter dem Druck der Arbeiterpartei von innen und dem Druck der Amerikaner und Ägypter von außen zog er sich auf seine Lieblingsstrategie zurück — er hielt die Leute hin. Er sagte weder ja noch nein, sandte Sonderbeauftragte nach Washington und verschob das Regierungstreffen, auf dem die Beschlüsse gefaßt werden sollten.

Das war der Zeitpunkt, in dem Shimon Peres die Regierung der Nationalen Einheit stürzen wollte.

Ich hatte ein paar Wochen zuvor von diesem Plan gehört, als ich Peres im Afula-Krankenhaus besucht hatte, wo er sich von einer schweren Infektion erholte. Er erklärte mir, für die Arbeiterpartei sei jetzt der günstige Augenblick gekommen, die Einheitsregierung zu stürzen und eine Koalitionsregierung mit den religiösen Parteien zu bilden. Diese Koalition würde dann das Palästinenserproblem lösen und dem Mittleren Osten den Frieden bringen.

Ich war absolut dagegen. Eine gelähmte Regierungskoalition, die sich einerseits auf die ultra-orthodoxen Parteien und andererseits auf die Partei der arabischen Extremisten stützen müßte, würde nie in der Lage sein, eine Friedensvereinbarung zu schließen, erklärte ich Peres. Außerdem

bestand ohnehin überhaupt keine Chance, daß die religiösen Parteien mit uns koalieren würden. Sie würden eher mit einer knappen Mehrheit des Likud zusammen regieren, da diese Partei ihnen und ihren Ansichten über Religion und Politik bedeutend näher stand. Peres wollte nicht auf mich hören. Er saß in seinem Bett und rechnete und zählte so lange, bis er schließlich die 72 Mitglieder des Parlaments beisammen hatte, die seine neue Regierung unterstützen würden. Ich konnte seine Zahlen nicht akzeptieren. Ich war sicher, er würde nicht einmal 60 Stimmen in der Knesset mobilisieren können.
Aber Peres hatte es sich in den Kopf gesetzt, Premierminister zu werden, koste es, was es wolle. Es gelang ihm, alle Führer der Arbeiterpartei davon zu überzeugen, daß er eine alternative Koalition sozusagen in der Tasche habe. Sogar Itzhak Rabin war auf seiner Seite. Meine Position war nicht stark genug, ich konnte mich nicht mit meinem Argument durchsetzen, daß das ganze Unternehmen zum Scheitern verurteilt sei und wir die Macht verlieren würden, während der Likud eine Regierung der äußersten Rechten bilden würde. Auf einem von großer Begeisterung aller Mitglieder getragenen Treffen des 1300 Mann starken Zentralkomitees war ich der einzige, der gegen Peres' Plan stimmte.
Nach diesem praktisch einstimmig gefaßten Beschluß der Arbeiterpartei bereitete Peres den nächsten Schritt vor. Zunächst erschien es so, als habe er recht und ich unrecht. Im März 1990 brachte Peres in der Knesset eine Mehrheit zusammen, die die Regierung Schamir mit Hilfe eines Mißtrauensvotums zu Fall brachte. Präsident Herzog beauftragte ihn mit der Bildung einer neuen Regierung.
Zwischen Shimon Peres und verschiedenen anderen Parteien wurden Verhandlungen aufgenommen. Gleichzeitig begannen verschiedene Machtblöcke innerhalb der Arbei-

terpartei, ihre Kandidaten für die Ministerposten des zukünftigen Regierungskabinetts aufzustellen. Die große Fraktion der »Hauptströmung«, das Rückgrat der Partei, stellte mich als Kandidaten für ein Ministeramt auf. Aber ich fand Peres' Feilscherei unmoralisch und widerwärtig. Er bot den religiösen Parteien und den kleinen politischen Splittergruppen alles an, was sie haben wollten — Subventionen, eine religiöse Gesetzgebung, Ministerposten in der jetzigen und in zukünftigen Regierungen, Sitze in der nächsten Knesset und Regierungsjobs. Schließlich wurde mir das zuviel und ich schickte Peres ein Telegramm. »Ben-Gurion würde sich im Grab umdrehen, wenn er wüßte, mit welchen Taktiken seine Partei heutzutage arbeitet«, schrieb ich. »Ich ziehe meine Kandidatur für ein Ministeramt zurück.«

Ich stand wieder einmal allein da. Keiner meiner Kollegen unterstützte mich, und mein Schritt wurde heftig kritisiert. Ein paar Tage vor dem Passah-Fest verkündete Peres, daß es ihm gelungen sei, eine Mehrheit zu bilden, und daß seine neue Regierung bei der nächsten Sitzung der Knesset, nach dem Feiertag, vereidigt werden würde. »In drei Tagen bin ich Premierminister«, kündigte er in einem Zeitungsinterview an.

Am Vorabend der außerordentlichen Sitzung der Knesset traf sich das Zentralkomitee der Partei, um die neue Koalition, die Peres gebildet hatte, zu feiern. Alle applaudierten und jubelten ihm zu. Die Arbeiterpartei war euphorisch. Nach langem politischen Exil kehrten wir wieder an die Macht zurück. Und wir waren bereit, jeden Preis zu zahlen, um wieder ans Ruder zu kommen.

Als man mir Gelegenheit gab, ans Rednerpult zu treten, kritisierte ich die schamlose Taktik, die Peres und seine Helfer angewandt hatten, um sich die Unterstützung der religiösen und der anderen Parteien zu kaufen. Meine Rede löste einen Ausbruch von Feindseligkeit aus. Mitglieder des Zentralkomitees, von denen viele meine Freunde und Anhänger waren, schrien mich wütend an und schüttelten die Fäuste. Der Tumult erstickte meine Worte. »Runter vom Podium!« schrien sie mich an. »Halt' den Mund!« Ich hatte in meinem Leben schon manches durchgemacht, aber ich konnte mich nicht erinnern, so etwas schon einmal erlebt zu haben.

Peres trat ans Rednerpult und griff mich brutal an. »Wenn ihm unsere Politik nicht gefällt«, rief er und zeigte auf mich, »dann soll er doch nach Hause gehen und Bücher schreiben.« Das Zentralkomitee jubelte ihm zu.

Aber als ich am nächsten Morgen in die Knesset kam, mußte ich feststellen, daß Peres keine Koalition und keine Regierung hatte. Seine Rede vom Vorabend war nichts anderes als eine Nebelwand gewesen. Trotz der widerwärtigen Roßtäuscherei der letzten Wochen war es ihm nicht gelungen, eine Mehrheit zusammenzubringen. Einige der ultra-religiösen Knessetmitglieder, die ihm ewige Treue geschworen hatten, hatten ihn im letzten Augenblick im Stich gelassen — so wie ich es prophezeit hatte. Eine Splittergruppe innerhalb des Likud, die er mit Ministersesseln und Sitzen in zukünftigen Parlamenten bestochen hatte, hatte es vorgezogen, wieder zum Likud zurückzukehren. Die ganze Aktion war kläglich gescheitert.

Ein paar Wochen später bildete Itzhak Schamir eine rechte Regierung, die von den ultra-orthodoxen Parteien gestützt wurde. Nach ein paar Monaten gab er sogar General Zeevi, dem Führer der rassistischen Molede-Partei, die eine Evakuierung der Palästinenser auf das andere Jordanufer befürwortete, ein Ministeramt. Und die Arbeiterpartei wurde gedemütigt, lächerlich gemacht und wieder auf die Oppositionsbänke geschickt.

Jetzt erst erkannten meine Kollegen, wie sinnlos und katastrophal Peres' Initiative gewesen war. Rabin nannte sie einen »faulen Trick«, andere drückten ihren Abscheu aus, viele forderten Peres' Rücktritt, und einige Mitglieder der Knesset entschuldigten sich vom Rednerpult aus bei mir für ihre Einstellung während der Krise. Aber ihre Entschuldigungen kamen zu spät. Jetzt drohte uns eine lange Zeit des politischen Exils, und keine Entschuldigung und kein Schuldbekenntnis konnte etwas daran ändern, daß Israel jetzt einer Regierung des rechten Flügels ausgeliefert war, die sich dem Gedanken an ein Groß-Israel verschrieben hatte und bereit war, dafür zu zahlen, indem sie den Hardlinern der äußersten Rechten und den selbstgerechten Rabbinern der ultra-orthodoxen Parteien weitreichende Zugeständnisse machte.

Die Chancen für eine Friedensregelung waren vertan worden. Außenminister Baker lud David Levy, den neuen Außenminister, nach Washington ein und versuchte auf naive Weise, ihn dazu zu bringen, den Friedensprozeß wiederzubeleben. Ihm war nicht klar, daß die Likudregierung nicht daran dachte, ihren eigenen Friedensplan in die Tat umzusetzen, und daß der sogenannte Schamir-Plan längst ein archäologisches Relikt geworden war.

Zu Anfang des Sommers wurde der Druck auf die israelische Regierung durch zwei Ereignisse gemildert.

Das erste war der Angriff einer palästinensischen Kommandoeinheit an verschiedenen Stränden Israels, der Pfingsten stattfand. Von einem libyschen Mutterschiff wurden mehrere Schnellboote abgesetzt, die mit bis an die Zähne bewaffneten Palästinensern besetzt waren. Sie sollten möglichst viele Zivilisten töten oder als Geiseln nehmen. Zum Glück wurden alle Boote von der israelischen Marine zerstört oder aufgebracht. Es war sehr schnell klar, daß sie einer Gruppe der PLO angehörten. Das Außenministerium verlangte von der PLO, daß sie sich in Übereinstimmung mit der so oft publizierten antiterroristischen Politik, zu der Arafat sich in Genf bekannt hatte, von dem Überfall distanziere. Aber Arafat weigerte sich, und der Dialog zwischen den Vereinigten Staaten und den Vertretern der PLO wurde unverzüglich abgebrochen. Washington mußte wohl oder übel zugeben, daß Israel schon die ganze Zeit recht gehabt hatte, als es sich weigerte, mit der PLO zu verhandeln.

Das zweite Ereignis sollte nicht nur den Mittleren Osten, sondern die ganze Welt erschüttern. Am 2. August 1990 befahl Iraks Präsident Saddam Hussein seinen Truppen, in Kuwait einzufallen, und annektierte das wohlhabende Emirat.

Präsident Bush regierte auf Saddams Aggression mit Entschiedenheit. Ohne ein Blatt vor den Mund zu nehmen, verglich er den Diktator des Irak mit Hitler. Er verlangte von Saddam den sofortigen Rückzug, und als der Irak das hochmütig ablehnte, brachte er mit viel Geduld eine internationale Koalition zusammen, berief den widerstrebenden Kongreß ein, neutralisierte die Sowjetunion, gewann die Unterstützung der Vereinten Nationen und konfrontierte schließlich Saddam Hussein mit einem knallharten Ultimatum: Entweder er ziehe sich bis zum 15. Januar aus Kuwait zurück, oder er würde mit militärischer Gewalt vertrieben.

Wieder einmal hing das Damoklesschwert des Krieges über dem Mittleren Osten.

Wir in Israel waren nicht an diesem Konflikt beteiligt. Saddam Hussein war nach seinen eigenen Erklärungen unser Todfeind. Er versuchte sogar mit ziemlich lahmen Argumenten, eine Verbindung zwischen seiner Besetzung Kuwaits und seiner Forderung nach einem Rückzug Israels aus den besetzten Gebieten herzustellen. Es war nicht zu übersehen, daß er uns auf diese Weise mit in den Konflikt hineinziehen wollte, weil er hoffte, daß eine Beteiligung Israels den Rest der arabischen Welt automatisch in seine Arme treiben würde. Außerdem rechnete Saddam damit, daß eine Konfrontation mit Israel die arabischen Führer wie Mubarak, Fahd und Assad, die sich auf die Seite der Amerikaner geschlagen hatten, in eine unmögliche Position bringen würde.

Die irakische Aufrüstung hatte uns schon seit Jahren beunruhigt. Aber meiner Meinung nach hatten wir uns nicht genügend Sorgen gemacht. Irak hatte sich an allen Kriegen gegen Israel beteiligt und sich sogar geweigert, einen Waffenstillstandsvertrag mit uns zu unterzeichnen. Saddams riesige Armee stellte für Israel eine potentielle Bedrohung dar. Aber durch den Krieg zwischen dem Iran und dem Irak wurden wir, was Saddams Militärmacht anbetraf, in Sicherheit gewiegt. Sogar der Westen, der durch den Fanatismus des Ayatollahs aufgeschreckt worden war, belieferte den Irak bereitwillig mit Waffen, schickte Experten und unterstützte ihn diplomatisch. Man übersah die bedauerliche Tatsache, daß der Krieg ohne irgendeine Provokation der Iraner nur durch Saddams Aggression gegen den Iran zustande gekommen war. Die westlichen Nationen, europäische Präsidenten und gemäßigte Araber, alle sangen sie das Loblied Saddam Husseins und priesen ihn als den Retter der Freiheit und des Fortschritts, der sich der Flut des Fundamentalismus, der an das finsterste Mittelalter erinnerte, entgegenstemmte.

Aber der Krieg zwischen dem Iran und dem Irak ging zu Ende, und der Hüter der Freiheit dachte gar nicht daran abzurüsten, ganz im Gegenteil. Saddam Hussein, der bereits jetzt die viertgrößte Armee der Welt befehligte, faßte den ehrgeizigen, schrecklichen Plan, ein unkonventionelles Arsenal an atomaren, chemischen und biologischen Waffen aufzubauen. Zu diesem Unternehmen gehörten als

flankierende Maßnahme die gewaltigen Anstrengungen, die man unternahm, um die Reichweite der irakischen Scud-Raketen zu erhöhen, ja zu verdoppeln. Mit krimineller Nonchalance arbeiteten angesehene westliche Firmen bereitwillig mit dem Diktator zusammen, um den Irak in eine schreckliche Tötungsmaschine zu verwandeln. Diese Händler des Todes, die Iraks Raketen, Bakterien und das Giftgas entwickelt haben, kamen aus Europa. Französische, britische und italienische Firmen arbeiteten eng mit der irakischen Rüstungsindustrie zusammen. Schockierenderweise waren es aber in erster Linie die Deutschen.
Für mich und eine Gruppe meiner Kollegen war die Beteiligung der Deutschen knapp fünfzig Jahre nach dem Holocaust absolut widerwärtig. Wir waren der Meinung, daß Deutschland alles, was in seiner Macht stand, hätte tun müssen, um das Entstehen einer neuen monströsen Kriegsmaschinerie, wo auch immer auf der Welt, zu verhindern. Vor allem aber im Mittleren Osten, wo sie die Existenz Israels bedrohen könnte, einem Land, dem gegenüber Deutschland eine schwere moralische Schuld trägt. In meinen schlimmsten Träumen hatte ich mir nicht vorstellen können, daß sich die Deutschen so leicht vor den Karren dieser beiden blutrünstigen arabischen Diktatoren Saddam Hussein und Libyens Gaddafi spannen lassen würden. Ich konnte mir einfach nicht vorstellen, daß sie ihm so bereitwillig zu einem ganzen Arsenal an verbotenen Waffen verhelfen würden. Verschlimmert wurde die Situation noch durch die Gleichgültigkeit und in manchen Fällen die Vertuschungsversuche vieler deutscher Regierungsstellen (an denen allerdings die Bundesregierung selbst nicht beteiligt war).
Seit Ende 1988 und bis zum 16. Januar 1991, dem Vorabend der Operation Wüstensturm, haben einige meiner Kollegen und ich dieses Thema vom Rednerpult der Knesset

aus angesprochen. Wir zitierten Berichte aus den deutschen Medien, Berichte des Außenministeriums, internationaler Organisationen wie des Simon Wiesenthal Centers, ja sogar Berichte offizieller deutscher Stellen über die Beteiligung deutscher Firmen an der Konstruktion von Giftgasfabriken in Rabta in Libyen und an verschiedenen Orten im Irak. Die Gleichgültigkeit der deutschen Öffentlichkeit schockierte mich, nachdem der Bundestag und verschiedene Kommissionen des Kabinetts zugegeben hatten, welche wichtige Rolle deutsche Staatsangehörige in Saddam Husseins teuflischem Spiel gespielt hatten; und das selbst dann noch, als Saddam Hussein schon öffentlich erklärt hatte, daß er diese verbotenen Waffen gegen Israel einsetzen werde.

Als die Golfkrise sich zuspitzte, verkündete Saddam Hussein seelenruhig, daß er diese nichtkonventionellen Waffen gegen seine Feinde einsetzen werde. Vor diesem Hintergrund erschien die Zerstörung des irakischen Atomreaktors durch israelische Flugzeuge 1981 in einem neuen Licht. Damals war die Aktion von der Weltöffentlichkeit verurteilt worden. Heute stellt dieser Umstand für einige Nationen, die uns damals kritisiert haben, ein Geschenk des Himmels dar. Ihnen ist plötzlich klargeworden, daß der Irak heute über Atombomben verfügen würde, wenn Israel nicht vor zehn Jahren den Reaktor zerstört hätte. Jeder Krieg gegen den Irak hätte dann zu einem schrecklichen nuklearen Konflikt mit entsetzlichen Folgen eskalieren können.

Als sich die Golfkrise weiter zuspitzte, wurde Israel in diskreter Weise von den Vereinigten Staaten gebeten, sich ruhig zu verhalten. Die Amerikaner befürchteten, daß Israel ihr Bündnis mit den arabischen Ländern gefährden könnte. Diese Furcht grenzte an Verfolgungswahn. Die

Amerikaner glaubten, jede öffentliche Erwähnung ihrer freundschaftlichen Beziehung zu Israel müsse möglichst heruntergespielt werden, um die große amerikanisch-arabische Koalition nicht zu gefährden. Als ob die Kuwaitis und die Saudis sich überhaupt um die Verbindungen zwischen Israel und den USA gekümmert hätten, oder Ägypten keinen Friedensvertrag mit uns geschlossen hätte, oder die Syrer die Aussichten auf amerikanische Unterstützung bei der Vernichtung ihres irakischen Erzfeindes aufs Spiel gesetzt hätten.

Aber das war nichts im Vergleich zu den Bemühungen einiger europäischer Länder, an der Spitze Frankreich, die einen Krieg am Golf vermeiden und Saddam Hussein auf Kosten Israels besänftigen wollten. Frankreich hatte den Irak mit riesigen Mengen an Waffen beliefert — Saddam schuldete Frankreich über 5 Milliarden Dollar. Französische Experten hatten den Osiraq-Atomreaktor gebaut, andere hatten bereitwillig dabei geholfen, Saddams Raketen zu verbessern. Dasselbe Frankreich versuchte jetzt verzweifelt, eine Verbindung zwischen der Golfkrise und dem Palästinenserproblem herzustellen. Man bemühte sich um eine internationale Mittelost-Konferenz, mit anderen Worten, man war bereit, Israels Sicherheit den Launen Saddams zu opfern.

Ich hatte mich diesem Land immer eng verbunden gefühlt und war in meiner Eigenschaft als Vorsitzender der parlamentarischen »Französisch-Israelischen Freundschaft« von der Einstellung Frankreichs um so mehr betroffen. Präsident Mitterrands wiederholte Erklärungen, er sei »ein großer Freund Israels«, gingen mir, ehrlich gesagt, langsam auf die Nerven. Er war schließlich der Führer der sozialistischen Partei, die sich rühmte, mit Israels Arbeiterpartei brüderlich verbunden zu sein. Aber seine Politik im Mittleren Osten, seine enge Beziehung zu Yassir Arafat, sein stures Beharren auf einer internationalen Konferenz ließ kaum freundschaftliche Gefühle Israel gegenüber erkennen. Die Tatsache, daß Europa in dem Friedensprozeß in unserer Region bisher kaum eine Rolle gespielt hat — und auch jetzt noch nicht spielt —, hängt im wesentlichen mit Mitterrands Pro-PLO-Position und der einseitigen Einstellung einiger anderer europäischer Regierungschefs im Hinblick auf den arabisch-israelischen Konflikt zusammen.

Eine weitere bedauerliche Erscheinung, deren Zeuge wir während der Golfkrise wurden, war die Reaktion der Palästinenser auf die Aggression Saddam Husseins. Riesige Menschenmengen waren überall im Westjordanland und im Gazastreifen wie elektrisiert und gerieten in einen euphorischen Siegestaumel. Sie demonstrierten auf der Straße, skandierten Parolen, schüttelten die Fäuste und priesen Saddam Hussein in den höchsten Tönen, er war ihr neuer Messias. In ihm sahen sie die Reinkarnation des großen Saladin, des Helden, der die Ungläubigen zerschmettern und Palästina befreien würde.
Diese Reaktion kam für uns nicht überraschend. Ich hatte Verständnis für diese armseligen palästinensischen Massen, die am Rand der Verzweiflung standen, weil alle ihre Versuche gescheitert waren, die verhaßten Israelis abzuschütteln. Sie griffen jetzt nach dem letzten Strohhalm und hofften auf ein Wunder, das sie retten würde. Auch in anderen arabische Ländern, in Jordanien, Ägypten und Nordafrika, waren die Massen begeistert, weil Saddam den Westen herausgefordert hatte.
Aber bei den Palästinensern war das insofern etwas anderes, als selbst ihre gemäßigten Führer in den Straßen tanzten und Pro-Saddam-Parolen schrien. Bis Ende Juli hatten diese seriösen Männer noch ganz vernünftig über eine ge-

meinsame Zukunft mit den friedliebenden Israelis diskutiert und versucht, eine Formel zu finden, die es ihnen ermöglichen würde, eine entmilitarisierte, demokratische Struktur an unserer Seite zu schaffen. Aber jetzt schüttelten dieselben prominenten Palästinenser wütend die Fäuste und jubelten Saddam zu, dem Mann, der Israel vernichten und die Ehre der Araber wiederherstellen würde. Da jeder halbwegs vernünftige Mensch sich denken konnte, daß Saddam in diesem Krieg, der vor der Tür stand, absolut keine Chance hatte, konnte die kriegerische Einstellung der Palästinenser nur Mitleid erregen. Auf dieser unglückseligen Nation schien ein Fluch zu lasten, der sie dazu verdammte, immer auf das falsche Pferd zu setzen, sich wahnhaften Träumen hinzugeben und sich auf Projekte einzulassen, die von Anfang an zum Scheitern verurteilt waren.

In jedem Stadium unserer angespannten Beziehung, vor allem nach dem Ausbruch der Intifada, hatten wir geglaubt, der Haß der Palästinenser auf uns habe einen neuen Höhepunkt erreicht. Aber das alles war noch nicht das Schlimmste gewesen — die tragischen Ereignisse, die am 8. Oktober 1990 stattfanden, sollten das beweisen.

Der vierte Tag des Laubhüttenfests (Succoth) war schon immer ein problematischer Tag gewesen. An diesem Tag pilgerten Tausende von Israelis zur Klagemauer, um dort ihr traditionelles Gebet zu verrichten und den Segen zu empfangen. Zur gleichen Zeit beten Tausende von Moslems auf dem Tempelberg, von dem aus man einen Blick auf den großen Platz vor der Klagemauer hat. Allein durch die räumliche Nähe entsteht dort in diesen Tagen der Intifada und der Spannungen zwischen Juden und Arabern eine explosive Situation.

Der frühere Polizeiminister Haim Bar-Levy hatte wegen

der Gefahr, die den Pilgern drohte, immer besondere Vorsichtsmaßnahmen angeordnet. In den vergangenen Jahren hatte er immer Polizeikräfte auf und um den Tempelberg konzentriert und einen Vorposten eingerichtet, den ein höherer Polizeioffizier einnahm. Er selbst und der Polizeipräsident verbrachten viele Stunden an diesem Ort.
In diesem Jahr wurden keine derartigen Maßnahmen ergriffen. Das war, gelinde gesprochen, paradox, denn noch ein paar Tage zuvor schien die Gefahr von Gewalttätigkeiten auf dem Tempelberg größer zu sein als je zuvor. Der Grund lag in der mehrfach öffentlich geäußerten Absicht einer kleinen Gruppe fanatischer Juden, die sich »Die Getreuen des Tempels« nannten, den Grundstein für einen dritten Tempel auf dem Heiligen Berg zu legen. Ihre Absichtserklärungen erregten den Zorn der Palästinenser, die damit drohten, eine solche Aktion mit Gewalt zu verhindern. Die Polizei entschloß sich vernünftigerweise, den »Getreuen des Tempels« nicht zu gestatten, auch nur einen Fuß auf den Tempelberg zu setzen, und teilte den Religionsführern der Moslems diese Entscheidung mit. Aber als die entsprechenden Befehle ausgegeben worden waren, war die gesamte Polizeiführung so naiv zu glauben, daß die Bombe damit entschärft wäre. Sie nahmen ihre Routinearbeit wieder auf und zeigten damit einen erschreckenden Mangel an Sensibilität für die Spannungen in Jerusalem am Ende des dritten Jahres der Intifada. Am Tag des Pilgerzugs befand sich der junge, unerfahrene Polizeiminister außerhalb von Jerusalem, der Chef der Polizei hielt einen Vortrag auf einem Fliegerhorst und die höheren Polizeioffiziere des Jerusalem-Distrikts waren woanders beschäftigt. Nur eine kleine Polizeieinheit wurde zum Tempelberg geschickt.
Die Polizisten sahen sich mit einigen Tausend Palästinensern konfrontiert, meistens junge Leute, die Parolen riefen

und ihren Religionsführern Mut machten, die über die Lautsprecher der Moscheen flammende Reden verbreiteten. Sehr bald begann die Menge, die Polizisten mit Steinen zu bewerfen, die sich daraufhin zurückzogen und Tränengas und Gummigeschosse abfeuerten. Einige von ihnen gingen am Rand der Klagemauer selbst in Stellung, um die jungen Palästinenser daran zu hindern, Steine auf die Menge von ungefähr zwanzigtausend Juden zu werfen, die unten beteten. Zum Glück war das Gebet an der Klagemauer ein paar Minuten vor dem Zusammenstoß der Palästinenser mit der Polizei zu Ende, und als ein Steinhagel auf den Platz vor der Mauer prasselte, waren die meisten Juden schon gegangen.

Die Polizisten zogen sich vor den Massen der Palästinenser zurück und verließen den Tempelberg durch das Mugris-Tor. Aber schon bald stürmten sie wieder den Tempelberg hinauf, weil sie durch verzweifelte Hilferufe zweier Polizisten alarmiert wurden, die zurückgeblieben waren. Diesmal waren die Zusammenstöße mit den Demonstranten härter. Da es ihnen nicht gelang, die Menge mit Tränengas und Gummigeschossen zu zerstreuen, und da sie um ihr Leben fürchten mußten, eröffneten mehrere Polizisten das Feuer, töteten neunzehn Palästinenser und verwundeten mindestens dreiundfünfzig von ihnen. Das war eine entsetzliche Tragödie, deren weitreichende Folgen weder der Kommandeur der Polizei noch viele israelische Politiker überblicken konnten.

Es stimmt zwar, daß die Schüsse erst fielen, als das Leben der Polizisten ganz offensichtlich in Gefahr war. Aber so weit hätte es gar nicht erst kommen dürfen. Wenn man Vorkehrungen getroffen hätte, oder wenn der Rückzug der Polizei vom Tempelberg geordnet durchgeführt worden wäre, ohne daß jemand zurückgelassen worden wäre, wäre der zweite Angriff auf den Tempelberg gar nicht erst nötig gewesen, und viele Menschen hätten nicht sterben müssen. Scharfe Munition hätte nur im äußersten Notfall benützt werden dürfen. Die Polizei schien zu vergessen, daß sich der Vorfall auf einem der heiligsten Plätze der Welt abgespielt hat, und daß das Blutvergießen auf dem Tempelberg eine gewaltige Auswirkung auf Millionen von Moslems haben würde.

Als ich von der Tragödie erfuhr, rief ich den Premierminister an und forderte von ihm, den Chef der Polizei und die höheren Polizeioffiziere des Jerusalem-Distrikts sofort zu entlassen. Ich schlug ihm außerdem vor, den Generalsekretär der Vereinten Nationen oder seine Vertreter nach Israel einzuladen, damit sie sich selbst davon überzeugen könnten, daß wir eine sorgfältige Untersuchung durchführten, um festzustellen, wie es zu dieser Tragödie kommen konnte, und welche Maßnahmen ergriffen werden müßten. Meine Vorschläge wurden wütend zurückgewiesen. Der Polizeiminister traute sich nicht, auch nur einen einzigen Polizisten zu entlassen, nicht einmal die, denen in dem Bericht einer Untersuchungskommission die Schuld für das Massaker gegeben wurde.

Was die Einladung eines hohen Beamten der Vereinten Nationen anbetraf, so verwarf die Regierung diesen Gedanken in rüder Weise und behauptete, ein solches Vorgehen würde unsere Souveränität verletzen. Erst zwei Monate später, nachdem Israel von allen bekannten internationalen Gremien die Schuld zugewiesen worden war, hatte Außenminister David Levy eine geniale Idee: Er lud den Generalsekretär oder einen seiner Stellvertreter nach Israel ein ... Diesmal stimmte die Regierung dem Vorschlag begeistert zu und sprach die Einladung aus, aber das war inzwischen zu wenig und kam zu spät.

Die Tragödie auf dem Tempelberg hat einen neuen Typ des arabischen Terroristen geschaffen: den besessenen moslemischen Fanatiker, der mit einem Messer bewaffnet ist, in unseren Städten Amok läuft und jeden Juden, der ihm in den Weg kommt, abschlachtet — Frauen, Kinder oder alte und hilflose Menschen — und dabei gleichzeitig »Allah ist groß!« oder »Schlachtet die Juden ab!« ruft. Damit will er die Toten des Tempelbergs rächen.

Wir kannten bereits die grausamen, blutigen Methoden, die die Abgesandten der PLO anwandten, wenn sie Leute mit dem Messer oder mit der Axt umbrachten, die im Verdacht standen, mit den Israelis zusammengearbeitet zu haben. Aber jetzt waren wir selbst die Opfer dieser abscheulichen Brutalitäten. Und was noch schlimmer war, wir mußten wieder einmal die enorme Freude miterleben, mit der die palästinensische Bevölkerung jeden einzelnen brutalen Mord an unschuldigen Zivilisten begrüßte. Berühmte PLO-Führer, von denen einige noch vor kurzem mit US-Diplomaten aalglatte Verhandlungen geführt hatten, hießen jetzt in Fernsehinterviews die Morde an israelischen Bürgern gut.

Es mag ja sein, daß wir und die Palästinenser einmal Vettern waren, wie man so sagt, aber wir hatten nichts miteinander gemein. Dieser Messerkult und das Blutvergießen bestärkte mich nur in meiner Überzeugung, daß wir uns so schnell wie möglich von den Palästinensern und vom größten Teil der besetzten Gebiete trennen sollten. Auf einem Treffen des Parteibüros sprach ich von der Notwendigkeit, Verhandlungen zu führen, die eine Lösung brächten, und die jetzt nötiger waren denn je. Einer meiner Widersacher rief mir zu: »Wie kann man mit den Palästinensern verhandeln?«

»Ich würde auch lieber mit den Dänen oder mit den Norwegern verhandeln«, erwiderte ich, »das scheinen sehr vernünftige Leute zu sein. Aber leider gibt es in diesem

Teil der Welt nicht so viele Dänen und Norweger. Wir haben keine andere Wahl, wir müssen mit den Palästinensern verhandeln.«

Der 15. Januar kam, George Bushs Ultimatum lief ab, und der Krieg gegen den Irak begann. Krieg ist eigentlich die falsche Bezeichnung, obwohl die amerikanischen Medien ihr Bestes tun, um die militärischen Aktionen der Amerikaner zu glorifizieren. Sie stellen in peinlicher Weise Vergleiche mit dem Vietnamkrieg an. Der Golfkrieg war kein Krieg, sondern eine Schießübung. Eine Supermacht mit ultramodernen Waffensystemen, einer riesigen Armee, grenzenlosen Hilfsquellen und Zeit, die ihre Soldaten durch umfangreiche Vorsichtsmaßnahmen schützte, stürzte sich zweiundvierzig Tage lang auf einen verblüfften, großmäuligen Papiertiger.
Amerika ließ pro forma großzügig kuwaitische Piloten, die von AWACS-Flugzeugen aus ferngesteuert wurden, oder saudische und ägyptische Soldaten, die von US-Marines und Apache-Kanonenbooten begleitet wurden, ein paar Schüsse auf den Feind abfeuern. Aber den Bärenanteil hatten die Amerikaner, die sich außerhalb der Reichweite des Feindes aufhielten und ihn unter Tonnen von Bomben begruben, auch wenn ein großer Teil von ihnen nie ihr Ziel erreichte. Die wahren Helden dieses Krieges waren die britischen und einige französische Piloten, die ihre Bomben nicht wie die Amerikaner aus extremer Höhe abwarfen, wodurch sie sehr oft die irakischen Stellungen verfehlten oder Plastikattrappen in die Luft jagten. Sie griffen die irakischen Linien im Tiefflug an, kämpften erfolgreich und erlitten wegen des höheren Risikos auch höhere Verluste.
Die französischen Piloten retteten zum Teil die Ehre ihres Landes, die durch die Initiative ihres Präsidenten Mitterrand schwer in Mitleidenschaft gezogen worden war.

Noch nach Ausbruch des Krieges hatte Mitterrand versucht, eine Beendigung der Kampfhandlungen auf Kosten Israels zu erreichen. Schließlich scheiterte seine Politik; er wurde gezwungen, seine Idee von einer Verbindung zwischen der Golfkrise und dem arabisch-israelischen Konflikt aufzugeben; er wurde gezwungen, seinen pro-irakischen Verteidigungsminister zu ersetzen und mußte erklären, daß die französischen Einheiten der Koalition ihre Befehle direkt aus dem Elysée-Palast erhielten, und daß die französischen Truppen nur auf kuwaitischem Gebiet und nicht auf irakischem Boden operieren würden. Während ich im April 1991 diese Zeilen schreibe, scheint Mitterrand zu dem Schluß gekommen zu sein, daß Saddam Hussein wegen seiner unmenschlichen Politik den Kurden gegenüber vernichtet werden müsse. Der französische Präsident hat seit der Zeit, als er noch versuchte, Saddam Hussein zu retten, eine ziemliche Wandlung durchgemacht.
Ich bin der Meinung, daß der Golfkrieg ein gerechter Krieg gewesen ist, ein Krieg des Guten gegen das Böse. Es gab keinen Zweifel, wo die Mächte des Lichts und wo die Mächte der Finsternis standen, wer der Schuldige war und wer der Richter.

Ich habe nicht den geringsten Zweifel, daß Israel — abgesehen von Kuwait — den höchsten Preis für diesen Sieg über Saddam bezahlen mußte.
Nicht wegen der etwa vierzig Scud-Raketen, die Israel getroffen haben, nicht wegen der schweren Schäden und der tragischen Todesfälle, die sie verursacht haben. Nicht wegen der hohen Kosten des Wiederaufbaus, und auch nicht wegen der katastrophalen Verluste, die wir durch Ausfälle in der Produktion, im Export und im Tourismus erlitten haben.
Das Schlimmste ist, daß dieser Krieg die moralische Substanz Israels beschädigt hat.

Wir sind eine kleine, aber tapfere Nation. Wir haben immer Vertrauen zu unserer Armee gehabt. Wir haben immer geglaubt, daß wir uns gegen jeden Angriff von außen verteidigen könnten, selbst wenn alle arabischen Staaten uns gleichzeitig angreifen würden. Wir haben nie andere Armeen zur Hilfe gerufen. Wir haben nur um die Werkzeuge gebeten; wir wußten, daß wir diese Aufgabe allein erledigen konnten. In den dunkelsten Stunden des Unabhängigkeitskrieges, in den nervenaufreibenden Momenten vor dem Sechstagekrieg, in den verzweifeltsten Phasen des Überfalls am Yom Kippur haben wir uns immer auf unsere Streitkräfte verlassen können. Das war bis zum 16. Januar Israels Geschichte und Israels Realität.
Aber danach war es anders. Als die Sirenen überall in Israel zum erstenmal heulten, mußten wir in abgedichteten Räumen Schutz suchen, Gasmasken tragen, die wie Wolfsschnauzen aussahen, hilflos auf das Zeichen der Entwarnung warten und beten, daß Saddam Husseins Raketen unser Haus nicht treffen würden. Früher hatten wir im Falle eines Angriffs immer sofort zurückgeschlagen, die Basen des Feindes zerstört, die Gefahr beseitigt und Geiseln befreit.
Diesmal mußten wir die Faust in der Tasche ballen und waren zum Nichtstun verurteilt. Ich mußte zugeben, daß die Forderung der Amerikaner, daß die Israelis stillhalten sollten, logisch und vernünftig war. Aber das war sie nur unter einer Bedingung: daß die Amerikaner nach dem Einschlag der ersten Scud-Rakete in Israel der Zerstörung der irakischen Raketen und Abschußrampen absolute Priorität einräumen würden, selbst wenn dazu die Einrichtung einer Luftbrücke nötig sein sollte. Als ich vor der Knesset sprach, sagte ich, daß wir Washington ein Ultimatum stellen sollten. Wenn die Scud-Raketen nicht innerhalb einer Woche völlig zerstört wären, hätte Israel freie Hand, selbst zu handeln.

Ich sagte das, weil ich wußte, daß wir in der Lage waren, eine Operation durchzuführen, durch die die Gefahr der Scud-Raketen beseitigt würde. Und außerdem, weil ich befürchtete, daß die Passivität und Inaktivität eine demoralisierende Wirkung auf ganz Israel haben würde. Jeden Abend vor Sonnenuntergang eilten Tausende von Israelis nach Hause, nahmen ihre Gasmasken und schlossen sich in ihren abgedichteten Zimmern ein. Viele flohen nach Jerusalem oder Eilat. Einige schickten ihre Familien ins Ausland. Opfer des Holocaust erlitten Nervenzusammenbrüche, weil sie zum zweitenmal in ihrem Leben von Giftgas bedroht waren, nur weil sie Juden waren.
In den nationalen Rundfunk- und Fernsehsendern meldeten sich die Kommentatoren scharenweise zu Wort und taten ihr Bestes, um uns in Angst und Schrecken zu versetzen, indem sie sehr anschaulich beschrieben, was der Zivilbevölkerung im Falle eines Angriffs mit chemischen, bakteriellen oder sonstigen unkonventionellen Waffen alles passieren könnte. Psychiater ermunterten die Leute, »Angst zu haben« und ihre Ängste nicht zu unterdrücken. Kinder mußten mitansehen, wie ihre Väter, von denen viele Helden in früheren Kriegen gewesen waren, die Israel geführt hat, hilflos in den abgedichteten Zimmern kauerten und nicht in der Lage waren, ihre Familien zu beschützen. Und um mich herum hörte ich das Argument, das die stärkste demoralisierende Wirkung hatte: »Am besten ist, wir tun nichts, denn wir können ja ohnehin nichts tun. Was können wir, was die Amerikaner und Engländer nicht können?« Das Argument kam aus dem Mund einer Nation, die mit der Idee aufgewachsen war, daß ihre kleine, tapfere Armee in der Lage war, etwas zu leisten, was andere nicht leisten konnten.
Mir war außerdem klar, daß wir mit einer gewaltigen Panik rechnen müßten, sobald auch nur eine Scud-Rakete in ein

Hochhaus oder in ein dichtbevölkertes Viertel einschlagen und viele Opfer fordern würde (wie es in Saudiarabien geschehen ist). Dann wäre unser Selbstbewußtsein schwer angeschlagen.

Deshalb forderte ich ein Ultimatum, durch das unsere Zurückhaltung zeitlich begrenzt würde. Aber die Regierung dachte anders darüber. Schamir, der ein Mann der Passivität ist und dessen Motto lautet »Tue nichts, wenn du nicht dazu gezwungen wirst«, erwies sich aus der Sicht der Amerikaner als Mann der Stunde. Er saß in seinem hohen Amt und tat nichts. Er wandte sich nicht einmal über das Fernsehen an sein Volk, um unsere Moral zu heben. Die Luftwaffen der Amerikaner und Engländer flogen viele Angriffe gegen die Abschußrampen der Scud-Raketen, viele, aber nicht genug, um die Gefahr vor unserer Tür zu bannen. Über einen Monat mußte Israel hilflos und in tiefer Frustration warten und sich klarmachen, daß seine berühmte Abschreckungskraft in gravierender Weise unterminiert worden war.

Der Krieg ging zu Ende und die Armee des Irak war zerschlagen. Ich fürchte, daß das »Syndrom der abgedichteten Zimmer« den Lebensmut vieler Israelis leider auch in der Zukunft sehr beeinträchtigen wird. Aber dieser Krieg hat auch für uns alle, Israelis und Araber, eine Wahrheit ans Licht gebracht: Krieg, selbst ein erfolgreicher Krieg, ist eine Tragödie, und wir sollten alles tun, was in unserer Macht steht, um ihn zu vermeiden.

Israels große Friedenssehnsucht wurde noch durch eine andere dramatische Entwicklung verstärkt, die noch immer andauert. Jede Nacht vor, während und nach dem Krieg wurde und wird eine riesige Einwandererwelle über eine Luftbrücke zum Ben-Gurion-Flughafen gebracht, die größte Einwandererzahl seit der Gründung Israels. Im letzten Jahr kamen über 200 000 in Israel an, die meisten aus der Sowjetunion, aber ein paar Tausend auch aus Äthiopien und ein paar Hundert aus Bulgarien und Albanien. Der Anblick der Einwanderer ging selbst den hartgesottensten Israelis ans Herz. Die Rückkehr des jüdischen Volkes in seine Heimat gibt Israel seine Daseinsberechtigung.

Die Welle russischer Einwanderer, die letztes Jahr zu uns kamen, bedeutet für uns zugleich Hoffnung und Herausforderung. Hoffnung, weil Israel durch sie verändert werden kann, durch den hohen Prozentsatz an Kindern, Intellektuellen, bildenden Künstlern und Musikern und durch den bemerkenswert hohen Anteil an Universitätsabsolventen. Gleichzeitig ist es eine Herausforderung — denn wir müssen Liebe und Hingabe für ihre neue Heimat in die Herzen dieser Einwanderer senken, ihnen Arbeitsplätze, Wohnungen und ein anständiges Leben in unserer Mitte anbieten. Und da wir unsere ganze Kraft in den Dienst der Eingliederung der Tausende von Einwanderern stellen müssen, die schon hier sind, und der vielen, die noch unterwegs sind, brauchen wir den Frieden dringender denn je.

Wir haben einige schwierige und aufreibende Jahre vor uns, in denen Arbeitslosigkeit, Wohnungsnot, Bürokratie und der Mangel an ausreichenden Hilfsquellen unsere Bemühungen behindern können. Trotzdem zweifle ich nicht daran, daß die Einwanderungswelle letzten Endes zu einem besseren, stärkeren und humaneren Israel führen wird.

EPILOG

Keine Gefangenen

Am 3. Juli 1989, dem 13. Maccabia, wurde das Ramat-Gan-Stadion eröffnet. Die Maccabia-Spiele sind eine jüdische Olympiade, die alle vier Jahre in Israel stattfindet. Fackelträger war ein junger israelischer Schwimmer, der Olympia-Goldmedaillengewinner Hanoch Budin. Im sanften Zwielicht dieses Sommerabends lief Budin durch das riesige Stadionrund und dann die schmale Treppe hinauf, wo er das Maccabia-Feuer entzündete. Der hochgewachsene, gutaussehende Junge war für mich ein Symbol Israels, so jung, so tüchtig, und er kämpfte immer noch um sein Überleben.

Budin war ein Krüppel. Er hatte seinen rechten Arm im Libanonkrieg verloren und seine Medaillen bei der Behinderten-Olympiade gewonnen. Wir gewannen immer Medaillen bei den Behinderten-Wettbewerben; wir hatten viele verstümmelte und verkrüppelte junge Leute.

Ich kann mich an das Gesicht von Moshe Dayan erinnern, dessen Gesicht ein Journalist als ein Symbol für Israel beschrieben hatte: das lebendige Auge neben dem schwarzen Flecken des Todes; das Gesicht eines Landes, das bereit war, zu sterben, um überleben zu können.

Vor ein paar Monaten hatten wir dreihundert verstümmelte und verkrüppelte Kriegsveteranen in die Knesset eingeladen. Ich habe ein paar Stunden mit ihnen verbracht, habe mir ihre Gespräche angehört und ziemlich krampfhaft über ihre privaten Witze gelacht (»Bist du blind oder was? Ach so, du bist blind ...« — »Komm her, du einarmiger Bandit ...« — »Ich bin mit dem falschen Fuß aufgestanden, aber ich hatte keine andere Wahl ...«); ich sah ihre Haken, Stümpfe und künstlichen Glieder, ihre trüben Augen, die verbrannten Gesichter, die man durch Hauttransplantationen wieder rekonstruiert hatte. Sie waren nicht verbittert, und ihr Verhalten drückte keinen unterdrückten Zorn oder Frustrationen aus. Sie hatten alles, was sie besaßen, für ihr Land geopfert: ihre Glieder, ihre Augen, ihre Gesichter. Sie waren bereit gewesen, ihr Leben zu opfern.

Aber ihr Opfer galt nicht nur dem Land. Ihr Opfer galt einer einmaligen Gesellschaft, die sie alle in Eretz Israel schaffen wollten, eine Gesellschaft, auf die sie und ihr Volk stolz sein könnten — eine moralische, humane jüdische Gesellschaft, die nicht nur nach besonderen Kriterien beurteilt werden könnte, sondern müßte.

Mir fielen in diesem Zusammenhang die wichtigsten Worte Ben Gurions ein: »Das Schicksal Israels hängt von zwei Dingen ab: von seiner Stärke und von seiner Rechtschaffenheit.«

Es war ihm gelungen, Israel die Stärke zu geben, so daß es sich selbst verteidigen konnte. Israel war stark genug, um überleben zu können, selbst wenn es von allen arabischen Staaten angegriffen würde. Aber Ben Gurion wußte nur zu gut, daß die Stärke nur dann einen Wert hatte, wenn sie mit Rechtschaffenheit und einer vorbildlichen Gesellschaft verbunden war. Israel, so glaubte er, könne nur als eine gerechte und moralische Gesellschaft überleben. Als er durch das Land reiste, predigte er, daß Israel »ein auserwähltes Volk und ein leuchtendes Vorbild für die anderen Nationen« werden müsse. Ich kann mich noch gut daran erinnern, wie viele Leute seine leidenschaftlichen

Worte mit einem Achselzucken und einem verständnisvollen Lächeln abtaten. Das sind doch nur Klischees, sagten sie.

Aber sie hatten sich geirrt. Die Vision von einem »auserwählten Volk und leuchtenden Vorbild für die anderen Nationen« war ein Ziel, das Ben Gurion seinem Volk nach einer scharfsinnigen Analyse gesetzt hatte. Das Gelobte Land, in das er sein Volk geführt hatte, war durchaus nicht das Land, in dem Milch und Honig flossen. Es war ein abgelegenes, ödes Land, von Feinden umgeben. Es war von der Natur nicht mit Schätzen bedacht worden, es gab kein Gold, keine Kohle, kein Öl; und die wirtschaftlichen Schwierigkeiten, die Spannungen auf dem Gebiet der Sicherheit übten einen ständigen Druck auf seine Bewohner aus. Das jüdische Volk, das in seiner Not jahrhundertelang gedemütigt worden war, hatte sich daran gewöhnt, immer wieder die Segel zu setzen und nach neuen Horizonten Ausschau zu halten. Es könnte leicht in Versuchung geraten, die harte israelische Wirklichkeit gegen den Glanz der Städte Amerikas und Westeuropas einzutauschen.

Ben Gurion wußte, daß Israel seinen Einwohnern nicht den Lebensstandard oder das Gefühl von Ruhe und Gelassenheit vermitteln konnte, das den Westen auszeichnete. Es gab nur eine einzige Möglichkeit, die Leute dauerhaft an ihr Land zu binden: Man mußte sie davon überzeugen, daß Israel das einzige Land war, in dem die Juden ein Leben führen können, das sich an hohen humanen und moralischen Werten orientiert — ein Leben auf der Grundlage der »Rechtschaffenheit« der israelischen Gesellschaft, das durch seine »Stärke« abgesichert wird.

Das berauschende Gefühl, eine bessere Gesellschaft aufbauen zu können, die die jüdischen Werte verwirklichte, war die einzige Waffe gegen die Versuchung aus Übersee. Es war außerdem die einzige Möglichkeit, junge idealisti-

sche Juden nach Israel zu ziehen, die Herausforderungen suchten und sich danach sehnten, an dem heroischen Unternehmen mitzuwirken, ein neues Land aufzubauen.
Das war Ben Gurions Traum gewesen. Aber es ist bis heute ein Traum geblieben. Ich habe das Gefühl, daß sich Israel während der letzten zwanzig Jahre weiter von Ben Gurions Zielen entfernt hat, statt sich ihnen zu nähern. Wenn Israel sich heute einen Spiegel vorhält, sieht es dort kein hübsches Bild, sondern viele Unzulänglichkeiten und Umwege vom ursprünglich eingeschlagenen Weg. In demselben Spiegel können wir aber auch die Mythen erkennen, die wir zerstören sollten, die heiligen Kühe, die geschlachtet werden müßten, und die Veränderungen, die wir mutig angehen sollten.
Wir müssen Israel wiederaufbauen. Die Strukturen, die Regeln und die Bräuche von vor vierzig Jahren entsprechen heute nicht mehr den Bedürfnissen unserer komplexen, dynamischen Gesellschaft. Wir müssen unser krankes Regierungssystem reformieren und unsere Volksvertreter und unseren Premierminister direkt wählen. Wir brauchen dringend eine Reform unseres Wahlsystems. Heute sind in der Knesset fünfzehn Parteien vertreten; mehr als die Hälfte von ihnen sind nur durch einen bis drei Abgeordnete vertreten. Wir müssen der Zersplitterung unserer politischen Parteien ein Ende machen und das neue System auf eine geringere Zahl größerer politischer Kräfte gründen.
Wir müssen unsere Histadrut wiederaufbauen, die sich immer noch an Institutionen klammert, die vor siebzig Jahren aufgebaut worden sind, als die Welt noch ganz anders aussah, als in Palästina noch 150 000 Juden lebten und Großbritannien den Mittleren Osten beherrschte. Wir brauchen High-Tech-Industrien und ein besseres Ausbildungssystem. Das sind die beiden wichtigsten Herausfor-

derungen am Ende des Jahrhunderts, so, wie die Rückkehr nach Zion und die manuelle Arbeit die Herausforderungen an seinem Anfang waren. Wir müssen die veraltete »Jewish Agency«, unser Wirtschaftssystem und unsere Sozialgesetze reformieren ...

Das ist in der Tat ein riesiges Programm, und wir brauchen zu seiner Verwirklichung Frieden und eine gute Führungsmannschaft. Wir sind dem Frieden schon bedeutend näher gekommen, aber das reicht noch nicht aus. Die augenblickliche Führung sowohl der Arbeiterpartei als auch des Likud besteht aus einer Gruppe von müden, konformistischen Leuten, denen es an Inspiration fehlt, um sich die Reformen vorstellen zu können, nicht mutig genug, um sie der Nation vorzuschlagen, und nicht stark genug, um sie durchzuführen.

Israel wird seine gegenwärtige Krise nur dann überstehen können, wenn die augenblickliche Führungsmannschaft den Stab an die jüngere Generation weitergibt. In beiden Parteien sind junge, vielversprechende Führerpersönlichkeiten herangewachsen. Diese Generation ist nicht im Schatten der Gründerväter großgeworden, wie das bei den Alten der Fall war, sondern hat eine Führungsschicht hervorgebracht, die ihren eigenen Weg geht. Das sind junge Israelis, die in diesem Land großgeworden sind und sich seiner komplexen Wirklichkeit tief verbunden fühlen; sie sind ihre eigenen Herren und nicht Protegés alternder Politiker. Nur wenn sie an die Macht kommen, kann Ben Gurions Vision eines »auserwählten Volkes und leuchtenden Vorbilds für die Nationen« wieder zum Leben erweckt werden.

Unsere junge Generation ist ein Quell der Hoffnung für uns alle, und wir sind zu Recht stolz auf sie. Unsere jungen Leute sind von leidenschaftlicher Liebe für ihr Land besessen und prüfen in zahllosen Debatten immer wieder ihr

Gewissen; sie melden sich freiwillig zu den Eliteeinheiten der Armee, um ihr Leben für das Überleben Israels aufs Spiel zu setzen. Viele junge Israelis halten trotz der zersetzenden Wirkung eines vierzigjährigen Krieges hartnäckig an unseren moralischen Werten fest. Trotz aller Schmerzen und trotz des unbändigen Zorns, den die brutalen Morde und Massaker in unseren Herzen entzündet haben, haben wir bis heute in diesem Land noch keinen einzigen Terroristen hingerichtet; wir schrecken vor dem Gedanken an Erschießungskommandos und Galgen zurück. Auf diese Weise versuchen wir, uns unsere seelische Gesundheit und unsere Wertvorstellungen in einer Region voller Haß, Blutvergießen und wahnwitzigem Fanatismus zu bewahren.

Im Sommer 1989 hatte ich ein Treffen mit einer Delegation des »United Negro College Fund«, die als Gast der »Anti-Defamation-League« nach Israel gekommen waren. Ein Delegationsmitglied, ein bekannter Professor der Geisteswissenschaften, fragte mich freimütig: »Glauben Sie nicht, daß Sie in Versuchung kommen könnten, mit den Palästinensern das gleiche zu machen, was die Nazis mit Ihnen gemacht haben?«

Als ich versuchte, ihm das zu erklären, fiel mir plötzlich ein Erlebnis aus dem Jom-Kippur-Krieg ein. »Ich werde Ihnen einmal eine Geschichte aus meinem Leben erzählen, die Geschichte der Nacht, in der auch ich nach dem Blut meines Feindes gedürstet habe«, sagte ich.

In der Nacht des 15. Oktober 1973, auf dem Höhepunkt des Jom-Kippur-Kriegs, starteten wir den immer wieder aufgeschobenen Versuch, den Suezkanal zu überqueren. Ich war bei der Fallschirmjägerbrigade, die diesen Auftrag bekommen hatte. Einige unserer Kettenfahrzeuge kamen zu spät in unserem Lager an, so daß wir ein Bataillon zurücklassen und uns allein auf den Weg machen mußten. Wir waren eine ziemlich kleine Fallschirmjägereinheit, die nur aus Reservisten bestand. Mir war ein Platz auf dem Kommandofahrzeug zugeteilt worden, auf dem sich auch der Kommandeur der Brigade befand. Als wir die Front durchquerten, war es Nacht geworden. Wir begannen unsere Fahrt zum Kanal.

Unsere Kolonne fuhr mit hoher Geschwindigkeit über die Wüstenstraße, die nur als schwarzer Streifen zu erkennen war. Schmal, vom Wind und der Sonne verwüstet, führte sie schnurgerade durch die Dünen. Im fahlen Mondlicht schimmerte der Sand in einem stumpfen Dunkelgrau. Wie ein Lineal dehnte sich die Straße bis zum Horizont aus, der nur schwach zu erkennen war und in dessen Zentrum ein bösartiges, rotes Licht pulsierte. Es sah wie der Rand eines riesigen Feuerballs aus, wie eine rote Sonne, die die Nacht zerriß, der leuchtende Qualm dehnte sich aus und schrumpfte gleichzeitig mit dem Donner der Geschütze wieder zusammen. Dort tobte die Schlacht. Von oben betrachtet mußte unsere Kolonne wie ein Häuflein armer Seelen ausgesehen haben, die auf dem Weg in die Verdammnis waren.

Der Tod war tatsächlich viel näher, als wir gedacht hatten. Wir fuhren einen der sanften Hügel hinauf, der so war wie viele, die wir auf unserem Weg hinter uns gebracht hatten. Die niedrige Kuppe verdeckte vorübergehend die andere Seite des Hügels, der in tiefem Schatten lag. Als wir die geduckten, hellgelben Umrisse der ägyptischen T-55-Panzer erkennen konnten, die auf beiden Seiten der Straße im Hinterhalt lagen, war es bereits zu spät. Die 195-Millimeter-Geschütze hatten ihr mörderisches Feuer auf die Kompanie von Patton-Panzern, die zum Schutz unseres Konvois fünfhundert Meter vor uns fuhren, eröffnet.

Als unser Kettenfahrzeug abrupt bremste und die Ketten

sich in den Asphalt gruben, wurde ich heftig nach vorn geschleudert. Der gesamte Konvoi kam auf der Straße zum Stillstand. Die Nachricht von dem Hinterhalt lief an der Kolonne entlang, und Hunderte von Fallschirmjägern hielten den Atem an, als sie versuchten, an dem Geschützfeuer und den ohrenbetäubenden Explosionen, die zu hören waren, wenn eine Granate das Munitionsmagazin eines Panzers getroffen hatte, den Verlauf der Schlacht abzulesen. Ich sprang vom Wagen und stand neben dem mit einer Plane bedeckten Kettenfahrzeug. Ich hatte völlig unnötigerweise meine Uzi im Anschlag. Ein Feuerblitz zuckte rot und schwarz und gelb zum Himmel empor, und ich spürte, wie die Erde bebte. Dann war es plötzlich still, und man hörte das heisere Geräusch der Panzermotoren. Ich sah, wie sich zwei Patton-Panzer an der Seite der Straße entlangquälten. Einer kam ganz dicht an uns vorbei, und ich konnte einen unbeweglichen Körper erkennen, der ausgestreckt auf der Heckplatte lag. Ich kletterte wieder auf das Kettenfahrzeug. »Die Ägypter, diese Scheißkerle, haben fünf von unseren Panzern in die Luft gejagt«, sagte mein Freund Ron (abgesehen von den Namen der hohen Offiziere sind alle anderen Namen geändert) zu mir. Er preßte sich einen klobigen Kopfhörer ans Ohr.
Ich beugte mich zu ihm hinüber, und der Kolben meiner Uzi wurde feucht in meiner Hand.
»Jetzt haben wir keinen Begleitschutz mehr«, sagte Ron. Er lachte heiser. »Jetzt können wir die Orden unter uns verteilen.«
»Rücken wir ohne Begleitschutz weiter vor?« fragte ich.
»Danny hat entschieden, daß wir weitermachen.«
Ich warf heimlich einen Blick auf Danny Matt, der auf seinem hohen Sitz hinter dem Fahrer saß. Der bärtige Oberst hatte verschiedene Karten auf einem Brett vor sich ausgebreitet und studierte sie im Licht einer Taschenlampe. Er

beugte sich darüber und nickte, während er mit den Fingern seinen Bart durchkämmte. Er erinnerte mich an einen frommen Rabbiner, der eine Seite des Talmud studiert. Ich kannte ihn gut; wir hatten uns in Paris angefreundet, und er hatte mich schon in Tel Aviv besucht. Danny war ein schüchterner, sanfter Mann, einer der jungen Offiziere, die offen Zweifel über ihre Fähigkeit äußerten, eine Fallschirmjägereinheit in die Schlacht zu führen. Der Alte wurde weich, sagten sie. Trotzdem hatte dieser weiche alte Mann sich gerade entschieden, den Auftrag auszuführen, obwohl er seine Panzer verloren hatte. Danny hatte vor, die ägyptischen Linien ohne Begleitschutz zu durchbrechen.
Die ganze Operation war der reine Wahnsinn. Siebenhundertsechzig nur mit leichten Waffen, Maschinengewehren und Mörsern bewaffnete Fallschirmjäger sollten einen zehn Kilometer breiten Streifen überqueren, der von Zehntausenden von Ägyptern gehalten wurde, den Suezkanal mit ihren Schlauchbooten überqueren und am afrikanischen Ufer einen Brückenkopf bilden. Und gerade weil es völliger Irrsinn war, hatte die Sache eine gewisse Aussicht auf Erfolg. Kein ägyptischer General, der seine sieben Sinne bei sich hatte, würde jemals glauben, daß die Israelis solche Selbstmörder sein könnten.
Trotzdem hatte auch dieser Irrsinn seine innere Logik. Die Wahl der Straße, über die wir gefahren waren, war nicht dem Zufall überlassen worden. Es war die Nahtstelle zwischen den Stellungen der zweiten und dritten ägyptischen Armee. Am Tag zuvor war ich mit Arik Sharons Kettenfahrzeug weit in die Wüste hineingefahren. Auf einer hohen Sanddüne hatten wir einen hochgewachsenen Oberst getroffen, der immer rot wurde und offenbar versuchte, seine Schüchternheit hinter einem martialischen Schnurrbart zu verbergen. Er hieß Amnon Reshef und war Kommandeur der siebten Panzerbrigade. Reshef hatte Sharon

versichert, daß die zweite und dritte ägyptische Armee auf unserer Seite des Kanals ziemlich dicht beieinanderlägen. Trotzdem gab es zwischen ihnen einen Streifen Niemandsland, und die Straße mit dem Codenamen Spider führte über ein gottverlassenes Stück Wüste geradewegs zum Kanal.

»Wir wollen das einmal überprüfen«, hatte Sharon gesagt.

Dann hatte Reshef etwas in sein Mikrophon geflüstert, woraufhin von einem nahegelegenen Hügel ein Dutzend Phosphorgranaten über den Spider-Pfad geschossen wurden. Wir konnten die Explosionen hören und sahen, wie der gelbe Qualm in der schwülen Nachmittagsluft wie unheimliche schwankende Kilometersteine nach oben stieg. Aber niemand schoß zurück. Die Straße war frei.

Ja, sie war tatsächlich frei, wurde mir jetzt klar, als wir mit hoher Geschwindigkeit zum Kanal fuhren. Aber wir hatten einen beträchtlichen Preis dafür zahlen müssen. Wir fuhren an den grausigen Überresten des Panzergefechts vorbei, das gerade zu Ende gegangen war. An einer Kreuzung stand ein Kettenfahrzeug und brannte lichterloh; in seinem Inneren konnte man sieben lodernde Fackeln erkennen, die an die Arme einer riesigen Menora erinnerten und von denen Feuer und Rauch nach oben stieg. Erst als wir näher an das Feuer herankamen, wurde mir klar, daß diese sieben Fackeln sieben von unseren Soldaten waren, die von einer Brandgranate getroffen worden waren.

»Diese verdammten Scheißkerle«, murmelte Ron.

Dann umgab uns wieder die Dunkelheit. Wir hatten unsere Scheinwerfer abgeschaltet und fuhren eine Zeitlang in unheimlicher Stille weiter, wie eine Schattenkarawane, die sich zwischen den Bastionen des Feinds durchschleicht. Aber Sharon, der uns von der Kuppe seines Hügels beobachtete, funkte Danny, er solle seine Scheinwerfer ein paarmal aufblenden, um seine Position mitzuteilen. Die Ägypter beobachteten die Straße ebenfalls, und das kurze Aufblitzen der Scheinwerfer des Kettenfahrzeugs wurde sofort mit einer Salve beantwortet.

Wir schossen nicht zurück, sondern fuhren weiter an den ausgebrannten Überresten der israelischen Panzer und Versorgungslastwagen vorbei. Die Fahrzeuge waren während der heftigen Kämpfe an den ersten beiden Tagen des Krieges zerstört worden. Einige Leichen lagen im Sand, zehn oder zwölf in zwei parallelen Linien. »Unsere Jungs«, sagte Ron. »Gefangengenommen, entwaffnet und dann erschossen.«

Ich blickte auf, aber Ron war in der Dunkelheit verschwunden. Und aus der Finsternis hörte ich ihn flüstern: »Wir werden es mit ihnen genauso machen. Keine Gefangenen.« Ich ertappte mich dabei, wie ich nickte. Keine Gefangenen.

»Keine Gefangenen«, hörte ich die heiseren Stimmen einiger Fallschirmjäger sagen. Die grimmige Parole breitete sich wie ein Lauffeuer in unserem Schützenpanzer aus und erreichte auf geheimnisvolle Weise auch die anderen Fahrzeuge. »Wir werden es ihnen mit gleicher Münze heimzahlen«, sagte jemand neben mir. »Wir werden ihnen die Köpfe abknallen, diese Scheißkerle haben nichts Besseres verdient.«

Auge um Auge, Zahn um Zahn. Das grausame Konzept der biblischen Gerechtigkeit erfüllte plötzlich meine Seele und überdeckte, zerstörte, verhöhnte alle Begriffe von Humanität oder Fairneß und »Reinheit der Waffen«, die ich in vielen Jahren verinnerlicht hatte. Mir war, als hätte man mir ein glühendheißes Brandeisen in die Gedärme gestoßen und mich mit einer finsteren Entschlossenheit erfüllt, meine toten Kameraden, diese Teenager, die dort aufgedunsen und stinkend mit einer Kugel im Herzen oder im

Genick in der Wüste lagen, zu rächen. Sie waren nicht im Kampf gefallen; sie waren gefangengenommen und dann kaltblütig ermordet worden. Der Gedanke an Rache erfüllte mich mit Angst und faszinierte mich zugleich; er blieb während der langen Stunden, die vor uns lagen, mein treuer Begleiter.

Er erfüllte mich auch, als die Schützenpanzer am Fuß einer hohen Düne haltmachten. Und er ließ mich auch nicht los, als ich außer Atem durch den knöcheltiefen feinen Sand watete und das Schlauchboot gemeinsam mit meinen Kameraden auf die Kuppe einer Düne zog. Kalter Schweiß lief mir unter meinem Helm über das Gesicht und brannte mir in den Augen, und der Kolben der Uzi, die ich mir um den Hals gehängt hatte, schlug gegen meine Brust, und das dumpfe Klopfen meines Herzens bildete dazu das Echo. Aber all das war vergessen, als ich von dem schmalen Hügelkamm aus zu meinen Füßen das silberne Band des Suezkanals sah, der seltsam friedlich dort unten vor uns lag.

Rechts und links von mir waren Fallschirmjäger dabei, die Schlauchboote zum Ufer des Kanals zu schleppen. Die Dispatcher standen bereits am Wasser und gaben mit ihren Taschenlampen rote und grüne Lichtsignale. Ich war auf dem Weg nach unten, als mich plötzlich eine Reihe lauter Explosionen anhalten ließ. Ron schubste mich wütend von hinten. »Was glotzt du? Weiter!«

Ich schleppte mich mit meiner schweren Last zum Wasser hinunter. In Sekundenschnelle war das Boot auf dem Kanal, und sein kleiner Motor gab ein beruhigendes Geräusch von sich. Ich watete bis an die Knie ins Wasser und kletterte dann ins Boot. Danny Matt hockte neben mir und flüsterte das Codewort in sein Funkgerät. Head Knight an Head Aurora, Aquarium, ich wiederhole, Aquarium, over.

Das Boot fuhr schnell zum afrikanischen Ufer des Kanals hinüber. In einem Eukalyptushain vor uns waren im Feuerschein mehrere riesige Betonbunker zu erkennen. Wir würden direkt in einer ägyptischen Befestigungsanlage landen, aber wir konnten keine Soldaten erkennen, und niemand schoß auf uns. Die Artillerievorbereitung hatte die Ägypter vertrieben. Ich steckte eine Hand in das kalte schwarze Wasser. Mein Herz klopfte wie ein Preßlufthammer. Diese Kanalüberquerung sollte den Wendepunkt des Krieges darstellen.
Das Schlauchboot stieß gegen einen niedrigen Steinpier. Ron war der erste, der ans Ufer sprang, nach ihm ein untersetzter Feldwebel mit olivfarbener Haut. Ich sprang und rannte vorwärts, hinter mir hörte ich Danny Matts Stimme, wie er ganz ruhig in sein Funkgerät sprach. Acapulco, ich wiederhole, Acapulco, over. Ein brennender Baum links von mir knisterte trocken, und die Funken tanzten um seine Zweige herum wie ein Glühwürmchenschwarm. Ich bückte mich und pflückte einen Zweig von einem niedrigen, kleinblättrigen Busch ab. Er hatte einen frischen feinen Duft. Hinter mir pflügte das Schlauchboot bereits wieder durch das Wasser zum östlichen Ufer zurück, um weitere Soldaten zu holen.
Wir waren in Afrika.

Der Racheschwur brannte die ganze Nacht und den ganzen nächsten Tag in meinem Herzen. Die feurige Menora an der Kreuzung verfolgte mich genauso wie die parallelen Reihen bewegungsloser Körper, die kalt und verlassen neben der Straße gelegen hatten. Ich hatte in den vergangenen Kriegen, die Israel geführt hatte, dem Tod schon so oft ins Auge geblickt. Heute sah ich ihn wieder, als im Morgengrauen die erbitterten Kämpfe auf dem afrikanischen Ufer des Kanals begannen; beim Angriff auf die purpurne

Befestigung im Norden des Brückenkopfes; beim erbitterten Kampf um den Bahnhof von Sarafeum, wo unsere Vorhut von ägyptischen Kommandoeinheiten angegriffen worden war; auf der Straße nach Ismailia.

Aber weder der Tod im Kampf noch der Schmerz um einen gefallenen Kameraden oder das Gefühl der Hilflosigkeit bei einem Bombenangriff oder in mörderischem Artilleriefeuer ließen sich mit der unbändigen Wut vergleichen, die mich überkam, wenn ich an die toten Soldaten dachte, die dort im Mondschein gelegen hatten. Wir waren immer in den Krieg gezogen, um zu töten und getötet zu werden, um den Feind im Kampf zu stellen. Aber das dort war Mord gewesen. Ich spürte, wie die grausige Entdeckung der letzten Nacht tief in meiner Seele einen Haß und eine Entschlossenheit freigesetzt hatte, wie ich es vorher nicht für möglich gehalten hätte. Und nur die Gewißheit der bevorstehenden Rache hielt mich an diesem ersten Tag auf der anderen Seite des Kanals aufrecht.

Die Sonne ging schon beinahe unter, als Ron und ich in eine kleine Einfriedung gingen, die ein paar hundert Meter westlich von unserem Brückenkopf lag. Sie war von einer halbzerstörten Mauer umgeben, die aus grob bearbeiteten Steinen bestand. Ungefähr ein Dutzend Fallschirmjäger warteten dort, einige von ihnen lagen auf der Erde und rauchten, andere lehnten an der schulterhohen Mauer. Am anderen Ende hockten hinter einem Wall aus ziehharmonikaförmigem Stacheldraht etwa zwanzig ägyptische Gefangene.

Ich ging auf sie zu. Ich humpelte etwas, da mir ein Granatsplitter meine Hosen zerrissen und meinen Oberschenkel verletzt hatte; ein zweiter Splitter hatte eine tiefe Schramme zwischen meinen Augen zurückgelassen. Die meisten Ägypter trugen zerknitterte Uniformen: hellbraune Hemden und Hosen mit großen Taschen, Mützen mit weichen Schirmen und schwere schwarze Schuhe. Zwei von ihnen hatten sich Fellachenkleidung angezogen, waren aber leicht erkannt worden. Zwei andere trugen nur ihre Unterwäsche, babyblaue, bis an die Knöchel reichende Unterhosen. »Der Große rechts gehört zu einer Kommandoeinheit«, sagte ein junger untersetzter Fallschirmjäger stolz. Er hatte einen rumänischen Akzent. »Ich habe ihn an einem Munitionsdepot erwischt. Er sagte, er wolle sich ergeben, aber in seiner Unterhose fand ich eine Handgranate. Willst du sie sehen?« Ich schüttelte den Kopf. Ein ägyptischer Unteroffizier lag etwas abseits von der Gruppe. Um den Kopf trug er einen schmutzigen Verband, der blutgetränkt war.

»Diese Scheißkerle«, murmelte eine vertraute Stimme hinter mir. Ron ging mit schnellen Schritten in eine Ecke des Hofs, zog den Stacheldraht zur Seite, winkte mit seiner Kalaschnikow und befahl den Ägyptern in gebrochenem Arabisch, sich an der Mauer aufzustellen. Die Gefangenen gehorchten und sahen mit stumpfen Blicken zu, wie sich die Fallschirmjäger näherten und ihrerseits eine Linie bildeten. Der verwundete Unteroffizier lehnte sich an die Wand, er konnte nicht mehr auf den Beinen stehen. Die Sonne blendete nicht mehr; sie hing niedrig im Westen, berührte schon den Horizont und tauchte die langen Wolkenstreifen in rotes Licht. Ron stand wieder neben mir und lud seine Waffe durch.

»Bringen wir es hinter uns, Jungs«, sagte er mit ungewöhnlich lauter Stimme. »Keine Gefangenen, erinnert ihr euch?«

Ich entsicherte instinktiv meine Uzi und hörte das trockene Klicken überall in der Reihe. Einer der Ägypter, dem plötzlich klargeworden war, was geschehen würde, sank auf die Knie und fing an zu jammern und zu schreien. Tränen strömten ihm über das unrasierte Gesicht. Ein bärtiger Fallschirmjäger war mit zwei Schritten bei ihm und trat ihn zweimal, keineswegs sanft. »*Uskut*«, schrie er ihn auf arabisch an, und der Ägypter brach in einer Stellung zusammen, die an die moslemische Gebetshaltung erinnerte, sein Gesicht im Sand vergraben, die Schultern zuckten krampfhaft bei jedem Schluchzer.

»Erledigen wir die Scheißkerle, und dann geht's weiter«, sagte der kleine Rumäne. Im Westen hinter den Hügeln ging die Sonne unter, dunkle Schatten breiteten sich auf dem Platz aus.

Niemand schoß. Ron machte eine ärgerliche Geste. »Worauf wartet ihr noch?« fragte er.

Ein rothaariger, schlaksiger Fallschirmjäger räusperte sich. »Hör zu«, setzte er an und verlagerte sein Gewicht verlegen von einem Bein auf das andere.

»Was ist jetzt los?« sagte der Junge, der neben ihm stand, wütend.

»Hör zu«, stotterte der rothaarige Soldat. Es schien ihm sehr peinlich zu sein, und er hatte Schwierigkeiten, die passenden Worte zu finden. »Wir sollten ihnen eine Kugel durch den Kopf schießen. Ich bin absolut dafür. Wir sollten ihnen die Eier abschneiden. Nur ich ...« Er blickte sich hilfesuchend um. »Ich kann es nicht tun.«

»Was ist los mit dir?« zischte Ron. »Willst du dich drücken? Hast du Angst?«

Der Rotschopf breitete hilflos die Arme aus. »Nein, ich meine, ich finde die Entscheidung gut, und ich werde auch gemeinsam mit euch die Verantwortung dafür tragen. Wenn sie euch ins Gefängnis stecken, gehe ich mit. Aber ich bringe es einfach nicht fertig, das ist alles. Ich habe noch niemanden so getötet, kaltblütig.« Er drehte sich um, ging zum gegenüberliegenden Teil der Mauer und versuchte, sich mit zitternden Händen eine Zigarette anzuzünden.

»Das nennst du kaltblütig?« schrie der Rumäne ihn an. »Nach allem, was die drüben getan haben?«

»Laß ihn in Ruhe«, sagte Alex. Irgend jemand hatte mir einmal erzählt, Alex wäre ein richtiger Killer; er hatte sich während des Sechstagekriegs bei der Schlacht um Jerusalem ausgezeichnet. »Der Typ hat recht. Wir haben so etwas noch nie gemacht.« Er ging einen Schritt nach vorn und drehte sich dann zu uns um. In dem schnell schwächer werdenden Zwielicht waren seine Gesichtszüge nur verschwommen zu erkennen. Der Ägypter, der am Boden lag, hob den Kopf. »Mißversteht mich nicht«, sagte Alex. »Ich bin eurer Meinung. Wenn ihr sie erschießen wollt, okay. Ich stimme euch zu. Nur bringe ich es nicht fertig. Ich habe noch nie einen unbewaffneten Soldaten erschossen.«

»Aber die haben das getan«, knurrte Ron.

»Okay, macht weiter, was hält euch auf?« Alex trat zur Seite und legte seine Maschinenpistole auf die Schulter.

Niemand rührte sich.

»Also«, ließ sich die dünne Stimme eines Jungen neben mir vernehmen, der wie ein Vogel aussah, »bis ihr euch einig seid, gebe ich diesem Scheißer hier mal etwas Wasser, der ist nämlich verwundet.« Ohne auf Zustimmung zu warten, ging er über den Hof, schraubte den Deckel von seiner Feldflasche ab und ging zu dem verwundeten Ägypter.

»Leck mich doch!« schrie Ron hinter ihm her. Aber die Linie hatte sich schon aufgelöst, und ein paar andere gingen auf die Gefangenen zu. »He, Sabag, hast du vielleicht 'ne Zigarette?« rief jemand, und eine Stimme antwortete: »Na klar.«

»Leckt mich doch alle am Arsch!« murmelte Ron noch einmal, aber an seiner Stimme konnte man erkennen, daß er verloren hatte. Er drehte sich um und verließ den Hof.

Es wurde dunkel. Irgend jemand zog den Stacheldraht

wieder um die Gefangenen zusammen. Ich konnte die Gesichter meiner Kameraden nicht mehr erkennen. Ein Kloß saß mir im Hals, und als ich schluckte, tat es mir weh. Ich war plötzlich ganz stolz. Und den Jungen sehr dankbar, dem Rotschopf, Alex und Sabag und dem dünnen Kerl, der neben mir gestanden hatte, weil sie nicht versucht hatten, ihr Verhalten mit irgendwelchem bombastischen Unsinn zu erklären, daß sie Juden wären und Israelis und human und sauber. Ich war sogar bereit zu wetten, daß sie nicht in der Lage gewesen wären, zu erklären, warum sie nicht abdrücken konnten, wenn man sie danach gefragt hätte. Deshalb liebte ich diese linkischen, wenig wortgewandten Jungen und das Land, das sie zu dem gemacht hatte. Ich wär dem Jungen, der zuerst gesprochen hatte, am liebsten um den Hals gefallen. Nur sahen sie im Dunkeln alle gleich aus.

REGISTER

A